DICTIONNAIRE AMOUREUX DU RUGBY

DU MÊME AUTEUR

ÉDITIONS DU ROCHER

Passion ovale, 1990.

L'Ami indien, 1991.

Rugby, des bonheurs à vivre, 1995.

Petites histoires racontées à un jeune du Front National, 1997.

ÉDITIONS CAIRN

Torovalie, 1999.

LA TABLE RONDE

L'Esprit du jeu, l'âme des peuples, 2000.

Partir, éloge de la bougeotte, 2003.

ÉDITIONS PLON

Perds pas le Sud, 2006.

DANIEL HERRERO

DICTIONNAIRE AMOUREUX DU RUGBY

Edition revue, corrigée et augmentée

Dessins de Roger Blachon

Plon
www.plon.fr

COLLECTION DIRIGÉE PAR
JEAN-CLAUDE SIMOËN

ISBN : 978-2-259-20651-8

À Jacqueline et Claudine, mes sœurs d'amour
À mes frères André, Francis et Bernard, chevaliers d'Ovalie

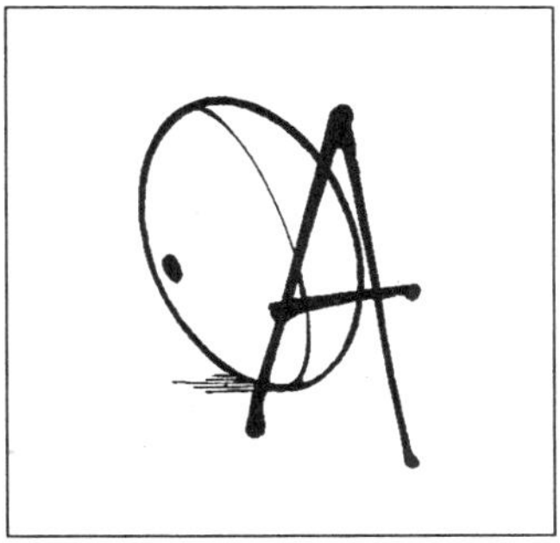

Adversaire

L'idéal du rugby affirme que « se mesurer à l'autre fait grandir ». L'autre, qui chez nous a quinze têtes, trente bras et trente jambes, est un « partenaire » avec qui l'on se construit dans l'affrontement.

Mais il suffit de coller l'oreille à une porte de vestiaire, ou d'écouter discrètement les conversations de tribunes et de bistrots, pour entendre une marée de mots d'une violence inouïe, qui nous rappelle que, au rugby, la limite entre adversaire et ennemi est fragile. Notre vocabulaire aime jouer avec la métaphore du meurtre et de la guerre : « Dépecer, découper en tranches, réduire en bouillie, faire de la chair à pâté, détruire, broyer, écraser », et tant d'autres... « Se construire ensemble », vraiment ? Fort heureusement, ce ne sont que des mots, qui restent de l'ordre du fantasme. Le rugby est un combat, mais c'est avant tout un sport : l'affrontement a ses règles, ses arbitres, son respect de l'autre. Au XIXe siècle en Angleterre, à la naissance du sport moderne, on a donné un cadre obligatoirement courtois à ce jeu qui, par sa violence naturelle, réclamait plus que tout autre des garde-fous.

Au rugby, pour affronter l'autre, on est obligé de le mettre à distance. L'esprit guerrier n'est pas bien loin : les soldats, qui pourtant se ressemblent souvent dans les deux camps, sont obligés de se dénigrer

mutuellement pour se combattre. Concrètement, ça se traduit au rugby par une tendance névrotique à la diabolisation de l'adversaire, qui devient tout à coup un monstre, très fort, très méchant, ou au contraire un nul, vilain et boutonneux... Dès que le match est fini, il est à nouveau un type sympa, plutôt vaillant, avec qui l'on va boire des coups au club-house, oubliant tout ce qu'on avait pu dire de lui pour se monter le bourrichon. L'artifice est grossier, mais ça marche à tous les coups !

La vérité, au rugby, c'est que l'adversaire nous ressemble terriblement. Le championnat est organisé par groupes de niveaux très homogènes, et l'on ne voit jamais d'affiches fortement déséquilibrées. Au rugby, David ne défie jamais Goliath, à l'inverse du football où le tirage au sort de la Coupe de France permet à tous d'entrer dans la compétition. Pendant la Coupe du Monde de rugby, cependant, les plus grandes équipes sont amenées au début à rencontrer les plus faibles, mais il n'y a alors aucun suspense, et les matchs ne présentent pas grand intérêt. Quand les All Blacks ont battu les Japonais 114 à 19, on s'est bien demandé quel était le sens d'une telle rencontre. Peut-être le fait que les Japonais aient mis dix-neuf points aux All Blacks !

La beauté du rugby réside dans l'égalité, et la victoire ne vaut que si on joue contre un adversaire à sa mesure. Il n'y a pas de dramaturgie ni d'honneur dans le déséquilibre des forces. L'idéal du rugby est en cela très imprégné des valeurs chevaleresques chères à Coubertin. « Dis-moi contre qui tu te bats, je te dirai qui tu es » pourrait être l'idée maîtresse de ce sport. Affronter le très fort, c'est être un grand soi-même. La première fois que l'on joue contre un champion, on en parle pendant six mois ! Le jeune joueur qui rencontre sur un terrain son idole en fin de carrière réalise qu'il franchit un cap, et entre dans la cour des grands. C'est une borne dans une carrière : le rêve commence à devenir réel.

L'affrontement avec l'autre permet donc de se situer, de trouver sa place. On se mesure à un adversaire égal, miroir de soi-même, pour affirmer sa propre identité. Rien de plus absurde que de se comparer à plus petit que soi ! L'idéal maçonnique disait « se construire ensemble », et c'est bien ce qui fait l'essence même du rugby. Le reste, les cris, les vilains mots, le bombage de torse ne sont que simulacres.

Voir : BOURRICHON, FRANC-MAÇONNERIE.

Agen

Toulouse, Bordeaux et Paris furent longtemps les centres névralgiques du pouvoir rugbystique français. Jusqu'au milieu des années soixante-dix, la capitale accueillait les matchs du Tournoi des Cinq Nations, et les deux villes du Sud recevaient à tour de rôle la finale du championnat de France. Lassé de ce monopole, Agen lança en 1968 une audacieuse offensive de couloir et s'empara, par l'intermédiaire d'Albert Ferrasse et de Guy Basquet, des leviers de commande du rugby français. Ces deux gros amateurs de chasse et de bonne boustifaille dirigèrent la Fédération pendant presque trente ans, jusqu'en 1992. Quand il fut vraiment l'heure de laisser la place, ils bombardèrent Bernard Lapasset, leur fils spirituel également agenais, sur le trône fédéral, au mépris de la plus élémentaire démocratie. Les Agenais continuent donc de régner en maîtres sur cette institution vieillotte, mais riche et puissante. Dissidents s'abstenir ! Si vous ne pensez pas comme eux, ils vous mènent la vie dure, si vous êtes contre eux, vous êtes morts. Le pouvoir est une drogue qui altère souvent la lucidité de celui qui y goûte...

Au-delà de ses connivences avec le pouvoir fédéral, Agen est aussi l'un des plus beaux clubs de France, et constitue une inépuisable mine de talents.

Depuis le titre de 1962 gagné dans la douleur par les Razat, Hiquet et Méricq, Agen n'a jamais quitté le haut du panier, malgré quelques tempêtes qui l'affaiblirent ponctuellement. Il faut dire que, à Agen, on est plutôt roublard, et l'on sait s'adapter en utilisant ses relations pour se sortir des mauvaises passes. Club école, le SU agenais reste une incontestable référence qui a donné au rugby français une foule d'immenses joueurs, dont Dubroca, Berbizier et Benazzi. Trois capitaines tricolores en dix ans, record de France !

Dans les années quatre-vingt arriva une palanquée de trois-quarts admirables emmenés par Philippe Sella le magnifique — Delage, Berbizier, Gleyze, Lacombe et Bérot — qui donnèrent le tournis à tout le championnat de France. Agen remporta d'ailleurs à deux reprises le Bouclier de Brennus, ou plutôt une et demie tant la finale contre Tarbes en 1988 fut laide et étriquée. Malgré les relations incestueuses qu'elle entretenait avec la Fédération et qui ont largement souillé son maillot, cette équipe d'Agen était par bien des aspects admirable. Elle pratiquait un rugby de toute beauté, complet et très élaboré. Les arrières maîtrisaient l'attaque classique et l'art de la relance comme personne, les avants se distinguaient par une mobilité et une technique hors pair qui leur permettaient de prendre part à toutes les cavalcades. Dubroca, Erbani et plus tard Benetton restent à ce titre des modèles d'avants modernes.

Après une mauvaise passe qui l'éloigna des sommets du championnat à la fin des années 1990, Agen disputa une nouvelle finale en 2002 contre Biarritz. L'équipe avait fière allure, avec des trois-quarts talentueux comme Gelez ou Elhorga pour perpétuer la tradition du beau jeu, et un pack redoutable emmené par Crenca, Hassan et l'inusable Benetton. L'issue fut dramatique et les Basques s'imposèrent dans les ultimes secondes de la partie.

Pour Agen, cette fulgurance fut hélas la dernière. Mal à l'aise avec les nouvelles contraintes du professionnalisme, régulièrement handicapé par d'insuffisants budgets, le club n'est jamais parvenu à se départir de cette image de fleuron d'un rugby passé, celui des petites villes du Sud-Ouest et du clientélisme avec les gros pardessus de la Fédération. Malgré ses efforts et de bons joueurs, Agen n'a donc pas réussi le passage à la nouvelle ère, quittant même en 2006 l'élite pour sombrer dans ce qu'il convient d'appeler la seconde division. Une première en presque un siècle de championnat ! Sans vouloir jouer les oiseaux de mauvais augure, on sent bien que, pour Agen, l'air du temps souffle plutôt à contre-courant, et que la reconquête des cimes n'est pas pour demain la veille... Même si, au nom de son histoire, ce club sera toujours un locataire permanent de l'académie d'Ovalie !

Voir : BENAZZI (ABDELATIF), GROS PARDESSUS, SELLA (PHILIPPE).

Ailier

Il faut de tout pour faire un monde, et entre autres, de bonnes ailes pour le découvrir. Si le rugby invite les gaillards à défier l'adversaire, il a aussi besoin des rapides pour le contourner. De part et d'autre de la ligne arrière se tiennent donc les deux ailiers, les grands agiles de la guibole, numéro 11 à gauche, 14 à droite.

Joueur de bout de chaîne, l'ailier est un finisseur. Il porte les espérances de tous ceux qui ont bataillé avant lui pour qu'il puisse poser la dernière pierre. Le ballon se transmet de main en main le long de la ligne arrière, il porte l'énergie de tout le groupe, il brûle d'être trop aimé, et voilà que, au bout d'une course folle, il arrive à l'aile. Après l'ailier, dans l'ordre logique, il n'y a plus personne. Être à l'extrémité doit donner des ailes ! Vas-y ! Vole ! Emmène-nous le plus loin possible !

Le plus souvent, l'ailier doit alors se confronter à un dernier vigile qui l'attend de pied ferme. Il faut déborder le troufion ! Feintes de passe, bluff, biscouette, tout est bon. L'ailier regarde la sentinelle droit dans les yeux, et ses jambes n'en font qu'à leur tête. Il cadre, puis déborde, le défenseur reste en plan, un courant d'air vient de passer. Si, par hasard, ni la ruse ni la vitesse ne suffisent à ébranler l'adversaire, l'ailier doit sortir l'attirail du passage en force : raffut, rentre-dedans, percussion. Et quand rien ne marche, alors il faut songer au repli, et compter sur le soutien d'un collègue dératé, qui viendra remédier à la solitude de l'ailier. On voit parfois l'ailier téméraire choisir le crochet intérieur : il fonce vers le défenseur, et au moment même où celui-ci se penche pour le plaquer, l'ailier en pleine course change d'axe, sur un seul appui, et évite le contact. Mais ce geste improbable se solde souvent par une chute, et la cavale espérée est, hélas, moins fréquente que l'entorse du genou.

On dit que pour être ailier, il faut avoir un grain.

La ligne adverse est sa névrose ! L'en-but est son obsession ! L'ailier a dans la tête une géométrie de lignes blanches qui le hantent, fils rouges de son désir, tracés à la chaux, qui l'appellent et lui font tourner la tête. Allan Muhr, international brillant, dit un jour de l'ailier : « Il doit foncer sans se soucier de ce qui se passe derrière lui, et encore moins de ce qui se passe devant. » L'ailier est un homme à part qui n'a ni passé ni futur, qui défie l'espace-temps, qui vit dans un monde étroit comme un couloir, où il court, il court, vers une ligne blanche. Son rail de plaisir.

Selon qu'il est rapide ou puissant, l'ailier est surnommé « le TGV », comme Estève de Lavelanet qui enrhumait les défenses adverses et faisait éternuer de bonheur Roger Couderc, ou « l'autobus », comme Jonah Lomu. Aujourd'hui, on vante les talents de Dominici, Rokocoko ou Tuqiri, hier on s'extasiait sur la vitesse de John Kirwan ou de Rory Underwood. Le plus grand ailier français fut sans conteste Patrice Lagisquet, seigneur des courses ondulées, des crochets en Z et des sprints élégants. Il n'eut jamais à taper dans les murs car il savait ouvrir toutes les portes ! Docteur ès trajectoires, diplômé de la belle allure, il était appelé « Lagisque », et j'ai toujours entendu dans ce surnom le mot « gicler » : c'est vrai qu'il jaillissait sans faire de vagues, et qu'il éclaboussait le monde de toute sa classe. Dans sa catégorie rivalisa David Campese, un Australien au sang latin qui savait tout faire, même des bêtises, et ne conjuguait le verbe « attaquer » qu'à l'impératif.

Enfin, je me souviens de ce jour de mars 1974, où, dans un Parc des Princes en furie, le Tournoi des Cinq Nations orchestra le plus beau duel d'ailiers du monde : le coq Jack Cantoni contre le Gallois Gerald

Davies. Ce jour-là, dans les tribunes du stade éberlué, on pouvait entendre monter des soupirs d'extase.

Voir : ATTAQUE CLASSIQUE, FRENCH FLAIR, LOMU (JONAH).

All Blacks

« En Nouvelle-Zélande, tout ce qui est né avec une bite entre les jambes rêve d'une seule chose : devenir un All Black. Pas président de la République, star de cinéma ou chanteur de rock, non ! All Black ! », me disait, embrumé de bière, un ami néo-zélandais avec qui je festoyais un soir dans un bar de la capitale. On se mit à parler du Haka, ce chant de guerre maori que l'équipe de Nouvelle-Zélande hurle à la face de ses adversaires avant chaque match international. Ronde collective, rite guerrier venu du fond des âges, le Haka s'empare du corps des joueurs, et les emporte dans une transe de possédés. Les pieds, les bras, les langues et les yeux jouent alors une partition frénétique unique dans l'Ovalie mondiale.

Complètement absorbé par son sujet, mon ami ouvrit brutalement le col de sa chemise, posa sa bière et se mit à faire un Haka, le plus sérieusement du monde. On ne badine pas avec l'âme des guerriers... Les yeux écarquillés, le corps vibrant, il hurlait ce cri venu des entrailles de son peuple. Le silence se fit dans le bar, chacun avait le regard braqué sur lui, et il ne serait venu à l'idée de personne de se moquer de cette pulsion étrange qui l'avait pris soudain. Quelques femmes inquiètes tiraient leur mari par la manche. « Viens, chéri, on s'en va... »

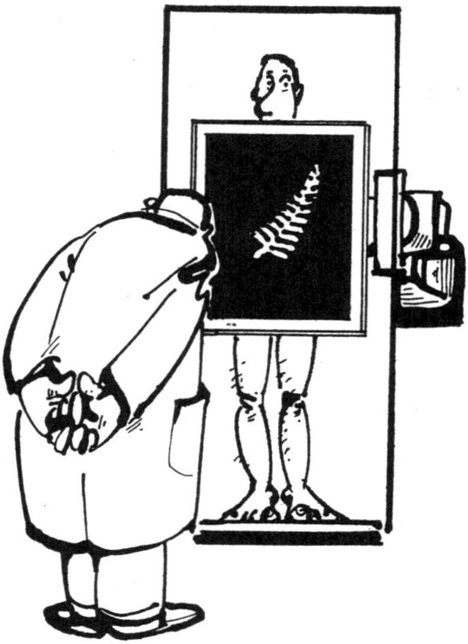

Il acheva l'incantation les yeux injectés de sang, le visage couvert de sueur. Il finit sa bière d'un trait, me salua et sortit de l'établissement.

Le coup de foudre d'un pays pour un sport

« *Rugby is New Zealand*[1] », résumait un jour le Premier Ministre néo-zélandais David Lange pour signifier combien ce jeu et l'identité de son pays étaient inséparables.

Il nous faut remonter à la naissance de ce lien intime... À la fin du XIXe siècle, la Nouvelle-Zélande est un territoire presque désertique peuplé de moutons

1. « Le rugby, c'est la Nouvelle-Zélande. »

et accessoirement de colons britanniques et de Maoris survivants des massacres orchestrés par les premiers explorateurs. Les migrants sont arrivés en quête de fortune. La plupart s'installent comme fermiers ou simples ouvriers, aux côtés des Maoris, dans des bourgades du bout du monde, isolées, en quasi-autarcie. La vie y est dure, les éléments naturels sans pitié, les divertissements rares en dehors de l'alcool et des bagarres. Et puis un jour, un fils de parlementaire aisé arrive de Londres avec dans son cartable les règles d'un nouveau sport : le football-rugby.

Immédiatement, les pionniers font de ce jeu le prolongement récréatif de leur culture un peu rustique, que les Anglo-Saxons appellent le *mateship*, un mélange de camaraderie masculine, de beuverie et de force physique. En quelques années, aidé par les nouvelles lignes ferroviaires qui favorisent les échanges sur le territoire, le rugby devient le sport national, le centre de la vie sociale dans les zones rurales, ce qui revient à dire : dans toute la Nouvelle-Zélande ! Grâce au chemin de fer, le pays cesse d'être un territoire éclaté en petites colonies, mais devient une nation de durs à cuire en quête d'identité ; grâce au rugby, pionniers et Maoris deviennent des Néo-Zélandais.

En 1888, la première équipe nationale part effectuer une tournée marathon dans les îles Britanniques. Le capitaine, Thomas Ellison, impose alors les deux emblèmes du rugby néo-zélandais : le maillot noir frappé de la fougère, et le Haka, le chant de guerre maori composé dans les années 1820 par le chef Te Rauparaha. En 1892, la fédération néo-zélandaise voit le jour.

Cent ans plus tard, en 1987, les enfants obtiennent un jour de vacances pour fêter le titre de champions du monde de rugby des All Blacks !

« Devenez vous aussi un All Black ! »

Les Blancs, descendants des colons, et les Maoris, natifs de l'île, ont donné ensemble naissance à un métissage génial : les All Blacks. Ils se sont toujours complétés à merveille dans ce sport, les premiers apportant une rigueur tout anglo-saxonne, un souci de méthode et une discipline collective, les seconds colorant le jeu de leur éternelle fraîcheur physique, leur créativité et leur énergie. Le rugby néo-zélandais réunit les deux communautés et les invite à être grandes ensemble, ce qui fait sans doute l'incontestable suprématie des All Blacks.

Les vertus socialisantes du rugby n'ont d'ailleurs pas échappé aux instituteurs néo-zélandais qui, dès le début du siècle, imposent ce sport à l'école, auprès des garçons et des filles de tous âges, jusqu'à l'adolescence. Au Te Aute College, relais du système d'éducation anglais en terres australes, l'enseignement est ainsi destiné aux jeunes « gentlemen maoris », invités par le biais du sport à grossir les rangs de la classe moyenne anglophone.

Les gouvernants néo-zélandais, qui perçoivent vite le potentiel unificateur d'une telle activité, récupèrent le rugby à des fins politiques. En 1888, une campagne de recrutement de nouveaux pionniers est organisée en Angleterre dans le sillage de la première tournée internationale des All Blacks. Forts, resplendissants de santé, les joueurs sont présentés après les matchs comme les ambassadeurs officiels de ce territoire inconnu. Sur leur passage, des affiches qui vantent la qualité de vie en Nouvelle-Zélande invitent même les aventuriers anglais à participer à la légende : « Devenez vous aussi un All Black ! »

Plus tard, les rugbymen néo-zélandais sont enrôlés dans les régiments de la Couronne pour aller servir en Afrique du Sud pendant la guerre des Boers, ou en Europe lors de la guerre de 1914-1918. Le rugby devient un symbole patriotique, une incarnation des valeurs de la société néo-zélandaise, qui se présentera toujours comme le bon élève de l'Empire, le chouchou du Commonwealth. Les joueurs de rugby s'engagent sans réfléchir au service de leur pays ; ils mourront comme un seul homme, inscrivant définitivement le rugby dans le cœur de la population néo-zélandaise. Les All Blacks sont donc considérés comme des héros en Nouvelle-Zélande, des hommes exemplaires, humbles et courageux. Chaque village, chaque communauté rêve d'avoir dans ses rangs un joueur international. Cette passion ne s'est jamais altérée.

L'Académie

Il y a de la magie dans l'Académie All Black, et du sortilège dans leur rationalité. Les Néo-Zélandais innovent, savent tout faire et se débrouillent toujours pour avoir dans leurs rangs des joueurs hors norme.

En 1963, leur pilier Gray mesurait un mètre quatre-vingt-dix, ce qui était la taille du plus grand deuxième ligne français de l'époque. Et leur numéro 8, Graham, avec son mètre soixante-quinze, était à peine plus grand que notre Gachassin national ! Dans les années cinquante, leur arrière et fabuleux botteur Don Clarke pesait cent kilos, plus lourd qu'Alfred Roques ! Sans parler de John Kirwan, le premier ailier aux mensurations de géant, ou à l'opposé, Graham Mourie, l'avant de poche infatigable plaqueur. Comble de l'impensable, les All Blacks sortirent en 1995 de derrière les cocotiers le plus énorme des poupons : l'incroyable Jonah Lomu, dix-neuf ans, deux mètres ou presque, cent vingt kilos et moins de onze secondes au cent mètres ! Les All Blacks sont vraiment à part...

Bien au-delà des gabarits ou de la ferveur populaire, la clé de leur réussite reste leur culte de la précision, de la discipline et du travail bien fait. Les Néo-Zélandais, qui ne bâclent jamais une attitude, un axe de course ou une position, répètent à satiété les fondamentaux du jeu comme autant de gammes incontournables. Il ne s'agit pas pour eux de réussir techniquement une prouesse individuelle, mais de parvenir à enchaîner des gestes parfaits les uns avec les autres, le plus vite possible. Dans leur éducation rugbystique, le détail a autant d'importance que l'ensemble, et l'individu est toujours au service absolu du groupe. L'institution All Black perdure ainsi, comme une république merveilleuse.

Les grands capitaines All Blacks, pourtant adulés comme des dieux, ont toujours été des monstres d'humilité, des gars de la terre qui savaient malgré la gloire où était leur place : sir Wilson Whineray, Brian Lochore, Graham Mourie, Andy Dalton, David Kirk, Wayne Shelford... Beaucoup étaient des fermiers, certains des intellectuels, comme David Kirk qui, après le titre de champion du monde de 1987, interrompit brusquement sa carrière pour rejoindre l'université d'Oxford, mais tous avaient en commun une intégrité modeste et une noblesse discrète.

Être All Black, c'est être l'élu d'une histoire, d'une culture, d'une façon d'être au monde. En Nouvelle-

Zélande, les héros doivent toujours ressembler aux gens qu'ils représentent, ou plutôt à l'image que le pays veut avoir de lui-même : fier, dur au mal, simple et solidaire. Les accrocs à ce principe ont d'ailleurs été vécus comme des drames, comme lorsque la Fédération néo-zélandaise accepta dans les années vingt d'exclure ses joueurs maoris contre les Springboks afin de ne pas contrarier le pouvoir afrikaner. Les hommes politiques néo-zélandais firent une terrible erreur d'appréciation en acceptant de sacrifier la morale pour ne pas priver le peuple de son spectacle favori. L'intégration des Maoris est un des piliers du rugby en Nouvelle-Zélande, et cette compromission ne fut pas tolérée. Plus tard, en 1981, une tournée des Springboks en Nouvelle-Zélande vira à l'émeute sous la pression des activistes anti-apartheid. Ce fut un Munich ovale.

Curieusement, la France est peut-être de toutes les nations celle que les All Blacks redoutent le plus. Comme si les maîtres de la discipline n'arrivaient pas toujours à dompter notre rugby imprévisible et orgueilleux. En 1987, lors de la finale de la première Coupe du Monde à Auckland, le Haka retentit, assourdissant avertissement au XV de France. Le Toulonnais Éric Champ, guerrier gaulois étranger à toutes ces traditions, s'approcha seul du cercle pour fixer les joueurs en noir droit dans les yeux. Ce geste sans précédent qui osait désacraliser le Haka n'empêcha pourtant pas la France d'être passée à la moulinette. Douze ans plus tard, en demi-finale de la quatrième Coupe du Monde à Twickenham, les Français prirent une merveilleuse revanche dans un match que les All Blacks n'ont toujours pas digéré. La rivalité continue...

Les All Blacks ont fait rêver tous les amoureux de rugby de la planète. Jouer contre eux est toujours un grand honneur et une immense angoisse, comme si leurs joueurs étaient entourés d'un halo de mystère fascinant et inquiétant. Le rituel du Haka, leur jeu collectif et ce sens absolu du sacrifice en font des hommes singuliers, respectés et craints comme personne en Ovalie.

***

Trois heures du matin. Le Haka de mon ami du PUC résonne encore dans le pub de la rue de la Soif. J'ai très envie de retourner en Nouvelle-Zélande, « Aotearoa », la terre des nuages du bout du monde, ce pays où le rugby est roi.

Voir : EDEN PARK, FRANCE / NOUVELLE-ZÉLANDE 1999, GALLAHER (DAVID), HENRY (GRAHAM), LOMU (JONAH), UMAGA (TANA), WORLD CUP.

Alléluia !

Au collège de Rugby, à cette lointaine époque où le jeu de rugby tâtonnait encore à la recherche de ses lois, une règle décidée par les étudiants voulait que les matchs se terminent toujours par cinq minutes de liberté totale. Étrange règle de la non-règle ! Chacun pouvait alors s'en donner à cœur joie, et éventuellement régler ses comptes dans le grand défoulement collectif. C'étaient les cinq minutes dites de l'« alléluia ».

Une main trace en l'air un demi-cercle assuré et

vient trouver le nez qu'elle cherche depuis longtemps, le bruit de branche cassée réjouit les visages : alléluia ! Un gémissement étouffé sort péniblement d'un frêle thorax d'élève arrogant, et l'écho vengeur chante : alléluia ! Coups dans les côtes, plaquages assassins, lèvres fendues, corps écrasés... Alléluia ! Alléluia ! Alléluia !

L'alléluia n'est pas un cri de guerre ; c'est une exaltation qui vient conjurer les laideurs quotidiennes. Une fois la sanction tombée, le coup porté, tout peut rentrer dans l'ordre, comme après le carnaval. Et c'en est fini des méfaits du tricheur, du snob, du menteur, du prétentieux. Alléluia !

Les règles officielles de 1862 interdirent les cinq minutes de l'alléluia. Pourtant, en Grande-Bretagne ou ailleurs, avez-vous remarqué que les matchs commencent souvent par cinq minutes de grand n'importe quoi ? Et n'avez-vous pas entendu alors, comme moi, dans les tribunes, un grondement qui semble dire alléluia ?

Voir : COLLÈGE DE RUGBY.

Allez les petits !

La France s'apprête à affronter le pays de Galles au Parc des Princes. Les joueurs, enveloppés d'odeur de camphre, font claquer leurs crampons dans le couloir qui les mène des vestiaires au terrain. Roger Couderc, au micro de la RTF, annonce la formation des équipes, puis soudain, alors que les joueurs pénètrent sur le stade, il lâche le célèbre « Allez les petits ! » qui deviendra le cri de ralliement des Français pour le Tournoi des Cinq Nations. Roger Couderc fut, pour cette mémorable sortie, reconnu comme le seizième homme du XV de France. Et depuis, le couloir qui conduit les joueurs au terrain a été baptisé « l'allée des petits ».

Voir : COULOIR, IMAGES, TOURNOI DES SIX NATIONS.

Angleterre

Le rugby n'a pas été conçu en Angleterre pour divertir les foules, faire danser les villages ou permettre des bonnes rigolades entre collègues. De l'autre côté de la Manche, les ballons de rugby n'ont jamais rebondi dans le jardin des pauvres, ni sur les terrains vagues en bordure d'usines... Car depuis ses balbutiements, ce sport est intégré au système éducatif, avec comme objectif de former une élite sociale. Pour les jeunes Anglais éduqués de la « bonne société », la pratique du rugby est une étape quasi obligatoire sur la route qui mène au statut de gentleman. Les clubs civils n'ont d'ailleurs jamais d'équipes de jeunes, puisque leur formation et leurs compétitions sont assurées par les écoles, les collèges et les facultés. Le rugby est donc une composante intégrale de l'élite anglaise, inventé pour la servir et pour représenter fidèlement son système de valeurs. Voilà la clé maîtresse pour comprendre l'Ovalie en perfide Albion.

Des garçons bien comme il faut

Les rugbymen anglais ont généralement un bon pedigree et partagent tous un accent unique acquis dans les meilleures universités. En France, on aime entendre chanter dans la bouche de nos internationaux les expressions basques, les rivières de « r » du Sud-Ouest, les intonations d'Auvergne et l'argot de Provence. Rien de tout cela en Angleterre où l'accent n'indique pas forcément le lieu de naissance, mais plutôt l'origine sociale. Les étudiants d'« Oxbridge [1] », qu'ils soient de Manchester, d'Édimbourg ou du sud-est de Londres parlent tous de la même manière. Ainsi, ils se reconnaissent et se démarquent du reste de la population moins bien éduquée qu'eux. Quand on entend parler les rugbymen puis les footballeurs anglais, on comprend que les deux sports ne jouent pas le même rôle social... Will Carling était l'amant de la princesse Diana alors que David Beckham a épousé une Spice Girl. *No comment !*

Autre spécificité anglaise, le rugby ne se met pas au service des chauvinismes locaux, probablement parce que les représentants de l'élite, issus du même moule, partagent aussi les mêmes codes, les mêmes intérêts, et n'ont donc rien à se prouver. Les antagonismes ont suffisamment l'occasion de s'exprimer dans le monde des affaires à la City pour ne pas venir polluer les terrains. D'ailleurs, la notion de championnat n'existait tout bonnement pas en Angleterre jusqu'en 1990, et pendant plus d'un siècle, les meilleurs joueurs ont évolué toute leur carrière durant dans un même club, jouant le samedi sans vraiment

1. Contraction de Oxford et Cambridge.

compter les points, comme si cela n'était pas dans la nature du jeu. Au rugby, il est bien plus important de prendre du bon temps et d'entretenir un réseau de connaissances. Ainsi chaque année, pour la célèbre rencontre entre Oxford et Cambridge, de nombreux anciens élèves se retrouvent à Twickenham pour un pique-nique de luxe sur le parking, et tout le petit monde du rugby anglais vient prendre place dans le stade alors plein à craquer de ces hommes qui viennent autant voir un joli spectacle que faire du business. Vous n'y verrez jamais de gros Anglais tatoués qui se trimballent le bide à l'air, ni de hooligans qui n'ont jamais eu droit de cité dans cette majestueuse enceinte. Les enfants en pantalon de velours et casquette de tweed peuvent sans risque venir y applaudir leur équipe favorite.

En Angleterre, le rugby traverse les âges d'une vie d'homme. L'enfant socialise grâce au ballon ovale dans la cour de son école, puis, devenu adolescent, il se forge un tempérament dans la boue avant de boire ses premières mousses au foyer du collège. Étudiant, il défend corps et âme les couleurs de son université et ses partenaires deviennent ses meilleurs amis. Entré dans la vie active, il va voir jouer les Harlequins de Londres, et tape encore quelques drops avec son équipe folklo, comme nos cadres dynamiques vont faire un squash après le bureau. Les quadras aux tempes grisonnantes, en polo Ralph Lauren et un cigare à la bouche se retrouvent aux soirées de leur club de toujours et parlent affaires avec les autres membres. Leurs enfants joueront au rugby dans les mêmes écoles, et ainsi de suite, de terrains boueux en salons feutrés, avec les mêmes blazers et le même accent, le même humour et les mêmes intérêts, le même amour du jeu.

Le rugby, vitrine d'une Angleterre modèle

Paradoxalement, l'union sacrée s'opère tout naturellement chez les Anglais dès que se lève l'Union Jack et que s'entonne le *God save the Queen*. Le XV de la Rose a su au fil des années s'ouvrir à l'ensemble du Commonwealth : Ubugu et Ojomoh étaient nigérians, Catt sud-africain de naissance, Guscott jamaïcain et les frères Underwood immigrés de Hong-Kong. Pourtant, cette diversité n'a jamais été encensée comme une victoire sociale, parce que tous se sentent profondément anglais, et que rappeler à chacun ses origines serait une façon d'en douter. L'expression patriotique est outre-Manche une évidence, tous les « sujets » ayant en commun la monarchie, la Reine et une haute idée de l'Angleterre, quelle que soit leur terre de naissance.

Les Anglais peuvent jouer entre eux sans compter les points, mais le ton change radicalement lorsqu'il s'agit de défendre l'honneur de ce qui est pour eux le plus précieux : l'Angleterre ! Si le rugby n'est pas en Angleterre un sport du peuple, il est en revanche très populaire, incarnant l'élégance traditionnelle, l'esprit de corps, l'orgueil, dans lesquels les Anglais aiment se reconnaître. Les joueurs anglais sont ainsi les ambassadeurs incontestés d'une certaine culture et d'une histoire. Le plus grand capitaine anglais des temps modernes fut probablement Will Carling, en toute logique puisqu'il était la quintessence de tout ce dont l'Angleterre est fière et que le reste du monde raille : une autosatisfaction indécente, un sens des affaires aiguisé et un regard insondable qui ne permettait jamais de lire dans ses pensées.

Ah ! Punir l'Anglais !

Les Anglais ne diront jamais un mot déplacé sur les autres nations, laissant sagement parler le silence et l'attitude inimitable du fort qui sait qu'il le restera encore longtemps. Et forts, les rugbymen anglais n'ont plus à prouver qu'ils le sont. Dans le rugby international, ils sont perçus de façon assez ambivalente, entre admiration et désir de meurtre. Leur infernal sentiment de supériorité est d'autant plus insupportable pour leurs adversaires que la plupart d'entre eux sont d'anciennes colonies britanniques, mais derrière ce féroce antagonisme se cache forcément une petite part d'admiration pour la mère patrie du rugby mondial. Le *fighting spirit* irlandais, la rudesse écossaise et la sauvagerie galloise ne sont finalement que des dérivés de l'orgueil, la détermination et l'incroyable confiance des Anglais qui n'ont jamais baissé les yeux dans les tempêtes de l'histoire.

Comme toujours avec les plus grands, réussir à les battre, de Cardiff à Auckland, est un moment délicieux. Qu'il est bon de punir l'Anglais sur ce terrain qui lui est si cher, qu'il est doux de le pourfendre, de l'humilier et ainsi de laisser rugir la rancœur historique de tout un peuple ! Gallois, Écossais et Irlandais caressent ce rêve depuis des lustres, sans jamais réellement parvenir à atteindre le Graal. Dieu sait pourtant qu'ils y ont mis du cœur ! À la veille d'une demi-finale de Coupe du Monde entre l'Écosse et l'Angleterre, David Sole, le capitaine écossais, reçut de son homologue irlandais un télégramme qui disait : « *Please, just kill them, once and for all*[1] »... Les Écossais durent une fois de plus s'incliner.

1. « S'il vous plaît, tuez-les une bonne fois pour toutes. »

Les relations avec les Français sont d'un autre acabit. Il y a dans notre façon de jouer, de vivre et d'appréhender ce jeu une dimension libertine et impertinente que les Anglais ne peuvent dominer et encore moins comprendre. Imprévisible, violent et mal élevé, le rugby français intrigue les Anglais. Il est certainement dans la nature humaine d'admirer secrètement ce que les autres possèdent, et à ce titre, le *french flair* les angoisse et les déboussole. Malgré tous leurs bons joueurs, les Anglais n'ont jamais eu de Serge Blanco !

Les avants de devoir, les sauteurs académiques et les belles caisses capables de pourfendre sans état d'âme le pack adverse furent en revanche très nombreux dans leurs rangs. Des paires de seconde ligne d'abord, parmi les plus belles charpentes d'Europe depuis les années soixante, de Marques-Currie à Johnson-Bayfield en passant par Ackford-Dooley et le « rouflaquetté » Bill Beaumont. Des troisième ligne sacrificiels ensuite, rusés en soutien offensif et meurtriers sous les chandelles : Ripley, Neary, Winterbotton, Ben Clarke, Dean Richards dans le passé, Richard Hill, Neil Back et Lawrence Dallaglio aujourd'hui. Les Anglais ont toujours vénéré le jeu d'avants : un maul qui met l'adversaire sur les fesses, une bonne *up and under*[1] et un but de pénalité en conclusion, voilà ce qui fut pendant longtemps la tasse de thé de tous les amateurs de rugby en Angleterre.

1. Chandelle.

Champions du monde en 2003

Mais les choses changent. Dynamisé par le professionnalisme et l'arrivée d'un entraîneur fort en thème, le rugby anglais opéra à l'orée des années 2000 un changement de cap radical. Sous la direction de Clive Woodward, le XV de la Rose pratiqua pendant plusieurs saisons un rugby de rêve qui associa combat et fantasia, sévérité et prise de risque, sauvagerie et talent. À faire pâlir d'envie les vieux adeptes du french flair ! Cohen, Tindall, Dawson, des trois-quarts beaux comme des astres qui attaquaient à tout-va, Johnny Wilkinson la perle rare aux platines, Jason Robinson un petit métis formé à treize capable de crochets surréalistes, le tout sur fond de défense de fer et de conquête sérieuse. Cette troupe gonflée de confiance et de détermination remporta en 2003 un Grand Chelem, se paya la peau des trois nations du Sud, et finit par brandir le trophée suprême, la Coupe du Monde.

Cette année-là, le rugby anglais sentait la force maîtrisée, la volonté d'airain, le talent sans fioriture. En finale de la Coupe du Monde, les Anglais défièrent les Australiens chez eux à Sydney. L'affaire fut sérieuse et sévère jusqu'au dernier bout. Broyés tout le match par la mêlée anglaise, les Australiens obtinrent une pénalité bien étrange et surtout décisive à la dernière minute du temps réglementaire... Elle leur permit de jouer les prolongations. Ce fut un match classique, fait d'avants concasseurs et de buteurs métronomes. Les Anglais montrèrent une fois de plus leur incommensurable pugnacité et leur remarquable confiance en eux. Méthodiques comme leurs ancêtres, conquérants, âpres au labeur, ils ne dévièrent qu'une fois les yeux du chemin tracé, lorsque Johnny Wilkinson tapa le drop divin qui leur indiqua enfin la route des étoiles, après une ultime charge de Martin Johnson, le capitaine ténébreux. L'Angleterre devint ainsi la première équipe de l'hémisphère Nord à remporter la Coupe du Monde.

« Comment traduit-on "fair play" en français ? »

Bien au-delà de son équipe nationale aujourd'hui très performante, l'Angleterre reste un paradis pour tout joueur de rugby, une patrie ovale où ce qui entoure ce sport est immanquablement imbibé de bon goût, de passion, de raffinement. « Comment traduit-on *fair play* en français ? », demanda un jour un chroniqueur anglais à un joueur français... Il ne put obtenir de réponse. Il n'y a jamais de violence sur les stades anglais, pas de simulacre, pas d'insultes de pauvres types qui vont après le match se remémorer les civières glorieuses, les expulsés sympas et le coup de poing par-derrière du « sacré gros Jojo, quel tempérament celui-là ! ». J'ai honte quand je vois chez nous des matchs de cadets transformés en bagarre de rue. Dans les clubs français, les gamins reproduisent de bon cœur les gesticulations ridicules de leurs aînés. Les Anglais, qu'ils disputent un match corpo ou une finale de Coupe du Monde contre les All Blacks, procèdent de la même façon, avec le même engagement et la même correction sévère faite de rucking et de beaux tampons. Être rugbyman en Angleterre, c'est adopter un comportement digne, respectable, exemplaire.

Les Anglais sont hautains et prétentieux ? Certainement. Mais sur un terrain de rugby, ils sont le plus souvent nobles et respectueux des règles. Il n'y a pas de Dominique Leydier[1] dans les archives du rugby anglais, pas d'oreilles dégluties en douce sous la mêlée, pas de doigts tendus à la tribune adverse. Il y a en revanche après chaque rencontre sur les petits terrains de campagne des haies d'honneur et de franches poignées de main, quel que soit le niveau. Il y a des vestiaires partagés par les deux équipes et des club-houses feutrés où les mères des joueurs servent des *Baked Beans*[2] pour accompagner la bière.

Voir : CARLING (WILL), COLLÈGE DE RUGBY, ÉCOSSE, FOOTBALL, IRLANDE, JOHNSON (MARTIN), PAYS DE GALLES, RUGBY LEAGUE, TOURNOI DES SIX NATIONS, WORLD CUP.

Aplatir

Pour marquer un essai au rugby, il ne suffit pas d'apporter la balle dans l'en-but, il faut aussi « aplatir », c'est-à-dire appuyer sur le ballon quand on le dépose au sol, avec ses mains, ses bras ou son buste. Utiliser la tête ou le dos n'est en revanche pas valable ! Après tant d'efforts pour rejoindre la terre promise, le ballon est alors symboliquement « aplati » : vidé de ses forces, crevé.

La façon d'aplatir varie selon le tempérament du joueur et la situation. Arrivé dans l'en-but avec deux longueurs d'avance sur les défenseurs, le joueur narquois prendra un malin plaisir à déposer négligem-

1. Joueur de Montreux décédé à la suite des coups reçus pendant un match.

2. Haricots à la sauce tomate sucrée.

ment la balle d'une main, sans même interrompre sa course. On le verra s'éloigner en trottinant, deux doigts posés discrètement sous son nez — traduction : « les doigts dans le nez » — pour narguer ses adversaires.

Celui qui sent arriver le danger d'un plaquage, ou qui éprouve tout simplement le besoin de faire exploser son bonheur de marquer, serrera rageusement la balle contre sa poitrine et s'envolera alors en un plongeon libérateur et spectaculaire, dont il se relèvera en brandissant le poing malgré quelques écorchures aux genoux. Les Anglo-Saxons sont très friands de ces conclusions acrobatiques. Lors du dernier match du Tournoi des Six Nations 2003 entre l'Angleterre et l'Irlande, le trois-quarts centre anglais Tindall plongea si haut et si loin que l'atterrissage fut fatal à sa cheville. L'Australien Tim Horan était lui aussi réputé pour ses vols planés tout en force et détermination, au terme desquels son grand corps gaillard rebondissait sur la pelouse comme un bloc de caoutchouc !

Parfois, le ballon arrive tout seul dans l'en-but, devenant la proie de tous. Les sirènes d'alarme se déclenchent alors chez les attaquants comme chez les défenseurs, et les brigades sont lancées à ses trousses. Le plus rapide, ou souvent le plus filou, rafle la mise, à coup d'épaule s'il le faut. Dans la précipitation, il est parfois impossible de dire quel joueur a aplati en premier, et pour éviter les erreurs fatales, on a donné aux arbitres l'usage de la vidéo. Dans l'attente du verdict, le public retient son souffle et les deux équipes peuvent reprendre leurs esprits.

Voir : ESSAI.

Argentine

> « Un rugbyman argentin, c'est un Italien qui parle espagnol et rêve d'être Anglais. »
>
> Jean Lacouture, *Voyous et gentlemen.*

Le rugby argentin est né à la fin du XIXe siècle d'une saillie courtoise dans les boudoirs des clubs entre Anglais de vieille souche venus installer le chemin de fer dans la pampa et immigrés européens depuis peu transformés en latinos nouveaux riches. Rapidement, le rugby attira à Buenos Aires des galopins au sang mêlé, issus pour beaucoup d'Ibérie ou de la Botte transalpine, des pousses vigoureuses au sang bouillonnant qui laissèrent le polo aux aristocrates des haciendas, s'éloignèrent du foot populo, des furieux et des incultes, pour s'adonner au ludique football-rugby, jeu de pied certes, mais classieux, valorisant la passe et le tas, soit l'échange et le lien. Entre les deux guerres, les rugbymen de Buenos Aires virent d'un œil ravi les viticulteurs de Mendoza, de Cordoba et de Tucuman confirmer l'amour des Argentins pour ce nouveau jeu.

Indéniablement plus latine que british, l'Ovalie argentine fut longtemps considérée comme une polissonne sans destin, voire une bâtarde aux emportements de pasionaria. Mais sa vigueur et sa force firent rapidement taire les fâcheux... Arrivés d'Angleterre, les enfants d'Oxford furent les premiers à mettre genou à terre face à la « Selecciòn » qui s'était choisi le Puma comme emblème, animal pas franchement réputé pour sa tendresse ou sa docilité.

Dans les rudes univers des joutes animales, ses rivaux, Coqs de France, Wallabies australiens ou autres Gazelles springboks, gardèrent encore la main et le sourire jusqu'aux lendemains de la grande inhumanité de 1939-1945, avant de commencer à déguster les premières soupes à la grimace. C'est finalement la France qui entretint avec les Argentins les relations les plus régulières. En 1949, 1954 et 1960 les Coqs firent leur petite loi.

Comme tous les temples lentement bâtis, le rugby argentin repose sur des piliers robustes, sa véritable marque de fabrique. Quand on construit une histoire, une nation et à plus forte raison une légende, il faut une base solide et une ligne de front implacable. Aujourd'hui, les piliers nés et grandis en Argentine soutiennent de nombreuses grandes mêlées de la néo-Ovalie européenne. Récemment, le rugby argentin défrayait même la chronique par ses conceptions novatrices de la mêlée. Compacte, voire boulotte, la mêlée de la « Selecciòn » est surnommée « la bajadita », « la petite râblée ». D'allure ingrate, elle a pourtant la fierté des indestructibles ! Cette enfant trapue a fait régner la terreur et l'effroi sur les terrains du monde ; de nombreux packs furent broyés, des piliers concassés implorèrent pitié, et reculèrent jusqu'à la souillure. Ce chef-d'œuvre d'humeur noire suscita l'admiration de tous les entraîneurs adverses.

Forts de leur pack aux liens de fer, dans les années 1980 et 1990, celles des ultimes soubresauts de l'amateurisme, les Pumas ne baissèrent plus les yeux devant personne, et goûtèrent à tous les plats de viande. Hugo Porta entra au Panthéon ovale à la rubrique « meilleur buteur de la planète ».

La fin de l'amateurisme coïncida avec un nouvel essor du rugby international argentin. Français, Gallois, Sud-Africains se firent rosser. Les Anglais, les meilleurs du champ mondial, se firent effeuiller à Twickenham en novembre 2006. Seuls les All Blacks résistent toujours avec acharnement aux charges de ces fauves : la dernière rencontre eut lieu en 2006, et s'acheva sur un score serré de 25 à 19 pour les Blacks.

Les Argentins ont mis longtemps à être pleinement considérés. Ils ont passé des décennies à lever timidement le doigt pour être admis dans la cour des grands, mais ce complexe d'infériorité est en train de voler en éclats. Ils en ont fini avec l'acné des tendrons et les complexes des apprentis. Ils n'ont plus de leçons à recevoir de personne. Cette terre dont l'économie flagelle douloureusement a envoyé ses plus récents fleurons s'épanouir sur les pâturages fertiles et gras d'Europe. Ainsi le brillant Pichot ou le grand Hernandez, peut-être le plus libre, postulent pour les podiums des meilleurs d'Ovalie. Les arrière-petits-fils des immigrés espagnols et italiens sont de retour sur les terres de leurs ancêtres.

C'est parce qu'elle s'est nourrie de la sueur des migrants, des adieux douloureux aux enfants en partance, que « la Selecciòn » est rude et courageuse. Elle va puiser sa force dans un orgueil sans faille, galvanisé par une quête de reconnaissance jamais assouvie.

Voir : ALL BLACKS, ANGLETERRE, PILIER, PAYS DE GALLES, SPRINGBOKS, TWICKENHAM.

Armer du bras

Dès le début de l'aventure rugbystique, il fut entendu pour tout le monde que se munir d'armes sur le terrain était une infraction sérieuse. On trouva vite parade à ce genre de limite. On s'aperçut par exemple qu'un bras bien tendu envoyé dans la mâchoire de l'adversaire avait de grandes chances d'interrompre sa course...

L'« armer du bras », où qu'il soit porté sur le corps de l'adversaire, est considéré en France comme un plaquage dangereux, et doit être sanctionné par une pénalité, ce qui n'est pas le cas dans le règlement international. En France, les défenseurs doivent toujours plaquer avec les deux bras, et l'on appelle d'ailleurs les meilleurs d'entre eux les « sécateurs ». À l'instar de l'« armer du bras », il y a ainsi toute une série de gestes que la fédération française condamne, alors que les autres pays les acceptent. Juste pour le plaisir des mots, en voici la liste : la cuillère, le soleil, le plaquage façon judoka, le plaquage avec prise au col, la cravate. C'est poétique, mais interdit !

Voir : CRAVATE, SOLEIL, CUILLÈRE.

Arms Park

Silence, on parle ici d'un stade défunt. Un stade mort sous les pelleteuses, c'est un peu comme un théâtre transformé en McDo, une vieille salle de boxe en station-service, ou un bistrot de quartier en borne Internet. C'est triste. Il y a des lieux qui, même faits de briques et de ciment, ont un cœur. Rasés, cassés, vendus aux bétonneurs, ils emportent avec eux le souvenir des petits bonheurs et des grands drames, la vie, quoi !

L'Arms Park, c'était à Cardiff la plus belle cathédrale, un temple au cœur de la cité, un pré sacré. Les jours de match, dans les maisons en granit, les vieilles dames mettaient sur la table un drapeau rouge flanqué d'un dragon en signe d'allégeance, et la ville tout entière retenait son souffle, suspendue à la clameur chaude venue du stade. Chaque pensée galloise convergeait ainsi vers le champ de bataille pour que l'équipe nationale des diables rouges puise ses forces dans l'amour de son peuple. Quand s'entonnait le chant fétiche, *Land of my Father*, « la terre de mes ancêtres », tout le monde levait ensemble les yeux au ciel. Ce chant sorti des entrailles des mines pourrait bouleverser le plus sinistre des croque-morts, le plus sévère des inspecteurs des impôts ! Au « Waaaaaaales ! » final, après avoir versé quelques larmes, les gens ouvraient une petite fiole de whisky pour rendre la pluie d'hiver moins glaciale. La rencontre pouvait alors commencer. Bien plus que le centre névralgique du rugby gallois, l'Arms Park était la caisse de résonance de la nation, un symbole de patriotisme pour un pays au grand cœur.

L'authenticité de cette ferveur a ému le monde entier. Les comptes-rendus de matchs du Tournoi à Cardiff se résumaient d'ailleurs souvent à des descriptions de frissons pendant les hymnes, quelles que soient la teneur et la qualité de la bataille. L'Arms Park était devenu un lieu de pèlerinage, et les amateurs de rugby auraient traversé déserts et océans pour communier avec la nation galloise dans la sainte chapelle. Les Gallois, lyriques et braves, ont ainsi bénéficié d'une grande sympathie et jamais un seul sifflet n'est venu perturber la grande chorale.

La première fois que je suis allé à l'Arms Park, c'était pour voir l'équipe de France, emmenée par Christian Carrère, y remporter un Grand Chelem en 1968. On m'avait dit : « Viens bien en avance, pour écouter les Gallois chanter ! » Arrivé deux heures auparavant, déjà imbibé de cette bière que les hommes engloutissent là-bas dès le matin de la rencontre, j'étais tout seul dans les tribunes du stade mythique. J'ai vu s'installer peu à peu les gaillards en rouflaquettes, les rougeauds et les dépoitraillés malgré le 0 °C ambiant... Les Gallois n'ont jamais froid ! D'ailleurs, ce sont les seuls Anglo-Saxons à ne pas s'échauffer avant de jouer : ils boivent une pinte de bière, et hardi pour défendre le Poireau ! Le match fut médiocre, mais la France l'emporta. Christian Carrère grimpa sur les épaules de Walter Spanghero pour un tour d'honneur de légende. Je finis cette nuit-là dans les pubs aux alentours du stade, au bord d'un fleuve de bière, de pisse, et d'eau sale.

En 1999, Cardiff a accueilli la finale de la Coupe du Monde, comme une juste récompense. Mais le vieil Arms Park, avec sa carcasse usée par la passion, fut jugé trop petit, trop vétuste. Des architectes ambitieux dessinèrent un stade ultramoderne, avec toit télécommandé, tribunes rétractables et centre commercial intégré. Un vrai joyau de technologie, baptisé le Millenium Stadium ! L'Arms Park fut détruit en quelques jours par des tracto-pelles obéissantes, emportant avec lui ce que le nouvel édifice mettra du temps à avoir : une âme.

Voir : Pays de Galles.

Arnold (Thomas)

Au XIXe siècle, les directeurs du collège de Rugby, ou *headmasters*, comprirent les bienfaits du football pour la vie de l'école et le développement des garçons. Thomas Arnold, *headmaster* de 1828 à 1842, marqua tout particulièrement son temps et l'histoire de la naissance du rugby.

Arnold arriva dans une institution affaiblie par une hiérarchie entre élèves très dure : les bizutages étaient violents, les plus jeunes se faisaient régulièrement humilier par leurs aînés qui s'adjugeaient un droit de regard tyrannique sur la vie du collège. L'école avait reçu de nombreuses plaintes et certains éléments avaient même été exclus à la suite d'une rébellion contre les professeurs. Franc-maçon à l'idéal humaniste, Arnold s'employa alors à changer l'esprit qui prévalait au collège : il mit au cœur de son projet éducatif l'idée d'un code de conduite de gentleman inspiré des valeurs chrétiennes et adressé à toutes les classes sociales sans distinction de pedigree.

Cependant, s'il perçut l'impératif besoin de

réformes, il eut l'intelligence de ne pas s'imposer comme un chef autoritaire et ennemi des étudiants. Au contraire, convaincu de la justesse de ses principes, il s'appliqua à responsabiliser les élèves, à les considérer comme ses assistants, et tenta habilement de changer les mentalités. Les plus anciens ne devaient par exemple plus considérer le commandement des plus jeunes comme un droit, mais plutôt comme un devoir.

Arnold était aussi un ardent défenseur de la pratique du sport qui, selon lui, « *relax and refresh the mind*[1] ». Aujourd'hui encore, il est considéré comme un précurseur de l'activité physique à l'école. Il comprit vite les vertus exutoires et socialisantes du football, accessible aux nouveaux élèves venus des classes moyennes, mais il refusa de s'immiscer dans son organisation, convaincu que ce jeu était intimement lié à l'identité des *boys*. Il fit du rugby un relais indirect de son enseignement, tout en s'opposant fermement à ce que ce sport fasse partie du curriculum officiel.

Sous son mandat, mais sans aucune ingérence adulte dans la gestion du jeu, le football se dota ainsi d'un mode de fonctionnement élaboré, avec une hiérarchie entre élèves, des votes et des conciliabules, et connut alors un essor considérable.

Le rôle de Thomas Arnold dans l'histoire du rugby fut immense. Sa philosophie de l'éducation influença plusieurs générations d'élèves pour qui le rugby était un aspect essentiel de la vie de l'école. À la fin de leurs études, les « Arnold's men » se sentaient presque investis d'une mission messianique et voulaient partager avec la société tout entière les valeurs

1. « Repose et rafraîchit l'esprit. »

qui leur avaient été transmises. Beaucoup d'entre eux continuèrent à prêcher la parole du *headmaster* dans d'autres écoles, d'autres villes, d'autres pays. Arnold avait de plus toujours encouragé les meilleurs talents à s'expatrier pour établir les principes chrétiens de bon gouvernement dans les nouvelles nations de l'Empire. Cette dispersion de disciples passionnés de rugby aux quatre coins de la planète explique probablement l'essor du jeu, mais aussi sa survie.

Voir : ANGLETERRE, COLLÈGE DE RUGBY, FOOTBALL, FRANC-MAÇONNERIE, RUGBEIANS.

Arrière

Toi, l'enfant qui aimes les courses folles, toi, le petit fugueur, l'adepte de l'école buissonnière, le rugby te réserve une place de choix : le poste d'arrière. Mais attention, pas de malentendu ! Être arrière, ce n'est pas les vacances. Tu auras droit aux grands espaces, certes, mais tu devras aussi avoir l'exigence extrême des sentinelles. Tu subiras les assauts des attaquants et tu te prendras sur la tête des trombes de chandelles ! Il n'y a pas au rugby d'envol sans traverser d'abord un champ de mines.

Au début du siècle, l'arrière portait le numéro 1, figure de proue bizarrement située à la poupe de l'équipe. Le maître de guerre Lao-Tseu a dit : « Pour rassurer les hommes, tiens-toi droit derrière eux. » Il n'y connaissait rien au rugby, mais il avait tout compris ! L'arrière, aujourd'hui numéro 15, souffle dans le dos de ses coéquipiers, mais s'empare aussi de l'étendard quand l'occasion se présente. Rassurer ses partenaires, leur donner confiance, est une de ses plus nobles missions. D'ailleurs, quand l'arrière fredonne, c'est toute l'équipe qui chante à tue-tête.

Grâce à quelques-uns de ses plus remarquables représentants, ce poste complexe n'a jamais cessé d'évoluer. Dans les années soixante, alors que les équipes privilégiaient la sécurité et l'efficacité, l'arrière All Black Don Clarke accéda au rang de légende vivante : robuste comme un menhir, mais aussi très adroit, il imposa au monde sa botte magique. Les plus grandes équipes en furent victimes et toute une génération d'arrières vécut dans son ombre.

Le vrai souffle de l'innovation vint toutefois de France, et l'on peut se targuer d'avoir eu dans nos rangs des arrières de diamant à faire pâlir tous les joailliers du jeu. L'arrière, longtemps considéré comme un ultime rempart, a accédé grâce aux Français au devant de la scène. Claude Lacaze se mêla de plus près aux ébats du jeu, puis Pierre Villepreux s'intercala dans la ligne des trois-quarts pour partager avec eux les joies de la course. Rapide, bon passeur, il surgissait avec un sens inné du timing, et pouvait à lui seul rendre brillants ses partenaires. Le french flair doit beaucoup à son panache ! Vinrent ensuite Aguirre, qui fut le premier avec le Gallois J.P.R. Williams à se frotter aux avants, et le grand Serge Blanco qui illumina de sa classe l'Ovalie mondiale pendant plus de dix ans. Sadourny, enfin, campa sur les hauteurs que son illustre prédécesseur avait atteintes.

Le poste d'arrière demeure celui des joueurs solitaires-solidaires épris de liberté et prêts au sacrifice, intrépides aventuriers qui préfèrent courir sans savoir où aller que rester là sans rien faire. Bienvenue à toi, gamin bercé d'idées folles, le rugby t'attend avec un numéro 15 sur ton premier maillot.

Voir : ARRIVER À TEMPS JUSTE, ATTAQUE CLASSIQUE, CHANDELLE, FRENCH FLAIR, FULL HOUSE, MARQUE, VILLEPREUX (PIERRE).

Arriver à temps juste

Les Anglais parlent de timing et les musiciens de tempo pour décrire ce mélange de rythme et de justesse qui fait les grandes œuvres. En rugby, « arriver à temps juste » c'est se joindre à une action sans en altérer la vitesse ni la mesure, mais au contraire, en s'y fondant harmonieusement. Pour résumer l'art du temps juste, l'ancien capitaine du XV de France Philippe Saint-André prenait l'exemple de Jean-Luc Sadourny, l'arrière des Bleus : « Jean-Luc est loin d'être le plus rapide, mais lorsqu'il s'intercale dans la ligne, on dirait toujours qu'il court plus vite qu'un avion à réaction ! »

Le temps juste est donc un sens du rythme si parfait qu'il pourrait presque se transformer en illusion d'optique. Le joueur adapte parfaitement sa course à ses partenaires, à la vitesse des passes, aux intervalles ouverts dans la défense adverse. Il ne fait attendre personne et surgit comme une évidence sans contrarier le mouvement d'ensemble. Il est « à temps juste », au bon endroit, au bon moment.

Cette qualité n'est pas une question de technique, ni d'attributs physiques, mais relève plutôt de l'anticipation, de l'instinct, voire du don. Arriver à temps juste, tout comme jouer d'un instrument avec un bon tempo ou avoir du « temple » en tauromachie, ne s'apprend pas, mais se ressent. Certains postes s'y prêtent davantage que d'autres : le temps juste est souvent l'apanage des arrières, qui s'intercalent en bout de ligne de trois-quarts afin de créer un surnombre. Blanco, Villepreux, Sadourny avaient, par exemple, une prédisposition naturelle pour être dans le rythme et y ajouter une petite note enlevée qui faisait danser les lignes arrière.

Voir : ARRIÈRE, ATTAQUE CLASSIQUE, VILLEPREUX (PIERRE).

Arroser

Au rugby, arroser n'a pas grand-chose à voir avec le jardinage... Rien à voir non plus avec un quelconque jeu régressif dans les pissotières. C'est plutôt du côté des militaires qu'il faut malheureusement se tourner, et admettre du coup que le vocabulaire rugbystique emprunte souvent à celui de la guerre. Lorsqu'un soldat « arrose » la position ennemie, sa mitraillette balaie large et ne se soucie pas des dégâts collatéraux. De la même manière, pour les rugbymen, arroser, c'est en coller une à tous ceux qui ont le malheur de se trouver là. Les bras moulinent, les mains s'agitent, le cerveau s'échauffe, et les coups pleuvent sans discernement. La précision n'a alors rien de chirurgical ! Cela permet parfois de revenir à plus de clairvoyance... Admettons que, le plus souvent, ce comportement stupide n'arrange rien. Hélas, comme le remarquait Jules Renard, « la sottise pousse sans qu'on l'arrose » !

Ascenseur

Pendant longtemps, les joueurs chargés de gagner le ballon en touche misaient sur deux atouts : leur grande taille et leur détente. Mais l'exercice demandait aussi un savant mélange de coordination et de dextérité que seuls de rares joueurs possédaient. Certains sautaient trop tôt et retombaient comme des benêts quand la balle leur survolait la tête, d'autres appréciaient parfaitement les trajectoires, mais n'avaient pas l'adresse suffisante pour attraper le ballon en l'air. Sans compter que cette délicate phase de conquête concentrait toutes les filouteries. Au moment du bond, le joueur était retenu par le short, il se faisait piétiner le pied d'appel ou appuyer sournoisement sur l'épaule... Et si, par chance, il avait réussi à prendre correctement son impulsion, un pirate s'arrangeait toujours pour le déséquilibrer en vol. Évidemment, les traficotages aiguisaient les rancœurs et déclenchaient de bonnes salves de mandales.

En réponse à ces assauts malveillants, on inventa la technique, illicite, de l'« ascenseur » : les partenaires du sauteur le soulèvent discrètement, le maintiennent en l'air et lui permettent ainsi d'attraper confortablement la balle. Cette aide, longtemps sanctionnée, fut peu à peu tolérée avec l'avènement du professionnalisme. Pour que la touche ne soit plus une foire d'empoigne, les instances dirigeantes du rugby mondial décidèrent en 1996 d'autoriser définitivement l'ascenseur. Aujourd'hui, les meilleurs en touche ne sont plus ceux qui sautent le plus haut... mais ceux qui ont les plus forts porteurs.

Voir : TOUCHE.

Attaque classique

Les mouvements les plus nobles sont parfois aussi les plus simples. Essentiels, se suffisant à eux-mêmes, ils traversent le temps, pratiqués autant par les débutants que les plus grands experts. Comme les gammes que les musiciens prestigieux continuent de répéter religieusement aux côtés de leurs disciples, en rugby, nous avons l'attaque classique. Ce mouvement offensif consiste à faire circuler le ballon de main en main le long des lignes arrières, pour déplacer rapidement le jeu vers l'aile après une phase de conquête. À l'entraînement, l'attaque classique constitue aujourd'hui encore un exercice indémodable, irremplaçable, indispensable. Pas un apprenti attaquant, pas un vénérable maître trois-quarts ne saurait commencer sa « mise en main » sans réciter auparavant la gamme de référence. Les artistes méticuleux soignent leurs orientations de course, travaillent la souplesse de leurs poignets, alternent la vitesse des passes et répètent mille fois les mêmes gestes pour les rendre automatiques dans les moindres détails.

C'est l'équipe de Lourdes qui, au sortir de la Seconde Guerre mondiale, donna à ce mouvement ses lettres de noblesse. Emmenés par Jean et Maurice Prat, les frères Lacaze, Martine ou encore Labazuy, véritables orfèvres passeurs, les Lourdais gagnèrent plusieurs Boucliers de Brennus et l'estime de tout le rugby français. Action d'une simplicité élémentaire, l'attaque classique est la mère de toutes les offensives, le fondement technique du jeu de ligne, une des plus belles œuvres du rugby. Longtemps, elle fut d'ailleurs l'unique attirail offensif de toutes les équipes d'Ovalie, des cadets B de Toulon aux grands All Blacks de Nouvelle-Zélande. La première révolution fut de laisser s'intercaler l'arrière dans la ligne de trois-quarts, afin de créer un surnombre et ainsi mettre l'ailier en position de débordement. Puis vinrent les passes croisées, les passes sautées, et enfin tout l'inventaire des combinaisons tarabiscotées dont raffolent les tribunes de novices. Il reste que tous ces mouvements ne sont que des dérivés de la plus pure forme d'attaque, la fameuse classique.

Guidé par de nouvelles exigences physiques, le jeu moderne l'a, hélas, progressivement évincée de son répertoire. Au niveau international, ce sont à présent les percussions de trois-quarts et les défis au centre du terrain qui semblent être les gestes les plus en vogue. L'attaque classique reste pourtant dans le cœur de tous les amoureux de rugby, et beaucoup de grands artistes du french flair pourraient encore disserter des heures sur ses secrets, des larmes dans les yeux et des fourmis dans les mains.

Voir : AILIER, ARRIÈRE, CADRAGE-DÉBORDEMENT, OUVREUR, PASSE, PROFONDEUR, RENTRER-DONNER, TROIS-QUARTS CENTRE.

Attaque de la mêlée

La mêlée est une rencontre rugueuse entre deux blocs de joueurs qui vont tenter, dans l'affrontement direct, de conquérir la balle. Deux packs face à face, liés par les cordes des bras, les nœuds des mains, les entrelacs d'épaules. Les trois joueurs de la première ligne vont subir le choc, pris en tenaille entre leur groupe qui pousse derrière eux, et le pack adverse devant eux. Dans leurs yeux, que seuls les trois d'en face aperçoivent, l'angoisse et la rage affleurent à égalité.

L'impact est brûlant. Une lumière primale, brève, vient accompagner le râle de l'effort et la douleur. En cet instant se scelle l'unité du pack, et avec lui, la réussite de la mêlée. Un impact dominant, et c'est toute une mêlée qui est confortée, en place. Un impact subi, un seul dos de pilier qui se voûte, et voilà tout le bloc qui se met à tanguer, bientôt à prendre l'eau... Le pack dominé s'écroule. Tout est ici affaire de construction et de répartition des forces. L'attaque de la mêlée n'est sûrement pas un plongeon, qui risquerait de déséquilibrer les soubassements et fissurer les parois. On ne se jette pas les uns sur les autres comme d'ordinaires bouquetins en proie à une poussée de testostérone ! L'affrontement est méticuleux, savant. De cette rencontre improbable va naître une tortue humaine digne du génie civil. De part et d'autre de la première ligne — point de convergence des arches qui soutiennent l'édifice —, les deux piliers forment les coins de la bâtisse, à la fois garants de l'équilibre et potentiels béliers qui viendront fendiller la mêlée adverse. Chacun des piliers doit à la fois supporter tout son groupe et livrer un duel très personnel avec son adversaire direct. Double mission, et pas des moindres... Dès l'entrée en mêlée, les piliers au dos plat bâtissent un pont, afin que l'énorme onde d'énergie venue de son camp se répercute sur les adversaires et les fasse vaciller d'emblée.

Juste avant l'entrée en mêlée, l'arbitre guide les joueurs de la ligne de front, en leur donnant des ordres : « fléchissez », « touchez-vous », « posez-vous » et enfin, « engagez-vous ». Les voilà prêts. Nous sommes à cet instant au bord d'un harmonieux cataclysme.

Voir : ÉCROULER LA MÊLÉE, MÊLÉE, PILIER.

Aux jambes !

L'expression a pour moi un goût de madeleine de Proust. J'entends « Aux jambes ! », et je me revois à huit ans courir sur le terrain immense, entouré de minots de mon âge, les cuisses marbrées qui sortent du short trop grand, les joues roses, les yeux espiègles. Voilà qu'un adversaire fait sa valise et déboule comme une locomotive pétaradante ! Dans les tribunes, mon père, mes frères et mon entraîneur crient d'une seule voix : « Aux jambes ! » Je comprends en un clin d'œil que l'on s'adresse à moi, et que l'affaire est grave. L'autre s'est tiré comme un voleur avec le ballon, et il va marquer ! Je dois plonger sur mon rival, lui enserrer les cuisses avec mes bras, le ligoter, pour le foudroyer dans sa course. C'est mon premier vrai plaquage, mon baptême du feu. J'ai le ventre à l'envers et des palpitations dans les tempes. Il n'est plus temps de raisonner, c'en est fini du tableau noir et des schémas tactiques qu'on m'a appris à l'entraînement. Là, je suis au cœur du sujet. C'est maintenant qu'on va voir si je suis capable, moi aussi, d'être un vrai joueur de rugby. « Aux jambes ! », c'est l'alerte au feu, le SOS des naufragés, la sonnette d'alarme. Dans ma tête, le voyant rouge s'est allumé, j'entends résonner la sirène, je n'ai pas le choix. Allez, j'y vais. Aux jambes !

Voir : PLAQUER.

Avant

Cette petite histoire à l'auteur anonyme circule le long des comptoirs et des balustrades :

« Un jeune paysan timide arrive au Stade Toulousain.

— Tu veux jouer ? lui demande Henri Fourès.

— Oui, monsieur.

— Tu es costaud. Tu joueras avant.

— Non, monsieur, je voudrais jouer en même temps que les autres. »

Avantage

Les règles sont édictées pour être appliquées. Pourtant, il y a au rugby une étrange règle, celle de l'avantage, qui justement permet parfois d'échapper à la règle... Un joueur qui commet une faute devrait logiquement être pénalisé par l'arbitre. Or celui-ci peut décider de laisser l'« avantage » à l'équipe adverse, c'est-à-dire qu'il la laisse jouer une action profitable, au lieu de lui accorder une pénalité. La règle de l'avantage permet ainsi de rééquilibrer la donne. L'adversaire saura peut-être tirer parti de la maladresse ou de la roublardise, il trouvera peut-être une réponse féconde à l'erreur. De l'échec naît aussi la beauté.

Il n'y a pas au rugby seulement ce qui est ou qui n'est pas ; on laisse aussi la possibilité d'un « peut-être ». Sous l'influence probable d'Aristote, les législateurs du rugby ont donc décidé de laisser le jeu s'enrichir de la faute qui, ouvrant les portes de l'inconnu, porte sa part de vie, de chance, d'intelligence en germe. Récupérée à bon escient par l'équipe adverse, elle devient une nouvelle graine fertile, qu'il aurait été dommage de sacrifier sur l'autel du jeu bien réglé.

Avoir un bon vestiaire

Mon frère Bernard, alors entraîneur de l'équipe de Saint-Claude, me disait un jour sa satisfaction d'avoir « un bon vestiaire ». N'allez pas vous imaginer qu'il y avait à Saint-Claude un complexe luxueux avec bains à remous, casiers de bois des îles, miroirs de Chine et masseuses expertes ! Rien de tout cela. Ce n'était qu'un vestiaire ordinaire, on y entrait par la porte qui grinçait, on manquait de glisser sur le carrelage, les bancs étaient vieillots, et les douches coulaient parfois de travers. Et pourtant... Il était bon. Avoir un « bon vestiaire » n'est malheureusement pas donné à toutes les équipes. Cet antre mystérieux peut être parfois un vilain panier de crabes où s'affrontent les ego à grandes pinces.

Le vestiaire est le lieu de préparation avant le match, où se scelle l'alliance des hommes pour le combat. Pour qui est habitué à y pénétrer, un « bon vestiaire » se remarque à des signes quasi imperceptibles, se sent dans les regards et les gestes, dans les mots échangés. Là où le novice ne verrait probablement que des joueurs en train d'enfiler un maillot, il se joue en fait une fusion entre des hommes qui décident de ne faire qu'un. Dans un « bon vestiaire », on dirait que les hommes sont nés là, et qu'ils ont grandi ensemble, sans pour autant que leurs liens ressemblent à des menottes. L'espace appartient à tous, mais chacun y a sa place, qu'il occupe avec sérénité et évidence, se déplaçant sans heurt, maintenant l'alchimie parfaite entre une intimité personnelle et une intimité collective. L'air y est chaud et humide, chargé des bouillonnements intérieurs. Le groupe prend racine dans un imaginaire commun, qui le maintient en éveil et en espérance. Les yeux semblent tous regarder dans le même sens. La pièce se remplit d'invisibles cordages entre les avants, de légères cordelettes entre les trois-quarts. Le vestiaire devient un atelier de tissage pour étoffes de héros cent fois remises sur le métier. Ainsi finement tressé, le groupe gagne la solidité du filet qui s'abattra sur quiconque osera s'y frotter.

Voir : COULOIR, ENTRAÎNEUR, VESTIAIRE.

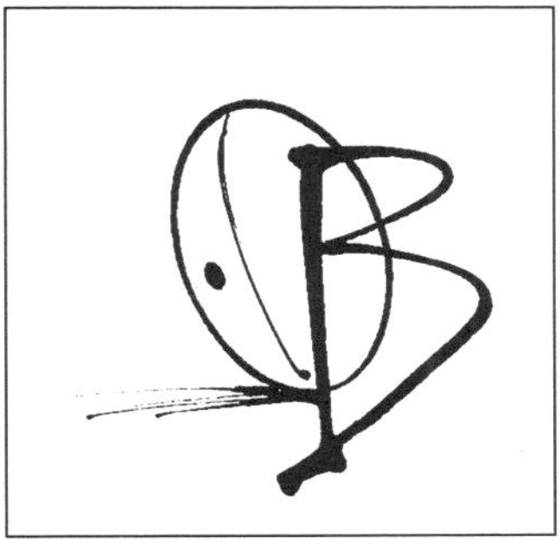

Balle propre

Il n'est pas ici question d'hygiène, même si on voit parfois les buteurs essuyer la balle du revers du maillot avant de tenter un but !

On dit que la balle est « propre » lorsqu'elle est conquise aisément par les avants qui la présentent en toute sécurité au demi de mêlée. À l'inverse, quand le maul ou le regroupement s'enlise, que l'adversaire s'infiltre, la balle s'embourbe dans un cafouillage de corps et de bras qui la prennent en otage. Impossible de l'extraire sans s'exposer à la pression défensive des avants opposés.

Pour assurer un ballon propre, le demi de mêlée choisit alors de remettre en marche la lessiveuse, entendez : le paquet d'avants. Plus autoritaire que jamais, chef d'un puissant troupeau, il ordonne aux joueurs enchevêtrés de garder la balle, de progresser dans l'axe afin de fixer l'adversaire et le contraindre à reculer.

Une équipe qui avance est toujours mieux disposée pour sortir des ballons propres. Les adversaires, trop occupés à enrayer la marche arrière, ne se préoccupent plus du ballon, les nettoyages et les percussions des attaquants au bord du regroupement sont plus vigoureux, et la paire de demis peut rapidement orienter le jeu. Les trois-quarts sont eux aussi aspirés par le mouvement, et l'offensive a toutes les chances d'être dangereuse.

Les trois-quarts reprochent souvent aux avants de ne pas fournir assez de ballons propres... Mais gare aux réactions de la lessiveuse quand un ballon propre gagné dans la souffrance est gâché par la maladresse d'un attaquant hautain !

Le plus souvent cependant, la balle s'envole en chantant, comme un remerciement aux humbles qui l'ont shampouinée dans la mêlée, avant de la regarder offrir ses rondeurs aux mains délicates des galants de l'arrière...

Voir : AVANT, DANS LA DÉFENSE, DEMI DE MÊLÉE, MAUL, MÊLÉE.

Ballon

> « Certes, on peut imaginer que le rugby joué avec une balle ronde serait encore du rugby, comme du Beethoven joué avec un mirliton serait encore du Beethoven. Tout le rugby n'est pas construit sur la forme du ballon et tout son génie n'est

pas emprunté aux mystérieuses vertus de l'ovale.

« [...] Mais le ballon ovale est tout de même un peu mieux qu'un bon prétexte, mieux qu'un témoin passif, qu'une boule déformée par l'usage, aboulique et désintéressée. Il réagit sur le terrain avec tant d'imprévu qu'il paraît y mener sa partie comme un être libre, gonflé d'intentions secrètes et généralement tracassières. Il s'amuse de son côté. C'est une créature extravagante, sans routine, primesautière, à angles vicieux, conjoncturale dans ses déplacements et biscornue dans toutes ses manières. On le dirait instrument du destin si les joueurs de rugby ne méprisaient une notion si peu favorable au combat. »

Jacques Perret,
Articles de sport.

Voir : GILBERT.

Ballon brûlant

Jouer à « ballon brûlant », c'est faire circuler le ballon le plus rapidement possible, sans qu'il reste plus d'une fraction de seconde entre les mains d'un même joueur. Il en résulte un jeu de passes très vif qui, pour filer la métaphore, met le feu aux lignes arrières.

Voir : PASSE, RENTRER-DONNER.

Ballon mort

De part et d'autre du terrain, derrière les poteaux, deux traits blancs ferment l'en-but ; ce sont les lignes dites de « ballon mort », au-delà desquelles le ballon ne peut plus être joué. Entre ces lignes, il vit, convoité par trente joueurs frénétiques. Entre ces lignes, il est désiré à en gémir. Mais, sorti du pré sacré, il pénètre en terrain vague, là où la vie ordinaire des hommes ordinaires reprend son cours. Le ballon mort n'est plus le centre du monde. Il ne vaut plus rien. « C'est un ustensile réduit à son enveloppe charnelle, mais privé d'âme et déserté par l'esprit du jeu », disait Antoine Blondin.

Barbarians

Si le rugby est un jeu où cohabitent les contraires, il s'est pourtant développé dans le monde grâce aux clubs, créés pour fédérer des valeurs et des volontés communes. De l'Angleterre aux Îles Fidji, le club est le creuset du lien, le conservatoire des légendes qui racontent l'âme d'un peuple.

À la fin du XIXe siècle, les clubs se rencontraient selon leur niveau ou leur histoire au cours d'une période qui courait de l'automne au printemps. En 1890, un dénommé Sir Carpmael — gentleman devant l'Éternel, puisque d'après Alphonse Allais, il se servait de la pince à sucre même quand il était seul —, passionné de rugby estimant que l'intersaison était trop longue, eut l'idée de créer un club imaginaire, sans joueurs attitrés, sans siège ni buvette, qui ne jouerait que l'été. Les idées les meilleures naissent souvent dans les brouillards d'un pub ! Cela se passait en la bonne ville de Bradford où, en jouissant de son énième double whisky, Carpmael proposa d'appeler cette équipe le « Barbarians Football Club », dont les joueurs seraient recrutés sur invitation seulement.

« Barbarians » s'inspire clairement de « barbare », celui qui vient d'ailleurs, des terres étrangères, inconnues. En choisissant ce terme, Carpmael voulait signifier que la prestigieuse équipe des Barbarians invitait des joueurs venus de tous horizons mais partageant la noblesse d'âme, la beauté du geste et le goût de l'offensive. Ils devaient tous se retrouver dans une morale commune dont ils devenaient aussi les garants, selon laquelle la victoire n'est jamais une finalité. Le beau jeu serait le seul maître de cette équipe distinguée et précieuse. Le comité d'initiés élégants et buveurs qui veillait à la sélection convint que les Barbarians joueraient en blanc et noir, seules leurs chaussettes pouvant afficher leurs couleurs d'origine.

Les plus beaux joueurs de rugby du XXe siècle portèrent ce maillot, et l'équipe des Barbarians recruta largement parmi les sélections nationales. Mais, par principe, parce que le seul talent ne fait pas la beauté d'un cœur d'homme, il fut décidé qu'à chaque match des Barbarians, au moins un joueur sur les quinze retenus ne devait pas être international.

Parmi les sublimes souvenirs des Barbarians, il reste cette fulgurante escapade de Gareth Edwards à l'automne 1973. Définitivement installé dans le fauteuil du meilleur rugbyman du monde, galopant en bout d'une relance étincelante impulsée par Bennett — le plus gourmand des talentueux —, il planta aux All Blacks un essai mythique dans la légende d'Ovalie.

Les Coqs français vainqueurs du Grand Chelem 1977, revenus d'une campagne internationale très performante, s'inspirèrent de Sir Carpmael et, dans un bar de Sarlat, ils créèrent les Barbarians français. Comme souvent, la copie perd un peu la saveur et la splendeur de l'original... Mais Jo Maso et André Boniface donnèrent les garanties morales, Jean-Pierre Rives et Serge Blanco assurèrent l'imagerie et certifièrent les choix. Il est toujours un bel honneur d'enfiler ce jersey-là !

Voir : BLANCO (SERGE), EDWARD (GARETH), FRÈRES BONIFACE, RIVES (JEAN-PIERRE), TOURNOI DES SIX NATIONS.

Basques

Au Pays basque, depuis des millénaires, les hommes soulèvent des pierres, tirent sur des cordes et taillent en pièces des troncs d'arbres. Il sont aussi les maîtres d'un jeu incomparable, la pelote. Ces traditions ancestrales auraient pu s'irriter de l'arrivée de la belle Ovalie. Elles l'accueillirent au contraire dans la famille avec amour, en France tout au moins. Le Pays basque est en effet une terre sciée en deux par une frontière malencontreuse. Si le rugby est très populaire du côté français, il n'a curieusement jamais franchi la frontière espagnole. Roi à Saint-Jean-de-

Luz, ce jeu est inconnu à San Sebastian. De l'autre côté, pas une paire de poteaux, pas un pilar, pas un ballon ovale ! C'est étrange, car les Espagnols ont pourtant eux aussi le sens du combat, de l'orgueil... Peut-être est-ce la faute des curés, très influents en Espagne, et qui n'ont jamais porté le rugby dans leur cœur, un sport trop rude où les corps se touchent de trop près ? Qui sait...

Les rugbymen basques ont la réputation d'être petits et vaillants en diable, avec des jambes arquées et le cou enfoui dans les épaules. Il faut cependant aller voir de plus près pour comprendre que le rugby basque est une famille unie, mais aussi très variée. Allons d'abord à Biarritz, la ville anglaise, touristique, riche et bien proprette qui attire les amoureux de la tranquillité, alors que son rugby n'est qu'orgueil et tempérament. Au stade d'Aguilera, les gens sont friands de mauls solides, de chandelles bien allumées et de défis costauds. Le pilier massif et cabossé est toujours là-bas le chouchou du public ! Les grands piliers basques à avoir joué pour la France sont d'ailleurs légion : Urtizverea, Iracabal, Azarette, Ugartemendia, Dospital ou Ondarts, la liste est longue. Les hommes de cette lignée ne touchaient pas souvent la balle, mais tous bûchaient dans l'obscurité. Leur corps était fait de leur terre... Belle école de piliers, Biarritz a su aussi enfanter des créateurs et des fantaisistes avec notamment Etchenique, Amade, Hontas et surtout, l'unique Serge Blanco. Aujourd'hui, le club est en haut de l'affiche, avec trois titres de champion de France gagnés depuis 2002, une finale européenne et une pléiade d'internationaux.

Sans vraiment oser l'avouer, Biarritz a longtemps souffert de la réputation de Bayonne sa voisine. Quand on parle de l'Aviron Bayonnais à une table de rugbymen, les yeux s'éclairent et les sourires traversent les visages. Bayonne est métisse et populaire. Ses vieux quartiers du centre recèlent ce que l'âme basque a de plus vindicatif. Et Saint-Leon ! Ce stade est la capitale de l'excellence et de la courtoisie. Les joueurs sont souvent inventifs, toujours animés de nobles sentiments. Ici, pas de tricheur, pas de requin des prés mais simplement le risque pour les visiteurs de prendre une belle leçon de rugby. Il y a du côté de Bayonne comme une légère forme de consanguinité qui curieusement ne produit pas d'enfants débiles, mais de grands et beaux attaquants : Duprat, Belascain, Pardo, sans oublier le plus grand de tous, Jean Dauger. Ici, intelligence et courage ne suffisent pas à gagner l'estime. Il faut ce petit quelque chose en plus, cet indéfinissable mélange d'esthétisme, de sens du rythme et d'audace pour satisfaire les gens. Biarritz et Bayonne se regardent depuis mille ans en chiens de faïence. Après chaque match, joueurs et spectateurs des deux camps se retrouvent pourtant pour boire des barriques de bière et partager quelques tapas. Les piliers chantent comme nulle part ailleurs et l'adversaire, d'où qu'il vienne, est respecté. Une vraie fierté pour le rugby de France où ces qualités ne sont pas toujours les plus répandues...

Loin de ces deux clubs phares, il y a aussi les travailleurs de l'ombre, l'arrière-garde des équipes vedettes du Pays basque : Baïgorry, fief irréductible des coupeurs de fougères, où des petits gabarits sacrificiels apprennent dès leur jeune âge qu'on peut faire beaucoup avec peu, et que les vraies victoires ne se remportent qu'avec le cœur. Mauléon ensuite, la cité ouvrière des montagnes, où les gens sont moqueurs, le public chauvin et les enfants du pays très durs au mal. Il faut avoir de l'humour et du courage pour battre Mauléon sur ses terres. À quelques sardines de là, le club des pêcheurs, fleuron du Pays basque maritime : Saint-Jean-de-Luz. Les hommes de Saint-Jean, qui ont appris sur les bateaux que tout se gagne durement, parlent peu, ne se plaignent jamais, n'ont d'éloquence que dans le regard. Pendant longtemps, chaque bateau de retour au port mettait de côté un poisson bien charnu pour l'Olympique, le club de rugby. Les matchs attiraient un public impitoyable et, pour les étrangers, l'après-midi était souvent rude !

Les rugbymen du Pays basque se sont exportés aux quatre coins de France, emportant dans leur valise un merveilleux répertoire de chants, une culture chaleureuse et du talent. Le rugby français leur doit beaucoup.

Voir : BLANCO (SERGE), PILIER, « POUSSEZ, LES AVANTS DE BAYONNE ».

Benazzi (Abdelatif)

Il a grandi au Maroc, à Oujda, à la frontière algérienne. Encore glabre, il enfile le maillot aux couleurs du roi, et sa grande taille et sa rapidité exceptionnelle ne manquent pas d'attirer les regards des sélectionneurs d'Agen, qui l'invitent à la fin des années quatre-vingt à rejoindre leur club prestigieux. Malgré son allure juvénile, il impressionne par sa puissance de course et son goût du défi physique. En 1991, officiellement adopté par la France, il serre pour la première fois le coq sur sa poitrine.

Prototype de l'avant moderne qui combine vitesse, endurance, détente et puissance, Benazzi excelle à plusieurs postes : numéro 8, deuxième ligne, ou troisième ligne aile, avec le même talent ! Il est avant tout un joueur catapulte, qui explose comme d'autres trottinent.

À l'aise et indispensable dans tous les systèmes de jeu du XV de France, il a porté le maillot bleu une bonne cinquantaine de fois, commandé la troupe en 1997, année où la France remporta le Grand Chelem, et participé à trois Coupes du Monde. Son goût immodéré pour l'affrontement a pu déclencher quelques critiques et mettre un bémol sur l'ensemble de sa carrière luxuriante, mais Bénazzi reste un très grand joueur, en avance sur son temps.

Voir : AGEN, DEUXIÈME LIGNE, CAPITAINE, FRANCE / NOUVELLE-ZÉLANDE 1999, NUMÉRO 8, TROISIÈME LIGNE AILE, WORLD CUP.

Bénévole

Étymologiquement, le bénévole est celui qui veut faire le bien. Il consacre gratuitement une partie de son temps au bien-être collectif. Noble mission, mon ami.

Celui-là est au club depuis longtemps. Il en a lui-même porté les couleurs quand il avait quinze ou seize ans, avant de perdre sa place en junior parce qu'il manquait « un peu de gabarit ». Son père avait lui aussi tâté de l'ovale à son époque, et tout le monde garde en ville le souvenir d'un joueur respectable.

Lui, il travaille à l'arsenal, à la mairie, au conseil général ou chez EDF. Le rugby, c'est son bol d'air, sa fenêtre sur le large. Il y a connu ses heures de gloire et ses plus grandes joies. Il se souvient du plaisir de partir en déplacement, de retrouver ses collègues au stade, de s'envoyer des salades tout en parlant technique, de balancer sur les adversaires dont on ne sait rien sinon qu'ils doivent être très forts. Pendant ces années-là, il a noué ses amitiés les plus sincères.

Aujourd'hui, il connaît le rugby parce qu'il y a joué, ni plus, ni moins. Son savoir est mince, mais son pouvoir de donner est grand. Il offre tout ce qu'il a, son temps, au club de sa jeunesse, aux minots de maintenant. Il est secrétaire de l'équipe des minimes. Il ne l'entraîne pas, mais s'en occupe avec soin. Il remplit les licences, organise les trajets en bus, réserve le stade, vérifie les équipements, constitue la pharmacie. Comme chaque année à la même époque, la trésorerie du club n'a pas encore perçu la subvention municipale. Dérisoire, elle permet tout de même au club quelques améliorations. En attendant l'arrivée « très prochaine » de l'enveloppe, il met une fois de plus sa voiture à disposition des jeunes. Avec trois ou quatre parents, il va ainsi accompagner les minimes au stade de la ville voisine, où se joue un tournoi départemental. La semaine dernière, il a organisé une tombola pour permettre au petit Francky (« Attends voir dans cinq ans, celui-là, on en reparlera ! ») de monter à Paris pour un stage avec les meilleurs joueurs de son âge. À Noël, il a aussi fait faire le calendrier de l'école de rugby, tiré à mille exemplaires. Avec les bénéfices, le club a pu acheter de nouveaux shorts et maillots pour les gamins. C'est toujours ça de moins à payer pour les parents, qui doivent déjà acheter la licence, les chaussettes et les crampons.

Depuis un mois, il entraîne les cadets II. Le type qui s'en occupait a eu une promotion à son travail, et il a dû arrêter. Quand on lui a proposé, il a dit oui tout de suite. Son fils joue avec les cadets I. Il espère qu'il ne va pas le gêner. Il n'est pas de ces parents qui font du bénévolat pour coller aux basques de leur enfant ! Ils intègrent le club sous prétexte de bonne volonté, « en toute amitié », tout ça pour mieux couver leur progéniture et surveiller sa progression. Ils sont nombreux ceux-là, incapables de couper le cordon, qui viennent mettre leur nez dans les affaires de l'équipe, et râlent quand leur petit est remplaçant. Leur fausse générosité ne fait souvent qu'altérer l'intégration de l'enfant dans son groupe, et retarder son épanouissement. L'œil permanent d'un père est une chape de plomb pour le petit qui découvre un sport collectif, où il doit faire sa place, conquérir l'estime, affirmer sa personnalité.

Lui, il n'est pas comme ça. Il fera tout pour ne pas porter tort à son fils titulaire chez les cadets I. Il se concentrera sur son groupe des cadets II, qu'il veut entraîner « pour ne pas qu'ils traînent », comme il dit. Il connaît ses propres lacunes, qu'il tente de combler en cherchant conseil auprès d'éducateurs plus expérimentés. Il s'est inscrit à un stage de formation, et il a acheté le livre de pédagogie de Billi et Colinot sur le rugby pour les débutants. Il a du mal à le lire, et même en prenant des notes sur un cahier, il retient peu les choses. De fait, comme la plupart des éducateurs, il enseigne en priorité ce qu'il a lui-même vécu, appris et retenu. À l'entraînement, il parle beaucoup du courage, parce qu'il fut lui-même un vrai courageux. Il insiste sur la circulation de la balle vers les ailes, parce sur ce point, personne ne l'a jamais contredit. Il explique l'importance des « fondamentaux » : la passe, les positions de base, l'orientation de la course, l'occupation du terrain. Comme il analyse le jeu avec davantage de cœur que de précision, ses cadets attachent moins d'importance à ce qu'il dit qu'à la manière dont il le dit. Il travaille à l'affectif. Il ne sait pas dire non, ce n'est pas dans sa nature. Ou quand il le dit, ça sonne faux. Il gronde mal. Il est un peu lourdaud, et ne s'exprime pas toujours très bien. Il n'a pas de licence en sciences humaines, ni de propédeutique en pédagogie du sport. Le bac dont il se sert le plus, c'est celui où il rince ses crampons après l'entraînement.

Dimanche dernier, il s'est emporté contre l'arbitre, qu'il a traité de « péloufian ». Il a dû ensuite mettre en garde ses joueurs contre ce genre de débordements, et ça lui a coûté un gros effort ! Pour préparer le prochain match, il leur dit à peu près la même chose que la semaine dernière, et la précédente... « Les gars, amusez-vous ! Et ne gaspillez pas les ballons ! Jouez avec vos propres forces ! Donnez ce que vous avez de meilleur ! Et puis, les autres en face, qu'est-ce qu'ils ont de plus ? Rien ! Ils ont trente bras et trente jambes, comme vous ! »

Comme lui, ils sont des centaines en France. Ils ont été les éducateurs de Jean Prat, André Boniface, Benoît Dauga et Walter Spanghero, Jo Maso, Robert Paparemborde, Pierre Villepreux, Serge Blanco, Philippe Sella, Jérôme Gallion, Christian Califano... Sans eux, le rugby français perdrait un peu de son humanité.

Voir : DE PÈRE EN FILS, « ÉCOLE DE RUGBY, ÉCOLE DE LA VIE ».

Béziers

Le rugby de Béziers gueule son orgueil à la face du monde. Dur et âpre, il repose sur la force et le sacrifice, sur le jusqu'au-boutisme effrayant dont peuvent faire preuve les humbles quand il n'ont plus rien à perdre. N'oublions pas que la ville enfanta Jean Moulin l'héroïque et Pierre Paul de Riquet le pugnace qui se saigna jusqu'à la ruine pour que son canal du Midi voie enfin le jour. Le rugby biterrois, hégémonique de 1971 à 1984, était comme un rouleau compresseur, il dégageait une force et une puissance jusqu'alors inconnues. Rien ne manquait à Béziers dans l'arsenal stratégique du combat et personne n'égala jamais sa marche en avant collective, la qualité de ses mauls, déroulés et libérations rapides. Plus tard, l'équipe de France tenta dramatiquement de copier ce style de jeu, mais celui qui copie n'égale jamais le maître, parce qu'il n'a pas la même histoire et pas les mêmes motivations !

Pour que Béziers choisisse d'envoyer le ballon vers les ailes, il fallait vraiment que des blessés moribonds jonchent le camp de l'adversaire ! Il faut dire que le pack bleu et rouge était peuplé de joueurs hors norme. Estève, Vaquerin ou Palmié n'avaient besoin que d'un regard du haut de leur gigantesque carcasse pour faire frémir le commun des mortels. Derrière ce paquet d'avants dévastateurs brillèrent aussi des joueurs d'immense talent : Danos, Astre et Cantoni entrèrent ainsi dans le cercle très fermé des anges de ce jeu.

Ceux qui crurent les Biterrois stupides y laissèrent leurs dernières plumes. L'équipe de Béziers a en effet toujours fait preuve d'une émouvante volonté de se dépasser, d'inventer des tactiques nouvelles, même si ces dernières tournaient souvent autour des phases de conquête et du jeu groupé. Pendant quinze ans, le Bouclier de Brennus campa près du vieux stade de Sauclière, qui se visitait dans les années soixante-dix comme un temple et dont la réputation devint mondiale.

Pourtant, que ce club est dur avec lui-même... Même au firmament du rugby français, Béziers semblait toujours un peu insatisfait, en souffrance, comme si le bonheur n'avait pas sa place dans ces terres viticoles rudes et arides. D'immenses joueurs connurent la déchéance une fois leur carrière sportive terminée. En 1993, le plus grand de tous, Armand

Vaquerin, se tira une balle dans la tête lors d'une incompréhensible partie de roulette russe. Béziers et toute l'Ovalie de France pleurèrent ce pilier de légende, écorché vif, sensible et généreux.

Le rugby de Béziers ne rit pas facilement. Comme s'il portait au plus profond de son âme les meurtrissures et l'histoire de toute la ville. Un jour maudit de 1209, les croisés de Saint Louis voulurent rayer Béziers de la carte. « Tuez les tous, Dieu reconnaîtra les siens ! », ordonna leur chef, le satané Simon de Montfort. La croisade des Albigeois laissa derrière elle des ruines, des bûchers et des cadavres de Cathares exterminés. Une plaie mal cicatrisée peut faire souffrir pendant des siècles... Béziers en sait quelque chose.

Bière

Le ballon de rugby est ovale comme l'œuf, l'olive, et, pourquoi pas, la graine de houblon ! Le rugby et la bière sont de grands compagnons de route. Les Anglo-Saxons, qui la vénèrent tout particulièrement, l'honorent chaque jour au pub en sortant du travail, et chaque week-end après les matchs de rugby. Chez eux, la bière se boit à la chope, et s'engloutit en goulées torrentielles plus qu'elle ne se déguste.

La bière est la maîtresse de la nuit des rugbymen, la princesse des troisièmes mi-temps. Chaque gorgée rafraîchit le gosier desséché par les efforts du match et entraîne avec elle les douleurs restées en travers de la gorge. Les vaincus noient leur colère dans ses bulles blondes, les vainqueurs noient leur fierté dans sa mousse, et tous se retrouvent régulièrement aux pissotières pour une vidange exquise. En Ovalie, la tireuse à bière est notre arbre à palabres ! Accrochés à ses robinets, les hommes se souviennent qu'ils sont doués de parole. Ils osent la confidence, laissent sortir les sentiments englués et dissertent sur la vie. La bibine remplit les panses et les cœurs !

« Plus vous avalerez de houblon, et plus tard on vous mettra en bière », disait Denis Lalanne dans *Les Coquelicots de Cardiff*. Les gens du rugby ne se lassent pas d'obéir à ce sage conseil.

Voir : RUE DE LA SOIF, TROISIÈME MI-TEMPS.

Biscouette

Le mot vient sans doute de « bisquer », soit faire enrager quelqu'un en le taquinant. Au rugby, une biscouette est une coquine roublardise destinée à leurrer l'adversaire. Les footballeurs parlaient à une époque de « papinade » pour qualifier les biscouettes du grand buteur marseillais Jean-Pierre Papin ! Imprévisible et audacieuse, la biscouette est souvent la griffe d'un joueur particulièrement inspiré. Elle ne s'enseigne pas, et se théorise encore moins.

Certaines biscouettes alimentent encore les soirées de palabres... Celle-ci en est une des plus fameuses : ça se passe au temps des Beatles et des étudiants espiègles, lors d'un match entre le Paris Université Club et La Rochelle. (À moins que ce ne soit Bayonne contre Lourdes... On ne sait plus très bien, mais l'histoire est vraie, croyez-moi.) Sonné par un violent plaquage, le demi de mêlée parisien retrouve ses esprits grâce à un coup d'éponge magique. Enfin lucide, il s'empare discrètement de l'éponge, la cache dans son short et, lors de la mêlée suivante, il se tourne vers son demi d'ouverture et lui envoie... l'éponge ! Leurré par le geste, le troisième ligne adverse s'élance vers l'ouvreur, et se met ainsi en position de hors jeu. Le demi de mêlée malicieux obtint la pénalité de la victoire, mais aussi une grosse bosse au front. Encore un avant qui manquait d'humour et n'appréciait pas les biscouettes !

Voir : ÉPONGE MAGIQUE.

Blanco (Serge)

Né à Caracas, puis basque d'adoption, ce métis audacieux arriva dans le panorama ovale à l'aube de ses dix-huit ans. Le coq lui monta sur le buffet comme on escalade une montagne incandescente. Numéro 15, Serge Blanco occupa la première place du rugby français pendant la décennie quatre-vingt et écrivit sa propre légende à chaque apparition sur le terrain. Guidé par un instinct génial, il sut imposer un style unique qui laissa perplexes les observateurs et les adversaires les plus expérimentés. Il devint un cas à part, inclassable. Tenter de le copier était l'assurance de se couvrir de ridicule, d'ailleurs aucun joueur au monde ne s'y risqua, à l'exception peut-être de David Campese, le fantasque ailier australien.

Imprévisible, s'appuyant sur une puissance de course qui le rendait difficile à plaquer, Blanco inventa des trajectoires loufoques qu'il rendit lumineuses sans effort apparent, créa des figures originales comme autant de pieds de nez aux règles du rugby classique et sema le danger aux quatre coins du terrain. Son jeu aux formes inimitables lui valut tous les honneurs et les surnoms les plus flatteurs. Blanco le magicien, l'artiste, le funambule...

En 1987, il qualifia la France pour la finale de la Coupe du Monde à la dernière minute d'un match épique contre l'Australie ; quelques années plus tard, il marqua contre ces mêmes Australiens un essai de cent mètres unique dans les annales du rugby international. Chaque année, lors du Tournoi des Cinq Nations, il éclairait l'hiver et collectionnait les points... Le talent de Blanco était infini.

Impuissants face à la grâce, certains mirent en doute son courage sous les chandelles. Les ouvreurs du monde entier le bombardèrent sans relâche avec le secret espoir de le troubler et l'envie viscérale de le démolir... En vain. Des Anglais vicieux franchirent même à quelques reprises la frontière de l'illégalité, mais les avants français, fidèle garde prétorienne, redressèrent quelques torts lors d'un vilain quart de finale de Coupe du Monde disputé à Paris.

Ses partenaires racontent que, dans les vestiaires, il était le dernier à se changer et qu'il abordait les rencontres les plus importantes sans échauffement ou presque... Insensible à la pression, défiant les préjugés sur le sport de haut niveau, Blanco, qui ne refusait pas une cigarette ou un digestif, traversa le temps et les grands matchs avec un flegme insolent. C'est peut-être la marque des plus grands.

Voir : ARRIÈRE, ARRIVER À TEMPS JUSTE, BARBARIANS, BASQUES, FRENCH FLAIR, WORLD CUP.

Blondin (Antoine)

À l'âge des demis panachés et des culottes courtes, le petit Antoine Blondin taquinait la balle ronde au PUC dans les années d'après-guerre. Mais l'ovale qu'il aimait pour « sa rondeur » lui détourna le regard.

Chroniqueur, écrivain, Blondin trouva dans le rugby de quoi remplir son cœur, son verre et quelques belles pages. Du rugby, il n'appréciait que les règles de l'art. Celles de la mêlée tournée et du hors jeu sur touche l'ennuyaient à se noyer dans la rue de la Soif. Les exploits du grand Boni et du sacré Walter Spanghero, en revanche, le ravissaient !

Blondin le gringalet côtoya les vestiaires et les tribunes, essaima les pubs et traîna ses rêves dans d'interminables cascades d'anis. Guy Boniface, l'enfant sauvage aux courses échevelées, l'accompagna dans de nombreux méandres nocturnes, et Jean-Pierre Rives le sortit de l'oubli sur ses épaules généreuses, alors qu'*Un singe en hiver* et *Monsieur Jadis* qui avaient fait sa gloire n'étaient plus que des œuvres inestimables, mais enfouies. Blondin fut la mascotte des nuits où les rugbymen endoloris s'ébrouent dans les effluves d'alcool. Souvent consacrée aux cœurs vidés, la troisième mi-temps le trouvait aux côtés des champions mélancoliques. Il leur offrait une épaule frêle et des compliments tendres.

Le corps délabré par le temps passé dans l'ombre humide des troquets, il emprunta la route triste des amitiés imbibées d'alcool. Le journal *L'Équipe* lui confia une colonne d'honneur sur laquelle il posa son verre pour déguster à coups de mots impossibles une envolée de Guy, une feinte de passe de Gachassin, une charge de Walter. Blondin forçait l'admiration de tous par son don de sculpteur de phrases. Chroniqueur à la légère, il pondit, lucide ou éméché, des œuvres que l'Ovalie continue d'admirer. Il quitta définitivement le bistrot en 1991, laissant les soiffards de chez Castel et les hussards orphelins.

Antoine Blondin, le plus brillant des solistes, avait sacrifié ses dons d'écrivain à la plus pure idée qu'il se faisait de l'amitié.

> « Il faut certainement à ce sport des vertus intimes — et pas seulement scéniques — pour provoquer chez l'homme ces phénomènes inhabituels de solidarité extérieure, d'oubli de soi-même, d'identification, de participation enfin, au sens mystique du terme » (Antoine Blondin).

Voir : RUE DE LA SOIF, TROISIÈME MI-TEMPS.

Boîte à gifles

C'est la boîte à outils des justiciers autoproclamés. On l'ouvre pour régler les conflits banals, donner un avertissement ou rappeler les limites à ne pas franchir. Dans la boîte à gifles, on ne trouve pas de grands coups de poing qui éclatent le nez et dégénèrent en bagarre générale, mais plutôt des petites calottes qui remettent un adversaire trop sûr de lui à sa place. En cela, les gens d'Ovalie la tolèrent. À petite dose.

Voir : BOUFFE.

Bordures

Mêlées fermées, mauls, regroupements sont le cœur palpitant du jeu, le centre incandescent du volcan, et les hommes courageux viennent y plonger leurs mains. « Faire les bordures » est une manière péjorative de désigner ceux qui traînent en périphérie, perçus comme des pleutres qui ont toujours de bonnes raisons de regarder, de loin, de dire aux autres ce qu'il faut faire, de loin, et, finalement, de ne pas se mouiller.

Celui qui a fait les bordures sort du terrain le short et le maillot bien propres, le visage rose et tendre. Il ne s'est pas abîmé, mais son image en a pris un sérieux coup.

Bouchon

Le « bouchon » est un plaquage sévère. Le défenseur prend son adversaire de front, le bloque et le repousse dans son camp ; l'attaquant se retrouve alors les quatre fers en l'air et les tribunes lâchent un « ooooohhh » admiratif. Geste très explosif, il doit sans doute son nom au bouchon de champagne qui dégomme tout sur son passage, avant d'inviter aux festivités. Jean-Pierre Rives était un bouchonneur hors pair, tout comme Serge Betsen, dans des temps plus récents.

Voir : PLAQUER, RIVES (JEAN-PIERRE), TAMPON.

Bouclier de Brennus

Chaque année, au printemps, l'équipe qui remporte la finale du championnat de France de rugby se voit remettre un trophée singulier : le Bouclier de Brennus. D'où vient cet objet mystérieux, on ne sait pas vraiment...

Rêvons, frères d'Ovalie, que ce vestige ait appartenu au grand Brennus, un chef gaulois venu des bords de Loire, qui tenta de faire chuter Rome au cours d'une mêlée mémorable en 390 avant J.-C. Rêvons sinon d'un Brennos au sang nordique qui, après avoir pillé Delphes et Cordoue, transforma Toulouse en une capitale wisigothe. Le bouclier aurait été son arme fétiche ! « Brennus » signifie d'ailleurs en celte « chef militaire courageux ». Les rares chroniques des champs de bataille antiques attestent que tous ces Brennus aimaient les percées plein champ, les plaquages meurtriers sur les fantassins adverses et les mêlées sanguinaires.

Moins épique mais plus probable : Charles Brennus était un graveur sculpteur installé à Paris à la fin du XIXe siècle. La trentaine pétante, il découvrit le sport et s'adonna au vélocipède, au cross-country et même au rugby. Il n'avait pas grand talent, mais son autorité naturelle le conduisit vers une carrière de dirigeant. En 1892, il fut l'organisateur de la première finale du championnat de France de rugby, entre le Stade Français et le Racing Club de France sur le stade de Bagatelle. Pour arbitrer cette rencontre, il fit appel à son ami le baron de Coubertin, alors président de l'Union des Sociétés Françaises des Sports Athlétiques (USFSA), qui arrivait d'Angleterre, et plus précisément du collège de Rugby, où il avait appris les règles de ce tout nouveau sport. Le Baron accepta cette responsabilité avec son habituel panache. Mieux, lui qui détestait les breloques et les médailles de concours agricole décida pour immortaliser l'événement de remettre au vainqueur un trophée digne de ce nom. Artiste à ses heures perdues, il dessina alors un bouclier, avec au centre une pièce circulaire qu'il orna de symboles patriotiques et vertueux sous la devise latine *Ludus Pro Patria*, le jeu pour la patrie !

Dans un contexte politique tendu après la défaite de 1871 contre l'Allemagne, le bouclier était avant tout un symbole militaire. Pour Coubertin, la flamme portait le feu de la passion et du combat, tandis que la devise latine revendiquait son appartenance à une élite sociale qui ne badinait pas avec l'honneur. Le fin bandeau de cuivre sur lequel était gravée la devise était disposé entre deux anneaux, symboles de l'USFSA dont le Baron assurait la présidence. Ils préfiguraient d'ailleurs vraisemblablement les cinq anneaux que Coubertin proposa deux ans plus tard comme symbole de l'olympisme moderne. La grande couronne représentait quant à elle un tressage de feuilles et de fruits ciselés dans le cuivre, où l'on reconnaissait des rameaux d'olivier et de laurier comme autant de clins d'œil aux gloires antiques. Les épicuriens y virent aussi quelques grains de raisin muscat pour que Bacchus, si présent dans les agapes de la victoire, ne soit pas oublié. Financée par le Baron, la réalisation de l'œuvre fut confiée à Charles Brennus, maître graveur de métier. En toute logique, le trophée aurait donc dû s'appeler « Bouclier de Coubertin » ! Erreur de l'histoire...

En 1892, devant une maigre assistance, le Bouclier de Brennus fut ainsi confié au capitaine du Stade Français vainqueur de la première finale. La tradition ne s'est par la suite jamais perdue et, comme le souhaitait Coubertin, son œuvre traversa le temps. Depuis maintenant plus d'un siècle, le club champion de France est systématiquement récompensé par ce trophée qu'il remet en jeu l'année suivante.

Soulever en triomphe ces douze kilos de bois et de cuivre est le rêve de tous les rugbymen, le nirvana absolu, la garantie d'apposer son nom sur la légende du sport français. Les scènes de liesse qui accompagnent l'arrivée du Bouclier dans la ville du club champion témoignent d'ailleurs de l'extraordinaire attachement des gens d'Ovalie à ce précieux butin. Pendant des mois, il est ensuite exhibé, présenté, récupéré et mis à toutes les sauces. Les directeurs d'écoles demandent une dérogation pour l'exposer dans la cour de leur établissement, on lui fait faire la tournée des hospices pour remonter le moral des malades, les bars de chaque quartier organisent un apéro géant en son honneur, et les notables guettent les journalistes pour être sûrs d'apparaître au moins une fois en sa compagnie sur une photo dans la presse locale !

Depuis cent dix ans, le Bouclier sillonne ainsi la France, fait escale dans les petits villages et les grandes villes, au gré du prestige des différents clubs. « La planche », comme l'appellent affectueusement les fins connaisseurs, se nourrit à chacune de ses haltes de la passion des gens d'Ovalie, se charge d'histoires, s'abreuve de vin. La légende raconte que certains ont voulu par amour copuler sur son dos, que d'autres l'ont fait tomber à la mer, qu'il fut mille fois kidnappé et mille fois retrouvé ! Vénéré sur tous les stades de l'Hexagone, l'objet a l'étoffe des reliques sacrées. Beaucoup de sang, de larmes et de sueur furent en tout cas versés en son nom.

Voir : FINALE, PARC DES PRINCES, VICTOIRE.

Bouffe

Son nom vient sans doute du mot occitan « bufar », qui veut dire souffler. Une bouffe, donc, c'est un soufflet. Autant dire une petite baffe gentille, presque sympathique, qui a vertu d'avertissement, ou de conseil. Quand j'étais jeune joueur, je m'étais permis une fois, sur un lancer en fond de touche, de m'appuyer sur l'épaule de mon adversaire direct. « Je vais te filer une bouffe ! », m'avait-il dit. C'était Michel Crauste, qui fut l'un des plus grands capitaines du XV de France, et qui était alors en fin de carrière. J'ai reçu cet avertissement comme un compliment. Précisons que Michel Crauste n'avait pas toujours été aussi pédagogue.

Bourrichon

« Se monter le bourrichon », c'est remplir sa bourriche — le panier qui nous sert de tête — d'une motivation excessive, au risque de perdre son discernement. Certains entraîneurs et joueurs de rugby ont tendance à rechercher les états de transe avant les matchs, comme si avoir la bave aux lèvres et les yeux injectés de sang préparait mieux à l'affrontement. En Ovalie où l'on ne plaisante pas avec la virilité, l'orgueil et la bravoure, le bourrichon des protagonistes n'est pas très difficile à chauffer... Il suffit de raviver une vieille vexation, de titiller la fibre chauvine, d'insinuer que quelqu'un-d'en-face-aurait-dit-que-notre-maillot-est-moche, et voilà quinze gars pourtant normalement constitués qui se tapent la tête contre les murs, jurent de mourir ensemble sur le pré et pensent déjà à la façon de dépecer l'équipe adverse.

Bizarrerie ou protocole, quoi qu'on en dise, se monter le bourrichon est simplement un prétexte pour vérifier les ressources morales des joueurs, et surtout une parade contre la peur. Concentrées sur leur jeu, sûres de leur force et sereines dans l'adversité, les grandes équipes se montent rarement le bourrichon, et les masques belliqueux résistent mal à la réalité du terrain. D'ici à penser que cette poussée de fièvre d'avant-match est l'arme des faibles...

Voir : ADVERSAIRE, COULOIR, COURAGE, VAILLANT, VESTIAIRE.

Brito (Max)

Pour quelques joueurs, le rugby a un jour tourné au cauchemar. Max Brito est de ceux-là.

Pendant la Coupe du Monde en Afrique du Sud, Max jouait avec les Éléphants de Côte-d'Ivoire qui, malgré leur tout petit niveau, avaient réussi à se qualifier dans la zone Afrique. Lui et certains de ses coéquipiers évoluaient alors en France, souvent dans des clubs de deuxième ou troisième division.

Quel rêve pour eux de participer à un tel événement, de faire connaître le rugby ivoirien, de jouer aux côtés des plus grands d'Ovalie ! Courageux en diable, les Éléphants limitèrent les dégâts, mais furent de loin l'équipe la plus faible de la compétition. Beaucoup trop faible pour affronter des nations à la préparation mille fois supérieure. Presque de l'inconscience.

Lors du dernier match contre les îles Tonga, après un choc dans un regroupement, Max ne s'est pas relevé. Il est aujourd'hui tétraplégique.

Son nom est pour toujours dans la famille d'Ovalie.

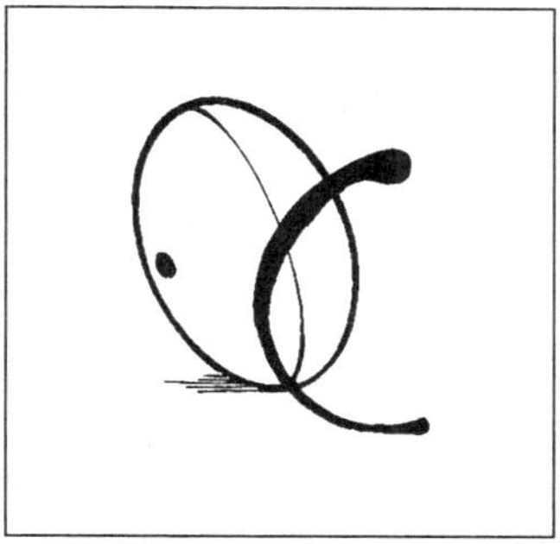

Cadrage-débordement

Cette figure en zigzag est l'apanage des jeux de jambes alertes. On la retrouve chez les enfants qui courent derrière les lapins de garenne, crochetant naturellement d'un bord à l'autre dans le sillon de l'animal bondissant.

Dans notre prairie d'Ovalie, où les lapins font cent kilos, le cadrage-débordement, « cad-deb » pour les initiés, est un geste offensif qui permet, comme son nom l'indique, de fixer l'adversaire, puis de le déborder. L'attaquant porteur du ballon, buste droit, foulée volontaire, fonce droit sur son adversaire, qui est contraint de se préparer au plaquage pour arrêter l'assaut. Il se met en position, les jambes fléchies, la tête légèrement baissée. Il a mordu à l'appât ! Le porteur du ballon, arrivé tout près de lui, bloque soudain un de ses appuis et change brutalement l'axe de sa course. Comme un diablotin sortant de sa boîte, il bondit sur le côté, puis il ne lui reste plus qu'à remettre les gaz pour déborder sa victime, et partir à la conquête d'un nouvel opposant.

Ce geste fut longtemps la marque de fabrique des ailiers de débordement. Bien maîtrisé, il peut donner le tournis aux plaqueurs les plus belliqueux. On voit parfois le défenseur, déséquilibré par le crochet de son adversaire, tomber le cul dans l'herbe, un courant d'air frais lui balayant le visage. Et comme chez les trois-quarts, les situations d'un contre un se déroulent souvent « au large » à la vue de tous, ce genre d'humiliation n'en est que plus dramatique !

Le « cadrage-débord » est une arme pleine de grâce, qui nargue la force, méprise le contact et ne doit son succès qu'au talent de l'attaquant. Les grands trois-quarts de la tradition française adoraient bien sûr ce geste, privilège des esthètes rapides, des artistes inspirés. Les frères Boniface, qui ne manquaient ni de classe ni d'audace, le déplacèrent vers le centre de la ligne où la fixation classique avait jusqu'alors la suprématie. Leur style fit longtemps école, et permit de nombreux essais. Un trois-quarts centre qui parvient à cadrer deux adversaires en débordant son vis-à-vis libère le passage pour l'ailier, seul face à la ligne de but !

Les beaux cadrages-débordements valent à leurs auteurs louanges et admiration, parfois même la Légion d'honneur d'Ovalie. La tendance actuelle semble pourtant apprécier davantage les percussions gaillardes et les défis musculeux que les figures virevoltantes. Quand les arrières se mettent à ressembler à des piliers, le jeu de rugby perd un peu son âme, et l'histoire des trois-quarts soudain s'endeuille...

Voir : AILIER, COURANT D'AIR, FIXER, FRÈRES BONIFACE, PROFONDEUR, TROIS-QUARTS CENTRE.

Calcutta Cup

Les pays du Commonwealth ont, pour la plupart, toujours considéré avec attention les sports importés par les Britanniques, et notamment le rugby. C'était sans compter avec l'Inde la rebelle. Fous de cricket, les Indiens ont boudé le rugby, trop violent, trop fatigant dans la chaleur moite de la mousson, trop compliqué, bref, à côté de la plaque. Il y a finalement aujourd'hui autant de rugby en Inde que de hockey sur glace dans le Sud saharien !

Ce n'est pourtant pas faute d'avoir essayé. Les jeunes Anglais engagés dans l'aventure coloniale ne partaient jamais sans un ballon ovale dans leur valise, histoire de prêcher la bonne parole et de continuer à pratiquer même au bout du monde le sport roi de leur jeunesse. Arrivé dans le golfe du Bengale en 1870, un groupe de passionnés entreprit immédiatement de fonder un club, comme une nécessité au bon fonctionnement de la communauté. Tant bien que mal, les nouveaux colons créèrent un embryon de structure, sous le regard ahuri des Indiens.

En 1872, le jour de Noël, un match opposa les expatriés anglais à leurs homologues écossais, gallois et irlandais, coup d'envoi d'une longue histoire. Pour donner à la rencontre l'importance que l'environnement local refusait de lui accorder, et afin que le vainqueur puisse au moins brandir un beau trophée, les *boys* commandèrent au meilleur artisan du coin un saladier d'argent finement décoré, dans le plus pur style indien, avec deux cobras en guise de anses et un éléphant sur le couvercle.

Après quelques années, victime logique de la

chaleur suffocante et des déluges réguliers, le club périclita. L'Inde insoumise, son climat furieux et ses codes culturels incompréhensibles eurent finalement raison de l'obstination des jeunes rugbymen britanniques, qui mirent à regret la clé sous la porte. Nostalgiques, ils décidèrent bien plus tard de remettre le trophée d'argent à la Fédération anglaise de rugby, la RFU, en souvenir de leur aventure indienne. Touchée par l'initiative, l'instance dirigeante baptisa l'objet la Calcutta Cup, et lui offrit une seconde carrière : dès lors, chaque année, le trophée serait remis au vainqueur du match Angleterre-Écosse.

Un siècle plus tard, dans le froid glacial de Murrayfield, ou sous le crachin vicieux de Twickenham, à chaque Tournoi des Six Nations, un officiel en tweed et casquette à carreaux remet à un capitaine des temps modernes une énorme coupe cerclée de cobras avec un couvercle en forme d'éléphant ! Ce trophée un peu ridicule incarne à lui seul le goût des Anglais pour les anachronismes, leur attachement aveugle aux traditions les plus loufoques, et leur fier passé de colons. Soixante ans après la fin du Taj, les Indiens immigrés en Angleterre ne jouent toujours pas au rugby...

Voir : ANGLETERRE, ÉCOSSE, MURRAYFIELD, TOURNOI DES SIX NATIONS, TWICKENHAM.

Calendrier

Longtemps, le calendrier du rugby a couru sur sept à huit mois de matchs à plier, de partenaires à aimer et à supporter, de tampons à encaisser, de courses à

terminer, de maillots à laver, de colères à prendre, de mêlées à pousser, de plaies à panser... Mais devenu un métier, le rugby spectaculaire et cathodique a vite tapé dans l'œil des marchands, qui en demandèrent toujours plus. On a vu se multiplier les compétitions, nationales, européennes, mondiales.

Les meilleurs rugbymen professionnels disputent donc aujourd'hui plus de quarante-cinq matchs par saison, laquelle n'a désormais plus de limite, allant des froidures de l'hiver aux canicules estivales. Et les matchs traditionnellement disputés l'après-midi ont cédé la place aux soirées en « prime time ».

Les calendriers se chargent, les journées de repos se comptent sur les doigts d'une main. Comment, à ce train infernal, préserver les réserves de joie et les ressources d'agressivité indispensables pour qui accepte le challenge de toute compétition ? Comment ne pas être guetté par l'ennui et la lassitude quand on n'a même plus le temps d'avoir du désir ? Comment enfin protéger son corps soumis à la cadence infernale ?

Des corps devenus secs comme des coups de trique qui s'affichent, nus et glacés, sur d'autres calendriers, ceux que l'on suspend aux toilettes, pour rigoler.

Voir : IMAGES, PROFESSIONNEL, SAISON, STADE FRANÇAIS.

Camphre

Cette huile venue d'Extrême-Orient est assurément la potion magique des rugbymen. Elle dégage les narines, chauffe les muscles et donne au gigot le plus ordinaire le lustre des statues. Pendant des décennies, aucune jambe de rugbyman, fût-elle de bois, n'a débuté une rencontre sans recevoir la précieuse onction, et aucune pharmacie d'équipe ne s'est risquée à faire l'économie d'une bouteille de ce remède sacré. Depuis quelques années, l'armada moderne des baumes et des sprays sophistiqués a détrôné la fameuse huile camphrée. Pas un ancien rugbyman, qu'il fût pilier de village ou ouvreur des All Blacks, n'oubliera pourtant son singulier parfum. C'était notre pétard et notre Eau Sauvage, une senteur magique aux multiples effets, indissociable du monde secret des vestiaires.

***

Mon frère André venait d'intégrer l'équipe première de Toulon. Il devenait donc, à mes yeux de petit frère, un héros.

Lorsqu'il rentrait à la maison après l'entraînement, il vidait son sac en vrac dans un coin de la chambre. Au milieu des chaussures montantes à crampons longs et des chaussettes qui sentaient la marée, il y avait une bouteille d'huile camphrée, couleur de miel.

Je devais avoir huit ans, et un jour que la maison était déserte, je pris la fiole et l'ouvris, intrigué. Je reconnus immédiatement cette odeur mentholée que je sentais dans les vestiaires où j'accompagnais souvent mon père et mon frère. Je savais qu'ils s'en badigeonnaient les cuisses, et parfois le corps tout entier. C'était donc cette huile qui les rendait si beaux, luisants et parfumés !

Un soir que tout le monde dormait, je chapardai la bouteille dans la chambre de mon frère, et je l'ouvris dans la pénombre. J'en versai une grosse rasade dans le creux de ma main, elle coula à travers mes doigts et vint imbiber les draps de mon lit. Je me massais alors longuement les jambes. Ma chambre devenait un vestiaire de champions, je pouvais même entendre le martèlement des crampons sur le sol et le sifflet de l'arbitre ! Je m'endormis bienheureux, comme le petit benêt arrivé trop vite en haut de l'affiche.

Voir : ÉLASTOPLASTE, SOIGNER, VESTIAIRE.

Cannes

On est « en cannes » quand les jambes vont bien. La vitesse ne fait pas tout ; il est aussi question d'aisance, de bons appuis, d'une foulée légère et tonique. On peut juger la forme d'un joueur en regardant simplement la qualité de sa course. S'il est « en cannes », généralement, c'est qu'il va bien.

Voir : FORME.

Capitaine

Le vestiaire est silencieux. Les crampons claquent sur le sol, les respirations sont fortes, mais personne ne dit mot. « Tous autour de moi, les gars. » L'ordre vient d'un gaillard en sueur. Œil vif, maxillaire contracté, ballon sous le bras : c'est le capitaine. Les joueurs forment immédiatement autour de lui une ronde de corps liée par des bras musculeux. L'entraîneur s'est faufilé entre le kiné et un remplaçant, mais même lui ne dit rien. L'équipe est seule au monde, unie, soudée autour de son chef, de son leader, le seul autorisé à prendre la parole quelques secondes avant le coup d'envoi. Certains capitaines murmurent les dernières consignes, d'autres hurlent de l'amour ou de la colère, invoquent l'esprit des anciens ou la promesse d'un beau futur, mais tous font don de leur personne, de leur humanité et de leur force à l'équipe, cette entité supérieure qu'ils ont pour mission de servir pendant quatre-vingts minutes sur le pré. L'arbitre appelle les deux équipes dans le couloir qui mène à la lumière. Le capitaine ouvre la marche, lui devant, les autres derrière, bien alignés, en prolongement du chef de meute. Qui s'est retrouvé une fois à la première place du cortège, en match scolaire ou en finale de la Coupe du Monde, connaît le pincement au cœur que procure cet honneur, cette récompense morale. Montrer l'exemple, ouvrir la voie, assumer la responsabilité des choix pendant la tempête d'un match est une tâche immense qu'aucun capitaine au monde ne galvaude. Les capitaines ont toujours un petit supplément d'âme, un je-ne-sais-quoi fait d'autorité et d'intelligence qui les rend grands, sur le stade et en dehors.

Un ballon s'envole dans le ciel. La partie commence. Dans chaque camp, un homme va vivre le match différemment des autres joueurs. Le capitaine est au centre, au cœur, mais il doit aussi être capable de rester au-dessus. Mettre sa figure en proue, sacrifier son corps et conduire les combats ne suffit pas. Il lui faut aussi ressentir l'état de l'équipe, percevoir les signes, les regards, les gestes réussis ou manqués pour ensuite dire le mot juste, choisir la bonne option de jeu. Corps chaud et tête froide : toute la difficulté du rôle tient dans cet équilibre thermique.

Le capitaine n'est pas toujours le plus intelligent, ni le plus courageux, ni le meilleur partenaire, encore moins le meilleur joueur. Mais il est quand même forcément un peu de tout cela. Dans l'histoire des grands capitaines, on trouve des « familles ». Certains tirent leur légitimité de leur courage et de leur aptitude à transformer les doux en guerriers, les timides en fauves. Ce sont avant tout des combattants, des durs au mal que l'on retrouve aux points chauds, dans les tranchées, le maillot en sang, la tête haute et le verbe cru. Les équipes un peu besogneuses, qui compensent leur manque de talent par un taux élevé de testostérone, choisissent souvent ce genre de porte-drapeau, généralement dans le vivier des avants, en première ligne de préférence. Les affronter sur leur stade, devant leur public en fusion, est généralement une épreuve pénible. Cette conception du capitanat est assez latine, et s'oppose à celle des Anglo-Saxons, qui privilégient souvent la tête aux tripes.

Viennent ensuite les stratèges, les têtes pensantes, les futés. Maillot immaculé, port altier et regard clair, ils ouvrent la voie grâce à leurs neurones, sentent mieux que personne la physionomie du match et ne se trompent jamais quand il s'agit de choisir entre une mêlée et un coup franc, une pénalité à tenter ou une touche tactique à trouver. Petit mot à l'arbitre, consignes impeccables, initiatives audacieuses, ce capitaine s'impose par son intelligence et sa clairvoyance. Le sang aux arcades et les charges sabre au clair ? Il laisse ces plaisirs-là à sa garde prétorienne. Lui décide, analyse, anticipe, effectue toujours le geste juste et cela lui vaut le respect, voire l'admiration de ses partenaires. Il a dit, on fait. Ces chefs-là occupent souvent le poste de demi de mêlée ou de demi d'ouverture, là où s'élabore le jeu. L'Australien Nick Farr Jones, le All Black David Kirk ou notre Fabien Galthié national pourraient être les plus emblématiques représentants de cette famille de capitaines.

Et puis il y a les leaders absolus, qui combinent toutes les qualités, les seigneurs du groupe, à la fois chef de guerre, de cœur et de tête. Ceux que l'on suit de façon évidente, qui vous font pleurer en quelques mots dans les vestiaires. Ces types-là marquent l'histoire et dix ans après la fin de leur carrière, il n'est pas rare que les gens se lèvent en signe d'allégeance lorsqu'ils franchissent la porte des pubs. De grands joueurs et de grands hommes, en somme ! Ils incarnent un génie national, une façon d'être, une culture dans ce qu'elle a de meilleur. Ils épousent l'histoire et les valeurs d'une ville, d'un pays entier. Les prétendants au podium sont nombreux, unis par une même excellence, un même charisme. John Eales, le prince des Wallabies deux fois champions du monde, est à lui seul une fierté pour tous les Australiens, tout comme Sean Fitzpatrick qui, dans un autre registre, conduisit dix ans durant le plus somptueux équipage de la planète ovale, les All Blacks. Détesté par ses adversaires, mais adulé par les siens, Will Carling, capitaine de l'Angleterre à 23 ans seulement, restera certainement comme la quintessence de tout ce qu'est le rugby anglais : un curieux mélange de prétention et de classe. Au panthéon des capitaines entreront certainement aussi l'Écossais Gavin Hastings, respecté sur tous les terrains du monde, le Français Lucien Mias ou le Gallois Gareth Edwards, le plus grand joueur de tous les temps.

Voir : BENAZZI (ABDELATIF), CARLING (WILL), EDWARDS (GARETH), GALTHIÉ (FABIEN), JOHNSON (MARTIN), MIAS (LUCIEN), UMAGA (TANA).

Carling (Will)

On l'a souvent dit prétentieux. Sans crier avec les loups, c'était vrai ! L'homme était plutôt beau gosse, costaud comme un acteur de péplum, droit comme un i, et pas bête avec ça, ou tout au moins éduqué dans les meilleures universités d'Angleterre. Plutôt riche aussi, du genre à aller chercher ses premiers flirts en berline et à porter des pompes de communion pour aller faire un foot entre collègues. Et pour finir, il était franchement doué en sport, avec un talent tout particulier pour le rugby qu'il pratiqua dans le très select club des Harlequins de Londres. Will Carling était donc plutôt bien né ! Normal qu'il ait pu faire des envieux.

À vingt-trois ans, il devint le plus jeune capitaine de l'histoire de l'équipe d'Angleterre, sans même paraître surpris de ce suprême honneur. Alors que les plus marioles de la planète ovale rêvaient de lui faire la peau pour enfin entamer sa superbe suffisance, il brillait sur tous les terrains du monde, courageux et souvent victorieux, serrant invariablement la main de ses adversaires défaits avec un sourire imperceptible, avant de leur adresser un « *good game* [1] » condescendant. Il était probablement détesté par une partie de l'équipe nationale, mais personne n'eut jamais le courage de le contredire, et tous le suivirent malgré leur rancœur, comme écrasés par une autorité incontestable. À la tête de l'équipe d'Angleterre, il gagna une paire de Grands Chelems, plusieurs Tournois des Cinq Nations, et disputa la finale de la Coupe

1. « Bien joué. »

du Monde dans son jardin de Twickenham. Fort de tous ces succès, son regard d'aristocrate anglais méprisant ne flancha jamais, mais lui valut quelques insultes probablement méritées. Et comme si le personnage n'était pas assez agaçant, la princesse Diana, alors femme la plus convoitée du royaume, eut le béguin pour lui, et l'invita au palais pour quelques secrètes causeries.

Alors oui, Carling était un peu prétentieux. Ses admirateurs rétorquaient que lui, au moins, avait quelques raisons de l'être... Il était en tout cas un immense joueur de rugby.

Voir : ANGLETERRE, CAPITAINE, TOURNOI DES SIX NATIONS, WORLD CUP.

Carte blanche

C'était un dimanche d'hiver comme j'en ai connu des milliers, quelque part en déplacement. Nous étions en train de perdre le match. Toute la tribune, debout et survoltée, encourageait l'équipe locale, hystérique à l'idée de faire tomber Toulon, le champion en titre. Selon l'expression en vigueur dans le microcosme ovale, nous étions « mal reçus ». Vexés, mes joueurs contenaient de plus en plus mal leur irritation, et je voyais s'annoncer une fin de partie houleuse.

Le Toulonnais Manu Diaz, un des plus rudes piliers du championnat, tarda à se relever d'une mêlée disputée devant le banc de touche où j'étais assis. L'action se prolongea à l'autre bout du terrain. Je m'approchai alors de Manu Diaz groggy et lui criai : « Dis-leur de jouer ! On gagne le ballon et on envoie à l'aile, compris ? Il faut jouer, faites-vous des passes ! »

Un filet de sang à l'arcade, le mariole me regarda en acquiesçant, et s'en alla rejoindre le reste de l'équipe. Le capitaine Jérôme Gallion, qui m'avait vu rentrer sur le terrain, lui demanda : « Qu'est-ce qu'il a dit, Daniel ? » Manu s'essuya le front, retroussa ses manches, et répondit : « Il a dit chandelle, ET CARTE BLANCHE ! »

Carton jaune

Pendant plus d'un siècle, il n'existait pas au rugby de sanction intermédiaire entre la pénalité et l'exclusion. Soit la faute était très grave et le joueur était expulsé, soit la faute était simplement grave et l'affaire se soldait par une pénalité. Honnêtement, pour être exclu du jeu, il fallait aller loin...

Pendant longtemps, les mauvais gestes ont fait partie du folklore. Allez, un discret coup de genou dans les rognons, un coup de coude, un petit emplâtre, il n'y a quand même pas mort d'homme ! Afin de mettre un terme à cette permissivité historique, professionnalisation et retransmission télévisuelle obligent, on a adopté le carton jaune et la notion d'avertissement déjà en vigueur au football. Pris en flagrant délit, les nervis, les roublards, ou ceux qui, comble de l'impolitesse, contestent trop ouvertement les décisions de l'arbitre en levant les bras au ciel, sont invités à quitter la partie pendant dix minutes, histoire de se calmer et de remettre un peu de lumière dans leur boîte à décision.

Cette petite pénitence forcée fait toute la différence

avec le football où le joueur averti écope d'un casier, mais reste sur le terrain. En rugby, individu et collectif sont confondus et les fautes se payent toujours ensemble. Le carton jaune, c'est donc un peu la double peine. En sortant du jeu, le joueur puni laisse son équipe en infériorité numérique, forcément affaiblie. En demi-finale de la Coupe du Monde 2003, Christophe Dominici et Serge Betsen avaient tour à tour « pété le boulard » et reçu un carton jaune. Diminuée, l'équipe de France avait dû ramer pour colmater les brèches pendant que ses deux agités se morfondaient au frigo. L'affaire s'était soldée par une défaite amère...

Voir : MONSIEUR L'ARBITRE.

Casque

Au sens propre, le casque est un équipement en forme de carapace de tortue que les rugbymen se mettent sur la tête pour se protéger. Initialement pensé pour les postes les plus exposés aux chocs violents, il a très vite séduit tous les types de joueurs, du pilier cabossé à l'ailier chevelu, au point de littéralement envahir les stades du monde. D'après ses détracteurs, le casque sert autant à cacher la calvitie et être reconnaissable à la télé qu'à protéger la boîte crânienne des coups adverses.

Au figuré, dans le jargon des piliers et des talonneurs, on dit souvent « rentrer au casque ». Le geste consiste, au moment de l'entrée en mêlée fermée, à viser la tête de son adversaire plutôt que l'intervalle qui le sépare de son partenaire. Les têtes se percutent alors dans un bruit sourd, puis des râles de bêtes s'échappent de la mêlée. Cette pratique incarne à elle seule toute l'agressivité, l'orgueil et le sens du défi qu'affectionnent particulièrement les joueurs de première ligne.

Voir : MÊLÉE, PILIER, TALONNEUR, TRONCHE.

Casser le jeu

Une équipe débordée par le jeu de l'adversaire peut choisir l'arme du faible : casser. « Ton jouet est trop beau, je ne peux pas avoir le même, alors je le casse » : il y a parfois des relents de cour d'école sur les terrains de rugby ! L'équipe qui a intérêt à casser le jeu adverse avoue malgré elle ses insuffisances et ses faiblesses, qu'elles soient physiques ou techniques. Pour gagner, ou du moins éviter de recevoir une correction sévère, il ne lui reste plus que l'antijeu, ce qui n'est pas glorieux. La défense s'attelle alors à interrompre le mouvement le plus souvent possible, quitte à entrer dans l'illégalité. Il faut que le jeu adverse bafouille là où il était fluide, qu'il toussote là où il respirait à pleins poumons. En simulant des blessures, en envoyant la balle dans la rivière, en commettant des fautes, on crée des stops et des ralentissements à tous les carrefours.

« Casser le jeu » n'est qu'une stratégie mesquine qui fait offense à la morale, et qui souvent dégénère en bagarre. Alors celui qui voulait casser le jeu risque fort de se faire casser la gueule.

Catharsis

Réminiscence des jeux antiques, le spectacle du combat excite autant qu'il impose le respect. Et le rugby tire une grande part de sa popularité de cette fascination à regarder l'autre se mettre en danger. À regarder jouer celui qui n'a pas peur. C'est un sentiment très primitif, qui remonte au temps des gladiateurs et des arènes chauffées à blanc. Quand, dans les tribunes, la foule se met à hurler, on entend l'écho ou la reprise du plus enfoui des archaïsmes. « Cette cérémonie est religieuse, j'entends par religion des choses oubliées depuis toujours, des choses barbares, sauvages, qui n'ont peut-être jamais eu de mots dans aucune langue, et qui nous viennent de nos commencements, sans texte » disait brillamment Michel Serres.

Dans la société réelle, les règles établies nous protègent, nous citoyens, de toute atteinte à notre intégrité physique et morale. Depuis que nous sommes enfants, on nous apprend à nous tenir tranquilles, à ne surtout jamais laisser exploser notre colère ou nos peurs. Nous acceptons de renoncer à nos instincts en échange de la sécurité que nous offre la société. Mais il nous reste peu d'espace pour respirer, pour avoir un corps autre qu'une machine à engloutir et à déféquer. La pulsion animale du combat, la confrontation au danger physique et la possibilité d'éprouver son courage se retrouvent dans quelques territoires sportifs comme la boxe, le rugby et, dans une autre mesure, la tauromachie, pratiques qui reposent sur le face-à-face et obligent les hommes à dominer leur peur et leur douleur.

Le rugby a cette fonction cathartique qui nous permet d'exorciser notre besoin de violence. Il devient un lieu unique où le combat est toléré. Espace exutoire, le jeu met en scène la violence et la peur, et en leur donnant un cadre, il les rend acceptables. Le terrain de rugby devient le royaume des surhommes qui nous offrent le spectacle fascinant d'un combat où se jouent nos pulsions les plus primitives. Comme une scène de théâtre, le terrain prend l'aspect sacré des espaces qui transcendent la vie réelle. Les chutes et les chocs, les bruits sourds des corps qui se cognent, l'entrelacs des jambes et des bras, les visages hébétés des joueurs, tout cela finit par constituer un ensemble fantasmatique mêlant dans les inconscients la guerre et le théâtre, la danse et le sexe, les gladiateurs et la tragédie grecque.

« Nos villes ont, peu à peu, éliminé ce qu'il y avait en elles d'inconvenant dans le sauvage, la caillasse, l'herbe folle. Le rugby nous restitue le bonheur tellurique.

« Il est extraordinaire qu'en notre XXe siècle si urbanisé, si policé, des hommes se laissent malgré eux culbuter, qu'ils broutent l'herbe comme des agneaux qu'ils ne sont pas, qu'ils se retrouvent à terre comme des manants, des gueux châtiés par leurs seigneurs et qu'ils se relèvent, qu'ils fassent front de toute leur taille, de leurs épaules et de leur orgueil » (Pierre Sansot, *Le rugby est une fête*).

Voir : COULOIR, COURAGE, SOIGNER, VESTIAIRE.

Chandelle

La « chandelle » est un coup de pied qui envoie la balle haut dans le ciel et la conduit jusque dans le camp adverse. On a généralement recours à ce geste assez agressif soit pour intimider l'adversaire en début de match, soit lorsque toutes les options d'attaque à la main ont échoué. Longtemps perçue comme une déclaration de guerre, la chandelle est plutôt aujourd'hui une stratégie offensive efficace. Elle doit son nom sans doute à la forme très longue et étirée de la trajectoire du ballon, mais aussi, pourquoi pas, à sa capacité à éclairer soudain le jeu coincé dans un sombre cul-de-sac. Comme la fusée pétaradante d'un feu d'artifice, elle embrase ces terres éloignées où il devenait impossible de porter la balle.

Une fois qu'elle est tapée, une meute de joueurs lancés à toute allure fonce vers l'arrière défenseur, souvent désigné d'office comme responsable des ballons hauts. Pour lui, mauvais temps ! Il lui faudra contrôler la réception de la balle qui redescend du ciel, et en même temps, se protéger de la déferlante adverse qui vient droit sur lui. Mieux vaut avoir un bon sang-froid... L'issue des chandelles est toujours un grand moment de suspens. L'arrière peut aussi bien se faire réduire en bouillie qu'attraper parfaitement la balle en ridiculisant ses assaillants d'un petit pas de danse. On l'a vu parfois paniquer et prendre, mortifié, le ballon sur la tête ; et souvent malheureusement, subir un plaquage meurtrier alors que la balle était encore à vingt mètres dans le ciel. L'arrière qui prétend ne pas avoir un tressaillement de cœur à la première chandelle est un menteur !

Voir : ARRIÈRE, MARQUE, TAMPON.

Charbon

L'expression nous vient des mineurs qui, bravant les risques d'éboulements et les coups de grisou, descendent péniblement dans les profondeurs de la terre arracher le charbon afin qu'en haut, à la surface, tout le monde ait de quoi se chauffer. Dans notre microcosme ovale, on a aussi nos mineurs de fond, ceux qui œuvrent dans l'ombre, et qui méritent pour leur humilité un infini respect. Ce sont le plus souvent les avants, dont les actes de bravoure se font à l'abri des regards, dans les regroupements ou sous la mêlée. La conquête de la balle prend alors régulièrement pour eux des allures de sacrifice. « Aller au charbon », chez nous, c'est exposer son corps pour le bonheur des siens.

Voir : BORDURES, FRACHAN, MÊLÉE, PILIER, TALONNEUR.

Chistera

Les joueurs de pelote basque utilisent une « chistera », curieux panier en osier en forme de serpette, pour renvoyer la balle vers un mur distant de plusieurs dizaines de mètres. Ce panier a donné son nom à une passe de rugby qui reproduit l'ample mouvement de balancier des joueurs de pelote. La « chistera » est une passe effectuée d'une seule main et dans le dos sans voir son partenaire destinataire.

Difficile à anticiper, elle met souvent les adversaires dans le vent et les attaquants dans les intervalles. Leurs auteurs ont toujours droit à de beaux compliments qui saluent leur panache et leur dextérité.

Voir : OUVREUR, PASSE, TROIS-QUARTS CENTRE.

Chou-fleur

Le rugby est un bon terreau pour la métaphore maraîchère. Châtaignes, marrons, poires, prunes ou pêches se récoltent abondamment quand le temps est à l'orage et que les esprits s'échauffent. C'est d'ailleurs une curiosité de notre langage familier que de désigner de vilains coups de poing par de doux noms de fruits !

En marge de cette imagerie fruitière, et bien plus approprié à l'objet qu'il qualifie, il y a le chou-fleur. Il est l'apanage des joueurs de combat qui ont fait don de leur physionomie d'origine à l'équipe : leurs oreilles ont pris tant de coups que les cartilages n'ont pas résisté et se sont transformés en d'informes tubercules congestionnés rappelant nettement la forme boursouflée du légume en question. L'oreille étant une zone du corps peu irriguée par le sang, lorsque le joueur reçoit un coup violent, l'hématome ne se résorbe pas, mais il se calcifie et le chou-fleur s'installe alors définitivement. Pour se protéger des chocs aux conséquences aussi inesthétiques que douloureuses, les joueurs du pack s'enduisent les esgourdes de vaseline et s'entourent le crâne de bandeaux adhésifs. Le chou-fleur fait toujours en Ovalie figure de blessure de guerre et rares sont les avants valeureux qui ont pu échapper à cette noble mutilation !

> « Tous les avants un peu chevronnés arborent aux oreilles les témoignages de la mêlée. Infortunés cartilages saisis dans les explications ténébreuses, torsions de l'hélix, roulottement du lobe, retroussis de l'ourlet, écrasement du targus, tout un malaxage bilatéral des oreilles coincées dans les fesses d'hercules.
>
> « N'empêche qu'avec de telles oreilles, on peut se vanter d'avoir eu dans la vie des contacts

humains et se prévaloir de notions concrètes sur le prochain » (Jacques Perret, *Articles de sport*).

Voir : MÊLÉE, PILIER, TALONNEUR.

Circulation

Dans un filet, à l'ombre d'une armoire de vestiaire, la balle dort et se repose. Dimanche à quinze heures, sur le stade, portée par trente joueurs, elle va emprunter quelques passages dégagés et beaucoup d'autres obstrués. Elle va vivre au grand jour. Elle va « circuler ».

Le ballon de rugby porte en lui la vitalité et l'énergie des joueurs. De main en main, il passe, s'arrête, repart, avance. Comme sur une autoroute ou dans un corps humain, la circulation du ballon est un flux vivant, elle dessine des formes, des arabesques harmonieuses et des lignes libres, reflets du désir d'hommes en pleine action qui veulent ensemble aller plus loin.

Faire circuler la balle est une aventure collective où chacun joue son rôle. Il faut lire les courses de ses partenaires, offrir les passes, faire abstraction du danger que représentent les défenseurs adverses. C'est le choix du mouvement, du risque, au service d'un esprit de conquête et d'un désir d'espace. L'élan est souvent interrompu par la tentation du combat, et le ballon est alors enseveli sous une mêlée, égaré dans les méandres d'un maul. Sens interdit, embouteillage, feu rouge, ou caillot de sang ! La circulation est suspendue, prisonnière d'un garrot en forme de tas. Plus personne ne voit la balle camouflée sous les corps. Les adversaires des deux camps se disputent alors le droit de la faire à nouveau circuler, pour irriguer les ailes, donner du souffle au centre, faire vivre l'équipe entière.

Voir : ATTAQUE CLASSIQUE, BALLON BRÛLANT, PASSE, PROFONDEUR.

Clocher

Dans le village désert qui tiédit sous un doux soleil de printemps, un chien sans collier roupille à l'ombre d'un pas de porte. Le rideau de bandelettes en plastique se soulève imperceptiblement au passage d'une mouche en goguette. Derrière, enfoncée dans un fauteuil sans âge, une vieille dame s'assoupit tandis que résonne en bruit de fond la voix de Michel Drucker.

On est dimanche. Chez Loule, au Café des Sports, les collègues se retrouvent autour d'un pastis avant d'aller au stade voir le match. À l'étage, la grande salle décorée de coupes et de fanions sert de siège au club de rugby. René, le président, est un grand bavard.

— Parce que moi, je vais te dire, c'est pas parce que je roule en Ford qu'il faut me prendre pour un Américain ! Vas-y, mets de ta poche, René ! Un vestiaire à part pour l'arbitre, et puis quoi encore ! Alors, eux, c'est facile, ils ont un budget deux fois comme le nôtre, cinq patates, qu'il prend l'entraîneur ! Et ils nous font des raisonnements ! Et comment je fais, moi ? On va pas organiser une tombola tous les jours !

— C'est pas ta femme qui s'en plaindrait ! Pas vrai, Monique ?

La pauvre Monique, qui a mis son tailleur fleuri des jours de match, avec par-dessus la veste de jogging aux couleurs du club, parce que tout de même elle est la femme du président, sort de sa torpeur, et grogne : « Ben, quoi, y a pas de honte... »

— C'est pas toi qui as gagné les trois dernières fois ? Moi je dis, il y a baleine sous la roche...

Gênée, Monique se tourne vers son mari, et lui arrange le col de sa chemise.

— Parce que moi, je vais te dire, je me découpe en huit pour mon club ! Mes minimes, champions du département ! Deux cadets sélectionnés régionaux ! Mais à la fédé, ça suit pas. Ils nous appellent le « matelas du rugby français », c'est bien beau, mais je vais te dire, il faudrait pas qu'ils s'endorment dessus !

— On peut compter sur personne...

— L'élevage de poulets, ça nous fait un sponsor, mais c'est pas avec ça que je vais rénover les vestiaires. Parce que moi, je vais te dire, tout ce que tu vois là, le club-house, le matériel, les nouveaux ballons... C'est moi qui me le suis pelé !

— Allez, René, il faut y aller, on va louper les cadets en ouverture.

La troupe quitte le bar d'un pas lent, et rejoint le stade à la sortie du village. Le président prend sa Ford pour faire cinq cents mètres. Monique se remet un peu de rouge à lèvres en se regardant dans le rétroviseur.

Après le passage obligatoire au guichet de bois où l'on aperçoit par un trou de hibou Annie, la femme du trésorier, qui fait glisser un ticket, le même que ceux de la tombola de la semaine dernière, tout le monde se retrouve à la buvette. C'est une vieille caravane reconvertie, décorée de photos de joueurs, tenue bénévolement par Michel, le boulanger, et sa femme, des passionnés dont le fils joue en cadet au club. On y boit un vin rouge lourd et tiède produit par la coopérative, et servi dans un gobelet en plastique.

— Alors, président, on va gagner aujourd'hui !
— Sûr !
— Dis donc, président, pourquoi il joue numéro 8, Cyprien ? Il avance plus ! Il devrait jouer pilier !
— Arrête tes conneries, il est en grande bourre. Laisse faire ceux qui savent, va.

La tribune se remplit petit à petit des aficionados. Quelques vieux en chemisette, les jeunes du club, une poignée de femmes, un landau, des gosses qui courent partout. Le match d'ouverture vient de commencer. La boulangère jette des regards anxieux vers le terrain où son cadet de fils joue talonneur.

— Il vient bien, ton minot, Michel !
— Ouais... Il devrait aller loin, s'il ne pense pas qu'aux filles.
— Ah çà ! les hormones, tu peux pas lutter. Et c'est pas au joug que l'envie te passe !
— Oh ! mais ils sont pas mal, nos cadets ! T'as vu ça, le fils de Pascal, cette valise qu'il nous a faite ! Il a ces cannes, dis !
— Vas-y ! Vas-y ! Allez, en soutien les autres, qu'est-ce qu'ils font ? Allez !

— Dommage. C'était bien tenté.
— Ce 12, il est méchant comme un diable.
— Et comment il s'en remet, le gosse, de l'accident ?
— Pas trop mal. C'est sa mère qui morfle, surtout. C'était un bon gars, Pascal.
— Putain de route qui nous l'a volé.
— Et lui, non ! Il s'essuie les souliers ! Ho ! l'arbitre !
— Quel gros cochon, ce 3 !
— Dis pas de méchanceté, c'est mon neveu.
— T'as un neveu qui joue chez eux ?
— Eh ouais ! qu'est-ce tu veux... Ma sœur s'est mariée avec un de là-bas.
— Et tu l'as reconnu le flinguet qui joue deuxième latte ? C'est le fils de Gobi, qui jouait avec nous en cadets !
— Ah ouais, tiens. Lui aussi, on dirait qu'il gobe les mouches !
— Tel père, tel fils !
— Tiens, voilà Squiche.
— Alors lui, quand il met la main à la poche, c'est pour se les gratter.
— Chaque fois qu'il vient, on perd.

Les hommes s'arrêtent de parler. Squiche, qui doit son surnom à l'expression « esquiche-bougnette » (celui qui va jusqu'à presser les taches qu'il a sur sa chemise pour en récupérer l'huile), est réputé pour sa grande avarice. Grand et maigre, il monte s'asseoir dans les tribunes, tout seul.

— C'est ça, dis pas bonjour. On sent le pâté, ou quoi ?

— Laisse, Fifi, il est plus malheureux que nous.

Arrivent deux petits garçons qui vendent le calendrier du club. Sur les photos surexposées, les joueurs ont tous les yeux rouges. C'est Monique qui les a prises.

Le stade est maintenant bien rempli. Les cadets remportent leur match sous les applaudissements chaleureux du public. Quelques filles, yeux surlignés, créoles aux oreilles et pantalon trop serré sur leurs formes adolescentes, se sont collées à la rambarde pour acclamer bruyamment leurs copains.

François, l'entraîneur de l'équipe première, vient s'installer sur le banc de touche. Ses joueurs entrent alors sur le terrain, salués par la haie d'honneur des cadets. Dans les tribunes, une vingtaine de supporters de l'équipe adverse a fait le déplacement. Ça va être un gros match. Sur le coup d'envoi, le premier coup de boule réjouit toute l'assemblée, dans un vacarme de cour de récréation.

— Ils sont à bloc, je te dis.

— Allez les Rouges !

— Il a forci, Cyprien, quand même.

— Je te l'ai dit ! Il est gras ! Il faut qu'il joue pilier, pas troisième ligne !

— Il pourra jamais jouer pilier, il a un cul d'agneau.

— Il est hors jeu, lui !

— Il vaut pas un cachou, cet ailier.

— Hors jeu, le 2 !

— Ho ! Gégé, ton père est vitrier ? Pousse-toi du milieu, je vois rien !

— Il lui en a filé une ! Putain, Marco, il est vaillant !

— Ouais, pour voir que c'est un intellectuel.

— Et leur centre, là, le chevelu, il est bon que sur la photo... En défense, il sert à rien.

— Il faut qu'il fasse du surf, lui, pas du rugby ! Quelle trompette !

— Ouais, mais regarde sa femme aussi... On peut pas tout avoir, le talent et Claudia Schiffer.

— Où ça ?

— Là, derrière. La blonde.

— Oh ! putain. Comment tu sais que c'est sa femme ?

— Je les ai vus arriver ensemble. Elle lui portait son sac.

— L'enculé.

— Allez, mi-temps. Mimi, tu nous en remets un petit ? C'est ma tournée !

Codorniou (Didier)

Didier Codorniou venait de Narbonne. C'était un minuscule petit gars avec un nez taillé à la serpe et des frisettes sympathiques. Quand on parle de lui, les gens sont d'abord nostalgiques, et puis en colère contre le jeu tel qu'il est pratiqué aujourd'hui, un peu comme lorsque les amoureux de tennis évoquent McEnroe ! Un gars qui incarnait à lui seul un esprit, un panache et une finesse à présent malmenés par l'omniprésence des joueurs au physique imposant qui défoncent les portes de l'histoire à coups de casques à boulons...

Il jouait trois-quarts centre, et son style était fait de passes somptueuses et d'accélérations, de crochets et de feintes au service d'un sens inné du rythme. Codorniou mordait les ballons, mettait ses adversaires dans le vent d'une seule ondulation d'épaule et fixait les plus grands défenseurs d'un geste de main. Jouer à ses côtés était donc l'assurance de profiter d'espaces et d'intervalles ouverts d'un coup de patte magique. En 1989, alors qu'il finissait sa carrière sous les couleurs du Stade Toulousain, il éclaira une finale contre Toulon d'une seule passe. Un de ces gestes trop parfaits qui invitent à croire au génie, à l'état de grâce. Denis Charvet, son partenaire du centre, n'eut plus qu'à courir de ses jambes de feu pour crucifier mon équipe avec un essai de légende.

Sans la mauvaise fois combinarde de quelques sélectionneurs alors obnubilés par les armoires à glace aux sourcils broussailleux, Codor aurait sans doute fait de l'équipe de France son jardin. Il n'y passa, hélas, que par intermittence, le temps de gagner contre les All Blacks à Auckland le 14 juillet 1979, et de remporter le Grand Chelem de 1981. Assez donc pour rester à jamais dans le cœur des amoureux de rugby.

L'Ovalie française le surnommait le Petit Prince. Certains hommages se passent de commentaires !

Voir : CADRAGE-DÉBORDEMENT, CIRCULATION, FIXER, PASSE, RENTRER-DONNER, TOULOUSE, TROIS-QUARTS CENTRE.

Collège de Rugby

> « Pour inventer le rugby il fallait des Anglais. Des excentriques organisés, des gens qui prennent les choses comme elles sont et les font fonctionner telles quelles. Mieux, il fallait les Anglais du XIXe siècle. Il fallait de grandes gueules assoiffées et iconoclastes, assez celtes pour croire que Wellington pouvait vaincre Napoléon ou que rien n'empêchait de porter sous son bras un ballon fait pour être joué au pied... »
>
> Préface de Georges Buis
> dans *Le rugby, c'est un monde*
> de Jean Lacouture.

Petite bourgade anglaise du nord de Londres, Rugby a le charme désuet des chefs-lieux de canton où les femmes se saluent poliment devant l'église et les hommes en veste de tweed attendent les jours de marché comme une fête. Les pâturages saupoudrés de moutons et les champs à la géométrie tarabiscotée dessinent un patchwork de verts autour de la ville qui baigne tout l'hiver dans une brume légère. Rugby ressemble à l'Angleterre traditionnelle, celle des pubs aux boiseries patinées, des écoliers rouquins en uniforme, des chasses à courre et des tartes à la rhubarbe.

Mais ce qui nous intéresse à Rugby, ce ne sont pas ses spécialités gastronomiques, ni son folklore. Non. C'est son collège [1] ! Le Bethléem du jeu de rugby. Le lieu saint qui a vu naître ce sport et lui a donné son nom. Aujourd'hui encore, le terrain du collège de

1. En Angleterre, le collège rassemble souvent collège et lycée, voire l'école primaire.

Rugby est un sanctuaire, et parmi les équipes de passage, seules les plus grandes obtiennent exceptionnellement le droit de s'y entraîner.

Fondé en 1567 au cœur du bourg pour accueillir des garçons de bonne famille, le collège dispensait une éducation classique qui ne faisait pas vraiment place à la récréation. Il n'y avait d'ailleurs pas d'espace prévu à cet effet et, pendant leur temps libre, les élèves, appelés aussi rugbeians, chahutaient dans la rue ou dans l'église, provoquant l'agacement des riverains et l'indignation du curé. En 1750, le collège de Rugby déménagea dans le Old Manor House, un édifice prestigieux situé aux abords de la ville dans un parc de huit hectares. Les paroissiens n'eurent plus jamais à se plaindre et l'histoire du jeu de rugby put tranquillement commencer.

Le père football

À la préhistoire du rugby, au début du XIXe siècle, il existe un jeu très prisé par les adolescents anglais, hérité des légionnaires romains et des guéguerres entre villages : le football. Pas le football que l'on voit aujourd'hui à la télé, mais plutôt un jeu de terrain violent, sans règles écrites, où les joueurs tentent dans un relatif chaos de botter la balle vers une cible. À cette époque, de nombreux collèges le pratiquent, mais les échanges entre institutions sont rares et chacun adapte sa façon de jouer en totale autarcie.

À Rugby, dès les années 1800, certaines spécificités troublantes apparaissent : le ballon en vessie de porc est ovale, les poteaux s'allongent et les contacts physiques entre joueurs se font plus rudes. L'histoire du rugby est en marche, un rugby frémissant, désordonné et maladroit comme un jeune chiot. Comme ceux qui le pratiquent en somme, ces adolescents dégingandés et rougis par l'effort qui se jettent sur le terrain avec vigueur et effronterie. Ce sont eux, nos pères, ces garçons qui ont compris que ce jeu-exutoire cristallisait des valeurs essentielles pour eux — courage, force physique, fidélité et camaraderie. Des valeurs inspirées de l'aristocratie, d'où sont issus en majorité les premiers étudiants du collège de Rugby.

Mais avec la révolution industrielle, la population du collège change, et l'on voit arriver de jeunes garçons issus des classes moyennes, qui n'ont jamais eu accès aux traditionnels sports de riches comme la chasse ou la natation, et qui adoptent naturellement le football, sport d'extérieur un peu rustique et profondément égalitaire, avec juste ce qu'il faut de touche aristocratique pour les séduire. Parmi eux, un dénommé William Webb Ellis, devenu le plus célèbre des rugbeians en prenant un jour le ballon dans ses bras... Le football devient bien plus qu'une recréation : il constitue un rouage central des relations entre ces garçons qui, souvent pensionnaires, passent l'essentiel de leur vie entre les murs de l'école, loin de leurs familles.

Un jeu d'adolescents

Dans une Angleterre victorienne en pleine mutation sociale, le football est donc inventé par des adolescents, pour des adolescents. Ce jeu est leur pré gardé, leur territoire, sur lequel les professeurs du collège ne mettent jamais les pieds, ayant compris les bienfaits de ce sport pour la vie de l'école et le développement des garçons. Thomas Arnold, célèbre proviseur du collège, tient à préserver l'indépendance de ce sport dont il fait un relais indirect de son enseignement.

C'est un jeu violent, on y vient pour se défouler, pour régler ses comptes, se mesurer et célébrer la libération de son corps de tous les carcans d'une éducation rigide. Lors des affrontements, il n'y a pas d'arbitre. Le règlement des conflits, la définition des règles et l'organisation des rencontres sont laissés à l'entière discrétion des étudiants. Les règles ne sont écrites nulle part, elles s'apprennent par la pratique et l'observation. Elles changent en fonction des besoins du jour, de la météo ou du nombre de participants...

Il y a tout de même des habitudes bien ancrées. Les plus jeunes, âgés de six ou sept ans, qu'on appelle les *fags*, ne peuvent jouer que gardien de but, ce qui leur évite de se blesser en se frottant aux plus aguerris. La plupart des petits restent cependant de simples observateurs, ou luttent contre le froid et l'ennui en organisant leurs propres parties derrière les poteaux. En grandissant, ils deviennent à leur tour des joueurs de champ, et une nouvelle génération de *fags*, la goutte au nez et les mains dans les poches, mûrit sur la touche son envie de jouer avec les plus grands, les modèles. Jouer sur le Big Side, le grand terrain, c'est ça, devenir grand !

Le football, rite initiatique, passage symbolique de l'enfance à l'adolescence, gagne là ses lettres de noblesse, aux côtés des premiers poils sur le menton, des prix d'excellence, et du premier baiser avec la fille du directeur. Fort de cette place centrale dans la vie du collège, le football modifie les comportements collectifs et les mentalités. La camaraderie prend peu à peu le pas sur la hiérarchie ou les bizutages qui régissent jusqu'alors les rapports entre élèves. À la fin des matchs, ça chante et se bouscule sec dans le hall de l'école, avec la bénédiction des professeurs ! Ce joyeux tapage récompense les joueurs et sonne comme une invitation pour les timides à venir découvrir le football. Voilà comment une bande de gamins délurés a aussi donné naissance à la troisième mi-temps !

Et ils inventèrent l'équipe !

Dans les années 1830, un changement radical et irréversible vient bouleverser le jeu. Jusqu'alors, les élèves se sont affrontés au football sans aucune notion d'identité à défendre ; les équipes étaient constituées au hasard, selon l'alphabet, la couleur des yeux, l'ordre d'arrivée sur le terrain... Puis un jour, on décide que les *houses*, ces bâtiments indépendants où vivent et dorment les étudiants, vont jouer les unes contre les autres. On introduit l'idée d'identité collective. Moment historique ! Tournant majeur ! Tout l'esprit du jeu va en être changé. Le football devient alors un sport d'équipe, un vrai, où il ne s'agit plus simplement de montrer un talent individuel, mais de jouer au nom d'un groupe uni par un sentiment d'appartenance et une forme de loyauté. L'issue du match est alors un véritable enjeu. Pas question de perdre contre la *School House*, la plus grande, avec son emblème de tête de mort ! On va leur montrer ! L'orgueil devient collectif, et chacun sent peser sur ses épaules une responsabilité à l'égard de ses partenaires. On n'aspire alors qu'à une chose, être digne de son équipe.

Cette transformation essentielle ajoute une bonne dose de motivation à ces garçons qui n'en manquent pas, et le jeu s'en trouve durci. Les étudiants règlent sur le terrain leurs différends entre *houses*, établissent des hiérarchies, s'emploient à assurer la suprématie de leur groupe. Et peu importe l'égalité numérique ! Certaines *houses* académiquement prestigieuses sont régulièrement défiées par un petit nombre de rivaux remontés comme des pendules. C'est d'ailleurs dans les situations d'infériorité numérique que s'élaborent les premières stratégies, avec des groupes de joueurs assignés à certaines tâches sous le commandement du chef de *house*. Plus les adversaires sont forts ou nombreux, plus il y a de prestige à livrer bataille ! Dans *Tom Brown's schooldays*, un livre resté célèbre sur la vie des collégiens à Rugby, un ancien étudiant raconte : « J'ai vu dans les yeux de mon chef de *house* le type de regard que j'espère voir un jour dans ceux de mon général lorsqu'il me faudra charger à la guerre ! » Les Anglais n'ont jamais badiné avec l'honneur.

***

Le collège de Rugby fut donc le laboratoire du rugby moderne. Rarement un jeu aura été autant associé à un lieu et un groupe de personnes. Les règles, façonnées progressivement par la pratique bien plus que la théorie, incarnaient un ensemble de valeurs auquel les étudiants de Rugby étaient férocement attachés, et qui apparaît aujourd'hui encore comme l'essence même de ce sport.

Comme pour affirmer une filiation directe avec les inventeurs du jeu, l'équipe nationale d'Angleterre continue de jouer avec le maillot blanc du collège de Rugby. Une tradition voulait d'ailleurs que, avant chaque match international, le capitaine anglais demande la permission de porter ces couleurs à son homologue étudiant... De Bayonne à Auckland, en passant par Dublin et Johannesburg, le monde du rugby a hérité d'une philosophie, celle d'adolescents bien élevés dont l'ambition était avant tout de passer une belle jeunesse et, si possible, de la rendre éternelle grâce à un jeu d'équipe unique. Amoureux du rugby, nous sommes tous leurs humbles héritiers.

Voir : ANGLETERRE, ARNOLD (THOMAS), FOOTBALL, FRANC-MAÇONNERIE, RÈGLES, RUGBEIANS, WEBB ELLIS (WILLIAM).

Combinaison

La combinaison est un mouvement de jeu méticuleusement préparé qui vise à provoquer une faille dans la défense adverse, le plus souvent par l'astuce, la feinte et l'effet de surprise. Aujourd'hui, face à des défenses de plus en plus hermétiques, les combinaisons redoublent de complexité, même si certaines vieilles recettes conservent encore toute leur efficacité. Il y a pour l'entraîneur un véritable plaisir à élaborer de nouvelles combinaisons, d'abord parce que c'est l'occasion de laisser libre cours à son imagination et à sa malice, mais aussi parce que c'est une manière de laisser sa trace. Je me souviens de soirées passées à inventer des figures de style improbables sur des comptoirs de bar : les verres représentaient les joueurs et les noyaux d'olive les ballons ! L'arbitre, c'était le cure-dents !

Comme une propriété intellectuelle précieuse, une

combinaison porte toujours un nom, en hommage à son inventeur, son plus illustre serviteur ou, de façon plus imagée, en référence à l'effet recherché. Si à la sortie d'une mêlée vous entendez votre opposant crier « Lomu », « Afrikaner » ou « missile », mettez vite votre protège-dents.

Coq

> « Le service des emblèmes aurait pu trouver dans sa basse-cour un coq de combat. Je me demande, en effet, quelles vertus pouvait inspirer à nos joueurs cette volaille excessivement domestique et vaine, et dont nul n'ignore que sa fin dernière est d'être plumée. »
>
> Jacques Perret,
> *Articles de sport.*

Comment l'orgueilleux emplumé a-t-il pu atterrir sur les poitrails de nos rugbymen français, juste là où bat leur cœur ? Quelle bizarrerie ! Certes, l'animal est présentable, il a une certaine élégance, mais tout de même, sa beauté ne casse pas trois pattes à un canard ! Regardons autour de nous : kangourou australien, gazelle sud-africaine, puma argentin... Rapides, affûtés, puncheurs ! Le nôtre, il est un peu couillon, et surtout, il chante les deux pieds plantés dans le fumier !

Il faut remonter loin dans l'histoire pour trouver une explication. Avant d'être emblème de France, le coq fut celui de nos ancêtres les Gaulois, qui ne l'avaient pas choisi... C'est aux Romains qu'on doit ce rapprochement entre l'animal et nous, tout simplement parce qu'en latin, « gallus » signifie coq. De là à identifier les Gaulois et le fier volatile, il n'y avait qu'un pas, que Jules César fut, paraît-il, le premier à avoir fait. Plus tard, les rois de France firent au coq une petite place, sur quelques pièces de monnaie et autres gravures oubliées, mais il n'était alors qu'un emblème mineur. À la Révolution, il sortit de l'ombre, et reprit du service, mais Napoléon le renvoya aussitôt sur son tas de fumier. Il lui préféra un oiseau plus magistral, l'aigle bien sûr. C'est au moment de la Première Guerre mondiale que le coq accéda au rang de vedette. Il symbolisait la France paysanne, modeste et courageuse, qui luttait contre le puissant aigle de l'Empire allemand. En 1944, le Général de Gaulle fit imprimer à Alger les premiers timbres de la France libérée : on y voyait un coq chantant le cocorico de la victoire.

Le coq est donc devenu l'un des symboles officieux et indémodables de notre République, et tout particulièrement du sport français. L'équipe de France de rugby l'a pour sa part adopté en 1922, où on le vit apparaître pour la première fois sur les maillots lors d'un match contre... le pays de Galles.

Corne

On appelle « corne » l'espace arrondi formé par les bras grands ouverts du joueur qui s'apprête à plaquer un adversaire. C'est avec cette pince qu'il s'emploie à capturer ses opposants. Les jambes fléchies pour s'assurer une bonne assise, la tête rentrée dans les épaules, il attend de charger sa proie comme un taureau de combat.

« Aller à la corne » consiste à s'approcher balle en main le plus près possible du défenseur, afin que ce dernier soit irrémédiablement fixé, figé dans l'attente du plaquage, et donc incapable de se déplacer vers un autre attaquant. C'est dans la fraction de seconde précédant le choc que le porteur du ballon doit assurer sa passe vers un partenaire décalé, avant de se faire plaquer violemment par l'adversaire. Ce noble geste sacrificiel est presque exclusivement réservé aux actions décisives, à la dernière passe avant l'essai, face à un ultime défenseur. Les trois-quarts centre, dont l'objectif est de libérer des espaces, se retrouvent souvent dans cette situation périlleuse. Les plus grands, André Boniface, Jo Maso ou Didier Codorniou, en ont tiré leur gloire, allant à la corne pour que marquent leurs ailiers.

Voir : FIXER, PLAQUER, RENTRER-DONNER, TROIS-QUARTS CENTRE.

Côté fermé

Sur un terrain de rugby, toute phase de jeu sépare la largeur du terrain en deux espaces que l'on appelle communément le grand et le petit côté. Le côté fermé est le plus étroit, et il offre logiquement moins de possibilités aux attaquants car les intervalles et les débordements y sont limités. Cette partie du terrain ne permet donc pas de constructions offensives avec un grand nombre de joueurs. Stratégiquement, on choisit de jouer côté fermé pour limiter les risques (on minimise le nombre de passes et donc les tentatives d'interception), mais aussi par goût du défi, puisqu'on concentre les forces dans un espace confiné. Pour les équipes robustes mais peu mobiles, taillées pour le combat mais maladroites dans le jeu de mouvement, le petit côté offre aussi l'assurance de ne pas trop se découvrir, et de laisser tourner le chrono en évitant les grandes courses au large, souvent plus périlleuses techniquement. Le petit côté n'est pourtant pas toujours l'endroit du terrain le mieux gardé ; on y retrouve les plus filous, les demis de mêlée rusés tout comme les arrières opportunistes qui peuvent ainsi tenter d'y chaparder quelques belles envolées.

Voir : DEMI DE MÊLÉE, VALISE.

Couloir

Un coup de sifflet vient de retentir.

Les visages sont transfigurés par l'extrême concentration. De longues et amples inspirations trahissent quelques légers haut-le-cœur. Un joueur ferme les yeux, un autre les a écarquillés, comme étrangement hypnotisé. Dernière envie de pisser, de serrer contre soi un partenaire poisseux de vaseline, de se marteler les épaules à coups de poing. Les crampons jouent à l'unisson sur le sol carrelé du vestiaire une partition obsédante. Chacun refait les mêmes gestes, qui semblent chaque dimanche revêtir une importance capitale : vérifier ses lacets, essuyer ses mains moites sur le short du pilier, arranger le col de son maillot, écouter une dernière consigne, un ultime encouragement.

Il est quinze heures, l'arbitre vient d'appeler les deux équipes et le monde soudain s'arrête. Sans quitter ses gars du regard, l'entraîneur entrouvre la porte des vestiaires comme on soulève le couvercle d'une Cocotte-Minute. L'odeur chaude de la sueur mêlée d'huile de massage se dissipe dans l'air frais du couloir. On entend la clameur des spectateurs impatients d'assister à l'entrée en piste des acteurs du jour, qui portent à ce moment-là toutes les espérances d'un village, d'une ville ou d'un pays. Les gens les attendent, les désirent, les veulent vaillants et frondeurs face à la douleur et l'adversité. On aime les croire robustes, sans faille, prêts à riposter à tous les assauts pour protéger la tribu. S'ils faiblissent et subissent, c'est leur âme qui souffre et leur peuple qu'ils mettent en danger.

En colonne, les joueurs sortent de l'antre intime, reçoivent de l'entraîneur une tape gentille sur la nuque ou sur les fesses. Le soigneur mâche nerveusement un chewing-gum. Le jeune ailier pour la première fois titulaire a les yeux rouges. Le capitaine ouvre la marche.

Les adversaires sont maintenant à quelques centimètres, marchant eux aussi en colonne et regardant fixement droit devant eux. Les nuques rasées et les crânes cerclés de bandage forment une brochette compacte. On a toujours l'impression que les autres ont moins peur... Pourtant, leurs entrailles doivent frémir de la même manière.

Le couloir, c'est ce chemin tracé au cœur du stade qui conduit des vestiaires à la lumière. Les tribunes de ciment qui l'entourent le rendent toujours sombre et froid, presque humide. Passage long et étroit, il est la dernière halte, la dernière distance à parcourir avant de fouler la pelouse, avant cet instant qui obnubile trente bonshommes en demi-transe : le coup d'envoi. C'est pour chacun une parenthèse de solitude entre l'intense cohésion des vestiaires et le verdict du pré. Les joueurs en sueur, enlacés et unis lors de la préparation, ne sont plus dans la colonne que les éléments d'une chaîne qui glisse vers le terrain.

Les quelques instants passés dans le couloir sont un prélude à l'explosion. Il suffirait d'une minuscule étincelle pour que l'énergie contenue se transforme en un hurlement de bête. L'arbitre allume la mèche en intimant aux deux capitaines d'entrer sur le terrain. Les joueurs jaillissent du couloir. La foule, qui guettait cet instant, s'enflamme.

Dans quatre-vingts minutes, les joueurs dégoulinants quitteront le terrain, torse nu, un maillot échangé en guise de trophée. Les corps meurtris emprunteront le couloir en sens inverse. Dans les vestiaires, ils enlèveront leurs masques, rinceront leurs muscles fatigués et redeviendront des hommes comme les autres.

Voir : COUP D'ENVOI, ENTRAÎNEUR, VAILLANT, VESTIAIRE.

Courage

Ma mère s'est mariée avec un rugbyman et a eu quatre fils, tous rugbymen. Elle en a vu, des matchs ! Disons plutôt qu'elle est souvent venue dans les tribunes. Parce que le match, elle ne le regardait pas. C'était trop dur pour elle. Combien de coups, de chocs violents, de corps écrasés pour une belle percée d'un de ses fils ? Elle avait la hantise de voir l'un de nous sortir sur une civière, elle qui, le soir, pansait nos genoux écorchés, soignait nos chevilles tordues, nos oreilles éclatées. Elle ne pouvait pas s'empêcher de détourner son regard du terrain et préférait observer les mouettes dans le ciel ou vérifier que ses bas n'étaient pas filés. On avait beau fanfaronner, elle savait bien, elle, que pour faire du rugby, pour aller prendre des coups dans la figure chaque dimanche et trouver ça chouette, il fallait être un peu fou. Elle voyait bien que ce sport n'était pas normal.

Et c'est vrai, le rugby n'est pas un sport comme les autres. C'est le seul sport collectif où la conquête du ballon passe par le corps à corps, l'affrontement direct. Celui qui a le ballon dans ses mains devient la proie potentielle de quinze molosses prêts à tout pour l'arrêter. Ce rapport agressif à l'autre, qui est au cœur du jeu, fait de la douleur une compagne de tous les jours, et du courage la valeur suprême.

L'Ovalie glorifie plus que tout autre l'homme qui passe à travers la muraille. Elle apprécie aussi les belles courses et les crochets, mais ce n'est pas la même chose... Il y a dans le sacrifice physique une force brute, élémentaire, presque archaïque, qui laisse sans voix. La famille du rugby pardonnera bien plus facilement au courageux de n'être pas très malin, que l'inverse. Le joueur malin est applaudi, le courageux est admiré. Les grands courageux sont célébrés précisément parce qu'ils ne calculent pas les risques, parce qu'ils n'évitent pas. Éviter, c'est être un peu roublard, c'est jouer avec sa tête plus qu'avec ses tripes. On dit souvent que les meilleurs joueurs d'évitement sont en fait de grands peureux, du genre à « être courageux seulement si ça les prend par surprise », comme le dit Woody Allen !

Au cœur de l'esprit initial du rugby, le courage révèle une capacité à se mettre au service du groupe. Le courage pour soi tout seul n'a pas grande valeur ! Non seulement le courageux va au charbon et se sacrifie pour les autres, mais il entraîne avec lui le reste de la troupe, devenant l'exemple à suivre : montrant que c'est possible, il incite le timide à lâcher les brides, à braver sa peur. D'ailleurs les plus courageux sont souvent leaders, et dans les vestiaires, avant d'entrer sur le terrain, on aime se rassembler autour d'eux, comme pour prendre à leur contact un peu de leur courage et de leur force.

On ne vient pas au rugby par amour des coups, sauf exception de masochisme, mais je n'en ai connu aucun cas. L'idée de sortir sur un brancard n'a jamais réjoui personne ; ce qui est réjouissant, en revanche, c'est d'éprouver son courage et sa force. C'est de montrer, à défaut d'en être sûr, qu'on ne craint rien ni personne. Cet état d'esprit traverse le rugby, des poussins aux seniors, des divisions d'honneur aux équipes nationales. Les joueurs sont conditionnés depuis le début de leur carrière pour endurer sans se plaindre. La pire insulte que l'on puisse faire à un rugbyman, c'est lui dire qu'il est « douillet » ! Le plus beau compliment, qu'il a été « vaillant ».

Au rugby, ce que le commun des mortels ne supporterait pas, les joueurs, eux, le supportent, comme transcendés par une force supérieure. Combien de joueurs vont gueuler s'ils se coupent un doigt en faisant la cuisine, alors qu'ils ne sentiront même pas un coup de genou dans la tête pendant un match ! Vêtus de leur maillot, ils semblent protégés de la violence des chocs, anesthésiés par une volonté irrépressible, par une force de conviction inébranlable.

Appelez cette chose courage, ou inconscience, abrutissement, transe, folie... Elle est en tout cas la passerelle vers un monde parallèle où les hommes sont transfigurés. Où ils dépassent les frontières de la normalité. Car sans folie, pas de légende. S'ils entrevoient un instant le danger et l'absurdité de leur propre sacrifice, les hommes ne jouent plus. Entrer sur le terrain, c'est s'entourer d'une bulle qui protège du raisonnable. La raison passe bien après la sensation brute de s'élever au-dessus du monde, de ne pas faire comme les autres. D'avoir quelque chose en plus. Les joueurs se rapprochent du mythe nietzschéen du surhomme, qui va là où les autres ne vont pas.

Où vont les rugbymen ? Dans un monde à part où la douleur, redoutée par l'homme autant que la mort, est niée. Le temps d'un match, par la démonstration de leur courage, ils sortent de l'humanité ordinaire.

Voir : SOIGNER, VAILLANT.

Courant d'air

Lorsqu'un attaquant réussit à leurrer son adversaire par une feinte de passe ou un crochet, et file sans même être touché, il laisse alors dans son sillage le rire du public et un courant d'air terrible qui vient décoiffer le malheureux défenseur et glacer son moral. On dit alors que l'attaquant a enrhumé son adversaire direct... L'offense est suprême. Les courants d'air sont la hantise des arrières et des ailiers, dont les interventions défensives s'effectuent le plus souvent plein champ, aux yeux de tous. On conseille généralement à l'enrhumé chronique de rester chez lui et de s'éloigner des terrains de rugby.

Voir : CADRAGE-DÉBORDEMENT, MONTER DANS LA TRIBUNE.

Coup d'envoi

Un passionné de rugby ne manquerait pour rien au monde le coup d'envoi d'un match, qui donne la température, et annonce la couleur. Voilà notre homme qui court dans l'allée menant au stade, il sue dans les couloirs à la recherche de sa tribune, il entend la clameur qui s'élève autour de lui, c'est horrible, il ne voit rien ! Il est sans doute en train de louper l'échauffement des joueurs, ou peut-être... le coup d'envoi ! Non, il n'ose pas y penser. Ce serait comme trouver une mouche dans son banana split, comme faire une tache sur sa belle chemise blanche juste avant la noce. Un grand gâchis. Une catastrophe. Il a un caillou dans sa chaussure, son écharpe lui engonce sérieusement le cou et sa casquette tombe mollement sur son front, mais tant pis, il court encore. Là, tout à coup, il voit la lumière scintillante qui l'appelle ! Il s'engouffre dans l'ouverture, il grimpe quatre à quatre les escaliers pour s'asseoir à sa place. Ouf, c'est bon, les joueurs viennent de rentrer sur le terrain. L'amateur n'a pas le temps de reprendre son souffle que ça y est, ça va commencer.

Tension maximale. Les joueurs trépignent comme des fauves en cage, les dirigeants de chaque équipe ont le teint pâle, le public gronde. L'étrange cérémonie commence par une série de coups. Le premier est sonore, long et strident, tout droit sorti des poumons de l'arbitre. Il annonce nerveusement l'ouverture des hostilités entre trente hommes qui n'attendent que ce signal pour exploser. Au coup de sifflet répond alors immédiatement un coup de pied, qui met le ballon en jeu. Il s'offre une première promenade aérienne au-dessus de la meute qui s'active sur le terrain, prête à tout pour s'en emparer. Les hommes se déchaînent, tendant leurs mains avides, se jetant tout entiers dans la cohue pour conquérir la balle, qui ne leur promet jamais rien. En lévitation au-dessus de leurs têtes, elle s'entoure d'une aura céleste, comme sourde aux appels délirants qui la pressent de redescendre, comme insensible aux supplications des fidèles en transe. Son vol suspend le temps dans le stade en ébullition. La loi de la gravité finit par l'emporter, et la chose divine qui flottait en l'air se charge de l'électricité ambiante et redevient la simple balle de cuir que l'on va s'arracher. Elle s'offre à la canopée des mains ouvertes, et résonne alors le son rauque des premiers chocs. La suite est une autre histoire.

Voir : ENTAME.

Crampons

J'avais onze ans et je faisais du foot. Mon père me ramena un jour à la maison une paire de crampons. Ma première. Elle appartenait à Michel Vallès, un de ses amis qui jouait au Rugby Club Toulonnais et qui, disait-on, courait très vite. Mon père m'offrit ces chaussures comme un cadeau précieux, en attendant de pouvoir m'en acheter des neuves.

Elles étaient toutes flétries, d'un cuir si fin qu'il ressemblait à de la toile. Elles en avaient accumulé, des kilomètres de gazon ! Les crampons dataient de Mathusalem, rondelles de cuir coniques qui partaient de guingois, clouées sur la semelle par trois pointes qui dépassaient. Le bout de la chaussure rebiquait, comme des babouches orientales... Et pour finir, c'était du quarante-trois, quand mon pied en pleine croissance approchait tout juste du quarante.

Mon père me dit : « Elles sont pas mal ces chaussures ! Qu'est-ce que tu en penses ? » Je n'en pensais rien. J'étais simplement content, parce que dorénavant, elles étaient à moi. J'étais prêt à les aimer, aussi usées et vilaines soient-elles.

Je les pris dans mes mains. Elles étaient parfaitement graissées. Le fameux Michel Vallès les avait peut-être cirées, parce qu'il était soigneux. Ou bien mon père avait voulu sauver les apparences ! « Au moins elles auront l'air propres », avait-il dû penser.

Ces chaussures furent pour moi un calvaire. Les clous me transperçaient la plante des pieds, et les bouts satanisés par l'horrible bec m'interdisaient tout contrôle de mes gestes. Je ne pouvais pas jouer avec, je loupais le ballon, et je n'arrivais pas à courir... Et je n'osais pas me plaindre. On ne critiquait pas les crampons de Michel Vallès !

Les quelques matchs de foot que je disputai avec ces choses aux pieds furent catastrophiques. Moi, si pétaradant, je ne marquai pas un but, et ratai toutes mes passes. Au bout de quelques semaines, mon prof de gym que j'adorais, M. Aveau, me dit gentiment : « Et si tu essayais le rugby ? »

Voir : DE PÈRE EN FILS.

Cravate

Imaginez une scène de film de cape et d'épée, où un cavalier filant à toute allure dans la forêt s'assomme soudainement sur une branche qui a poussé malencontreusement en travers de sa route. Dur ! Remplacez maintenant le cavalier par un attaquant lancé comme un obus, la branche par le bras tendu d'un défenseur, situez le choc au niveau du cou de l'attaquant. Voilà, c'est ça, une cravate.

Bien entendu, c'est interdit. Au rugby, les contacts volontaires au-dessus des épaules sont tous considérés comme dangereux et donc sévèrement punis. L'arbitre n'hésite pas à exclure les hargneux « cravateurs ». Le cou est une partie du corps fragile, maigrelette, à peine soutenue par quelques vertèbres qui lui permettent de tenir droit. Petit trait d'union entre le cœur et le cerveau, il n'abrite pas d'organes vitaux, mais toute blessure à cet endroit peut être dramatique. Entorse des cervicales, écrasement de la pomme d'Adam, étouffement...

Comme la fourchette, qui consiste à mettre discrètement les doigts dans les yeux de son adversaire, la cravate est considérée comme un geste lâche et irresponsable. Pendant longtemps, le joueur fautif subissait immédiatement l'ire et le châtiment de l'équipe adverse, avant même que l'arbitre siffle la sanction. On accordait la clémence seulement si le défenseur, pris à contre-pied, avait tendu le bras par réflexe, sans intention belliqueuse.

Quand un joueur est victime d'une cravate, un frisson de peur parcourt toujours le stade, les brancardiers s'empressent de rentrer sur le terrain et chacun croise les doigts pour que l'attaquant se relève sain et sauf. Le public le plus chauvin n'applaudit jamais une cravate et le coupable, quel que soit le match, est toujours montré du doigt.

Voir : FOURCHETTE.

Cuillère

La cuillère est un ersatz de plaquage. Le défenseur vient de se faire déborder par l'attaquant, il sent qu'il ne réussira plus à le plaquer, l'autre court trop vite et s'en va vers l'essai. Mais il ne s'avoue pas vaincu. Dans un ultime sacrifice, il se jette au sol de toute sa longueur et, en tendant le bras au maximum, il essaie de toucher le pied, le talon, ou la cheville de l'attaquant. Il doit par tous les moyens, même les plus extrêmes, même les moins esthétiques, tenter de contrarier la course de l'autre. La cuillère, sursaut d'espoir du désespéré, se joue du bout des doigts et vers le bout du talon... Elle est la dernière cartouche. Si elle échoue, c'est perdu ! Mais si elle réussit, elle entraîne une bonne gamelle de l'attaquant fauché en pleine course et une immense jubilation du défenseur qui vient de sauver son équipe in extremis. La cuillère, c'est un peu l'arme secrète de James Bond qui désamorce la bombe à une seconde de l'explosion. Sauf qu'avec James Bond, ça marche à tous les coups.

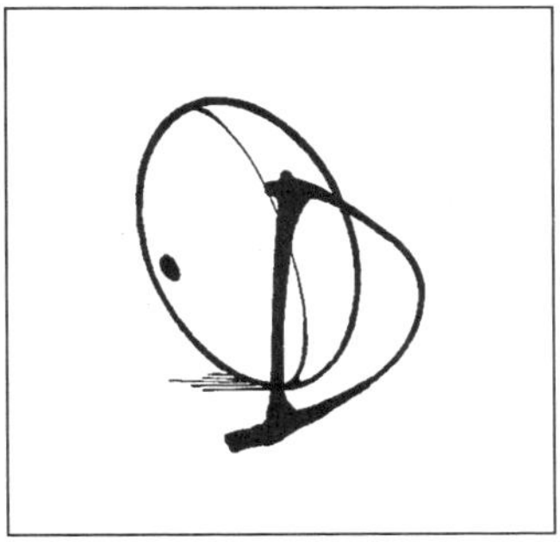

Dans la défense

Depuis les années 2000, les règles sur le jeu au sol punissent de façon stricte tout comportement susceptible de ralentir ou de contrarier la sortie de la balle lors d'un regroupement. Cette évolution de l'arbitrage a eu des conséquences lourdes sur le jeu lui-même. Désormais, comme les ballons sortent plus vite, le danger est partout, ce qui implique un renforcement défensif sur la largeur du terrain. Les joueurs viennent beaucoup moins nombreux dans les regroupements avec balle au sol — mêlée ouvertes ou *ruck* en anglais —, préférant se déployer latéralement et protéger leur défense, plutôt que de se consommer dans la lutte collective.

De l'autre côté, pour l'équipe attaquante, la possibilité de conserver la balle sur les points de rencontre, ou points de fixation, s'est accentuée. Avec peu ou pas d'espaces latéraux pour s'infiltrer ou pour contourner, les attaquants se sont trouvés contraints de rentrer dans la défense, multipliant percussions et rentre-dedans pauvres en technicité et en gestuelle. C'est là qu'on a vu apparaître les fameux *impacts players*, indispensables pour faire reculer la défense, ou au moins la fragiliser. Harcelés par les coups de boutoir, les défenseurs sont obligés de venir colmater les fissures dans l'urgence, ce qui crée des appels d'air dans la largeur. En recherchant le surnombre, le jeu de fixation rend possible le rêve absolu du rugby intemporel : le débordement et la finition sans adversaire.

C'est dans les barbelés de la défense que s'élaborent les meilleures stratégies offensives. Mais faire vivre la balle au cœur du ballet de tronçonneuses est impossible sans des physiques d'armoire à glace, un altruisme à toute épreuve et une volonté sans faille de prendre des risques. Les All Blacks en sont devenus maîtres.

Voir : FIXER, IMPACT PLAYER, MAUL, RUCKING.

Demi de mêlée

Rémora des joueurs du pack, il doit être à la fois un chef et un stratège. L'archétype du demi de mêlée, ce pourrait être Astérix, qui aurait sans doute fait une sacrée carrière si l'Armorique avait eu une équipe !

Numéro 9, joueur charnière assurant la jonction entre les avants et les arrières, le demi de mêlée orchestre la mêlée fermée et décide des orientations du jeu avec la méticulosité du géomètre. En rugby, la faute la plus bénigne est sanctionnée par une mêlée : un ballon échappé, une passe légèrement en avant, et ce sont seize gaillards qui convergent à pas lourd pour former un tas, dont le demi de mêlée est le maître de cérémonie. Il introduit la balle sous la nef humaine et dirige l'empoignade, tel un cornac sur le dos d'un éléphant trop occupé à pousser pour pouvoir réfléchir. Le ballon gagné sert ensuite de nourriture offensive pour toutes les ouailles des lignes arrière.

En bon stratège, le demi de mêlée évalue d'un coup d'œil les positions adverses, la météo du jour et l'état de sa troupe, puis il impulse le mouvement. Ouvrir vers son alter ego des trois-quarts, le demi d'ouverture, pour une offensive au large ? Rester dans un petit périmètre en confiant la balle à un avant qui ira tête baissée percuter la défense adverse ? Tenter sa chance en se faufilant dans un espace laissé sans surveillance... Personne ne décidera à sa place. Comme les initiatives les plus importantes lui reviennent, on suppose qu'il a la comprenette rapide et des aptitudes au commandement. En bon éclaireur, il doit indiquer la route, engueuler les retardataires et les fainéants, se faire obéir à tout prix. Les entraîneurs sont d'ailleurs toujours rassurés de le voir hurler sur le terrain !

On dit du demi de mêlée qu'il doit avoir des yeux dans le dos, mais c'est parfois loin devant, derrière la ligne de front, que l'adversaire est le plus fragile. Un angle perdu au fond du terrain, la sentinelle partie boire un coup ou en train de mater les filles dans la tribune, et le demi de mêlée devient aussitôt un artificier de proximité. D'un coup de pied tout en finesse, il expédie la balle dans un coin oublié et sème la panique dans la défense, prouvant sa *vista* que le public ne manquera pas d'applaudir. On aime aussi ses gestes techniques impressionnants, comme la passe vrillée de plus de vingt mètres lancée en plongeant, qui arrive au centimètre près dans les mains du partenaire en pleine course. Tout un art.

Le demi de mêlée ne peut pas se permettre de flancher, au risque de faire couler avec lui toute l'équipe. Pour lui, rien n'est plus pénible que d'être sous pression, et d'avoir à commander une armée qui laisse s'infiltrer des assaillants mal intentionnés. Son confort et sa sécurité sont donc primordiaux, indissociables de la bonne marche de la troupe. De taille souvent moyenne — pour ne pas le vexer, mais petite, si l'on est honnête —, le demi de mêlée est généralement entouré d'une garde prétorienne d'armoires à glace dévouées, à l'image du *quater back* au football américain, son cousin dégénéré qui aime s'abriter derrière des golgoths génétiquement modifiés. Libéré des contingences sécuritaires, il peut alors pleinement se concentrer sur la direction des manœuvres. À la fin du match, son maillot couvert de boue ou déchiré indique par exemple que le demi de mêlée s'est fait martyriser par les prédateurs d'en face, alors qu'un maillot propre permet d'affirmer que les molosses chargés de sa sécurité ont marché tout l'après-midi au garde-à-vous.

Poste crucial, le demi de mêlée est particulièrement exposé. Les mauvaises décisions se voient vite comme un chou-fleur sur une oreille de ballerine, les cafouillages font rapidement rigoler les mesquins appuyés sur la balustrade, et personne n'est dupe quand son autorité est surjouée. Tout un tas de mesures non officielles et relativement folkloriques pour juger sa prestation sont d'ailleurs à la disposition des novices dans bien des stades de campagne ! Il est par exemple bien vu pour un demi de mêlée de sortir du terrain aphone, comme si la preuve de son autorité résidait dans la quantité de décibels déversés sur le troupeau d'avants. Les plus talentueux ont de l'or dans les mains et de la lumière dans la tête mais ça, il faut être un peu plus averti pour le remarquer...

« Ils transmettent la balle par un rapide calcul où l'esprit de finesse s'introduit dans l'esprit de géométrie. On les voit, par le sortilège d'un coup de reins, déployer l'éventail de leurs partenaires, comme d'une gitane qui s'évente, et cette opération, par le fait même, peut ouvrir un trou d'air vertigineux » (Antoine Blondin, dans *L'Équipe de France*, anthologie de Georges Prouteau).

Voir : MÊLÉE, OUVREUR.

De père en fils

Entrons dans une maison au hasard ; le père fait du rugby dans un petit club, et le fils a huit ou dix ans. Chaque soir, au dîner, il entend parler du gros Ber ou du petit Jo, qui à l'entraînement a glissé dans une flaque, ou s'est disputé avec le capitaine. Une fois par semaine, quelques joueurs du club viennent prendre l'apéro à la maison. Maman sert des olives et des cacahuètes, les hommes parlent de mêlée et de cadrage-débord. Ils finissent toujours par se remémorer cette fameuse bagarre, où son père avait allongé un d'en face. Bing. Chaque dimanche, le gosse va au stade et il regarde son père jouer. Il ne supporte pas de le voir commettre une erreur, il gonfle de fierté quand l'action est belle. Il l'attend ensuite à la sortie des vestiaires. Le voilà, grand et fort, parfumé d'after-shave, les cheveux dégoulinants, entouré de tous ses copains aussi grands, beaux et forts que lui. Un jour, le petit garçon est invité à entrer au vestiaire ; son père le présente à la troupe, quelqu'un lance : « Alors, toi aussi tu fais du rugby ? », « Pas encore » répond timidement l'enfant. Il se recroqueville dans un coin, il regarde, il n'en perd pas une miette. L'odeur des maillots mouillés de sueur et des chaussettes humides lui est déjà familière parce qu'elle emplit la corbeille à linge sale à la maison, mais là, dans la vapeur de cet antre, elle lui paraît nouvelle. Les joueurs sont nus, ils se lavent. Il voit leurs corps musclés, leurs sexes d'adulte, leurs poils collés par des restes d'élastoplaste. Ils se font des blagues que l'enfant ne comprend pas toujours, mais il rit quand même. Après le match, tout le monde se retrouve à la buvette, ça boit et ça chante, ça rigole un peu trop fort. Les femmes restent entre elles, les hommes refont le match. L'enfant voit son père heureux. À la rentrée, il entrera chez les minimes.

***

Je ne connais pas les statistiques, et je ne sais même pas si la Fédération en a jamais fait sur la question, mais à vue de nez je dirais que, en France, un joueur sur trois a eu un père rugbyman. Les célèbres clans Spanghero, Elissalde, Camberabero, Lafond, De Gregorio, Garbajosa, Lacroix, Dourthe (et Herrero, que je connais bien !) ne sont probablement que la partie immergée de l'iceberg. Dans tous les clubs de France, bien des noms de famille se retrouvent cycliquement sur les cartes de membre.

On peut légitimement supposer que c'est la même chose au foot, au judo ou au tennis. L'enfant a tendance à reproduire naturellement le modèle que lui propose son père, surtout si ce dernier se régale en jouant ou en se roulant sur un tatami. Mais il y a au rugby certaines singularités qui rendent à mon avis la transmission père-fils encore plus évidente.

Avoir un père joueur de rugby, c'est un peu comme avoir un père pompier, ou policier. Cela donne de l'assurance, de la crédibilité, de la force. La différence avec les pompiers ou les flics, c'est que les rugbymen jouent le dimanche. Et il n'y a pas école le dimanche. L'enfant a donc tout le loisir d'accompagner son père au stade et de le regarder jouer. Moi, je n'ai jamais vu mon père travailler aux chantiers navals ; en revanche, je l'ai vu sur le terrain des centaines de fois. J'ai appris le rugby en même temps que je faisais mes premiers pas, que je prononçais mes premiers mots. « Petit enfant, pour dire qu'il était midi moins le quart, je disais : la grande aiguille est sur le demi de mêlée (le 9), et la petite sur papa (qui portait le numéro 12) », aurait dit un jour Pierre Berbizier[1] !

L'imprégnation est aussi plus facile parce qu'elle a lieu en direct, et pas seulement par les conversations ou les fantasmes. L'enfant qui voit son père jouer est donc très vite synchrone avec ce milieu. Il en connaît les règles, il en apprend le solfège avant de jouer lui-même.

L'imprégnation naturelle de l'enfant est technique, mais aussi et surtout affective. La filiation est d'autant plus forte dans le rugby que ce sport porte des valeurs hautement symboliques pour le petit garçon

1. Propos rapportés par Serge Laget dans *Le Rugby en toutes lettres*, Atlantica, 1999.

— virilité, courage, force, fraternité —, le tout appuyé par un esprit convivial et festif. Et ces valeurs, particulièrement estimées socialement, c'est son père qui les incarne. Son père, à qui il est déjà naturellement enclin à s'identifier, cristallise tous les attributs classiques de la figure masculine. Il devient un « homme idéal ». À un moment de son développement, le petit garçon comprend qu'il se joue dans ce sport une part de son initiation à l'âge d'homme.

Il va trouver au rugby la camaraderie autant que le combat, deux aspects très forts de la psyché masculine. On lui apprendra à ne plus se plaindre, car arrêter de se plaindre, c'est s'éloigner de l'enfance. Le rugby est un de ces lieux rares où l'éducation au courage est essentielle et persistante, par la relation à la douleur, le dépassement de ses limites, la transcendance du corps. Ces valeurs cardinales font de ce jeu une pratique hautement initiatique, où les minots viennent faire l'apprentissage de leur virilité. Cette identification totale du rugby au masculin est d'ailleurs une des raisons pour laquelle ce sport a tant de difficultés à accepter les femmes. Ce n'est pas sa technicité qui est masculine — j'ai vu des matchs de rugby féminin magnifiques —, c'est le traitement que notre civilisation fait des valeurs du courage, de la confrontation à la douleur, qui sont culturellement le domaine des hommes.

Le rugby est donc un milieu favorable à la transmission, qui peut retarder la coupure du cordon père-fils, mais assure entre eux des liens intenses. Bien sûr, ce n'est pas une règle, et quand cela se produit, cela se fait parfois avec excès. Rien de pire que de forcer l'enfant à jouer, ou de plaquer sur lui de vieilles frustrations de joueur raté... Difficile aussi de trouver sa place quand autour de soi, son père, ses frères jouent tous au rugby. Il faut accepter d'être moins bon que l'un, meilleur que l'autre. Dans certaines familles, le rugby devient un espace pivotal, et les hommes n'existent plus que par leur identité de rugbymen. Quand le monde tourne ovale, attention au risque de sclérose !

Voir : CAMPHRE, COURAGE, CRAMPONS, DÉRATÉ, « ÉCOLE DE RUGBY, ÉCOLE DE LA VIE ».

Dent

Fin des années soixante-dix, match international au sortir d'une mêlée.

— Oh ! Jean-Pierre, j'ai pas quelque chose, là ?

— Ben, si, y a ta dent qui pend...

— Merde ! Qu'est-ce que je fais ?

— Tu l'arraches !

— D'accord... Aaaah ! Et maintenant, j'en fais quoi ?

— Tu la mets dans ton short, on verra après...

Dératé

Je devais avoir cinq ou six ans. L'Union Sportive Seynoise affrontait les nougatiers de Montélimar, et je regardais le match, assis sur les genoux de ma mère, le menton posé sur la barrière de bois. Sur le terrain desséché, mon père, qui portait le numéro 6 seynois, courait dans tous les sens. Il n'avait pas souvent la balle dans les mains, mais il me semblait qu'il était partout. À mes yeux, c'était lui le plus important joueur de l'équipe.

Mon voisin de droite commentait chaque action avec ferveur, et je l'entendis dire, à propos de mon père : « Oh ! fan, il court, celui-là ! Qué dératé ! » Je sentis bien que c'était un compliment, et je fus pris d'une bouffée de fierté. Mon père était un « dératé » ! Il aimait les courses folles, éperdues, se précipitant partout où l'on pouvait avoir besoin de lui. Ici, il était en soutien, là, il faisait barrière aux intempestifs venus chaparder ses terres ! Il attaquait, il défendait, il se ruait, il fonçait... Un dératé !

Je compris plus tard que « dératé », c'est n'avoir pas de rate, organe dont on dit qu'il donne le point de côté. Rien de pire que ce petit coup de poignard qui vous saisit en plein match et vous empêche de courir... Le dératé n'a pas ce genre de problème. Il court et rien ne l'arrête. Comme les chevaux auxquels on enlève la rate pour supprimer l'émission de bile noire, et accélérer leur foulée. Mon père était un cheval de course !

Derby

Ah ! les matchs contre le voisin si proche et pourtant tellement différent ! Il y a toujours mille bonnes raisons de détester le village d'en face, le quartier d'à côté, la ville derrière le pont. Personne ne se souvient vraiment des origines de la défiance, mais les grands-pères se détestaient déjà, et l'on ne change pas comme ça les vieilles habitudes. On pourrait croire que les inconnus ou les étrangers sont la cible classique de l'animosité, eh bien, non, c'est son semblable que l'on déteste. Celui dont on connaît tout et qui connaît tout de nous, les histoires de fesses, de famille, de terre et de sous, celui que l'on croise tous les matins à l'usine, mais qui défend le dimanche les couleurs du bled d'à côté.

En sport, le plus proche voisin est souvent le pire ennemi, celui par qui le mal arrive, un vrai salaud dont on ne peut tolérer la supériorité sur le terrain. La foule se presse d'ailleurs au stade pour ne rien manquer du règlement de compte, quitte à boire ensemble un verre après le match et se chambrer jusqu'à plus soif. Les « derbys » les plus enflammés naissent généralement des situations géographiques sclérosées, où deux communautés macèrent depuis des lustres dans quelques kilomètres carrés. Le derby est au sport ce que la consanguinité est à l'anthropologie : une curiosité !

Le mot ne vient pas du nom d'une arme, ou d'un hameau décimé après un match trop passionné. Le derby était en fait une sorte de soule pratiquée au XVIIIe siècle en Angleterre par les paroisses voisines de Saint Peter et All Saints, dans le Derbyshire. L'origine de ce traditionnel affrontement remonterait à la victoire des hommes de Chester sur une division de légionnaires romains en 217, et à la gigantesque fête qui fut donnée après la bataille. Les années qui suivirent, pour commémorer cet événement, les villages organisaient des « derbys » : plus de mille personnes de tous les âges participaient alors aux hostilités dans une effroyable pagaille. Le rendez-vous était donné sur la place du village qui très vite se transformait en un dramatique champ de bataille, une mêlée gigantesque se répandant dans les ruelles, piétinant les blessés et étouffant les valides sous le regard ravi des mamies et des enfants. Chaque équipe avait le vague objectif de déposer une balle dans un lieu-dit, derrière un rocher ou sous un pont. Les hommes des deux paroisses pouvaient ainsi prouver leur force et leur courage tout en réglant leurs comptes et leurs différends à grands coups de poing.

Deux cents ans après, au Pays basque comme en Nouvelle-Zélande, en Angleterre ou en Provence, des voisins continuent de s'étriper tous les dimanches, avec l'étrange conviction que l'avenir du monde dépend du résultat de leur guéguerre.

Voir : HARPASTUM, SOULE.

Désosser

Terme emprunté à l'imagerie charcutière, réservé aux phases de combat les plus âpres. Par exemple, avant un match, on peut entendre un entraîneur à court d'arguments techniques ou tactiques dire : « On va les désosser ! », pour achever de motiver ses hommes. Ce souhait étant généralement partagé par l'autre équipe, selon la règle de la réciprocité des animosités, personne n'est véritablement à l'abri des mauvaises surprises. Heureusement, après la rencontre, aussi « désossés » soient-ils, les joueurs rentrent généralement aux vestiaires en chair et en os, d'un seul morceau !

Voir : CHANDELLE, TAMPON.

Deuxième ligne

L'expression est trompeuse. En aucun cas il ne faut comprendre que le deuxième ligne est un joueur planqué derrière la première ligne ! Bien au contraire, il loge au milieu du pack, au cœur ardent du brasier, et c'est un véritable combattant. Numéros 4 et 5, les deux joueurs de deuxième ligne sont facilement reconnaissables à leur stature imposante. On n'a jamais vu un deuxième ligne petit et maigrichon, fût-il nippon ou indien. Leur mission est double, et impose une égale maîtrise de deux extrémités du jeu : les hauteurs aériennes de la touche et les soubassements obscurs du jeu d'avants. S'ils devaient être un animal, le deuxième ligne serait le curieux croisement entre l'albatros et le rhinocéros !

Comme deux bulldozers qui fonctionnent en binôme, les deuxième ligne poussent ensemble dans la mêlée et les regroupements, se brisant les reins pour que la tortue géante accouche d'une bonne idée, d'une graine fertile. Statues inébranlables, ils sont les appuis indispensables pour que le reste de l'équipe puisse construire le jeu, et tenter passes acrobatiques et sautées double vrille. Ils jouent aussi le rôle des grandes sentinelles qui protègent le ballon des agressions adverses. Au temps des empoignades sévères et des justiciers autoproclamés, les « deuxième latte », comme on les appelle, tenaient le haut du pavé. Indiscutables poutres maîtresses du jeu d'avants, ils ont la psyché des cariatides, nourrie d'humilité et d'abnégation, ce qui en fait des joueurs particulièrement estimés de leurs coéquipiers, et adorés des initiés. Dès leur premier match, ils ont dû accepter que leur vie de joueur serait au charbon, que leurs joies seraient modestes, et la reconnaissance du grand public rare. Les seules fleurs qu'ils peuvent espérer récolter sont les choux-fleurs qui viennent orner leurs oreilles !

La France a gonflé les rangs des grands deuxième ligne, et rallongé leur liste dans le *Who's Who* international. On parle encore avec recueillement d'un Benoît Dauga proche du prototype, d'une paire Palmié-Imbernon dont le simple nom donnait des ecchymoses ! J'y ajouterais volontiers Olivier Roumat, incroyable sauteur qui, vingt ans durant, attrapa le pompon sur tous les manèges de la planète, et qui ne trouva jamais de maître. C'est sans doute parce qu'il n'avait pas joué contre Lucien Mias, icône gauloise des deuxième ligne, modèle d'intelligence et de courage, devant qui l'on ne pouvait que s'incliner. Il avait l'allure d'un pas-grand-chose, mais il était le meilleur du monde ! Les qualités du cœur ne se mesurent pas au développement des pectoraux...

Les Anglo-Saxons ne sont pas en reste, eux qui enfantèrent des deuxième ligne comme la Bretagne produit des artichauts, comme le Pentagone des abrutis. Les paires anglaises Marquès-Currie ou plus tard Dooley-Ackford accumulèrent les 20 sur 20, et gagnèrent leur place à l'Académie. Chez les Springboks, où la souche batave et la rudesse coloniale engendrèrent des bestiasses redoutablement dures au mal, les deuxième ligne d'exception sont monnaie courante. Moolman fut un des plus grands de tous, devancé de peu par Johan Claasen, dont le pois chiche nettement plus fécond le place en tête.

C'est aux antipodes que l'on trouve la paire de rêve du XXᵉ siècle, avec le seigneur Black Gary Whetton et le Wallaby John Eales, capitaine de l'Australie championne du monde en 1999, qui avait non seulement le talent, mais aussi la beauté et la bonté d'âme. Il tapait des buts de cinquante mètres, gaulait le ballon à cinq mètres de hauteur, et était surnommé « Nobody », à cause de « *Nobody is perfect* »... Personne n'était parfait, sauf lui !

Voir : CHARBON, JOHNSON (MARTIN), MÊLÉE, MIAS (LUCIEN), TOUCHE.

Devant (« Le rugby commence devant »)

La phrase est d'Andy Mulligan, sublime demi de mêlée irlandais et auteur en 1963 de *Ouvert l'après-midi*. Dans la famille d'Ovalie, chacun a un jour prononcé ce poncif obligatoire pour prouver sa bonne compréhension du rugby, cette sentence de fin d'apéro, cette affirmation irréfutable destinée à s'attirer la sympathie des experts.

« Devant », ce sont les avants, le pack, les huit gaillards aux manettes de la conquête, des touches, des mêlées et de toutes les phases de combat. Disposés sur la ligne de front, souvent nombreux dans un petit périmètre, ces joueurs ont pour mission fondamentale le contrôle de la balle, pré requis obligatoire à toute ambition offensive. C'est donc « devant » que se mesurent les forces, l'orgueil et l'agressivité de l'adversaire. L'équipe qui prend l'avantage dans ce rapport frontal entre avants rentre souvent victorieuse aux vestiaires. La suprématie se joue à coups d'épaule, à coups de casque, au sol et dans les airs, dans les pilonnages et sous les tas de viande.

« Le rugby commence devant... » Sans cette bataille essentielle, sans cette indispensable introduction, inutile de faire de grands discours, et encore moins d'envisager de belles envolées de trois-quarts. Gagner le ballon, dominer la conquête et si possible au passage martyriser l'adversaire, voilà les fondamentaux de toute aventure sur un terrain de rugby. À défaut d'être subtil, ce commandement, authentique Table de la Loi ovale, a au moins le mérite d'être accepté par tous les protagonistes, des joueurs aux entraîneurs, en passant par les arbitres, les spectateurs et les journalistes !

Le sens de l'expression diffère légèrement selon qu'elle est employée avant ou après la rencontre. Avant, elle a vertu d'avertissement. À quelques minutes du coup d'envoi, le capitaine adresse les derniers conseils à ses joueurs et glisse comme une piqûre de rappel : « Le rugby commence devant ! » Silence. Personne ne conteste cette grande vérité. Chacun sait que sans les fondamentaux, point de salut ! Des hématomes en guise de trophée ! Au même moment, les spectateurs qui se dirigent vers le stade dissertent sur les forces en présence.

— Il paraît qu'ils ont une ligne de trois-quarts de tous les diables. Ils vont mettre le feu au terrain !

— Reste tranquille, garçon ! Le rugby commence devant...

Pas de feu d'artifice sans avoir préalablement gagné la bataille des braves !

Après les matchs en revanche, la phrase devient dans le meilleur cas un support d'analyse, et dans le pire, une forme d'insulte contre ceux qui ont manqué à leur devoir. Une équipe s'est fait secouer dans les mêlées, les mauls et les regroupements, a joué les faire-valoir en touche et s'est autorisée quelques fantaisies d'attaque soldées par un essai en contre ? « Le rugby commence devant », concluront les supporters déçus.

« LE RUGBY COMMENCE DEVANT ! » hurlera l'entraîneur excédé. C'est clair ?

Voir : MAUL, MÊLÉE, PILIER, TALONNEUR, TOUCHE.

Dévisser

La technique du coup de pied de volée est savante. Les joueurs du monde entier semblent s'être mis d'accord sur un point : pour que le ballon s'envole en vrille et fende l'air d'une large parabole, le botteur doit le fouetter au moment de l'impact avec un léger mouvement de balancier. Ce geste transmet toute la force du coup de pied dans le cœur du ballon, qui prend alors la vitesse d'une torpille, traverse le ciel sans un bruit et semble se visser dans l'air.

Un coup de pied « dévissé » part de travers. La moindre erreur d'inclinaison au moment du choc produit inévitablement un immense écart de trajectoire à l'arrivée. Une frappe donnée avec le bout des orteils, ou dans le mauvais flanc du ballon, et ce n'est plus une torpille qui s'envole, mais un fruit trop mûr qui s'éclate dans la tribune.

Rien n'est plus ridicule qu'un coup de pied devissé... Le ballon semble soudain atteint de la maladie de la vache folle. Il virevolte lamentablement et prend la tangente dans un bruit sourd. Le botteur, qui donne l'impression d'avoir fourni un effort colossal pour envoyer laborieusement la gonfle dans un angle mort à quelques mètres, se replace penaud, en maugréant... À moins qu'un adversaire embusqué ne profite de la boulette pour aller marquer un essai en marchant !

Voir : MAMMOUTH, TAPER COMME UN SOURD.

Drop

Le « drop goal » est un geste fossile. Un ancêtre qui a traversé le temps sans souffrir d'aucun changement. Notre tortue ou notre rhinocéros ! Dernier vestige du football préhistorique tel qu'il se pratiquait en Angleterre au siècle dernier, le drop a connu William Webb Ellis, la reine Victoria, les All Blacks de 1905, et toutes les guerres ovales. Il fait aujourd'hui encore partie intégrante du jeu moderne.

De fait, le drop est un but. Mais à la différence de ses cousins coup de pied placé, pénalité ou transformation, il intervient dans le cours du jeu. *To drop*, en anglais, signifie « faire tomber ». Faire un drop, c'est donc lâcher le ballon et le botter à l'instant où il touche le sol, après un embryon de rebond. N'importe quel joueur peut ainsi marquer un drop dans le plein tourbillon du jeu, sans autorisation ni faute de personne. Attention, il faut quand même être à une distance raisonnable des poteaux et disposer d'un certain talent. Un ballon mal lâché qui tombe de traviole et c'est une trajectoire d'ivrogne, une envolée pitoyable, un rase-mottes à décapiter les taupes.

Dans le rugby d'aujourd'hui qui privilégie les essais,

le drop fait un peu figure de vilain petit canard, de fin de tiroir des ressources offensives. L'outil fait moins recette. Les droppeurs constituent pourtant une famille, comme les piliers ou les centres passeurs, avec ses modèles et son palmarès. La France enfanta une exceptionnelle trilogie — Albaladejo, Camberabero(s), Romeu —, mais de tous des droppeurs, le plus émérite s'appelait Henri Cabrol, et il était biterrois. Son pied magique propulsa maintes fois les Cathares languedociens vers les sommets, comme lors de cette finale de championnat contre les voisins de Narbonne, où il marqua à la dernière minute un drop d'anthologie, au bout duquel se tenait le Bouclier de Brennus. Une décennie plus tard, le plus généreux des demis d'ouverture toulonnais, Christian Cauvy, fut surnommé « Monsieur Drop » tant il offrit de victoires aux Rouges et Noirs avec ce geste qu'il maîtrisait à la perfection.

Au niveau international, on ne compte plus les grands matchs gagnés sur un drop, petit coup de patte salvateur qui fait bien souvent entrer les ouvreurs dans la légende. En Afrique du Sud, où le coup de pied et les dents de chien furent longtemps des atouts respectés, Naas Botha avait, paraît-il, l'habitude de définir la stratégie de son équipe du Northern Transvaal en ces termes : « Les avants, vous gagnez les ballons, les trois-quarts, vous défendez, et moi, je tape des drops. » Il en tapa des milliers ! C'est encore un drop qui permit aux Springboks de remporter le premier titre de champions du monde de leur histoire, en 1995. Pendant les prolongations d'un match irrespirable contre les All Blacks, l'ouvreur sud-africain Joe Stransky claqua un drop de rapine qui redonna vie à tout un peuple. Quatre ans plus tard à Twickenham, ces mêmes Springboks tombèrent en demi-finale contre l'Australie, victimes à leur tour d'un drop du fantasque Stephen Larkham dans les arrêts de jeu.

Le drop est souvent l'ultime munition dans les matchs à couteaux tirés, quand plus rien ne sépare les deux équipes et que la victoire refuse de choisir un camp. En 2003, la finale de la Coupe du Monde entre l'Australie et l'Angleterre bascula sur un drop dans les ultimes secondes. Synonyme de gloire et d'éternité, ce drop d'anthologie fut signé Johnny Wilkinson, le bijou de la couronne, l'homme aux pieds d'or.

Le drop est un geste qui appartient au passé, au présent et peut-être encore plus au futur du rugby.

Voir : FULL HOUSE, OUVREUR.

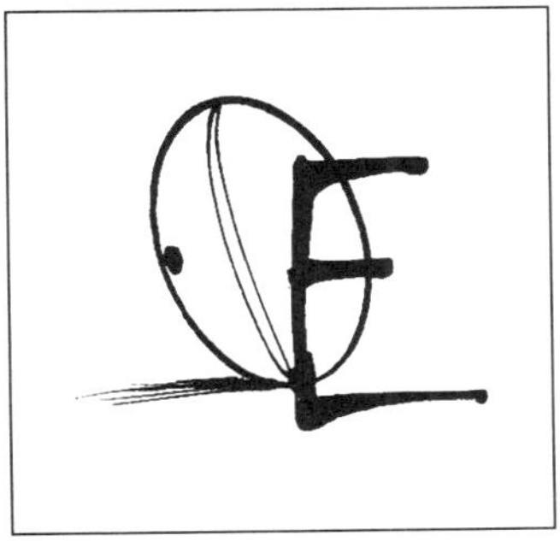

Échange des maillots

« Cette heureuse coutume qui veut qu'à l'issue des grands débats internationaux, la fin du match étant sifflée, il soit procédé à l'échange des maillots entre vainqueurs et vaincus.

« À ce point d'extrême fatigue l'opération paraît satisfaire à un besoin urgent de sympathie : à peine a-t-on le loisir en effet d'entrevoir les torses nus que les combattants ont déjà troqué leurs tuniques, pressés qu'ils sont, les uns de ne pas s'enivrer des sueurs de la victoire, les autres de ne pas s'aigrir des suées de la défaite.

« Après quoi vient la douche ; en toute affaire, c'est l'heureuse conclusion. »

Jacques Perret,
Articles de sport.

« École de rugby, école de la vie »

La première école de rugby fut créée à Lyon en 1954, pour accueillir le jeudi après-midi les enfants de moins de quinze ans qui voulaient s'initier au rugby. Les clubs ont suivi, se dotant d'une structure pour apprendre le jeu aux plus jeunes, et les premiers tournois se sont organisés dans les années soixante. Celui de Michelin à Clermont-Ferrand devint une référence. Au cours d'un discours de fin de banquet, un dirigeant conclut son discours sur les jeunes et le rugby par les mots suivants : « École de rugby, école de la vie ! » La phrase est devenue l'une des devises de ce jeu.

Dans les années soixante, peu d'éducateurs recevaient des formations sérieuses. C'étaient pour la plupart des joueurs des équipes premières, employés au service municipal des sports, que l'on détachait le jeudi pour encadrer les jeunes pousses. Le lien était ainsi créé entre les débutants et les joueurs confirmés, entre les enfants et les adultes. En s'enracinant chez les benjamins et les minimes, les clubs se renforçaient.

Depuis les années quatre-vingt-dix, les clubs accueillent les poussins et même les mini-poussins, âgés de sept à dix ans ! L'école de rugby prend des allures attendrissantes de garderie, avec tous ces petits êtres bondissant la morve au nez sur le terrain qui doit leur paraître gigantesque ! À quand les bébés ovales, casqués de mousseline, avec à la bouche des tétines protège-dents de lait ? À quand encore la section femmes enceintes, avec initiation sensorielle pour le fœtus ?

Pour l'heure, nous avons des écoles de rugby florissantes qui, je l'espère, ne seront jamais appelées batteries. On insiste sur les relations humaines et le partage bien plus que sur les résultats. Sur le terrain se rencontrent les timides et les extravertis, les asociaux et les fusionnels, les maigrichons et les dodus... Bienvenue, les minots !

« École de rugby, école de la vie » : cette jolie expression traduit la volonté d'inculquer aux enfants bien plus qu'un savoir-faire. On ne vient pas y chercher le classement, ni la gloire éphémère d'une médaille, mais les fondements d'une vie d'homme ou de femme — car l'école de rugby est aussi ouverte aux petites filles. Des vestiaires où l'enfant se change avec les autres, aux mêlées où ils vont tous batailler ensemble, les petits se confrontent à la nécessité du partage, de la solidarité. L'école de rugby initie à la rudesse de l'existence. L'enfant y apprend à vaincre ses peurs, et à se sentir plus fort.

Voir : BÉNÉVOLE, DE PÈRE EN FILS.

Écosse

Sur la carte d'Ovalie, l'Écosse trône au nord, au grand nord ; elle surveille le pôle et marche volontiers sur la tête des Anglais depuis ses latitudes septentrionales. Plus haut, il n'y a que la Finlande et le Spitzberg ! Mais là-bas, les ours blancs et les phoques ne jouent pas au rugby...

À la mémoire de Braveheart

Comme l'Irlande, l'Écosse a vu défiler au cours de son histoire des armées venues de tous les horizons pour piller, violer et chaparder, depuis les Romains qui occupèrent les lieux quatre siècles durant, jusqu'aux transhumances mercantiles des Vikings. Bien plus tard, l'Écosse devint britannique malgré les pièges et les embuscades tendus par le vaillant Wallace qui, à la tête d'une bande de bras cassés, avait pris les rennes de la révolte. Impitoyables, les Anglais refusèrent tout compromis avec lui, et le roi Édouard Ier lui fit trancher la tête sur la place publique de Londres, avant de le renvoyer en pièces détachées à tous les chefs de clans écossais, pour l'exemple... Braveheart devint un héros national. Il aurait fait un sacré capitaine ! Il se peut d'ailleurs que son bon souvenir attise encore la fougue des quinze Écossais chargés chaque année d'affronter l'Angleterre dans le Tournoi des Six Nations !

Les Borders, région fétiche

Symbole moderne, le rugby perpétue cette rivalité historique entre l'Écosse et l'Angleterre depuis le premier match international qui opposa en 1871 les deux pays, coup d'envoi d'une intarissable rancœur ovale que les années n'ont jamais estompée. Dans la foulée de son essor en Angleterre au XIXe siècle, le rugby a très vite conquis l'Écosse par le biais de ses plus prestigieux collèges, à Édimbourg, Glasgow ou Saint Andrews. Fidèles à la rigide conception sociale du jeu de leurs homologues anglais, les dirigeants écossais ont sournoisement défendu le rugby auprès des élites et des riches avec un total mépris pour la classe ouvrière et les régions rurales. Rapidement, la carte du rugby écossais s'est divisée clairement en deux : d'un côté le Nord, où des nantis en redingote s'adonnaient à un passe-temps turbulent avec leurs camarades de classe bien peignés ; de l'autre le Sud, et notamment la région des Borders, où les agriculteurs et les ouvriers se passionnaient pour un jeu qui occupait une place centrale dans la vie sociale.

Grande comme un confetti, la région des Borders, qui concentre aujourd'hui encore l'essentiel des grands clubs du pays, a tout de suite adopté le rugby pour ses vertus humaines. Sur ces terres agricoles où les hommes connaissent le prix des choses et de la sueur, les matchs du samedi étaient l'occasion pour les ouvriers de jouer aux côtés de leurs patrons, et pour les pauvres de fréquenter les plus riches. Grâce à cette fête un peu sauvage, les hommes d'un même village pansaient leurs plaies au pub, oubliant jusqu'au lundi leurs différences sociales. Depuis la dernière apparition du monstre du Loch Ness, les gens des Borders jouent au rugby de père en fils, dans des petits stades en bois sans prétention, avec une immense passion.

Une fois la Fédération écossaise de rugby en place, en 1873, il fallut pourtant attendre vingt ans avant de voir un joueur des Borders sélectionné en équipe nationale... En réaction à cette discrimination, les Borders s'enfermèrent dans un rugby rude et virulent, symbole de leur identité de terriens honnêtes, travailleurs et durs au mal. Un arbitre du Nord, un jour mandaté par erreur pour venir diriger un match dans les Borders, fut stupéfait devant la ferveur des supporters et l'engagement physique des joueurs. « Ces gens-là n'ont pas besoin d'arbitres, mais de missionnaires pour les civiliser ! » écrivit-il le soir-même dans son rapport. Plus tard au XXe siècle, les Borders prirent leur revanche sur le Nord en offrant à l'équipe nationale ses plus grands joueurs.

Faire écouter « Flowers of Scotland » aux Anglais !

Le rugby écossais a fini par abolir ses clivages, développant avec le temps une identité propre. Curieusement, les Écossais ont toujours apporté une touche de liberté, d'impertinence et de fantaisie dans le royaume de l'Ovalie britannique où règnent la discipline et la rigueur. L'Écosse n'a ainsi jamais enfanté d'énormes gabarits qui sèment la terreur et éventrent tout sur leur passage. Mais des lignées de vaillants, de courageux, ça, oui, et à tous les postes ! Jamais lourde, jamais classique, toujours entreprenante, irrévérencieuse et vaillante en diable, l'Écosse est différente.

S'il y a bien un point sur lequel les Écossais n'ont pourtant jamais transigé, c'est sans aucun doute leur aversion viscérale pour les Anglais. L'histoire du rugby écossais est ainsi jalonnée de grandes joutes contre les voisins ennemis, avec un serment commun à tous les rugbymen, peut-être secrètement fait à Braveheart : ne jamais baisser les yeux, profiter de chaque occasion pour rosser les hommes de la Rose et toujours tomber les armes à la main. En 1991, la seconde édition de la Coupe du Monde de rugby se déroula exclusivement sur le sol britannique. L'Écosse, après un brillant parcours, reçut en demi-finale, dans son propre stade de Murrayfield, l'équipe d'Angleterre. Le chant écossais *Flowers of Scotland* s'imposa ce jour-là comme un véritable symbole national. David Sole, le capitaine écossais, grand porteur de kilt devant l'Éternel, proposa que ce chant populaire connu de tous soit repris dans les tribunes pendant le match. Le matin de la rencontre, tous les quotidiens présentaient le texte en première page ! Au moment des hymnes, soixante mille Écossais en larmes chantèrent le *Flowers of Scotland*, et sifflèrent à tomber en apoplexie le *God save the Queen*. Le rugby est parfois plus qu'un jeu... Ce jour-là, l'Angleterre s'imposa 9 à 6 à l'issu d'un match terrible. À quelques minutes de la fin, le plus illustre des Écossais, Gavin Hastings, alors héros de tout un peuple, manqua une pénalité en face des poteaux qui leur aurait offert l'égalisation. Un silence de cathédrale en deuil s'abattit sur le stade. Au coup de sifflet final, les sanglots longs des Écossais couvraient aisément le bruit du vent d'automne.

Les Écossais n'ont jamais pu se résoudre à perdre contre les Anglais. Les matchs contre l'ennemi juré ont donc toujours un goût particulier et chaque victoire, même rare, est célébrée avec tous les honneurs par le pays entier. En 1990, lors du dernier match du Tournoi, l'Écosse remporta le Grand Chelem au détriment des Anglais pourtant grands favoris. En 2000, alors qu'elle n'avait pas gagné une seule rencontre, l'Écosse martyrisa les hommes de Dallaglio sous une pluie battante et les priva d'un Grand Chelem certain. Jubilation de toute une nation trop longtemps méprisée par ses maîtres de Londres ! Le lendemain, le journal d'Édimbourg titrait sur huit colonnes : « Dieu pisse sur les Anglais ! »

Hastings, le plus grand de tous

La haine contre les Anglais mise à part, le rugby fut longtemps considéré en Écosse comme un sport formateur destiné à forger le caractère. Le plaisir du jeu l'emportait même sur l'impératif de victoire. Le public écossais est d'ailleurs réputé pour son humour bon enfant et sa jovialité. Mais pas de méprise : les Écossais sont loin d'être des gais lurons, et encore moins les Harlem Globe Trotters du ballon ovale. Courageux, ils sont aussi les plus créatifs de tout le camp britannique. De Townsend l'imprévisible à Irvine qui attaquait comme on respire, en passant par Rutherford le styliste et Mac Geegham le trublion, la lignée des ingénieux attaquants remonte à loin et n'est pas près de se tarir. Sans oublier Gavin Hastings, le plus grand de tous. Il salivait de bonheur à l'idée d'arrêter d'un coup d'épaule l'armée de chars qui croyait pouvoir le faire plier. Il avait l'assurance de ceux qui n'ont jamais peur et la volonté inébranlable de ceux qui n'abdiquent pas. Ses sorties en triomphe sont innombrables, la plus belle étant peut-être celle de son dernier match, en quart de finale de la Coupe du Monde contre les All Blacks, en 1995. Largement menés au score, les Écossais se lancèrent dans un baroud d'honneur avec une énergie de désespérés qui se transforma bientôt en merveilleux appétit de jeu, en un hurlement de *toro bravo*. Tous les « Mac quelque chose » de la planète semblaient alors souffler derrière cette équipe d'Écosse. Dans un long cri d'insoumission, les Écossais marquèrent trois essais à des All Blacks alors invincibles. Cela ne leur permit pas de rafler la victoire, mais suffit amplement pour offrir à Gavin Hastings son plus beau tour d'honneur. Tout le public se pressa vers le héros pour le porter en triomphe vers le centre du terrain, aux portes de la légende.

Voir : ANGLETERRE, CALCUTTA CUP, MURRAYFIELD, TOURNOI DES SIX NATIONS.

Écrouler la mêlée

On compare souvent la mêlée à un édifice, voire, dans un accès de lyrisme, à une cathédrale. C'est vrai qu'il s'y tient des messes basses... On n'est jamais à l'abri d'un défaut de construction : une poutre affaiblie, un support fissuré, une pierre angulaire mal orientée, et c'est toute la mêlée qui souffre et s'écroule.

Concrètement, le groupe des huit avants constitue la bâtisse, dont les fondations sont en première ligne. Un pilier (les numéros 1 et 3) trop penché vers l'avant, avec sa ligne d'épaule plus basse que son bassin, entraîne le reste des pousseurs vers le sol. Voilà la mêlée qui broute l'herbe ! Et cela peut se payer cher, la première ligne effondrée recevant sur la tête le reste des étages.

Les deux packs d'avants entrent en mêlée comme deux béliers se foncent dessus. Le choc tellurique résonne jusqu'aux orteils du joueur de poupe. L'épreuve est terrible ! Quand la puissance des deux groupes est déséquilibrée, le pack le plus faible, soumis à l'implacable et enivrante avancée du monstre adverse, est forcé de reculer, et pour ne pas finir écrasé contre le tableau d'affichage à l'autre bout du terrain, il s'écroule. Se déroule alors le spectacle impitoyable du pack le plus fort piétinant sans état d'âme les décombres de son adversaire décimé, pour aller planter l'invisible drapeau de la victoire humiliante. Pour le groupe resté à terre, effondré, la blessure sera terrible. Il faudra un bon paquet de ciment pour colmater les fissures.

Voir : ATTAQUE DE LA MÊLÉE, MÊLÉE, PILIER.

Eden Park

Ce stade d'Auckland, où s'est déroulée la première finale de Coupe du Monde de l'histoire du rugby, ressemble à la Nouvelle-Zélande : simple et sans fioriture, sans besoin de fard pour faire autorité, toujours debout malgré le mauvais temps et un siècle de grands combats.

Avant le début de la compétition, quelques voix se sont élevées pour faire remplacer les vieux gradins de bois par de hautes tribunes, refaire à neuf les vestiaires spartiates et agrandir les petites buvettes. L'Eden Park serait alors devenu un stade moderne. Il aurait peut-être aussi perdu son âme... Or en Nouvelle-Zélande, quand il s'agit de rugby, brader son âme est impensable !

L'Eden Park est donc resté un stade de campagne vieillot, avec sa charpente de bois et son architecture vétuste qui semblent tout droit sorties d'un cliché en noir et blanc. Mais ce stade a une particularité qui le rend mythique, indépendamment de sa modeste taille ou de son grand âge : c'est le stade des All Blacks ! Là où les hommes en noir défendent un siècle d'histoire et l'identité de tout un peuple de pionniers devenus néo-zélandais grâce au rugby. Là où toutes les nations d'Ovalie tremblent avant de rentrer sur le terrain.

À l'Eden Park, les spectateurs ne viennent pas admirer des héros, mais ce sont les héros qui viennent justifier devant leur communauté l'honneur d'être All Black. Pendant le traditionnel Haka, le public reste d'ailleurs silencieux, alors que chaque mâle présent connaît par cœur ce cri de guerre. Qui oserait manquer de respect aux élus du peuple, aux seuls hommes habilités à connaître la transe de ce chant ?

Le public est rarement déçu par les hommes au maillot noir, les maîtres de ce jeu. Pourtant, même les meilleurs passent parfois à côté de leur sujet. Quand à l'Eden Park le match s'endort un peu, que les mêlées incessantes confinent le jeu dans un petit périmètre, les mouettes de la toute proche baie d'Auckland viennent se poser sur le terrain inoccupé. À leur arrivée, les spectateurs savent qu'il est l'heure d'encourager les All Blacks pour que, à nouveau ils se déploient sur la pelouse, chassent la volaille, et donnent un beau spectacle !

L'Eden Park est trop loin du reste du monde pour devenir un temple de l'Ovalie où les amateurs de rugby se rendent chaque année. Ce stade reste donc un lieu rêvé, imaginé, qu'il vaut probablement mieux ne pas découvrir pour n'être jamais désenchanté.

Voir : ALL BLACKS.

Edwards (Gareth)

Comment élire notre représentant suprême ? La tâche est plus qu'ardue, puisque chaque pays a son panthéon, chaque époque son excellence rugbystique, chaque poste ses fleurons... Sans surprise, dans la mémoire collective d'Ovalie, les figures inoubliables sont souvent des attaquants. On se laisse impressionner par ce qui brille ! Bien sûr, on se souvient aussi des grands combattants (les Walter Spanghero, Wilson Whineray, Colin Meads, Johan Claasen, Moolman, Kavanagh, John Mac Bride...), mais si l'on écume les comptoirs, les vestiaires et les club-houses, si l'on sonde les mémoires, même si l'on va errer dans les cimetières, cela s'impose : on en pince toujours pour les attaquants...

Tout cela n'est pourtant qu'un faux débat. Le meilleur joueur du monde ne peut pas avoir été qu'un attaquant, ou qu'un combattant. Le meilleur de tous doit être de tous les fronts. Notre *Mister Universe*, il combine tout : l'attaque et la défense, le courage et la fantaisie, l'humilité et le brio, le coup de pied et l'adresse manuelle, la technique et la stratégie, l'innovation et le sens des règles ! Il doit incarner le rugby à lui tout seul.

Après quarante ans passés à sillonner la planète ovale, je peux avancer sans risquer un tollé général que le meilleur du monde, c'est Gareth Edwards. Gallois, demi de mêlée dans les années soixante-dix, c'était un petit gabarit qui avait toutes les qualités. Aussi rapide qu'endurant (on disait qu'il avait trois poumons !), téméraire et inventif, il avait surtout une excellente vision panoramique. Ce type pouvait faire des passes aveugles de dix mètres dans son dos, elles arrivaient toujours à destination. Il dosait savamment son jeu, entre audace et sobriété, il était aussi très courageux, et excellent défenseur. Et en plus, cela va finir par agacer, il était leader, capable de créer du lien dans l'équipe. Voilà. Gareth Edwards avait tous les attributs.

Comme les footballeurs ont Pelé, nous avons Gareth Edwards. Il a d'ailleurs en plein Cardiff une statue de bronze à son effigie.

Voir : BARBARIANS, CAPITAINE, DEMI DE MÊLÉE, PAYS DE GALLES.

Élastoplaste

Il y a longtemps, l'huile de camphre était l'incontestable panacée des rugbymen, et son parfum irremplaçable flotte encore sûrement dans les sinus de nombreux joueurs. Avec les années soixante-dix, la traditionnelle boîte à outils dans laquelle s'entassaient les flacons de camphre et les mauvaises pommades s'est peu à peu transformée en laboratoire ambulant. Un produit nouveau a ainsi envahi le corps des joueurs comme une plaque d'eczéma. Sorte de scotch médical, l'élastoplaste règne depuis trente ans en maître de la pharmacie. Polyvalent, bon à tout faire, sans jamais pour autant faire de miracle, il vient au secours de toutes les angoisses des joueurs et les transforme à la moindre alerte en copies de Ramsès.

Un vieux reste d'entorse, un chou-fleur encore sensible, un doigt coupé, une épaule fébrile ? Sans même approfondir le diagnostic, le soigneur déroule machinalement quelques mètres de bande adhésive sur la partie « blessée », et le joueur rassuré repart au front sans mot dire. L'élastoplaste est une espèce d'antidote à tous les maux, un talisman, et personne ne se permettrait de mettre en doute ses vertus. Certains joueurs de combat tirent de cet attirail momifiant une forme de gloire, comme si la superficie de bandage renseignait sur la bravoure du bandé !

L'élastoplaste est devenu le compagnon de tous, l'allié du kiné, le calmant de l'entraîneur, parfois même la risée des anciens restés fidèles à l'éponge magique... Serpentin pratique, strict et efficace, il fait courir le boiteux, sauter le handicapé, jouer l'infirme. Gloire à lui !

Voir : CAMPHRE, CHOU-FLEUR, ÉPONGE MAGIQUE, SOIGNER.

Ellis Park

Un stade surnommé « la fosse aux lions » ne pouvait se trouver qu'en Afrique du Sud ! D'abord, parce que de toutes les nations d'Ovalie, seules les terres australes d'Afrique abritent des fauves sauvages ; ensuite, parce que les rugbymen sud-africains, les Springboks, ont la réputation d'être des joueurs redoutables. Aller les défier sur leurs terres est toujours une aventure à haut risque.

En 1958, l'équipe de France, emmenée par Lucien Mias, effectua une tournée au long cours en Afrique du Sud. Un de ces voyages que les années ont transformés en épopée. Les Springboks disposaient à l'époque d'un paquet d'avants effroyables, composé de mastodontes afrikaners à l'idéologie raciste. Partout où passaient les Français, les supporters sud-africains leur promettaient une déculottée sans précédent contre l'emblématique équipe des Springboks. « Vous allez être mangés par des lions ! », leur criaient les enfants. Dans ces années d'après-guerre, la France n'était pas encore une équipe de première catégorie, et tout semblait en effet réuni pour que le présage des gosses se vérifie à l'Ellis Park, le grand stade de Johannesburg. Denis Lalanne, le journaliste écrivain qui suivait la tournée, qualifia alors le terrain du prochain affrontement de « fosse aux lions » !

Contre toute attente, au terme d'une rencontre terrible qui appartient aujourd'hui à l'histoire du rugby français, les Bleus arrachèrent la victoire 9 à 5 ! Les Springboks avaient perdu sur leur sol et l'Ellis Park allait rester à jamais le théâtre du triomphe des hommes de Lucien Mias.

Quarante-cinq ans plus tard, après des décennies d'apartheid et de boycott pendant lesquelles les tribunes du stade furent souvent transformées en vitrine de l'idéologie afrikaner, l'Ellis Park accueillit la troisième finale de la Coupe du Monde de rugby. Libérée de son régime totalitaire, l'Afrique du Sud affronta les All Blacks pour le titre suprême. Le nouveau président Nelson Mandela portait ce jour-là un maillot springbok, comme le symbole d'une nouvelle espérance. Il remit fièrement le trophée au capitaine sud-africain vainqueur, l'Afrikaner François Pienaar. C'était un moment historique, pour l'Afrique du Sud comme pour le rugby mondial.

L'Ellis Park n'est plus la fosse aux lions. L'hymne raciste *Di Stem* y est interdit et plusieurs joueurs de couleur évoluent dans l'équipe des Springboks. Les Blancs ont déserté les faubourgs de Johannesburg jugés trop dangereux. L'Ellis Park trône aujourd'hui au cœur d'un quartier noir.

Voir : AFRIQUE DU SUD, LALANNE (DENIS), TOURNÉE.

En avant

Lâcher son ballon vers l'avant, volontairement ou non, est une des fautes principales au rugby. L'arbitre siffle et convoque les forçats de chaque équipe à venir disputer une mêlée. La règle de l'en-avant est rarement contestée par les spectateurs qui, sans doute, ont compris qu'elle est au cœur des fondements du jeu. Elle illustre la loi première des Tables d'Ovalie, vulgarisée dans le quotidien des vestiaires et des stades par l'expression « Tous derrière ! ».

Cette règle essentielle et magnifique n'est pas sortie un beau matin de l'esprit fantasque de William Webb Ellis, ni des rêvasseries d'un hurluberlu qui aimait rentrer chez lui en marche arrière pour voir qui le suivait. Elle ne vient pas non plus des aventures de ce poisson rouge qui nageait à reculons pour ne pas se mettre de l'eau dans les yeux. Elle fut mûrie longuement par nos pères fondateurs, les bâtisseurs du jeu.

Aux origines du rugby, il était interdit de s'envoyer la balle à la main vers l'avant, car on ne pouvait progresser sur le terrain qu'à coups de pied. Les joueurs avaient le droit de passer la balle à un coéquipier placé derrière eux pour qu'il botte à leur place, mais en aucun cas le partenaire ne pouvait se situer devant. Quand la course balle en main fut autorisée, avalisant ainsi la progression sur le terrain par un autre moyen que le jeu au pied, on opta pour une manière radicale d'arrêter le porteur : le plaquage. Le ballon définissait alors la ligne de front entre les deux territoires, et puisqu'on ne pouvait se passer la balle que vers l'arrière, chaque équipe se retrouvait en face de ses adversaires. Voilà le véritable fondement du jeu. Tout est là.

À partir de ces deux éléments — passe vers l'arrière, opposants devant —, on peut comprendre tout le jeu de rugby. La conquête du camp adverse est une lutte rudoyante, et le ballon, l'objet de toutes les convoitises, la pierre précieuse à protéger. Si le porteur de la balle avance en étant forcé de passer vers l'arrière, il faut alors le soutenir, être toujours derrière lui. Il doit se sentir en confiance, et même s'il n'a pas des yeux derrière la tête, il doit savoir que tous sont là, avec lui, pour lui. Son jeu dépend de la solidarité inconditionnelle de ses partenaires. S'il ne sait pas ce qui se joue dans son dos, il ne pourra pas avancer, car l'inconnu fait peur, et la peur paralyse. Rien de pire sur un terrain de rugby que de se sentir seul !

L'espace arrière doit donc impérativement être sécurisé par un maître mot : solidarité. De la poupe à la proue, l'équipage doit regarder dans la même direction. Quand le porteur de la balle et ses coéquipiers en soutien naviguent ensemble, il peut leur pousser des ailes ! La conquête leur paraîtra plus facile, la mer s'ouvrira devant eux.

Le symbole de l'esprit de l'équipe, c'est une lumière venue de l'arrière. De fait, la vraie devise du rugby, ce n'est pas « Tous devant », mais bien « Tous derrière, et lui devant ».

> « Je sais, dans mon dos, où tu es, je fais la passe sans te voir, je la reçois dans mes mains, au cordeau, car j'ai su bien avant ton geste que tu voulais me l'envoyer, je suis soudain rempli des autres, je perds mon principe d'individualisation, je ne suis plus que mon équipe, un étrange bonheur m'envahit, comme une extase » (Michel Serres, « Le culte du ballon ovale », *Le Monde* du 4 mars 1979).

Voir : HORS JEU, PASSE, RÈGLES.

Enquiller

L'étymologie de ce mot est incertaine, mais viendrait probablement de la quille du bateau. « Enquiller », c'est entrer. Aller dedans pour être mieux que dehors. Enquiller, c'est trouver une place au soleil ! Donc, par extension, et pour simplifier, c'est réussir. Dans le sud de la France, par exemple, le mot fait partie du vocabulaire de base — « il a enquillé à la mairie », « j'ai fait enquiller mon fils au conseil général », etc. Le plus souvent, si l'on enquille, c'est parce qu'on connaît quelqu'un... Au rugby, le mot s'emploie sans aucune suspicion de piston ou de tricherie : le buteur « enquille » tout simplement lorsque la balle dont il vient de botter les fesses passe, heureuse, entre les poteaux.

Entame

Les amateurs de rugby regardent le match commencer avec la délectation du boucher qui, de sa lame aiguisée, découpe la première tranche de jambon. Là, sous la froideur du métal, il découvre la couleur, la tendresse, l'odeur vive de la chair. Pour nous, c'est pareil. L'entame d'un match est un morceau de choix, qui annonce souvent la qualité de ce qui va suivre. Elle laisse présager si du creuset ardent sortiront quelques pépites d'or, ou de tristes billes de plomb. Pour filer la métaphore carnassière, disons qu'à l'entame, les deux troupeaux en pleine santé se rentrent copieusement dans la couenne ! Pendant les dix premières minutes, tout est bon chez eux, ils ont la vigueur et la force, l'envie et la concentration. Lentement, l'épreuve du match va les déformer, et amenuiser leur vitalité.

L'entame est donc bien plus qu'un round d'observation, elle est un thermomètre, un indicateur essentiel de l'état d'esprit qui règne sur la rencontre. On ne lit pas une entame comme une simple succession d'actions ; il faut savoir décrypter le sens des gestes, entendre la mélodie qui naît sous le brouhaha, repérer la stratégie derrière l'immédiateté des chocs. L'entame a une multitude de visages. « Sauvage », elle est à la limite de la violence délibérée ; les coups sont donnés pour faire mal, le jeu est réduit au pur combat. La passe devient un luxe, le sourire une aberration. Sur l'échelle des entames, après « sauvage », on passe à « raide », ou « copieuse » ; viennent ensuite « sérieuse », puis « propre », suivie d'« enlevée » et d'« alerte ». Quand on arrive à « pétillante », le jeu est varié, mouvementé, avec juste ce qu'il faut de gaz dans les bouchons pour ravir les observateurs. Enfin, l'entame « raffinée » nous laisse apprécier le jeu débarrassé de ses relents malsains de méchanceté gratuite : le plaquage est un arrêt, la passe un cadeau, la combinaison une chorégraphie sophistiquée et gracieuse. Les maillots flamboient, les crampons brillent, le sifflet est muet et l'arbitre invisible. C'est beau.

À l'extrémité du spectre, il y a « l'entame de merde », un début de match vidé de sa passion, amorphe, mutique. Incolore, inodore et sans saveur. Sans désirs, le rugby ne rime plus à rien.

Voir : COUP D'ENVOI.

Entraîneur

L'entraîneur est venu avec la compétition. Sans elle, pas besoin de lui, à peine besoin d'arbitre pour éviter de se brouiller avec ses meilleurs copains lors de la partie dominicale au jardin public. La compétition implique le résultat, et cela chaque dimanche. Sanction hebdomadaire. On juge l'entraîneur aux victoires remportées, gagner est son point de mire.

L'entraîneur met donc sa compétence au service d'une équipe dont il est responsable, et dont il doit assurer la « réussite », idée très subjective qui dépend de la hauteur où l'on place la barre — gagner dimanche prochain, se maintenir en troisième division, finir dans les cinq premiers du tableau, être champions de France, être champions d'Europe ? Il faut se coltiner alors l'apprentissage, la motivation, la confrontation, les doutes, la pression, les blessés, les vexés, les mutés, les nouveaux, les anciens, la sélection, l'argent, la reconnaissance, l'échec... Ces préoccupations font de l'entraîneur une personne très absorbée, obsessionnelle, qui vit avec son équipe, mange et dort avec elle. Il ne pratique pas avec son corps, mais avec sa tête et son cœur. En quinze ans de carrière, je ne me suis pas fait une seule entorse, mais tous mes cheveux sont devenus blancs !

La principale difficulté de ce métier n'est évidemment pas technique, car avec un bon manuel et un règlement en format de poche, on comprend vite le jeu. Mais les hommes, c'est une autre affaire ! Ça grouille, ça change, ça crie et ça pleure... L'entraîneur se retrouve face à un collectif de trente joueurs, et à une multitude d'interactions et d'influences vertigineuse. Par un savant mélange de psychologie et d'intuition, il va devoir donner une forme à ce qui n'en a pas : passer du tas au groupe, et du groupe à l'équipe. Domestiquer la pieuvre gigantesque du collectif, bête effrayante qui se tend, s'étire, se contracte, se déchire, se referme... Pour cela, il lui faut créer du lien entre les hommes, leur donner un socle commun dans lequel ils se reconnaissent et s'épanouissent. L'entraîneur incarne lui-même ce lien : il est le point de jonction, le centre de l'étoile, tissant autour de lui la matière de son équipe.

Au rugby, cette matière humaine fragilement homogène n'a de sens que dans le mouvement. L'entraîneur déploie toute son énergie pour que le moteur de l'équipe soit toujours vrombissant, et les curiosités toujours aiguisées. Pour les maintenir en action, et en haleine, il indique le chemin à ses joueurs. S'il se met dix pas devant eux et leur donne des ordres, ils ne bougeront pas ; mais s'il se tient un pas devant, et leur montre qu'il est des leurs, alors les voilà à l'œuvre.

Dans cette quête insatiable du mouvement, l'entraîneur traque les blocages comme ses pires ennemis, il veut de la fluidité, de la vibration. Si le ronronnement s'installe, c'est le début de la fin... L'ennui est le cauchemar de l'entraîneur ! Quand les hommes désabusés, décontenancés ou lassés ralentissent, se répètent, languissent la douche et le jour suivant, quand l'imaginaire se tarit, alors la nécrose guette ! Il faut les maintenir en éveil, proposer du nouveau, alterner travail et régalade, car sans plaisir, pas de progrès. Une tribu laborieuse est une tribu triste : l'entraîneur de rugby qui oublie que tout ça est avant tout un jeu se met le doigt dans l'œil.

L'entraîneur, pédagogue, meneur d'hommes, marche avec sa troupe sur une route sinueuse, où à chaque carrefour, on oublie ses certitudes, où rien ne se fait seul. Cette route qui mène à la « réussite ensemble » est celle d'une action permanente et protéiforme sur les hommes, matière glissante et poisseuse, aussi fascinante que décourageante, la seule qui vaille la peine.

***

— Fermez la porte ! Plus personne ne rentre !

Je ne veux plus voir personne, laissez-nous tranquilles. Qu'est-ce qu'il fait chaud dans ce vestiaire. J'aurais pas dû mettre ce survêt. Il n'a pas encore fini avec Nico, le kiné ? Ou bien c'est Nico qui n'a pas envie de s'éloigner du kiné... Probable. Aïe, je me suis cogné la tête à la patère en m'asseyant. Personne ne m'a vu. C'est pas encore le moment de parler, ils ne sont pas prêts.

— Doucement les gars, ne gaspillez pas vos forces.

Sinon, ils vont se cogner le front entre eux jusqu'à se faire des bleus ! Franck a arrêté de s'agiter. C'est bon signe. Est-ce que je les sens bien ? Gabriel reste à l'écart. Il n'a pas encore digéré d'être remplaçant aujourd'hui. C'est la première fois que ça lui arrive. Faudra t'y faire, garçon.

— Gaby, prépare-toi bien. Tu peux rentrer n'importe quand.

Il ne me regarde pas. Être remplaçant, c'est de loin le plus dur. Le petit Calou, je l'aime bien. Il débarque. J'étais comme ça, moi, à dix-huit ans ? Il n'en revient pas. Il observe Éric qui se prépare.

Arrête de le regarder comme ça ! Il est drôle, ce minot. Cette accélération qu'il a faite hier à l'entraînement ! Il nous a tous soufflés. Tiens, il a une chaussette plus longue que l'autre. J'ai une impression bizarre avec Franck... Il a fait des progrès énormes pour commander la troupe, mais plus il commande intelligemment, et plus son jeu se détériore. Je ne sais pas quoi lui dire. On va voir aujourd'hui ce que ça va donner. Il est un peu sale, ce vestiaire. Il y a des toiles d'araignées. Le robinet est mal fermé. Cette goutte me tape sur les nerfs. Quelqu'un va le fermer, ou quoi ? Bon, ben, j'y vais alors.

— Nino, n'hésite pas à mettre le feu sur les deuxièmes temps. Je veux que tu crées du trouble.

Le regard qu'il m'a jeté ! Celui-là, il comprend vite. Ce feu qu'il a à l'intérieur... Il m'impressionne. Quoi encore ? J'ai dit : « personne » !

— Ah ! Entrez, monsieur l'arbitre.
— Bonjour messieurs. Tout va bien ?
— Ça va.
— Bien. Je reviendrai un peu plus tard pour vérifier les crampons. À tout à l'heure.

C'est ça. Salut. Je le connais. C'est un brave.

— Qu'est-ce qu'il nous fait chier, lui ?
— Thierry, c'est bon, merci.
— Je l'aime pas cet arbitre. En huitièmes l'an dernier, c'était lui.
— Et il y a deux ans, contre Toulouse, c'était lui aussi, et on a gagné. Allez, c'est bon. Il est bien.

Thierry, il ne faut pas qu'il se bloque, sinon, il est capable du pire. Merde, j'avais une grosse miette dans ma barbe.

— Fermez la porte !

Un type était en train de nous regarder par l'embrasure de la porte ! Je rêve ! Bon sang, qu'il est gaillard, Coco. Servi nature. Je ne ferai jamais l'apologie du muscle saillant, mais lui, il m'impressionne. Pourtant, il en faut pour m'impressionner ! Allez, c'est l'heure où la première ligne mime des entrées en mêlée. Ils aiment ça, je ne comprends pas bien pourquoi. J'ai jamais fait ça, moi, quand je jouais. Mais que personne n'en dise du mal en ma présence. Les heures que j'ai passées à pousser derrière eux...

— Ensemble... Ludo, tes appuis...

Steph s'est isolé dans les douches. Il a de l'eau sur son short. Il fait semblant de passer la balle, dix fois, vingt fois. Est-ce que je les sens bien ? J'ai la bouche sèche.

— Pipo, sur touche adverse, tu montes comme un avion sur la ligne d'avantage. Et Mimi, je ne veux pas te voir une seule fois pris dans un regroupement. Arthur, tu prends l'ouvreur homme à homme, et s'il prend dedans, il est mort. Yvan, appelle Pipo à l'intérieur, sinon, on est mal sur les deuxièmes temps !

Je viens de crier un peu trop fort. Faut pas que je les perturbe. J'ai peur tout à coup d'avoir oublié quelque chose à l'entraînement. S'ils nous débordent sur une action que je n'ai pas prévue, je vais très mal le vivre.

— Yvan, tu appelles Pipo ! Tu l'appelles en permanence !
— OK, Dany, OK. J'appelle Pipo.

Il est plus calme que moi, lui ! Putain, j'ai l'impression d'avoir oublié quelque chose. Je mourrais si un joueur venait à me dire : « On n'en avait pas parlé »... Pourquoi Fingus est encore tout seul ? C'est plus l'heure. Quelle heure il est, d'ailleurs ? Encore trente-cinq minutes. Et Sylvain n'a pas fini de mettre son strap. Qu'est-ce qu'il fout ? Cette cheville, j'espère qu'elle va tenir. Il est fragile en ce moment. Ça y est, Fingus met enfin son maillot. Il me fait rire, à sortir sur le banc toutes ses petites affaires bien rangées. Crampons impeccables. J'ai peur qu'il explose. À force de s'adjuger la mission du justicier, il peut nous coûter cher.

— Fingus, s'il te branche en face, t'es pas obligé de l'endormir tout de suite ! Tu le désosses en mêlée, ça, c'est autorisé !

Il me fait un clin d'œil. Il sait très bien pourquoi je lui dis ça. Deux cartons en quinze jours, ce serait pas bon. Tranquille, Fingus, tranquille. Il est en forme. Crache ton chewing-gum, Paulo, tu vas l'incruster dans tes dents. Je prendrais bien un chewing-gum, moi aussi. Mais j'en ai pas. Il y a les sélectionneurs dans les tribunes, ça ils le savent bien. Personne n'en parle, mais je suis sûr que c'est dans toutes les têtes.

— Allez, Francky.

Je viens de claquer ma main dans la sienne. Il est moite. Mes deux deuxième ligne ne se sont pas lâchés depuis un quart d'heure. C'est l'heure des doublettes et des triplettes, ils se regroupent par clans. Après, ce sera la grande famille. Tous ensemble. Je vais bientôt parler. Est-ce que je les sens bien ? Je crois que je suis clair. Francky est écouté, il sait y faire. Il me donne une force incroyable. Mais, putain, il m'inquiète. Il prend moins de risques depuis quelque temps. On va bien voir. Envoie-toi, Francky. Rends les fous, ces deuxième ligne. C'est bientôt l'heure ? Je vais parler. Entraîner n'est pas jouer. Je ne dois pas oublier le joueur que j'ai été. Je dois oublier celui que je ne serai plus.

— Les gars, venez...

Voir : AVOIR UN BON VESTIAIRE, COULOIR, SÉLECTION, VESTIAIRE.

Envoyer un agglo

« Envoyer un agglo », c'est prendre le ballon pour un bloc de ciment de dix kilos, et le passer à son partenaire avec la délicatesse d'un maçon qui aurait deux mains gauches. Autant dire que ce n'est pas terrible.

Voir : PASSE.

Éponge magique

L'éponge magique est au rugby ce que le placebo est à la pharmacie de nos grands-mères : indispensable. Aucun remède sophistiqué n'est jamais parvenu à égaler ses prouesses curatives. Elle est là, trempant mollement dans un grossier seau en plastique, aux pieds du soigneur, près du banc de touche. Soudain, un choc résonne dans le stade et la tribune retient son souffle. Un joueur est à terre, le nez dans le gazon, sonné, assommé, peut-être comateux. Le rituel d'intervention est toujours le même : le soigneur à casquette, corpulence un peu lourde, généralement vêtu d'un pantalon de survêtement ajusté trop bas sur ses hanches et laissant apercevoir le haut de ses fesses, s'élance alors au pas de course sur le pré, le seau d'eau ballottant à son bras. Il s'accroupit, plonge sa main dans le seau, saisit l'éponge et, d'un mouvement ample, il asperge la face « ensuquée » du gisant. Une gerbe d'eau froide, parfois même glacée selon les latitudes, claque alors sur le gaillard qui ouvre à présent un œil. Sinon, c'est qu'il est mort ! L'opération se répète deux ou trois fois jusqu'à ce que le joueur se relève et réintègre le jeu, au feu, comme par magie. Les blessés du début de rencontre ont la chance d'être aspergés d'une eau fraîche et claire, tandis que les éclopés de la deuxième mi-temps héritent de la sueur et du sang de leurs partenaires. Le rugby est heureusement une affaire de partage ! La technique de l'éponge magique s'applique sans nuance à tout type de blessures, de la fracture au point de côté, du K-O à l'entorse, et personne n'a jamais songé à faire évoluer la pratique. Comme par respect.

Voir : SOIGNER.

Essai

Le jeu de rugby a une incroyable originalité : il est le seul sport collectif à permettre de marquer de plusieurs façons, soit avec les pieds, soit avec les mains. Aujourd'hui, l'essai est la marque reine, récompensée par le plus de points, en l'occurrence cinq. Mais ce ne fut pas toujours le cas. Aux premiers temps des valses rugbystiques, le but du jeu consistait à botter le ballon entre les poteaux. Le déposer dans l'en-but adverse ne donnait aucun point. Les botteurs étaient rois !

L'essai doit d'ailleurs son nom curieux à la règle qui prévalait en Angleterre au XIXe siècle. À l'époque, le football-rugby ne faisait pas la part belle au jeu à la main, mais il fut très vite admis que porter la balle jusqu'à l'en-but adverse était une sacrée épreuve. Ou tout au moins une entreprise suffisamment périlleuse pour que ses auteurs en soient récompensés : ils obtenaient ainsi le droit de tenter un but au pied. Si le botteur réussissait à envoyer le ballon entre les poteaux, son équipe marquait un point. L'essai seul n'était donc qu'une graine de marque plantée dans le territoire adverse. Pour germer au tableau d'affichage, la marque devait être « essayée ». Voilà l'explication à ce nom bizarre !

Il fallut attendre 1886 et le concile de Cheltenham

au domicile de sir Steelman[1] pour que l'essai change de statut. Ce jour-là, une docte assemblée de représentants de la Fédération anglaise de rugby se réunit pour discuter des règles du jeu. La préoccupation principale était d'encourager le jeu à la main, afin que la gloire ne revienne pas systématiquement au botteur mais à l'ensemble de l'équipe. L'essai, considéré par essence comme une action collective, devint ainsi une marque en soi. Il valut un point.

Enfin admis dans l'univers concret des réalisations récompensées, l'essai fut l'objet d'attentions nouvelles et souleva de nombreuses questions relatives à l'organisation du jeu. Puisqu'il devenait obligatoire de gagner du terrain autrement que par les pieds, les joueurs se mirent à occuper des postes : il y eut des avants et des arrières, avec entre les deux une charnière de joueurs chargés d'orienter le jeu. Les défenses mirent également en place de nouvelles parades, au point qu'il fut de plus en plus difficile de marquer des essais. La marque prit du galon et gravit les marches de la reconnaissance. En 1894, elle passa à trois points. Pendant quatre-vingts ans, l'essai et les buts de pénalités rapportèrent donc le même nombre de points. Le rugby ne cessa ainsi jamais vraiment d'être un sport de pieds !

Il fallut attendre 1971 pour que l'essai soit définitivement couronné comme la marque de référence. Jean-Claude Skréla eut l'honneur de marquer le premier essai international à quatre points, au Stadium de Toulouse contre l'Australie. Le Moyen Âge d'Ovalie arrivait à son terme...

L'essai à cinq points en 1992 confirma la tendance et fit une part plus belle encore à l'offensive collective, l'attaque à la main et la circulation de la balle.

1. Nom inventé.

Le botteur, qui reste crucial dans toute équipe moderne, n'est donc plus l'unique artisan des victoires. L'essai aurait pu changer de nom pour s'appeler réussite ! Pour éviter les confusions et des cours d'histoire ovale, il garda son appellation d'origine, même si cette dernière semble maintenant complètement saugrenue.

L'essai est donc le but de l'aventure, l'aboutissement suprême, une véritable conquête de territoire. L'en-but a d'ailleurs souvent été surnommé « la terre promise », comme une île paradisiaque située par-delà les orages et les océans. Pour avoir le droit de s'y vautrer sous les yeux du public, il faut lutter, ruser, se battre. L'essai peut être aussi accordé à une équipe victime d'un comportement déloyal à l'entrée de la zone de marque. Coup du lapin sans ballon, croc-en-jambe, fourbe obstruction, tirage de maillot et manchette sournoise... Le joueur agressé est dispensé d'aplatir. On appelle cela un « essai de pénalité ». La transformation s'effectue alors sous les poteaux.

Les essais peuvent être l'œuvre de fins artistes, mais aussi le résultat d'une poussée collective. Il ne reste plus que quelques mètres... Tous les avants accompagnés des trois-quarts les plus proches de l'action se ruent sur le tas pour former un bloc uni dans un dernier effort. On parle alors d'« essai collectif ». Félicité par les journalistes, le porteur du ballon refuse généralement les compliments, à l'image de Benoît Dauga qui, après un match international, précisa : « Je n'y suis pour rien, les copains m'ont poussé ! »

Voir : APLATIR, FOOTBALL, FULL HOUSE, PERCÉE, RUGBEIANS, XV.

Essuie-glace

Nom donné au joueur qui, placé en retrait derrière le premier rideau défensif de son équipe, est chargé de balayer la largeur du terrain en suivant les mouvements de la ligne d'attaque adverse. Cette tâche dite « de couverture » a longtemps incombé au troisième ligne centre. Pièce maîtresse des joueurs isolés, l'essuie-glace doit également prêter main forte à l'arrière lorsque ce dernier est bombardé de chandelles.

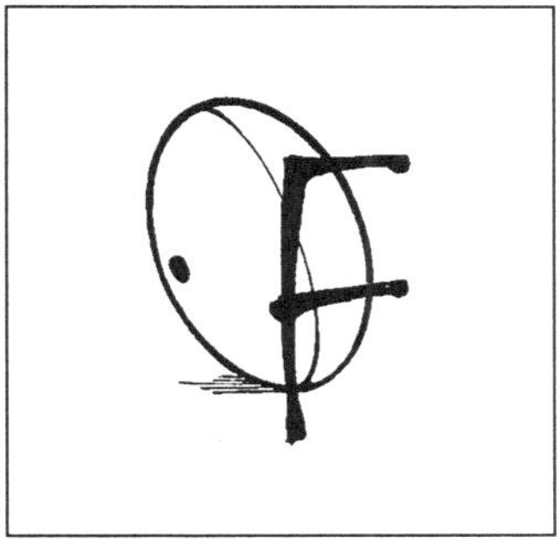

Faire tomber

Prononcée par un entraîneur lucide en temps de paix, l'expression signifie simplement plaquer l'adversaire afin de récupérer le ballon.

Mais quand un match s'enlise dans la triche et la fourberie, que l'humeur mauvaise devient contagieuse, les mots changent alors de sens et ce sont les gnons qui tombent en rafales ! Selon une vieille recette, un peu de castagne dès l'entame du match calme les joueurs survoltés, et permet ensuite à la rencontre de se dérouler plus sereinement. Mais la plupart du temps, c'est quand même la honte qui tombe en premier sur l'équipe violente.

Voir : ENTAME.

Féminines

Le rugby féminin est apparu en France à la fin de la Première Guerre mondiale, mais la Fédération s'est rapidement employée à anéantir les velléités de ces dames à se régaler elles aussi en entrant en mêlée ou en courant sur le pré. Au début, elles jouaient à douze, sur un terrain plus petit que celui des hommes. Elles n'avaient pas le droit de se plaquer aux jambes, et leurs mêlées étaient réduites à cinq joueuses. Moins puissantes, elles pratiquaient un jeu de mouvement de toute beauté, qui aurait pu rendre jaloux nombre de leurs homologues masculins. Pourtant, au lieu de soulever l'admiration, elles recueillaient les sarcasmes, et les humiliations.

Aujourd'hui, on les appelle les « féminines », lourd pléonasme pour parler des femmes qui jouent au rugby. Elles ont leur propre championnat, et une équipe de France qui rencontre aussi ses rivales mondiales, lors du Tournoi des Six Nations et de la Coupe du Monde. Elles ne sont pas très nombreuses, mais commencent enfin à gagner leur place dans ce milieu qui glorifie la virilité. Comme le XV de France masculin, elles ont remporté le Grand Chelem en 2002, apportant elles aussi leur pierre à l'édifice du beau rugby français. En l'absence de reconnaissance populaire, elles tiennent bon, et elles ont raison.

> « Est-ce que l'appropriation du rugby par les femmes enlèverait de la gloire et de la puissance aux hommes qui le pratiquent ? Craindraient-ils que chacun s'aperçoive que ce sport dit “viril”, viril au sens de propre à l'homme, ne l'est pas vrai-

ment ? Qu'il ne s'agit en fait que d'un sport de contact, ni plus ni moins, nécessitant des valeurs de courage, de sacrifice et d'intelligence et que ces qualités, on les retrouve chez les femmes comme chez les hommes ? [...] L'arrivée de la femme sur le terrain entraînerait-elle en quelque sorte une démystification du rugby ?

« [...] On me demande régulièrement pourquoi, en tant que femme, je pratique ce jeu. Je dois avouer que cette question m'a souvent prise de court tant cette activité m'est de tout temps apparue naturelle, comme ancrée en moi. Comme si le plaisir d'un plaquage dévastateur, le bonheur de la passe exacte, cette jouissance pure dont parle Trillo, ou encore la farce joyeuse de la feinte devaient s'expliquer ou se justifier.

« En définitive, que l'on soit homme ou femme, garçon ou fille, on joue au rugby pour le plaisir qu'il apporte » (Élise Huffer, *Rugby, parabole du monde*).

Femme de joueur

Elle est arrivée en avance, pour être bien installée dans les tribunes. Elle a tendu son ticket au bonhomme en jogging à l'entrée. Il l'a regardée s'éloigner avec un petit sourire en coin. Elle s'est mise jolie. Marchant sur ses hauts talons, elle se dit qu'elle en a peut-être un peu trop fait. Sa petite robe rouge détonne au milieu des gens en jean et en survêtement. On remarque vite les coquettes au stade, celles qui ne savent pas encore qu'assis pendant une heure et demie, souvent on se les gèle, et qu'il vaut mieux s'habiller confortablement.

C'est la première fois qu'elle vient. Elle a rencontré un garçon, il y a quelques jours, en boîte de nuit. Cheveux mi-longs, mâchoires bien dessinées, œil sombre. Elle a flashé. Rugbyman, ça en jette. D'abord il a un corps de rêve. Ensuite il connaît tout le monde en ville, et tout le monde le connaît. Il paraît qu'il est bon joueur, elle a vu sa photo dans le journal. Heureusement d'ailleurs, car elle n'aurait pas aimé sortir avec un nul. Il l'a invitée à venir le voir jouer aujourd'hui. Elle est tout émoustillée. Ce matin, elle lui a dit : « J'y connais rien, moi, au rugby ! », et il a répondu : « C'est pas grave, tu me regarderas. »

Elle cherche où s'asseoir, préférant éviter les grappes de types qui parlent trop fort. Elle repère un groupe de femmes assises au bas des tribunes, et vient s'asseoir à proximité. Les femmes ont l'air de bien se connaître ; elles lui jettent un petit regard nonchalamment scrutateur, puis reprennent leur conversation.

— C'est pour quand, Caro ?

— Début juin, normalement.

— En plein pendant la tournée...

— Tu rigoles ! Il part pas, Fred, il reste avec moi ! Il sera là pour la naissance du bébé. On bouffe du rugby toute l'année, moi je veux accoucher tranquille, avec mon homme pour me tenir la main.

— T'as bien raison. Moi, pour Paco, j'ai eu mes premières contractions un dimanche à quinze heures ! Quand Manu est arrivé à la clinique, le petit était déjà né. C'était le jour du quart contre Béziers...

— C’est bon, Jenny, je me rappelle. On a perdu d’ailleurs.

— Et vous connaissez le sexe ?

— Non, Fred, il préfère pas savoir. De toute façon, il est sûr que c’est un garçon...

Les joueurs des deux équipes entrent sur le terrain. Le groupe des femmes applaudit vigoureusement. « Vas-y, Fred ! » crie la femme enceinte.

Elle, elle ne sait pas tout de suite où regarder, parce qu’il a oublié de lui dire quelles couleurs il portait. Ah ! Le voilà, avec sa crinière lâchée au vent ! Elle est surprise de voir son visage. Son regard est fixe, il a un tic nerveux à la bouche, ses joues paraissent très creuses. C’est lui sans être lui. Elle se demande un instant s’il n’a pas un frère dans son équipe. C’est drôle de le voir comme ça, avec son short et ses grandes chaussettes. Il ne jette pas un seul regard vers elle, mais c’est normal, puisqu’il ne sait pas où elle est assise. Elle n’a d’yeux que pour lui.

Le coup d’envoi est donné, et les hommes se ruent les uns sur les autres. Elle n’imaginait pas que c’était si violent. Et lui, il se jette comme un fou, il est toujours là où ça chauffe ! Elle a envie de lui dire : « Éloigne-toi ! Laisse faire un peu les autres ! », mais évidemment, elle s’en garde bien. À chaque bruit sourd de choc, elle met sa main devant sa bouche, comme retenant un cri, puis à chaque coup de sifflet de l’arbitre, elle reprend sa respiration. Elle commence à avoir mal au ventre, à force d’être en apnée.

Tout à coup, il est là, à quelques mètres d’elle, son corps puissant tendu dans la course, il surgit balle en main, percute un adversaire et fait une accélération magnifique, auréolé de gouttelettes de sueur qui giclent de ses cheveux. Vas-y ! Vas-y ! Il marque ! IIIIIIIIIIIIIhhhhhhh ! ! ! Elle a poussé un cri comme ça ne lui était pas arrivé depuis longtemps, et les femmes se sont retournées vers elle. Elles ont dû comprendre qui elle était. Elle leur sourit, elle est si fière ! Elle a envie de pleurer. Finalement, c'est faux, ce qu'on raconte, sur l'abstinence obligatoire la veille du match.

Fermer la porte à clé

Défense et attaque, les vases communicants du rugby, ont chacune leurs obsessions. Les attaquants sont obnubilés par la nécessité de trouver la faille dans la défense adverse, le fameux « intervalle », l'entrée du couloir lumineux qui mène à l'extase. De l'autre côté, les défenseurs, monomanes de la protection, ne rêvent que de coffres-forts, de barricades, de portes fermées à clé. Mais chaque camp est à la fois défenseur et attaquant ! Il faut donc fermer la porte de chez soi, et trouver la clé pour entrer chez les autres. Dresser un mur et préparer ses propres missiles...

En demi-finale de la première Coupe du Monde, en 1987, la France affronta l'Australie à Sydney. On disait la mission impossible pour les Bleus. Les Australiens, brillants défenseurs, dominaient largement nos coqs qui commençaient à tirer la langue. Dans un dernier sursaut, les Français lancèrent la salve du désespoir : attaques tourbillons, prise de risque maximale, folie furieuse ! Ils inoculèrent le germe de l'incompréhensible dans la défense australienne qui, déroutée, laissa passer l'essai de la dernière chance.

La fin du match fut à couper le souffle. À la dernière seconde d'une sarabande ininterrompue de passes et de danses, Serge Blanco marqua en petit coin l'un des plus beaux essais de l'histoire du rugby mondial, et ouvrit à la France les portes de la finale. Dans un sursaut d'orgueil et d'audace, ils avaient déniché la clé !

Une semaine plus tard, contre les All Blacks, il n'y avait plus chez nos Bleus qu'hésitation et incertitude. Ils ne trouvèrent pas la faille. Les Néo-Zélandais avaient fermé toutes les portes, et avalé la clé !

Finale

Il aura fallu batailler presque un an. Voyager en vainqueur, affronter les outsiders, se frotter à toutes les équipes qui rêvent de vous compresser, de vous soumettre surtout. Des matchs de feu joués à l'extérieur au réconfort de la maison, on aura engrangé les rires des soirs de victoire et les douleurs qui compriment les plexus les jours de défaite.

Pendant sept à huit mois, toutes les équipes du championnat se rencontrent. À l'issue de cette période dite qualificative, les meilleurs accèdent aux phases finales, ceux du ventre mou continuent leur digestion, et les moins bons de la campagne sont relégués vers les affres de l'étage inférieur.

Quand vient le printemps monte donc l'excitation des phases finales, où les matchs sont de véritables couperets. L'incertitude du résultat, lequel sera décisif, crée une dramaturgie d'une intensité rare, pour les joueurs comme pour le public. Chacun rêve en silence de la victoire, pour ne pas attirer le mauvais œil. Hélas, le drame du champion, c'est qu'il est fait pour rêver... Et un rêve qui ne se formule pas ne se concrétise jamais.

Tant d'équipes ont rêvé d'être les meilleures, mais sont arrivées le jour de la finale étouffées par l'angoisse d'un désastre, tétanisées par la peur de perdre ! Ainsi les humbles Auvergnats de Clermont-Ferrand, qui ont accédé huit fois en finale, et que l'étoile de la victoire a toujours fuis... Tout comme elle a toujours tourné le dos aux Dacquois et aux Brivistes, qui vinrent maintes fois à la capitale pour conquérir le titre, mais trébuchèrent à chaque voyage sur l'ultime marche.

Depuis 1997, la finale du championnat se joue au Stade de France, magnifique vaisseau à destination des grands rêves, qui a pris la place du parc des Princes — que l'Ovalie française aimait d'amour. Les deux équipes finalistes arrivent toujours accompagnées des hordes plus joyeuses que sauvages, peinturlurées et chantantes. Des compagnons de l'usine, des collègues du quartier, des anciens du club, des amis lointains, des frères anonymes viennent ainsi porter de toutes leurs forces leurs joueurs aux couleurs chéries. La finale, c'est un événement épique pour toute une tribu, une aventure extatique pour tout un peuple.

Quand l'arbitre siffle la fin du match, une frénésie inouïe s'empare des joueurs vainqueurs qui ne pensent qu'à une chose : aller soulever le Bouclier, et l'offrir à leurs supporters en liesse. Le titre se partage avec les siens. Du côté des vaincus, têtes basses et larmes grises ne montrent qu'une infime partie de la déception, immense. Chacun s'enferme dans sa souffrance, l'âme blessée par les premiers remords rongeurs. Un titre qu'on laisse s'enfuir, c'est un partage escamoté, c'est un amour non consommé.

Tout joueur de rugby rêve de caresser un jour le fameux Bouclier dont on dit qu'il irradie. Je me souviendrai toute ma vie du coup de sifflet final lors du match remporté par Toulon contre le Racing en 1987. Une vibration épileptique s'empara de moi, et me fit courir comme un fou vers la tribune, de rouge et noir volcanisée. Flottant dans les nimbes cotonneux d'un bonheur irréel, je croisai alors oiseaux de paradis et dieux bienveillants, avant de redescendre sur terre où m'attendait la joie simple et totale d'être champion. Ce sentiment-là reste en soi pour toujours. Les soirs de finale de championnat de France — que je ne loupe jamais —, la lune luit comme une tranche de pastèque argentée, et le Bouclier incrusté dans sa planche de chêne semble encore m'inviter à respirer en lui l'odorant souvenir.

Voir : BOUCLIER DE BRENNUS, PARC DES PRINCES, RACING CLUB DE FRANCE, TOULON, VICTOIRE.

Fixer

Un défenseur est « fixé » lorsqu'il est contraint par l'attaquant à rester dans une situation de face-à-face ; il n'est donc plus disponible pour une autre action. On peut fixer un défenseur de deux façons : la plus simple, c'est de le percuter et donc de se faire plaquer, ce qui le neutralise, mais oblige aussi l'attaquant à aller au sol ; la plus complexe, c'est de lui laisser croire qu'on va se faire plaquer, et donc l'obliger à s'arrêter et se baisser, puis au dernier moment, passer la balle à un partenaire et continuer à être dans le jeu. L'ultime difficulté consiste à fixer l'adversaire en étant loin de lui, véritable jeu de poker où il faut savoir bluffer l'autre. Les plus brillants attaquants français maîtrisaient cet art, d'André Boniface à Jo Maso, en passant par Didier Codorniou, le Petit Prince de la fixation.

Voir : CADRAGE-DÉBORDEMENT, CODORNIOU (DIDIER), CORNE, DANS LA DÉFENSE, MILIEU, PLAQUER, RENTRER-DONNER, TROIS-QUARTS CENTRE.

Fond de touche

Le lanceur s'apprête à envoyer la balle. Devant lui, les joueurs sont alignés en touche. Les plus proches sont à cinq mètres de lui, les plus éloignés à quinze mètres. La règle veut que les autres joueurs, c'est-à-dire les trois-quarts, se positionnent à dix mètres de part et d'autre de l'alignement. Il y a donc un espace de vingt mètres environ entre les deux lignes de trois-quarts, un véritable no man's land défensif. Un seul joueur a le droit d'être dans cet espace, c'est le demi de mêlée, qui assure la distribution du ballon.

Le fond de touche est ainsi particulièrement riche en possibilités d'attaque, puisqu'il y a très peu de défenseurs dans les parages. Mais ce n'est bien sûr pas si simple ! Car plus le point visé est loin, plus le lanceur a du mal à être précis ; par ailleurs, si la trajectoire est longue, l'adversaire a le temps de réagir et de s'adapter. Le fond de touche est donc aussi une

zone à risques, où les déchets se paient très cher. Par exemple, on ne joue pas en fond de touche lorsqu'on est près de sa ligne, car ce serait prendre le risque de voir l'adversaire s'emparer du ballon et marquer. On reconnaît les équipes à vraie nature offensive si elles jouent beaucoup en fond de touche, et à l'inverse, les plus austères, les plus prudentes le pratiquent très peu.

Voir : TOUCHE.

Football

« Il ne faut pas se plaindre que le plaisir du rugby soit réservé à une élite. Eh oui ! une élite, je ne crains pas, désormais, de le dire ! Tous les beaux et perfides discours que l'on peut nous tenir sur

> l'universalité du football ne sauraient entamer, du rugby, la royauté sans partage.
>
> « Si le rugby n'est pas un jeu universel, parbleu, c'est que les rugbymen ne l'ont pas voulu ! Gentlemen only. Le rugby, jeu de voyous, serait un sport dangereux s'il était offert aux voyous. »
>
> Jean Lacouture,
> *Voyous et gentlemen.*

À l'âge de pierre du sport, dans l'Angleterre victorienne du XIXe siècle, le football et le rugby forment un même jeu, le football, qui n'a rien à voir alors avec le football d'aujourd'hui. C'est un jeu de balle confus et sauvage, sans règles précises, qui se décline en mille et une variations selon les villages et les écoles. Il s'agit de botter une vessie de porc vers une cible plus ou moins établie, mais surtout de se défouler en se rentrant copieusement dans le lard malgré les redingotes et les hauts-de-forme chers à la bourgeoisie anglaise.

Au début, c'était l'anarchie...

Ces jeux, regroupés sous l'appellation générique de « football », sont donc très populaires dans les collèges, et plus particulièrement les *public schools*, ces écoles à vocation élitiste prisées par la nouvelle classe moyenne, dont le collège de Rugby est un parfait exemple. En l'absence de compétition organisée entre écoles, chacune adapte de son côté sa façon de jouer, s'attachant à des habitudes et instaurant ses propres codes. Le collège de Rugby tolère ainsi progressivement le fait de courir en portant la balle à la main, alors que d'autres se limitent à l'usage des pieds. La nature des cibles varie également, tout comme l'intensité physique du jeu. Les rugbeians, élèves du collège de Rugby, ont par exemple mis au centre de leur jeu le *hacking*, mélange de croc-en-jambe et de tacle appuyé, qui rend les rencontres beaucoup plus musclées. Au milieu du siècle, le football se développe donc dans la plus totale anarchie, sans autorité de référence ni règles communes à tous les pratiquants.

Le problème de cette diversité prend véritablement des allures de casse-tête chinois dans les grandes universités du royaume, quand des élèves provenant d'une multitude de collèges apportent des manières de jouer radicalement différentes. Très vite, les étudiants réalisent que la survie du football dépend de leur capacité à harmoniser des coutumes souvent confondues avec l'identité, l'âme même des différentes écoles dont ils sont issus.

La séparation entre le football et le rugby

Les années universitaires, celles de la jeunesse fraîche et insouciante passent, on le sait, toujours trop vite... Débarqués dans la vie professionnelle, beaucoup d'anciens étudiants ont à cœur de fonder des clubs et ainsi de continuer à vivre leur passion en dehors du cadre scolaire. Dispersés aux quatre coins du pays, les clubs doivent à leur tour composer avec l'absence de règles reconnues par l'ensemble des joueurs.

À l'automne 1863, la presse nationale, pourtant peu encline à se mêler de sport, fait écho de la confusion générale qui règne dans le football. Pour enfin remédier à la situation et trouver un compromis, un « parlement extraordinaire » est convoqué à Londres et chaque club, collège, école ou université est invité à envoyer un émissaire. Les *public schools*, nombrilistes et mal à l'aise, ne répondent curieusement pas à l'invitation, et ce sont d'anciens élèves, les *old boys*, qui s'emparent du sujet à la désormais célèbre Freemason Tavern.

Les discussions sont acharnées et virulentes, tant les écoles organisées en puissants réseaux assimilent leur identité à une façon de jouer. Les principaux points de désaccord portent sur le jeu à la main et le *hacking*, deux points que Cambridge refuse en bloc. L'idée de scinder le football en deux sports distincts apparaît de plus en plus évidente : le football *dribbling* s'est rapidement implanté dans tout le pays et continue de se développer dans les grandes villes du centre et du Nord où l'industrialisation bat son plein ; de l'autre côté, les clubs et les collèges qui pratiquent le football « avec les mains » ne semblent pas disposés à abandonner leur singularité.

Le pas est franchi à l'issu des ces réunions passionnées : en 1863, la Football Association, la première fédération de football excluant l'usage des mains, voit le jour. Dès lors, chaque club est invité à choisir son camp, entre le football et ce qui s'appelle désormais le « rugby », du nom du célèbre collège. Ils sont nombreux à opter pour le football, plus facile à organiser et surtout moins dangereux, pour des hommes entrés dans la vie professionnelle et pouvant difficilement arriver au bureau, à la City, avec un œil au beurre noir ! Les adultes préfèrent ainsi la voie plus douce du football, alors que les adolescents, qui refusent de compromettre la rudesse du jeu, suivent celle du rugby.

Le rugby devient un sport à part entière

Le rugby doit ainsi sa survie à son enracinement dans les collèges, et à la passion des élèves qui le pratiquent depuis le début du XIXe siècle. Cette inébranlable confiance ne s'est jamais altérée malgré les multiples appels au consensus lancés par les autres collèges et universités. Au lendemain de la création de la Football Association, les affaires du rugby ne sont donc plus soumises à aucune autorité, excepté celle, morale, des rugbeians.

À cette époque, les règles sont encore explicitement adaptées aux circonstances et à l'environnement de chaque école ou université, ce qui rend toute harmonisation fort compliquée. Les premières règles écrites à Rugby en 1845 par trois jeunes élèves mentionnent par exemple « le grand arbre » et le nom de certaines *houses* ! Dans les années 1870, le besoin d'uniformisation est plus grand que jamais, d'autant que la presse vilipende le jeu pour sa dangerosité.

Conscients de l'urgence, vingt et un clubs, avec à leur tête de très nombreux anciens élèves du collège de Rugby, se réunissent à Londres en 1871 pour fonder la Rugby Football Union, la toute première fédération officielle. Un *common set of rules*, ou « règlement unique », est enfin adopté et le *hacking* définitivement aboli. Craignant de perdre le contrôle de la situation, l'école de Rugby, qui revendique la paternité du jeu mais ne supporte pas l'idée de se faire dicter quoi que ce soit, reste une fois de plus à l'écart... Les rugbeians, on l'aura compris, ne sont pas les rois du compromis ! Cela dit, le rugby n'aurait probablement pas survécu au siècle sans leur acharnement à le défendre dans sa forme originelle.

Classes moyennes contre prolos

Le football garde au final l'avantage de s'être structuré une décennie plus tôt que le rugby. Il épouse la conjoncture économique et sociale en devenant le terrain d'expression privilégié des populations urbaines très variées happées par la révolution industrielle, et recherchant une identité commune. Le football occupe ainsi très vite une place centrale dans la vie des ouvriers, des métallos et des mineurs, tandis que de riches hommes d'affaires commencent à supporter financièrement les plus gros clubs, accélérant ainsi la professionnalisation des joueurs. Ce jeu ne sera plus jamais un sport universitaire.

Le rugby, construit sur des antagonismes de classe, s'enferme quant à lui dans son image de sport élitiste, symbole d'une classe moyenne aisée et éduquée. L'intérêt croissant de la classe ouvrière pour le football, puis pour le rugby, est vite perçu comme une menace, voire un complot, pour les déposséder eux, les étudiants respectables, de leur précieuse activité. Refusant catégoriquement le professionnalisme dans le rugby, ils éloignent ainsi de la pratique les classes laborieuses qui ne peuvent pas se permettre de jouer pour leur simple loisir. Cet antagonisme féroce, qui reflète les profondes mutations que connaît l'Angleterre à cette période, se solde par la création d'une ligue de rugby professionnelle au Nord, la Rugby League, et conduit le rugby dans une impasse : en 1902, il ne reste que deux cent quarante-quatre clubs de rugby en Angleterre...

Après la rupture avec le football, les anciens étudiants des grandes universités s'empressent de rejoindre ou de former des clubs de rugby. Le club devient ainsi un lieu de vie à part entière, où des gens de même niveau social, attachés aux mêmes valeurs, peuvent se rencontrer facilement, à la différence du club de football qui prend vite la forme d'une entreprise de spectacle relayée par la ferveur populaire.

Les inventeurs du rugby se sont ainsi toujours accrochés à l'idéal du gentleman victorien, condamnant ainsi le jeu à un siècle d'élitisme hautain en Angleterre, alors que le football s'est engouffré dans la demande de la classe ouvrière. La classe moyenne que représentent les rugbeians rêve de standing social, d'esprit de corps ou de clubs huppés, et voit dans le rugby un tremplin pour assouvir ses ambitions. Le football s'étant démocratisé à l'excès, il est alors devenu crucial de se recentrer sur une activité plus confidentielle, plus exclusive, quitte à adopter une stratégie jusqu'au-boutiste.

Plus tard dans le siècle, le rugby s'accommode de la démocratisation des universités, qui ont ouvert leurs portes aux étudiants d'origine modeste. Ces nouveaux venus veulent ardemment s'accaparer les signes distinctifs de la classe moyenne aisée qu'ils admirent et copient, au premier rang desquels le rugby ! Tous les artifices qu'affectionnent les rugbymen se répandent alors parmi les étudiants. Aujourd'hui encore, aucun milieu n'aime plus les blazers, les cravates et les écussons que le rugby anglais !

***

D'une source commune, le football et le rugby sont donc devenus deux sports radicalement différents, chargés de sens et de valeurs opposés, ce qui ne change rien à l'amour que leur portent les hommes, sur les terrains de Manchester avec une balle ronde, ou dans les salons feutrés d'Oxford avec une balle ovale.

Même si c'est difficile à croire, Pelé, Zidane, Garuet et Zinzan Brooke ont sportivement un même ancêtre, quelque part dans un collège anglais. Il n'y a finalement pas si longtemps que ça.

Voir : ANGLETERRE, COLLÈGE DE RUGBY, RÈGLES, RUGBEIANS, RUGBY LEAGUE.

Forme

La forme d'un joueur s'apprécie de diverses manières. Dans des temps encore récents, la tranche de lard qui garnissait le ventre des avants était par exemple un signe d'alimentation copieuse, et donc de bonne forme. Était aussi jugé « en forme » le coureur infatigable capable de galoper quatre-vingts minutes durant aux quatre coins du terrain, la mâchoire volontaire et le poumon d'acier ! Aujourd'hui, la science, avec son cortège de tests et d'examens, propose de nouveaux instruments de mesure pour évaluer la forme des professionnels dont la moindre apparition est méticuleusement analysée.

La bonne forme ne peut pourtant se résumer à une mensuration de culturiste ou aux seuls chiffres alignés sur les feuilles de bilan sanguin. Elle est aussi le fruit d'une alchimie complexe entre l'enthousiasme, la confiance et le plaisir du joueur qui, par nature, ne se quantifient pas mais se ressentent.

La forme se renifle, s'écoute et se perçoit comme autant d'ondes impalpables. Dans les vestiaires, certains visages rayonnent quand d'autres semblent éteints. Sur le terrain, des mains cajolent la balle, alors que d'autres la laissent filer malencontreusement. Certaines foulées légères effleurent à peine l'herbe, là où un pied lourd martèle le sol comme un pilon. Plus subtils encore, des détails invisibles pour le profane servent de baromètre : un joueur donne confiance à ses partenaires, communique son plaisir à la tribune, se retrouve au cœur des actions dangereuses... La semaine suivante, il sera peut-être totalement inefficace malgré toute sa bonne volonté.

Être en forme, c'est communiquer sans parole, rayonner sans effort, et partager avec les autres son envie de jouer.

Voir : CANNES.

Fourchette

L'homme n'est jamais à court d'idées quand il s'agit de châtier son prochain, et il sait remarquablement transformer son corps en un attirail d'armes redoutables. Sur un terrain de rugby, les poings font des massues, les genoux servent de gourdins et les bras deviennent nunchakus !

Et puis il y a les armes de poche, discrètes et vicieuses comme des échardes, que les sournois utilisent dans l'obscurité des mauls. Dans cette catégorie, loin devant l'écrasement de testicules et la morsure à l'oreille, c'est la fourchette qui emporte la palme du geste le plus vil. Le principe ? Enfoncer ses doigts dans les yeux de l'adversaire, d'un coup sec et précis, comme pour enfourcher une pièce de viande trop cuite.

Les auteurs de fourchette ne s'en vantent jamais, les victimes voient généralement trouble avant de voir rouge, et les arbitres ne peuvent souvent que constater les dégâts. Pris en flagrant délit, ce comportement est néanmoins très sévèrement sanctionné. Difficile de plaider non coupable quand on est pris la main dans le sac, ou plutôt l'index dans l'œil !

Frachan

Les maçons parlent de « frachan » pour désigner les gravats poussiéreux qui ensuivent la destruction d'un mur. Faire tomber une cloison à grands coups de massue n'est pas ce qu'il y a de plus intéressant dans les métiers du bâtiment... Le dos souffre, les bras s'épuisent, et le haut cortex n'est guère sollicité.

Dans la bouche d'un rugbyman méridional, celui qui « va au frachan » se dévoue pour effectuer le travail ingrat, pour s'attaquer au gros œuvre et se couvrir de bleus dans l'anonymat. Affronter la défense comme un mur à abattre, utiliser sa tête comme un marteau-piqueur, rêver de réduire en poussière ses adversaires, quitte à y laisser la santé et le faciès : voilà l'état d'esprit du joueur qui « va au frachan ». Cette attirance pour le combat de soute est la signature des rugbymen, humbles et généreux, dont l'attirail se résume à un casque, des crampons longs et des épaules de fer, sans oublier une grosse dose d'abnégation !

La démolition, sur les chantiers comme au rugby, précède généralement la reconstruction. Ainsi, le ballon arraché au fond d'un regroupement, dans le frachan des corps, sera peut-être celui d'un essai d'équilibriste en bout de ligne ou d'une passe lumineuse... Les hommes du frachan sont toujours respectés pour leur courage, souvent aimés, même s'ils font habituellement de vilains vieux !

Voir : ALLER AU CHARBON, BORDURES, DEVANT, PILIER, TALONNEUR.

France / Nouvelle-Zélande 1999

Lors de la Coupe du Monde de 1999, la demi-finale qui opposa la France aux All Blacks entra dans les annales mondiales. Elle fut par la suite jugée comme la plus grande œuvre de l'histoire du rugby français.

Jusqu'à ce match, les Bleus de Skrela et Villepreux avaient fait un parcours ordinaire dans la compétition, et on ne leur voyait pas grand avenir. Ils entamèrent leur demi-finale de manière conforme aux prédictions, sobres, engoncés dans leurs devoirs, sans joie. Ils ramaient en suffoquant face à des Blacks qui, en toute logique, devaient les laminer.

À la reprise de la deuxième mi-temps, le titanesque Lomu vint fracasser la défense française, et en essayant de le stopper, Benazzi s'explosa à son tour dans un improbable tampon, qui annonça la révolte. Réveillés aux vestiaires et enivrés par un enthousiasme nouveau surgissant de leurs cœurs en lambeaux, les Français, prêts à s'immoler pour sauver l'honneur, allaient renaître brillamment sur le lit de braises où les All Blacks, qui menaient 24 à 10, voulaient les rôtir définitivement.

La deuxième mi-temps révéla donc une équipe de

France à l'énergie insoupçonnée, habitée par un esprit flamboyant, presque surnaturel. Les Bleus culbutèrent les Blacks jusqu'au dernier et débondèrent tous les talents contenus. Lamaison, le buteur français, fit chanter en allégro jusqu'au dernier de ses orteils. Des buts et des drops d'un autre monde tombèrent dans l'escarcelle française, qui déborda de points et de joyeuse écume. Lomu ne toucha plus une balle. Plus triste qu'une branche qui laisse tomber son fruit pour personne, il finit même par baisser son pavillon d'extraterrestre face à l'extravagante impertinence de Dominici, au physique de bébé comparé au Golgoth, et à la vélocité prodigieuse du furet Bernat Salles.

L'emportant par 43 à 31, accédant à la finale comme au Saint Graal, nos Coqs étaient définitivement remplumés, et les All Blacks, vexés à jamais.

Voir : ALL BLACKS, BENAZZI (ABDELATIF), LOMU (JONAH), VILLEPREUX (PIERRE), WORLD CUP.

Franc-maçonnerie

La franc-maçonnerie a joué un rôle déterminant dans l'émergence du sport moderne, et l'évolution conjointe du courant humaniste franc-maçon et du rugby dans l'Angleterre du XIXe siècle n'est pas un hasard.

L'histoire de la franc-maçonnerie remonte probablement aux temps des pharaons et de la Grèce antique, mais la création de la première loge se fit en juin 1717 en Angleterre. En 1723, un pasteur anglican, le frère James Anderson, en écrivit les règles, ou

Principes — les *Old Charges* —, toujours en vigueur aujourd'hui. Un siècle plus tard, alors que la franc-maçonnerie commençait à exercer son influence dans la société anglaise, un personnage clé établit le lien d'origine entre les maçons et le rugby : sir Thomas Arnold, proviseur du collège de Rugby de 1828 à 1842, et franc-maçon au grand rayonnement. Sous son impulsion, la morale humaniste imprégna fortement le monde de l'éducation en Angleterre, et par extension, le rugby. À Rugby, Oxford ou Cambridge, dans toutes les écoles et universités qui connurent les premières le football-rugby, le ferment franc-maçon servit de limon nourricier aux pratiquants, insufflant un esprit nouveau à ce sport d'équipe unique.

Dès sa naissance, le rugby s'est confondu avec les valeurs franc-maçonnes de fraternité, liberté et union entre les hommes, aussi différents soient-ils. Le rugby porte haut et fort ces idéaux, qu'il finit même par incarner. Il se construit autour d'un pivot moral essentiel chez les maçons : la diversité fait la force. Une équipe n'existe que par la complémentarité des différences, voilà notre fierté. L'extrême variété des cultures, des morphologies, des tempéraments contribue au bonheur des hommes, à leur épanouissement. Allons même jusqu'à dire : à leur beauté. Antoine de Saint-Exupéry, franc-maçon, écrivit bien plus tard : « Si tu diffères de moi, frère, loin de me léser, tu m'enrichis. »

Dans la pensée maçonnique, la diversité enrichit seulement si les liens se nouent, si l'agrégat, que les maçons appellent « egregor », fait de l'addition entre individus une équipe vivante. La solidarité, la fraternité, grands idéaux maçonniques, sont au cœur de notre jeu. Pour nous, impossible de gagner sans l'adhésion totale du groupe, sans le soutien infaillible de ses coéquipiers. Lucien Mias, immense capitaine de l'histoire du rugby français, a dit un jour que le rugby est « un sport où l'on se rencontre plus qu'on ne se croise ». Francs-maçons et rugbymen ont d'ailleurs en commun le plaisir de la fête après l'effort : les francs-maçons appellent ça les « agapes », et nous, « la troisième mi-temps ».

Le rugby a pris son élan grâce au souffle des bâtisseurs. Il s'est construit sur leur morale, et a trouvé son identité dans le cœur même de leur langage. Pour les francs-maçons, la géométrie est l'art sacré. Tout se pense en termes de construction, de poutres maîtresses, de lignes directrices. Le vocabulaire rugbystique se colore logiquement de la métaphore architecturale, hautement symbolique de la pensée maçonnique. En Ovalie, par exemple, on appelle certains de nos stades les « temples », et depuis quelque temps, on y construit des « loges » ! Les gens y viennent plus pour faire du business que pour échanger ou réfléchir, mais avouons que la coïncidence est troublante.

Plus sérieusement, et fait singulier dans les sports collectifs, le rugby est structuré en « lignes » (avant et arrière), et ses postes clés portent les noms curieux de « trois-quarts » et « demis ». La mêlée est souvent appelée « cathédrale », et ce sont bien des « piliers » qui la soutiennent. Le pilier droit, le numéro 3, est d'ailleurs considéré comme la « pierre angulaire » de la bâtisse. La mêlée peut être envisagée comme l'extension sur le terrain de la loge maçonnique : on s'y prend par les épaules, et dans l'obscurité des débats, l'union des forces et des dons produit une alchimie sacrée. Sorti de la mêlée, le ballon passe de main en main, saisissante image de la transmission de la connaissance. Pierre Mac Orlan a dit d'ailleurs : « Une sortie de mêlée, c'est avec le recul du temps et des images de jeunesse, une entrée dans la vie. » Aucun franc-maçon amoureux du rugby ne pourrait le contredire.

Voir : ADVERSAIRE, ARNOLD (THOMAS), COLLÈGE DE RUGBY, EN AVANT.

French flair

Anglo-Saxons, Asiatiques, Latins, tous nous envient notre french flair autant qu'ils le raillent et le redoutent. Les Irlandais ont le *fighting spirit*, les Néo-Zélandais la *disciplin*, les Argentins les *cojones*, et nous, le french flair. Traduisez : le flair français. L'expression nous vient des Anglais, eux si fortement imprégnés de logique, de discipline et d'analyse tactique. Il leur fallait trouver un mot pour désigner cette capacité française à apporter au jeu une touche d'extravagance inexplicable, sortie de nulle part, absente de tous les manuels techniques. En même temps, stigmatisant l'effronterie désordonnée des Français, les Britanniques ne cachaient pas un soupçon de moquerie... Voulaient-ils dire que les Français qui, longtemps, ont essuyé les déconvenues sans se départir de leur singulière touche de folie, avaient plus de nez que de cervelle ? Gardons-nous d'être paranoïaques, et avouons que le french flair, arme suprême des Gaulois d'Ovalie, donne lieu aux plus belles actions, comme au plus grand désordre !

Le french flair, c'est l'impertinence mise au service du jeu ; il est l'apanage de ceux dont l'intuition prend le pas sur le dogme, les fantaisistes, les artistes, les grands improvisateurs. Aussi créatifs que désordonnés, les french flaireurs, qui n'oublient jamais de se donner un dernier coup de peigne avant d'entrer sur le terrain, peuvent subjuguer par leur inventivité, leurs courses imprévisibles, leurs initiatives à haut risque, autant que perdre la tête ! Ils échappent ainsi aux guets-apens avec une facilité déconcertante, trouvant dans la liberté de leur course et leur gestuelle brillante toutes les clés de l'évitement. De quoi rendre jaloux les abonnés au rentre-dedans qui, par dépit, leur prêtent volontiers des caractéristiques féminines !

Les french flaireurs séduisent et agacent parce qu'ils ont un don : l'intuition, qui ne s'apprend ni dans les livres ni à la salle de musculation, et laisse perplexes les observateurs. On voit ainsi des joueurs œuvrer comme des magiciens, au fil d'une inspiration qui semble venir du ciel, et que, à bout de vocabulaire, on dit « géniale » ou « divine ». En 1964, contre le pays de Galles, à la suite d'une longue relance française, relayée par une immense percée d'André Boniface, grand flaireur devant l'Éternel, mon frère André marqua entre les poteaux un essai de légende, dit « le plus bel essai du monde », qu'on ne put expliquer que par la grâce qui semblait avoir touché les joueurs ! Trente ans plus tard, la presse néo-zélandaise mettait du « génie » à toutes les sauces dans ses comptes-rendus de l'essai de Sadourny marqué à l'Eden Park. « L'essai du bout du monde » avait pris sa source deux minutes avant la fin du match, dans la fange des vingt-deux mètres français, pourtant mal défendus et copieusement attaqués par l'ogre noir aux ailes déployées. Comment les Français ont réussi à marquer... Là encore, clin d'œil du ciel !

Sans tomber dans un chauvinisme régressif, force est de constater que ce sont bien nos coqs qui ont donné au jeu d'arrières l'essentiel de son lustre et de son aura contemporaine, mettant la passe en vedette après un siècle de coups de pied et de dribbles. Alors les Anglais ont sans doute vu juste, et l'on peut les remercier d'avoir inventé cette belle expression, qui sonne doux à mon oreille, et fait du « flair » une spécialité française.

Pourtant, l'ère du rugby moderne est peut-être en train de sonner la fin d'une époque où les french flaireurs étaient en vedette. Le réalisme l'emporte désormais sur les excès d'imagination et de lyrisme, et le french flair, qui allait si bien à des générations de Landais, Toulousains, Catalans élégants, Bigourdans audacieux, paraît aujourd'hui démodé. Il ne résiste pas à la déferlante des stratégies du calcul et du risque zéro. L'un des derniers représentants du french flair, Thomas Castaignède, est parti jouer en Angleterre. Des souches néo-zélandaises et sud-africaines, massives et carrées, ont été récemment implantées au cœur de nos lignes d'attaque déboussolées. Nos racines dépérissent en ces temps de sécheresse.

Voir : BLANCO (SERGE), FRÈRES BONIFACE, PASSE, TROIS-QUARTS CENTRE.

Frères Boniface

Ils n'étaient pas de ces frères qui ne sont rien l'un sans l'autre. Eux, ils étaient tout ensemble ! André et Guy ont traversé dans une longue accélération la décennie soixante, liés, inséparables. Quand Guy perdit la vie sur un bord de route, le duo devint mythique, emblème du talent perdu et du martyre ovale.

La France adore les purs doués qui n'ont pas besoin du labeur pour embellir leur jeu. Là étaient les Boni... Leur style imprévisible et classieux portait le germe de l'insolite. André et Guy confirmèrent sur le terrain que le beau jeu est aussi affaire de sentiments, et que quand on s'aime, on est plus fort. André avait l'allure pouponne d'un enfant qu'être l'aîné contrarie, mais qui intègre la rigueur et la responsabilité de son rang. Guy, trop conscient de la vanité de l'existence, passa sa courte vie à en explorer les limites. Les deux faisaient la paire, d'autant, comme le disait Denis Lalanne, que « le meilleur était celui qui n'avait pas la balle » !

Fils des Landes et fidèles à leur club de Mont-de-Marsan, ils jouaient trois-quarts centre. L'Ovalie entière nous les enviait, parce que avant même qu'on ait fini de prononcer leur nom, ils avaient déjà traversé le terrain ballon en main, et fait deux ou trois belles percées dont l'une s'était conclue par une passe croisée...

Les mesquins qui rabâchaient que les frères Boni « n'étaient pas toujours bons » avaient sans doute raison. Les poètes ne sont pas toujours en verve. Ils parcourent simplement un — trop court — bout de route

en notre compagnie pour nous montrer ce que la beauté peut être. Encore faut-il savoir les écouter.

Voir : BARBARIANS, FRENCH FLAIR, PASSE, TROIS-QUARTS CENTRE.

Frigo

« Au frigo ! » Effet glacial garanti. Un joueur mis « au frigo » est évincé de l'équipe ou relégué sur le banc des remplaçants, parce qu'il est jugé trop faible physiquement ou que son attitude dérange. La sanction est le plus souvent temporaire, mais elle fait très mal. Envoyé au frigo, le joueur a l'impression d'être rejeté, mal-aimé, et de perdre toute sa crédibilité.

Un séjour au frigo favorise les délires paranoïaques... Mais pour l'entraîneur qui doit faire jouer la concurrence et l'émulation dans son groupe, c'est aussi un bon moyen de redonner de l'appétit à un joueur en perte de vitesse. Celui qui sort du frigo est souvent vexé, revanchard, et très motivé pour prouver sa valeur et retrouver sa place dans l'équipe. Le frigo est une escale nécessaire dans une carrière de rugbyman. L'important est donc d'en sortir et de ne pas finir sa pénitence au congélateur.

Voir : ENTRAÎNEUR, SÉLECTION.

Full house

Il existe en rugby quatre façons de marquer des points, avec les pieds ou les mains : l'essai, la pénalité, le drop et la transformation. Aucun autre sport au monde ne permet une telle diversité de marque. Exceptionnellement, il arrive qu'un joueur réussisse à marquer dans les quatre registres au cours d'un même match. Carton plein ! Les Anglais préfèrent dire *full house* (« maison pleine »).

L'exploit est la signature d'un joueur complet, forcément dans un grand jour. L'honneur revient généralement aux joueurs de pied, ouvreurs ou arrières, puisque ce sont eux qui ont à la fois la responsabilité des tirs au but et le plus de chance de se trouver en position de drop. Il ne leur reste alors qu'à franchir la ligne d'un but adverse pour que l'œuvre soit complète. Pareille démonstration marque toujours les esprits des futurs adversaires, mais ça, ça ne compte pas...

Voir : ARRIÈRE, DROP, ESSAI, OUVREUR.

Fusillé

Charles Brochard, né en 1916 à Lons-le-Saunier, résistant, fut l'un des chaînons de la « filière évasion » dans sa région, ce qui lui valut d'être arrêté le 29 novembre 1943 à Besançon. Transféré à Bordeaux, il fut jugé et condamné à mort par le tribunal militaire allemand. Interné au fort du Hâ, il fut torturé avant d'être fusillé le 25 janvier 1944.

Ceci est sa dernière lettre :

> Mon cher Robert,
>
> Ce sera ma première lettre de l'année 1944 et la dernière de ma vie. J'ai été condamné à mort avec seize autres types par les Allemands le 20/1/1944, et depuis ce jour-là j'attends d'être fusillé.
>
> Tu sais cher Robert, j'ai du courage et ce n'est pas la mort qui me fait peur, c'est de penser à ma pauvre mère qui aura une grande peine, car elle n'aura pas eu de chance dans sa vie. Mon père et mes deux frères tués par la guerre, et moi qui vais les rejoindre ; la malchance s'était abattue dans ma famille...
>
> Je regrette une chose, c'est de ne pas voir la fin de la guerre, tous ceux du rugby... Promets-moi, si un jour j'ai une tombe, de demander aux copains de m'offrir une belle couronne de roses blanches avec le ruban du Rugby Club Franc-Comtois.

Adieu mon vieux, je te souhaite ainsi qu'à tous les copains une vie belle et heureuse, et que notre sacrifice aura enfin servi à quelque chose de propre pour la France et surtout, dis-toi bien que devant le peloton d'exécution, je me tiendrai aussi bien que sur un terrain de rugby.

Ton copain,

Charlot.

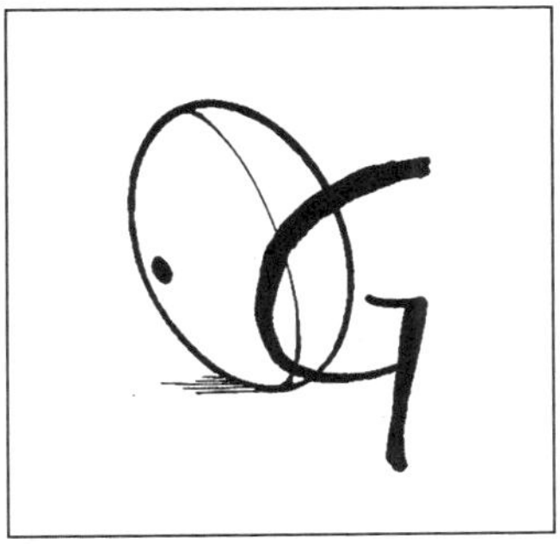

Gagner

La victoire et la défaite sont les deux compagnes du sportif. Un tandem indissociable. Que l'on joue entre copains sur un terrain vague ou pour le titre de champion du monde au Stade de France, l'opposition sportive se conclut toujours par un verdict : la victoire ou la défaite, la réussite ou l'échec. Il n'y a pas d'échappatoire, de demi-mesure, ou d'arrangement possible.

À la fin de la partie, victoire et défaite s'invitent fatalement sur le pré, avec leur lot d'émotions contraires si difficiles à maîtriser. Après une heure et demie de jeu, de combat sans merci à l'issue incertaine, un coup de sifflet sanctionne un résultat et donne un sens au match. Cet instant est d'une intensité rare, un éclat fulgurant qui laisse pendant les heures et les jours qui suivent un arrière-goût étrange. La victoire rend la semaine légère et procure un sentiment diffus de fierté. La défaite, à l'inverse, donne l'impression qu'on est l'objet de tous les regards, de toutes les compassions.

Gagner ou perdre change radicalement la perception que le sportif a de lui-même. Et pourtant, ces deux mots ne sont que des abstractions. Un sportif resplendissant de confiance avant une compétition peut se retrouver deux heures plus tard dépressif à cause d'une défaite, comme si toute sa vie avait changé, alors qu'il est toujours le même homme, avec le même corps, le même talent. Malgré tous les discours, les sportifs de haut niveau n'acceptent jamais de voir leur activité comme un simple jeu. Gagner, c'est le sens de leur vie.

Car le résultat concerne souvent tout un clan autour du joueur, de sa famille à son pays. Il faut assumer sa performance aux yeux de tous, ceux qui sont venus nous voir, nous supporter, nous aimer. Une foule de gens se projette dans l'ambition d'être le plus grand, vivant ce rêve par procuration, s'identifiant aux champions. La victoire peut rendre une ville ivre de joie ! Les joueurs portent sur leurs épaules une responsabilité bien lourde, le bonheur des autres, et cela ne rend leur désir de conquête que plus fort et plus envahissant encore.

Le sportif a une éternelle préoccupation : sa place par rapport aux autres. Il veut être reconnu. C'est en fait l'éternelle préoccupation de tout le monde : chacun doit aussi trouver sa place, tout le temps, dans sa famille, son travail, son quartier. L'homme ne cesse jamais de se comparer, de se mesurer aux autres, mais personne n'ose avouer que la vie est un match, comme si la compétition hors des stades était taboue, synonyme d'individualisme et de prétention. Le sport de compétition assume et revendique la compétition en lui donnant un cadre : matchs, championnats, catégories, classements, éliminations, médailles, titres... Le sport de haut niveau finit par se confondre avec la notion de hiérarchie. Il désigne les gagnants et les perdants, les bons et les moins bons. C'est sans doute ce qui fait bondir ses détracteurs. Mal interprété, utilisé à mauvais escient, il a quelques relents d'idéologie fascisante... De victoire à domination, il n'y a qu'un vilain pas à franchir.

Or en vertu de quoi le vainqueur d'un jeu serait-il une meilleure personne ? Pour Julien Gracq, ce n'est pas la première place qui est belle ; la plus belle, c'est la sienne, quand on est allé au bout de soi-même. La confrontation, courtoise et fraternelle, reste un extraordinaire moyen de grandir, d'apprendre le respect et la vie en groupe. Il faut simplement viser autre chose qu'écraser l'adversaire ! Au nom de la fraternité et de l'égalité chères aux inventeurs du jeu, le rugby a pendant longtemps refusé toute hiérarchisation. Jusqu'à la fin des années quatre-vingt, les Anglais n'avaient d'ailleurs pas de championnat ! L'important était alors de se rencontrer, de bien jouer, mais pas forcément de gagner. Pour contenir sa nature rude et ses travers potentiels, le rugby avait besoin d'un idéal comme garde-fou. Et il faut croire que cet idéal tient bien la route, car quand on compare une vieille médaille et le souvenir d'un bel essai marqué, l'une est rouillée et endormie dans une vieille boîte à chaussures, l'autre est toujours vivace et nous donne du bonheur jusqu'à la fin de nos jours.

Voir : MATCH, VICTOIRE.

Gallaher (David)

Les coquelicots épuisés n'en peuvent plus
de perdre leurs pétales
Le soir blafard fuit, habité d'âmes errantes
La nuit capote sur les champs de bataille
Aux crépuscules fumeux des tristes guerres
Elle est bien autre chose que du noir.
De grands chevaux égarés, sanguinolents
de boue et de chair,
Déambulent en lambeaux vers le monde perdu
des herbes dorées.

D. H.

Ce jour d'octobre 1917, David Gallaher est tombé à Passchendaele, dans les vallons d'Ypres en Belgique, ultime étape de l'enfer pour cet enfant venu de Nouvelle-Zélande, engagé volontaire avec les troupes alliées du Commonwealth. Sergent des coloniaux britanniques, lui qui était né pour jouer il a laissé sa vie dans un sillon de boue éclaté par le déluge de bombes. Sur ce terrain de massacre qui ne consacre aucun champion, le corps de l'athlète arrive, étendu sur un brancard. Les mains engourdies de ses camarades d'infortune se mettent à applaudir, pétarade douloureuse, puis ovation furieuse. Il était le capitaine des All Blacks.

Né en Irlande, immigré en Nouvelle-Zélande à l'âge de 5 ans, Dave Gallaher commanda plus de trente fois la sélection néo-zélandaise, qu'en ce début de XXe siècle on appelait « The Originals », mélange d'« originaux », parce qu'ils ne jouaient déjà pas au rugby comme les autres, et d'« originels », parce qu'ils semblaient avoir inventé ce jeu. En 1905, cette

magnifique tribu fit une longue et mythique tournée en Europe. Emmenée par Gallaher, la plus belle des hordes disciplinées courut victorieuse et en liberté aux quatre coins du continent, dominant tous ses adversaires, inondant de son talent les grandes seigneuries d'Ovalie. Sur les trente-et-un matchs disputés, un seul fut perdu, de justesse, face aux Gallois. On n'avait jamais vu un rugby pareil, fait de noble rudesse et de cavalcades fantasques. Leur mêlée, cercle plutôt fermé par nature, s'ouvrait ! Gallaher, qui avait toujours joué deuxième ligne, passa pilier droit lors de la rencontre contre la toute nouvelle équipe de France qui, en janvier 1906, disputait là son premier match. Le capitaine à l'inoubliable moustache resta ensuite au cœur de la novatrice mêlée néo-zélandaise, où il inventa le rôle de « winger », ou « voltigeur avant », joueur libre d'agir, chargé d'épauler rapidement les lignes en difficulté. Après cette tournée, les Néo-Zélandais abandonnèrent leur surnom pour celui de « All Blacks », à cause de leur maillot noir. Gallaher fut le premier capitaine de l'équipe ainsi nommée. Toujours à la pointe, curieux et créatif, une fois devenu sélectionneur il écrivit un ouvrage fameux sur la préparation physique et tactique des rugbymen, sans aucun doute le tout premier du genre.

Depuis l'an 2000, un match France/Nouvelle-Zélande met régulièrement en jeu le trophée Dave Gallaher, jusqu'à ce jour constamment remporté par les All Blacks. Pour ce match-là seulement, en l'honneur du prince sacrifié, sous l'irradiante fougère argentée qui orne le maillot noir, on aperçoit un coquelicot qui semble avoir été cueilli dans un cimetière proche d'Ypres en Belgique. En juin 1987, les coquelicots furent particulièrement incandescents dans les prairies de Nouvelle-Zélande. Les All Blacks remportaient en effet cette année-là, sur leur terre, la première Coupe du Monde de rugby. Leur arrière s'appelait John Gallaher, le petit-fils de Dave.

Voir : All Blacks, World Cup.

Galthié (Fabien)

Fabien Galthié a joué toute sa carrière à Colomiers, avec une fidélité remarquable et une classe naturelle, avant de rejoindre le Stade Français pour finir sa carrière en beauté. L'estrade parisienne lui permit enfin de toucher les étoiles avec le titre de champion de France conquis en 2003.

Demi de mêlée modèle de cette époque charnière, maintes fois capitaine de nos Coqs, il a affronté les plus grandes batteries de poulets du monde, sans jamais souffrir de comparaison. Ne s'épargnant aucun effort, magnifique homme de lien, il a su emmener sa troupe comme personne.

Rescapé de la Coupe du Monde de 1991, il faillit être oublié des deux suivantes. Les entraîneurs l'appelèrent par deux fois à la rescousse en plein milieu de la compétition, et par deux fois il fut au rendez-vous. En 1995, la France termina avec lui sur le podium, et en 1999, il s'imposa comme un gouvernail indispensable, jetant la honte sur les entraîneurs qui l'avaient laissé au port. Le XV de France battit les All Blacks en demi-finale, et Galthié entra dans la légende. Capitaine tricolore depuis 2001, vainqueur du Grand Chelem en 2002, Galthié s'est imposé comme une clé de voûte du XV de France.

Devenu entraîneur du Stade Français, il continue d'embellir son palmarès avec un nouveau titre de champion de France gagné en 2007.

Voir : CAPITAINE, DEMI DE MÊLÉE, FRANCE / NOUVELLE-ZÉLANDE 1999, STADE FRANÇAIS.

Gilbert

L'ancêtre de notre ballon de rugby sortit d'une échoppe de High Street, à Rugby, en Angleterre. « *Ladies and gentlemen fashionable boots and shoes manufacturer* » disait la pompeuse enseigne. À l'intérieur, un dénommé William Gilbert, né en 1799, cordonnier de son métier, fabriquait les ballons de football pour le collège de Rugby. Les ballons de sir William Gilbert avaient la particularité d'être ovales, parce qu'ils étaient faits à partir de vessies de porc qui, comme chacun sait, sont ovoïdes. Gilbert parcourait la campagne environnante pour trouver la matière première, et quand résonnait le bruit de ses sabots, le tocsin sonnait dans les porcheries !

La vessie du goret était alors gonflée à la bouche avec une pipe d'argile, recouverte de bandes de cuir, puis suspendue dans l'atelier empli des odeurs de tripaille. Parvenir à fabriquer des ballons suffisamment durs pour le jeu de rugby était à l'époque une tâche difficile et dangereuse. L'épouse d'un cordonnier rival de Gilbert mourut d'ailleurs d'une infection au poumon contractée à force d'aspirer l'air fétide contenu dans les vessies mal traitées !

Au cours de sa longue existence, Gilbert confectionna le ballon du match de Webb Ellis mais aussi celui de la première rencontre internationale en 1891. Autant dire que sa vie se confond avec les premières heures de l'histoire du rugby...

Gilbert était sans doute un businessman hors pair, mais pas l'inventeur de génie que sa légende a pu laisser entendre. D'ailleurs, sa fortune et sa renommée eurent pour point de départ un vulgaire chapardage d'idée. C'est un dénommé Richard Lindon, cordonnier concurrent de Gilbert, qui aurait dû être retenu par l'histoire comme le père véritable des ballons modernes. Il parvint en effet le premier à remplacer les vessies de porc par des poches de caoutchouc. Mieux, en inventant la pompe à gonfler, il donna à la fabrication de ballons un rendement presque industriel. Mais noyé dans les dettes, Lindon fut incapable de gérer son avance et sombra dans l'oubli. La nouvelle vessie fut donc agréée sous le nom de... Gilbert, qui gagna grâce à cette invention un prix à l'exposition universelle de Londres en 1851. Les ballons Gilbert devinrent très vite l'unique référence et partirent à la conquête du monde, assurant à la famille de Rugby la gloire et la fortune, au grand dam des héritiers de Lindon !

Voir : COLLÈGE DE RUGBY.

Grandes équipes (« Les grandes équipes ne meurent jamais »)

L'heure était tardive. Dans les pubs de Christchurch, la bière dégoulinait, et dehors la pluie tombait à seaux, comme souvent en Nouvelle-Zélande. Pour la troisième fois consécutive, les All Blacks venaient de vaincre les Français. Les épaules encore bleuies par la rudesse des chocs, les joueurs des deux camps s'étaient retrouvés après le match autour d'une grande table, et en fin de repas, comme le veut la tradition, les capitaines prirent la parole.

François Moncla, le Français, prononça un discours digne. Il remercia les arbitres, par obligation, et le peuple néo-zélandais, par respect sincère. Il eut pour ses propres partenaires la chaude parole du chef blessé qui ne baisse pas les yeux devant l'adversité. Il promit travail, ambition et courage pour que la leçon reçue ne soit pas vaine. « Pour apprendre, dit-il, il faut prendre... dans le nez ! »

Vint ensuite le tour de Wilson Whineray, le capitaine néo-zélandais, un pilier remarquable. Il félicita les siens pour cette victoire conquise avec talent et ténacité, victoire qu'il dédia à son pays, estimant à juste titre qu'un bonheur ne vaut rien s'il ne se partage pas. Puis, s'adressant aux Français, il eut ces mots, qui depuis ont fait le tour du monde : « Les grandes équipes ne meurent jamais. »

Bien des années plus tard, alors que se donnait le coup d'envoi de la finale de la première Coupe du Monde, Wilson Whineray souriait dans les tribunes. La France affrontait la Nouvelle-Zélande.

Gros pardessus

L'expression, qui désigna longtemps les dirigeants de la Fédération française de rugby, est attribuée à Jean Dauger, monstre sacré du rugby d'attaque au french flair exceptionnel, qui s'illustra dans l'après-guerre. Il aurait surnommé « les gros pardessus » les cadres de la Fédération qui, de toute évidence, se souciaient davantage de protocole et de réceptions que de modernité et de moralisation du rugby.

Le pardessus est un manteau. Sa mission première, c'est de protéger du froid. Mais remarquons aussi combien il élargit la silhouette, transformant le gringalet en mastard. Remarquons combien il atteste d'un certain standing social. À la fin des années quarante, ceux qui portaient ce genre de vêtement devaient forcément être riches. Comment ils l'étaient devenus, c'était une autre histoire. Nos dirigeants français de l'époque avaient donc renoncé au blazer britannique et son inévitable écusson brodé au profit du gros pardessus qu'ils ne portaient jamais sans avoir aux lèvres un cigare tout aussi imposant. Pour diriger le rugby français, il n'était alors pas nécessaire d'avoir taquiné le ballon, d'être diplômé de l'université, ou même d'être dévoué ! Non, il suffisait de porter avec prestance un gros pardessus.

Jusqu'au début des années quatre-vingt-dix, on qualifia ironiquement de la sorte les personnalités de la Fédération. Puis la mode passa. Les silhouettes retrouvèrent la ligne, et le blazer british reprit ses droits.

Voir : AGEN.

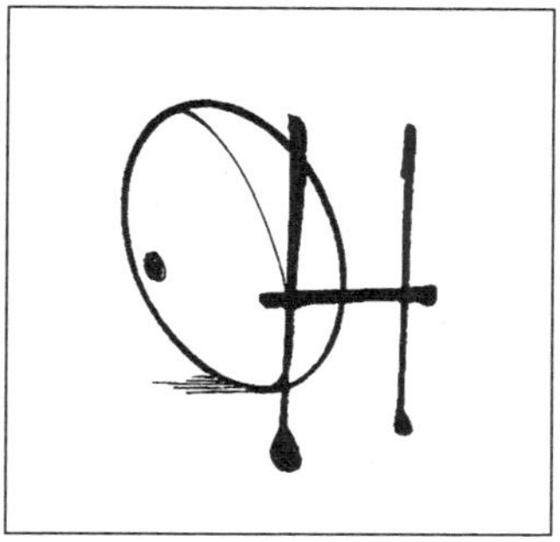

Harpastum

D'après les historiens, le rugby aurait des ancêtres dans l'Antiquité, notamment un jeu appelé « harpastum » — dont la racine grecque signifie « arracher » —, venu d'Asie Mineure et importé par des légionnaires romains sur les îles Britanniques.

Les bidasses de Rome pouvaient à cette époque croupir des années dans de spartiates camps retranchés aux confins de l'Empire. Aussi, pour tuer le temps, les légionnaires oubliés de César, loin de leurs familles, se donnaient régulièrement rendez-vous dans un champ afin de se dégourdir les jambes après de longues heures de garde. Le jeu se pratiquait avec un objet dont l'histoire a oublié la nature, peut-être un casque ou un petit ballot de paille, à moins que ce ne fût la tête tranchée d'un Gaulois égaré. Comme souvent en ces temps anciens, l'objectif du jeu était assez sommaire : déposer par tous les moyens ce qui servait de ballon dans une zone défendue par l'équipe adverse. Les troufions de l'empereur faussaient donc compagnie à leur centurion pour livrer une bataille symbolique, à défaut d'affronter les armées celtes déjà matées depuis fort longtemps.

Pour beaucoup de ces soldats, la quille ne vint jamais et la campagne d'Angleterre se termina en exil forcé. L'harpastum s'est probablement pris d'affection pour la Grande-Bretagne à partir de ce moment-là. Ils eurent plus tard beaucoup d'enfants !

Voir : DERBY, SOULE.

Henry (Graham)

C'est probablement l'entraîneur qui détient le plus beau CV du rugby international. Sa carrière de joueur chez les All Blacks n'avait pourtant pas laissé un souvenir impérissable, mais une fois sur le banc des techniciens, il s'imposa comme un véritable maestro du jeu, des tactiques et de la gestion des hommes.

Vainqueur à deux reprises du Tri-Nations avec les Auckland Blues en 1996 et 1997, Henry profita de l'ouverture des frontières ovales pour monnayer son talent au pays de Galles alors moribond. Filou et redoutablement intelligent, il entreprit la reconstruction des Diables rouges en s'appuyant d'abord sur leur histoire et leurs valeurs, rajoutant par petites touches quelques zestes de culture néo-zélandaise, au premier rang desquels la discipline collective, le souci du détail et l'ambition. Exsangues à quelques mois de la Coupe du Monde 1999 programmée sur leurs terres, les Gallois new-look de Henry redressèrent vite la tête, enchaînant les victoires contre la France, l'Angleterre et l'Afrique du Sud, des équipes *a priori* bien plus fortes qu'eux. À l'automne, dans un Millenium Stadium rouge de ferveur, le pays de Galles s'inclina de peu en quart de finale de la Coupe du Monde contre l'Australie, le futur vainqueur de la compétition. Tout le peuple gallois adopta définitivement Henry comme un fils de cœur, l'homme de l'espoir et de la fierté retrouvée.

Fort de son expérience galloise, Henry prit en 2001 la tête des Lions, fonction historiquement réservée à l'élite des entraîneurs britanniques ou irlandais. Cet honneur unique lui valut aussi toutes les jalousies et bien des poignards dans le dos, notamment au sein de l'*establishment* du rugby anglais. La tournée en Australie se solda par un échec, mais l'immense classe de Henry, son aptitude à créer une dynamique et sa formidable compréhension du jeu et de ses évolutions étaient dès lors reconnues.

En 2003, il fut appelé par la fédération néo-zélandaise pour occuper le poste suprême, celui dont il avait certainement rêvé toute sa vie : entraîneur des All Blacks. Ce triomphal retour au pays eut vite de stupéfiants résultats sur le terrain. Depuis son arrivée, les All Blacks font régner la terreur, pratiquant un jeu splendide avec une armada de nouveaux joueurs parfaitement complémentaires comme Dan Carter, Richie Mac Caw, Rokocoko ou Rodney So'oialo. Alchimiste inspiré, grand stratège, Graham Henry est certainement un grand homme.

Voir : ALL BLACKS, LIONS, PAYS DE GALLES.

Honegger (Arthur)

Il ne devait pas être un spectateur comme les autres. Il ne devait pas voir un match de rugby, mais l'entendre. La défense ? Une succession de percussions. L'attaque ? Une envolée. Arthur Honegger, de nationalité suisse mais né au Havre où le rugby prit racine sur notre continent, composa en 1928 *Rugby*, le seul mouvement symphonique au monde à traiter de ce sport. Pas un roulement de caisse claire ou de tambour à eau n'apparaît dans ce morceau. L'homme avait l'âme d'un trois-quart, d'un galopeur sans doute. Il disait aimer le rythme parfois sauvage des percées. Dans le désordre d'une mêlée, dans l'amas des corps, il percevait un murmure, un grondement, une mélodie ! Il vint plusieurs fois dans le vieux stade de Colombes encourager les Bleus et observer avec soin et affection les sursauts de la balle énigmatique. Lui qui voulait retranscrire dans ses œuvres les évolutions du monde, il mit en musique le souffle vital de notre jeu.

Hors jeu

Twickenham, mars 1959 : un pilier anglais passait son temps dans le camp français. Excédé, François Moncla lui administre alors devant la tribune d'honneur un superbe coup de pied au cul !

L'Anglais l'avait bien cherché, il n'avait rien à faire là ! Tout joueur qui se trouve devant son partenaire porteur de la balle est considéré hors jeu, et pénalisé. Et qu'il n'essaie pas de prétexter qu'il a juste du retard pour se replacer... Les traînards, les filous, les renards embusqués : hors jeu ! Faute grave, le hors jeu est sanctionné par une pénalité, et à répétition il peut se solder par une expulsion.

Le fondement moral du hors jeu est simple et, comme l'en-avant, il porte en lui l'essence du rugby : le face-à-face entre les deux équipes étant la règle, tous les joueurs d'un même clan doivent se placer derrière le porteur du ballon. Interdiction de protéger la balle en formant une muraille devant elle ! Interdiction de déblayer le passage ! Le rugby n'aurait plus de sens sans le hors jeu, créé dès les origines par les rugbeians, en 1846.

Toute équipe a eu pendant longtemps dans ses rangs un ou deux redresseurs de torts chargés de corriger les joueurs hors jeu. On disait parfois qu'ils allaient « éteindre la lumière » des fautifs. Lors de la tournée des Français en Afrique du Sud en 1958, Amédée Domenech, pilier du XV de France, se retrouva en face d'un Springbok hors jeu. Il lui flanqua alors un direct magistral dans la figure en s'écriant : « Bonne nuit, monsieur Spetzer ! » Il venait de pocher l'œil valide de ce joueur borgne !

Petit à petit, l'éducation, l'intervention régulière des arbitres et la vidéo qui traque les fautes ont fait disparaître ces justiciers légendaires. Les matchs sont aujourd'hui plus propres. Sans regret.

Voir : EN AVANT, RÈGLES, RUGBEIANS.

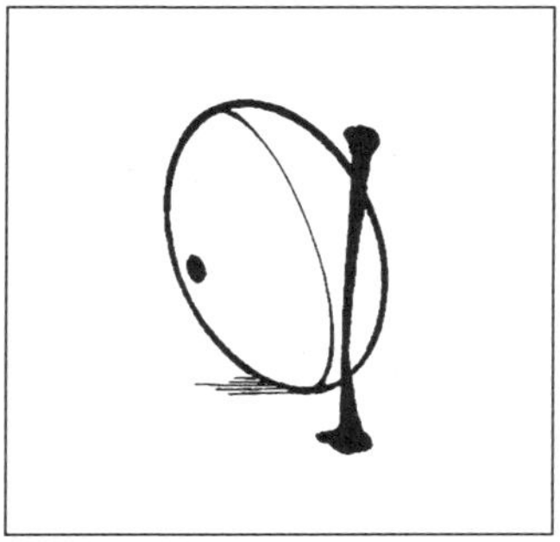

Images

À la préhistoire du rugby, il y a seulement deux siècles, des meutes d'étudiants britanniques s'affrontaient avec l'allégresse des précurseurs. Le jeu leur appartenait. Seule leur parole comptait pour en raconter l'esprit, les prouesses et les bonheurs. C'était « le temps des joueurs ».

Puis avec le public et la presse vint « le temps des mots ». Les villes s'affrontaient, bientôt les pays, soutenus par leur peuple avide d'information. Les échotiers racontaient les matchs pour ceux qui n'avaient pas pu y assister, analysaient les stratégies, donnaient des détails sur les joueurs. Dans les journaux, puis à la radio, régnaient chroniqueurs et commentateurs. Les gens n'allaient plus au match, c'est lui qui venait à eux.

Et puis avec l'arrivée de la télévision vint « le temps des images », qui ouvrit l'ère du sport-spectacle. On pouvait de chez soi voir le match en direct ! On

pouvait participer à la fête bien installé dans son fauteuil, en trinquant avec les collègues rassemblés autour du poste ! On devenait un amateur sans jamais avoir joué, on s'initiait aux subtilités du jeu avec Roger Couderc, on avait l'impression de bien connaître les joueurs qui s'invitaient dans le salon. Au départ, quelques matchs étaient retransmis dans l'année, qui faisaient l'événement. Puis ce fut tous les mois, et aujourd'hui, plusieurs matchs sont visibles chaque semaine.

À quoi bon aller au stade quand la télé montre si bien le match ? Il n'est pas rare d'entendre que « le match est plus beau à la télé qu'en vrai »... La télévision capture les actions en gros plan et en menus détails, elle change les perspectives, d'en haut, d'en dessous, de côté, en contre-plongée, en plan large... Elle décortique l'action, afin qu'on n'en perde pas une miette. Et pour ceux qui n'auraient pas bien vu, les images repassent, sous différents angles, au ralenti. On peut revoir l'action qui, fugace par définition, s'étire alors dans la durée. Rien n'échappe à la télévision. Grâce à elle, le novice s'initie, l'incompétent devient spécialiste. Même si le match est moyen, avec le ralenti, le *replay*, le gros plan, le détail imperceptible à l'œil nu, le téléspectateur aura la savoureuse impression d'être un acteur privilégié de l'événement.

L'arbitre lui-même ne peut plus se passer des images. Fait impensable il y a encore cinquante ans, l'arbitre indécis peut désormais avoir recours à la vidéo pour mieux juger une action. Le réalisateur lui envoie l'image qui validera ou annulera un essai. La télé a remplacé l'arbitre !

La télévision est devenue un gigantesque stade où des millions de téléspectateurs sont conviés. Le rugby a ainsi gagné une popularité immense, qui ne cesse de grandir, qui attire inévitablement sponsors, agents, publicitaires et déclenche de nouvelles et décisives luttes, celles des sacro-saints droits télévisuels. Le jeu n'appartient plus aux joueurs, ce temps-là est révolu. Le jeu appartient désormais à la consommation de masse comme à une maîtresse envahissante et dominatrice. Pour elle, il a dû changer.

Car ce que la télévision montre peut être assez différent de la réalité du match. Le rugby est un jeu d'affrontement où l'on perd de vue la balle un bon tiers du temps, parfois plus. La balle se niche au cœur du tas, centre caché d'une vie dense. En prenant le pouvoir, les hommes d'images, adeptes d'une beauté de surface et inféodés aux désirs du public (souvent imaginaires), sont parvenus à imposer que l'on devait voir la balle le plus souvent possible. Moins de jeu au sol, plus de passes ! Moins d'obscurité et plus de clarté, de simplicité pour accrocher le profane ! La balle doit sortir plus vite des regroupements ! Toutes les évolutions du jeu depuis l'avènement du professionnalisme vont dans ce sens. Et si on ne voit pas le ballon voler, qu'on montre au moins les jugulaires palpitantes et la bave aux lèvres des joueurs. Et si le maul s'embourbe dans l'espace sacré de l'en-but, il sera demandé au réalisateur, décideur du destin du match, de montrer par le truchement des caméras qu'il a choisi d'actionner, si l'essai est valable ou non.

La télévision et ses patrons sont bel et bien devenus les maîtres du jeu.

Voir : ALLEZ LES PETITS !, CALENDRIER, PROFESSIONNEL, STADE FRANÇAIS.

Impact player

Depuis quelques années, les défenses se sont transformées en murs de béton. Épaules de gladiateurs obligatoires pour les joueurs, science du plaquage élaborée par des coachs spécialisés, schémas de jeu systématiquement décortiqués à la vidéo : gagner un mètre dans le camp adverse est devenu une prouesse. Mais malgré cette tendance lourde, le rugby reste un jeu de conquête territoriale où le but premier est toujours d'avancer jusqu'à l'en-but opposé. D'où l'émergence d'une nouvelle catégorie de joueurs, coqueluches des entraîneurs, les *impacts players* (« joueurs d'impact »), capables par leur puissance de faire sauter le verrou des défenses, de perforer le premier rideau afin de créer une brèche dans le bunker adverse.

Le profil de l'*impact player* est assez simple, à l'image de sa mission sur le pré : il doit être fort, très fort, si possible rétif au jeu de passes et aux feintes en tout genre, et surtout amoureux des chocs et des défis physiques. À la fin du match, on le note en fonction des mètres gagnés et du nombre d'adversaires envoyés sur le cul ! Esthètes et techniciens s'abstenir, le job est réservé aux démolisseurs armés de casques à boulons.

Au plus haut niveau, il est presque impossible de faire l'impasse sur ce type de golgoths, et chaque équipe traque la perle rare. Les All Blacks ont le redoutable Colins, les Australiens avaient Kefu, les Anglais le grand Hill, et nous... honnêtement pas grand-monde, ce qui devient régulièrement un drame national lorsque nos Bleus se frottent aux meilleurs équipes du Sud. Comme son nom l'indique, *l'impact player* est né chez les Anglo-Saxons et nous avons bien du mal à rivaliser. Le plus sérieux prétendant serait peut-être Chabal, un ostrogoth poilu exilé à Sale, que les observateurs anglais ont surnommé *the beast* (« la bête » !).

Les évolutions morphologiques ayant leurs limites malgré la musculation intensive et les régimes en tout genre, on peut parier que les sumos et les types robotisés du football américain auront bientôt leurs chances sur les terrain de rugby. *Impact player*, ou le rugby à la Enki Bilal.

Voir : DANS LA DÉFENSE, FIXER, MAUL, RUCKING.

International Board

En 1884, un match entre l'Angleterre et l'Écosse dégénéra en incident diplomatique. Il faut dire que l'objet du litige était de toute première importance : un essai anglais ! L'affaire commença avec un coup de pied écossais raté. Le ballon, tapé maladroitement vers l'arrière, fut chapardé par l'Anglais Richard Kinderley qui marqua un essai validé par l'arbitre irlandais. Voici pour les faits.

Les Écossais, fous de rage, expliquèrent que le principe de botter en arrière étant interdit, l'essai ne pouvait pas être valable. Disciplinée, l'Angleterre s'en tint à la décision de l'arbitre. Mais, sûre de son argument et incapable de concéder la victoire aux ennemis jurés, l'Écosse demanda que l'affaire soit portée devant un organisme indépendant, ce que les Anglais refusèrent vivement. En 1885, la rencontre fut annulée. Quelques mois plus tard, l'Écosse pugnace accepta de reconnaître le résultat à condition que soit créée une autorité internationale chargée de régler les conflits futurs.

L'Angleterre accepta de soumettre la question à l'arbitrage de l'officier de justice lord Kingsburgh et du major F.A. Marindin, alors président de la *Football Association*. Cet arbitrage fut, bien entendu, tout à l'avantage de l'Angleterre, mais il permit la création de l'International Rugby Football Board, le Conseil constitutionnel d'Ovalie. Les Anglais, fidèles à leur tradition démocratique, organisèrent la répartition des sièges en s'assurant de ne jamais être mis en minorité lors des votes : six pour eux et deux chacun pour l'Écosse, l'Irlande et le pays de Galles ! Les dominions d'Afrique du Sud, de Nouvelle-Zélande et d'Australie n'obtinrent des sièges qu'en 1948.

En 1958, une approche plus égalitaire — il était temps ! — finit par s'imposer et deux sièges furent attribués à chaque fédération. La France, objet de toutes les méfiances, fut admise sur les mêmes bases en 1978, presque un siècle après la création de l'organe suprême de contrôle du jeu.

Dès ses débuts, l'International Board dut s'atteler à définir un cadre légal pour les rencontres internationales et la résolution des différends entre les fédérations. En 1948, son rôle fut énoncé par l'arrêté suivant : « Les règles du jeu, et tout changement à cet égard ou toute autre interprétation, devront être promulguées par le bureau et devront être observées strictement dans tous les matchs disputés entre les unions membres, par tous les joueurs y participant. »

À dire vrai, l'International Board est aujourd'hui un organe un peu poussiéreux, comme un vieux tiroir qu'il est utile d'ouvrir de temps en temps.

Voir : World Cup.

Intrinsèque

Un obscur pilier de mine, fort compétent pour les affaires de mêlés, mais peu au fait des subtilités de la langue française, était interviewé à la veille d'un match décisif contre l'équipe de Didier Codorniou, alors au pinacle de sa gloire. Le journaliste lui demanda : « Que pensez-vous de la qualité intrinsèque de Didier Codorniou ? »

Ce à quoi le rustique, qui roulait les « r », répondit : « Intrrrrrrinsec, intrrrrrrinsec, je ne sais pas, moi ! En terrrrrain grrrrras, je sais qu'il est trrrrrès forrrrt, mais en terrrrrrain sec, je ne l'ai encorrrrre jamais joué... »

Invisible

Un match de rugby dure quatre-vingts minutes, mais le temps de jeu effectif dépasse rarement la petite demi-heure. Le reste du temps, la balle s'égare dans les tribunes, attend d'être bottée, et les joueurs reprennent leur souffle, marchant vers une touche ou une mêlée.

Pendant au mois un quart du temps de jeu effectif, la balle n'est pas visible par les joueurs et les spectateurs. Quelle bizarrerie ! Les gens applaudissent, chantent et s'enthousiasment pour un jeu où la balle est cachée, mise au secret ! Les joueurs s'activent dans des tas fumants, dans lesquels disparaît le petit bout de cuir. Le mystère qui entoure le nid est l'objet de tous les fantasmes. Même enfouie dans la mêlée, la balle est le centre de l'attention. Moins on la voit, plus on la désire ; moins on sait où elle est, plus on la regarde.

Le ballon passe donc une bonne partie de son temps au cœur des mauls, dans l'obscurité des mêlées, sous des amas de joueurs. Ces phases de gestation le transforment en un objet vivant. Le tas accouche de la balle. Les hommes du tas l'invitent à s'envoler. Le ballon quitte alors les corps enchevêtrés et l'odeur de la terre remuée, et s'offre aux cavaliers des grands espaces. De main en main, il va voyager dans des intervalles et peut-être gagner une terre promise que les rugbymen appellent l'en-but. Les spectateurs dans la tribune le voient enfin au grand jour. L'équipe a transformé le ballon en une idée géniale.

Voir : MATCH, MAUL.

Irlande

L'île est émeraude, la mer nourricière et le sol pas vraiment généreux. De nombreux colons s'y sont arrêtés, attirés par la beauté des lieux et l'indéfinissable charme des taches de rousseur qui parsèment le nez des femmes. Des Latins égarés aux Vikings en route pour les Amériques, l'Irlande a vu défiler foule de prétendants. Chaque fois, il a fallu faire appel aux incantations des druides, sortir les dents et les fourches pour jeter les envahisseurs à la flotte.

Les déchirures de l'histoire

Cinq siècles de batailles navales, de parties d'échec à l'arme blanche, et de feux d'artifice à la mode corse

ne sont pourtant pas parvenus à faire décamper les Anglais. Dans la mémoire collective irlandaise bouillonnent encore les souffrances engendrées par l'occupation britannique, les famines, les exodes et les nombreuses humiliations. Depuis 1922, les Anglais ont battu en retraite, mais ils gardent sur le nord de l'île une mainmise totale qui est à l'origine d'un des foyers de violence les plus mortifères d'Europe. L'État républicain du Sud est à majorité catholique, tandis que le Nord est dominé par les protestants, unionistes et orangistes à la solde de l'autorité britannique. Les explosions ont souvent souillé les rues de Belfast, et l'IRA livre depuis Michael Collins une guérilla sans merci contre les militaires anglais et les milices protestantes. Avec le temps, l'animosité, les douleurs et les larmes de nitroglycérine se sont ainsi mêlées à la terre sur laquelle pousse le trèfle d'Irlande, qui n'a que trois feuilles.

Il y a pourtant un domaine dans lequel cette nation tragiquement déchirée, ensanglantée et meurtrie est toujours restée unie... Le rugby ! Les joueurs irlandais, catholiques ou protestants, du Nord ou du Sud, ont en effet inlassablement défendu les couleurs d'une même Irlande, et ce bien après l'indépendance de l'Eire en 1922. Jusqu'en 1954, les matchs internationaux se déroulaient en alternance à Belfast et Dublin. En Irlande du Nord, sorte de protectorat anglais, les drapeaux irlandais étaient interdits et les joueurs devaient s'incliner devant l'Union Jack en écoutant le *God Save the Queen*. Insupportable ! L'Irlande joue maintenant toutes ses rencontres à Dublin et les joueurs du Nord franchissent naturellement la frontière pour présenter le temps d'un match l'image d'un peuple uni.

Le choix de l'hymne a toujours été la plus épineuse question du rugby irlandais. Pendant longtemps, les paroles nationalistes de la *Chanson du soldat* ont immanquablement fait baisser les yeux des joueurs du Nord. Aujourd'hui, deux hymnes consensuels sont joués avant les rencontres et le public de Lansdowne Road s'égosille tout simplement à chanter *Ireland, Ireland* pour encourager son équipe.

Choisir un sport, c'est choisir son camp

Le rugby n'a pourtant jamais été un facteur de division en Irlande, car il s'est avant tout développé dans les collèges et les universités. Dès 1854, le Trinity College de Dublin fonde une équipe, ce qui en fait un des plus anciens « clubs » du monde. Bien plus tard, les étudiants du collège ne manquent pas de rappeler les racines irlandaises de William Webb Ellis, ni les similitudes du football rugby avec le *cad*, un sport gaélique préhistorique, contestant ainsi aux Anglais la paternité du jeu !

Le Trinity College, fréquenté par la bourgeoisie, est le bastion du rugby irlandais. C'est d'ailleurs dans un de ses salons feutrés que la Fédération irlandaise de rugby voit le jour en 1875. Par le biais de l'éducation, le rugby devient très vite le sport d'une classe suffisamment riche pour payer à ses rejetons les meilleures écoles. Malgré leurs différences géographiques ou religieuses, ces gens culturellement très proches se trouvent unis par une même éducation d'élite, un souci commun de reconnaissance, des professions parentes. Aussi, au nom d'une appartenance sociale et d'une culture commune finalement plus fortes que la politique et la religion, les rivalités entre Nord et Sud, entre catholiques et protestants sont surmontées après la séparation de 1922. Contrairement à tous les autres sportifs en Irlande, les rugbymen ont ainsi toujours joué sous une même bannière, malgré les déchirures de l'histoire.

Jeu de riches coupé de la base, le rugby n'a en revanche jamais suscité l'enthousiasme des milieux populaires. Pour les ouvriers, les mineurs ou les dockers, le rugby n'est qu'un symbole de la domination anglaise, un sport de bourgeois vendus à l'ennemi, alors que la véritable âme irlandaise s'incarne dans les jeux traditionnels comme le *hurling* ou le football gaélique. En Irlande, choisir un sport revient à choisir son camp. Pendant longtemps, un membre de la Fédération des sports gaéliques surpris en train de regarder un match de rugby était immédiatement banni et, jamais, au grand jamais, les terrains n'ont été partagés ! L'Irlande se situe à l'opposé du pays de Galles ou de la Nouvelle-Zélande qui ont découvert avec le rugby une façon de créer et d'affirmer une identité nationale forte et reconnue par tous, comme un pied de nez aux Anglais. Il reste que le rugby demeure un des rares domaines où l'Irlande peut réussir à corriger les Anglais, les ennemis de toujours, et cela suffit probablement pour créer une forme d'union sacrée à Lansdowne Road les jours de match !

Le « fighting spirit » irlandais

Le rugby irlandais porte dans son cœur la passion du pays, ses souffrances et ses ecchymoses, sa fierté aussi. Soudés par une fraternité qui ignore les frontières, les Irlandais vont toujours au-delà des limites du courage, comme par devoir moral. Si un Irlandais dit qu'il a mal, c'est probablement qu'il vit ses derniers instants, s'il reste au sol, c'est qu'il est mort ! Toutes les équipes du monde se sont au moins une fois fait rosser en Irlande, victimes de ce petit supplément d'âme que l'on appelle le *fighting spirit.*

Le rugby irlandais est un rugby de survie qui va à l'essentiel et ne s'embarrasse d'aucune fioriture : détruire les velléités adverses, poinçonner tout ce qui se trouve sur le passage, taper des chandelles et, si besoin est, transformer l'adversaire en punching-ball jusqu'à ce qu'il daigne s'ôter du milieu ! Le sens du sacrifice et la sauvagerie des avants irlandais sont si caricaturaux qu'ils en deviennent touchants. Vainqueurs, les Irlandais semblent toujours avoir mérité leur succès tant les efforts déployés ont été colossaux. Vaincus, ils attirent la sympathie comme le boxeur exsangue battu aux points par plus malin que lui, comme le cycliste titubant qui passe le col quelques secondes après un coureur simplement plus réaliste. On ne compte plus d'ailleurs les matchs perdus par l'Irlande dans les dernières minutes, après une domination totale, alors que l'adversaire est ivre de coups...

Il faut voir avec quelle dose d'espérance les spectateurs se rendent au stade, les pluvieux samedis d'hiver. Lansdowne Road, la vieille arène de bois, est probablement le stade du monde dans lequel se produit le plus d'accidents cardiaques ! Les espoirs sont en effet si grands qu'à la moindre émotion, les myocardes les plus solides peuvent rompre. Il suffit que Keith Wood sonne la charge, que O'Driscoll perce, ou que Humphrey botte pour que la foule ondule, frémisse et gémisse de bonheur !

La plus hallucinante explosion de joie date de 1991, lors du quart de finale de Coupe du Monde entre l'Irlande et l'Australie, alors grande favorite de la compétition. La tension était devenue si irrespirable que même les nuages étaient rentrés à la piaule. Menés de quelques points à deux minutes de la fin, les Irlandais arrachèrent à leurs corps épuisés les dernières forces pour marquer un essai d'anthologie qui leur ouvrit les portes de la demi-finale. Gordon Hamilton, dont le cœur pesait plus lourd que la carcasse, traversa tout le terrain avec une horde de Wallabies aux fesses, littéralement porté par le souffle, puis le rugissement, et enfin les hurlements de tout un peuple. Il courut quatre-vingts mètres avec cinquante mille paires de guiboles, pulvérisant son médiocre record de vitesse pour enfin s'écrouler dans l'en-but, inerte !

Des vibrations orgasmiques remontèrent des entrailles du stade. La foule était comme ivre, inconsciente, désarticulée par tant de bonheur. Quelques instants plus tard, pendant les arrêts de jeu, les Australiens marquèrent froidement un essai, assassinant ainsi les rêves irlandais, comme une malédiction. Saint Patrick poussa un râle rauque qui alla mourir dans les tribunes abasourdies. Le stade, à cet instant, sentait la mort.

***

Les rugbymen ont toujours plaisir à trinquer à la Guinness avec des Irlandais, mais tous appréhendent de les affronter sur leurs terres, comme si leur révolte était trop profonde, trop enfouie dans les ténèbres de leur histoire pour avoir une parade raisonnable.

Voir : ANGLETERRE, LANSDOWNE ROAD.

Italie

Depuis plus d'un siècle, l'Italie bute si bien la balle ronde que sa cousine ovale est restée abandonnée. En période latine, on jouait pourtant ici au rude harpastum, à en perdre l'haleine, la boule et les dents. Jeu de passe-temps pour cohortes romaines, cet ancêtre du rugby consistait à se bourrer le pif et le mou les soirs d'ennui au campement, avant de trucider Gaulois et Angles le lendemain sur de sanglantes prairies.

Aux riches temps médiévaux, alors que Francs et Rosbifs se toisaient en tournois de soule, les hommes d'éducation et de belle morale s'affrontaient au Calcio balle au pied sur la grand-place Santa Croce, en

Toscane, sous les yeux ébaubis de Miquel Angelo. Il y avait donc un joli socle culturel pour que le rugby des temps modernes renaisse ici en Italie. Tout autant sinon plus qu'ailleurs ! C'est comme souvent avec le voisin, Français en l'occurrence, que l'on tricota les premiers sacs à ballons, que l'on échangea les premiers éducateurs et les premiers marrons.

Dans cette Italie contemporaine à qui la balle de foot lèche si goulûment la quasi-totalité de la botte, le rugby se développa en Vénétie où de tout temps on ne fit rien comme ailleurs. L'après-guerre vit les échanges s'intensifier et quelques Italiens cabossés — Lafranchi, Piccinini, Malosti — franchirent les Alpes pour s'installer en Isère ou en Provence où ils connurent de respectables honneurs. Dans les années 1960, les Italiens emmenés par Zani firent même souffrir l'équipe de France jusqu'à l'agonie sans pour autant la vaincre.

Afin de mettre un peu de turbo dans leur moteur, les clubs italiens prirent l'habitude tout au long des années 1980 d'engager des étoiles du Sud. Payées des fortunes au nez et à la barbe des gardiens de l'amateurisme, des stars néo-zélandaises, australiennes ou sud-africaines furent ainsi associées le temps d'un contrat à de modestes artisans du jeu, Italiens universitaires pour beaucoup, amateurs et vrais rêveurs. Les Australiens Campese et Lynagh, mais aussi les All Blacks Kirwan et Green, champions du monde en 1987, jouèrent ainsi dans ce championnat de moindre niveau, à l'encontre de toute logique sportive. Plus célèbre encore fut le Sud-Africain Naas Botha qui trouva en Italie de quoi oublier les affres du boycott international qui frappait son pays. Il était demi-d'ouverture et si bon buteur qu'il ne faisait quasiment jamais de passes et prenait son pied tout seul. Son égoïsme forcené en fit d'ailleurs un joueur peu estimé.

Au cœur des années 1990, une génération brillante de joueurs italiens, mélangée à quelques fils de la diaspora venue d'Argentine et d'Afrique du Sud, composa une redoutable *Squadra*. Emmenée par Massimo Giovanelli, Alessandro le Grand Troncon et Diego Dominguez sorti d'une poche mais d'une incroyable adresse au tir au but, l'Italie se mit à faire souffrir à peu près toutes les couleurs de l'arc-en-ciel ovale, à part bien sûr le tout noir qui reste à part. Les Coqs de France se firent même plumer un lendemain de grand Chelem en 1997.

Sollicités pour donner un coup de pouce à ce rugby émergent, une pléiade d'entraîneurs français (Villepreux, Costes, Fourcade) mirent les mains dans les pâtes et firent plus que correctement monter la mayonnaise. Forte de ses bons résultats, l'Italie rejoignit enfin la zone eurovale en 2000 : après des années de négociations et presque cent ans d'immobilisme, le patriarcal Tournoi des Cinq Nations comptait enfin un nouvel entrant ! Les débuts dans la compétition ne furent pas simples et c'est souvent avec la cuillère de bois que l'Italie terminait l'hiver.

Bien plus qu'une reconnaissance, le Tournoi donna aux joueurs italiens une visibilité et l'occasion régulière de se frotter aux meilleures équipes du continent. Les grands clubs français et anglais ne tardèrent pas à manifester de l'intérêt pour ce nouveau marché et, en une paire d'années, les internationaux italiens vinrent grossir le contingent étranger des championnats professionnels. L'équipe du Stade Français, qui avait ouvert la voie avec Diego Dominguez, continue par exemple à suivre le filon et compte à elle seule trois titulaires indiscutables de la *Squadra azzura* — Parisse, Mirgo et Mauro Bergamasco.

Forts de leur exil dans les meilleures écuries, les joueurs italiens ont vite progressé. Sous les ordres de Berbizier, enfant de France au cœur vengeur plein de rigueur, les Italiens toujours élégants et fiers d'allure ont accompli en 2007 le meilleur Tournoi depuis leur intronisation. En battant Gallois et Écossais, les rugbymen italiens des temps modernes conquirent l'estime et le respect de toute la nation ovale. Et si leur rugby ne fut jamais champagne, il fit toujours honneur aux fondamentaux et aux valeurs de combat, celles que n'oublient jamais les grandes nations.

Voir : ALL BLACKS, HASPARTUM, TOURNOI DES SIX NATIONS, SPRINGBOKS, STADE FRANÇAIS, VILLEPREUX (PIERRE).

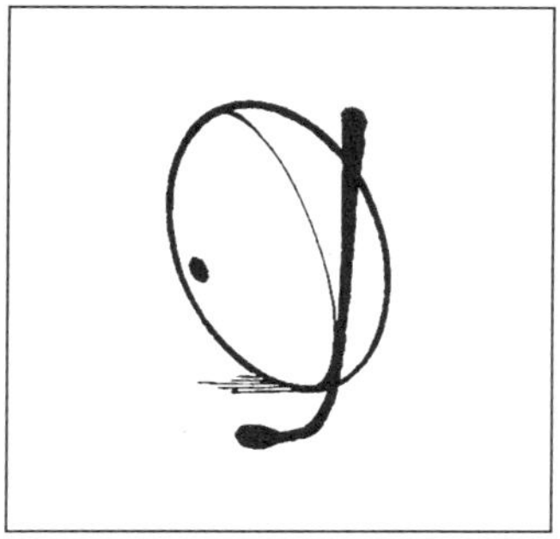

Jeux Olympiques

« Mais qu'annonce-t-on en cet automne ? Un match du tournoi olympique de rugby va se dérouler à Vincennes, au vélodrome municipal ! » écrivait, enthousiaste, la journaliste Monique Berlioux en 1900.

Tandis que la Troisième République naissait dans le souvenir encore vivace de la guerre de 1870, la rencontre oppose finalement la France à l'Allemagne, après de nombreuses tractations diplomatiques. Craignant d'éventuels heurts avec les « Prussiens », le ministre de l'Intérieur se tenait informé tous les quarts d'heure du bon déroulement de la partie. Sur le terrain, les Français dominaient grâce à une meilleure technique et une plus longue expérience de ce jeu fraîchement importé d'Angleterre. 25 à 16, le score final fut sans appel, l'Allemagne était vaincue. Au ministère, Monsieur le Ministre, engoncé dans son col amidonné, put enfin souffler, alors que des policiers obéissants dissuadaient à Vincennes la foule d'envahir le terrain pour féliciter les joueurs des deux camps.

Les joueurs qui composaient la première équipe de France olympique furent vite oubliés. Pharamond, Frantz Reichel, Colas, Giroux, Rischman, Binoche, Gondouin, Roosewelt, Hubert, Lefèvre, Sarrade, Altoff, Olivier, Gauthier, Lerdanchat, Hervé écrivirent pourtant une des toutes premières pages de l'histoire du rugby français.

Le rugby figura encore deux fois au programme des jeux Olympiques, en 1920 à Anvers et en 1924, de nouveau à Paris, influence du baron de Coubertin oblige ! Les Britanniques, probablement peu enclins à partager leur sport favori, ne participèrent pas à la compétition. Des étudiants américains venus de Californie gagnèrent deux fois le tournoi aux dépens de la France, finaliste mais bredouille.

La rencontre de 1924 marqua la dernière fois où le rugby fut sport olympique. Le match fut chaotique, et les nombreux mauvais coups échangés effrayèrent quelque peu les dirigeants olympiques, garants des belles valeurs de courtoisie et de fraternité chères à Coubertin. Plus tard, l'International Board, la fausse Fédération internationale de rugby, n'adhéra jamais au Comité olympique, considérant peut-être que les quinze jours d'Olympiade seraient insuffisants pour réunir les plus grandes équipes du monde. Il faut croire que le rugby n'a pas vraiment sa place aux Jeux...

Voir : World Cup.

Johnson (Martin)

Dans l'histoire du rugby anglais, les capitaines sont souvent des joueurs disciplinés, sérieux, au comportement très maîtrisé. On n'en connaît pas de poète ou de farfelu. Mais tous sont des gentlemen. Martin Johnson, avec son physique de Goliath (2,01 m pour 119 kg) et son surnom de « Jonno », ne déroge pas à la règle.

Dès ses premières courses, sa morphologie exceptionnelle en fait un deuxième ligne plus apte au tampon qu'à la feinte, au choc qu'à la dentelle. Le bonhomme montre vite une volonté peu commune qui lui permet d'enfiler sur ses gigantesques épaules le maillot à la rose, et de gagner sur tous les terrains du monde le plus immense des respects. Joueur exemplaire à l'esprit vif, il gagne sa place de capitaine grâce à une morale indéfectible qu'on pourrait résumer ainsi : « Reculer c'est perdre, contourner, c'est s'éparpiller. »

Champion d'Europe avec son club de Leicester à deux reprises, deux fois capitaine des Lions britanniques avec qui il fait plier les grands fauves sud-africains, et surtout capitaine du XV anglais de 1999 à 2003, sa magnifique carrière culmine en 2003 avec le titre de champion du monde remporté par l'équipe d'Angleterre. Lorsqu'en cette fraîche soirée de novembre 2003, dans le stade olympique de Sydney, on tend à Martin Johnson la Coupe Williams Webb Ellis, il semble porter sur ses larges épaules l'histoire de dix mille joutes, dont bien peu furent perdues.

De ballons à attraper en trophées à soulever,

d'adversaires à empoigner en poings vainqueurs à brandir, je retiens de Martin Johnson ses grands bras levés, dessinant un arc de triomphe à l'abri duquel il devait faire bon jouer.

Voir : ANGLETERRE, CAPITAINE, DEUXIÈME LIGNE, WORLD CUP.

Joug

Dans nos campagnes, il n'y a encore pas si longtemps, les agriculteurs enserraient ensemble deux ou trois bêtes dans un joug, un lourd collier de bois, pour les faire labourer. Au rugby, nous avons aussi nos bêtes de somme. Nos avants ! Le joug, appareil rébarbatif d'entraînement, permet de travailler la mêlée : les joueurs s'enclenchent sous les arches et poussent comme s'ils avaient un pack en face d'eux. De l'autre côté, selon le degré de sophistication de la machine, on a fixé un simple ressort, un leste (tas de parpaings, de bois, de briques...), ou un ordinateur qui recrée la force de la mêlée adverse.

Comme en témoignent ses origines agricoles, le joug est un objet de sueur et d'abnégation. Il meurtrit les épaules et calme les ardeurs fantaisistes. Au joug, on ne rigole pas.

Voir : MÊLÉE, PILIER.

Juniors

Les juniors ont gagné cet après-midi. Je les connais tous car mon équipe de cadets s'entraîne sur le même stade qu'eux le mercredi soir. Certains ont déjà fait plusieurs matchs en première et presque tous ont leur permis de conduire. Je traîne avec eux au siège du club, près du baby-foot, mais les avants veulent aller au bar d'en face. Les juniors sont mes copains le dimanche. Le reste de la semaine, quand ils me croisent en ville, je ne suis que le petit cadet.

Je les suis au bar en espérant que des élèves du collège me verront avec eux, assis à côté de leurs petites amies dont certaines sont aussi bien habillées que les femmes des joueurs de l'équipe première.

On blague sur le match, la bagarre de la deuxième mi-temps, le gros Éric qui a déjà bu une bière cul sec, la fille du président qui s'est fait toucher samedi dernier par Greg qu'on surnomme aussi le mignon parce qu'il met toujours trop de parfum.

— Qui c'est qui vient à la Scala ce soir ?
— À quinze moustachus, on rentrera pas.

— Ouais, en plus, depuis que Steph s'est fait crever en train de pisser contre le comptoir, on est grillé là-bas.

— On a qu'à rester là à s'empéguer au pastis !

On rigole avec les juniors.

Je commande un croque-monsieur. Éric me passe le sel. Quand j'incline ma main, c'est tout le contenu de la salière qui tombe dans mon assiette, comme un silo à grains ouvert trop vite. Tout le monde éclate de rire. Le coup de la salière débouchée... Je me suis vraiment fait avoir comme un bleu.

Éric et Thierry me prennent par l'épaule. « C'est pour te féliciter de ton essai contre La Valette ce matin ! Bien, minot, bien ! »

Je fais partie de la famille.

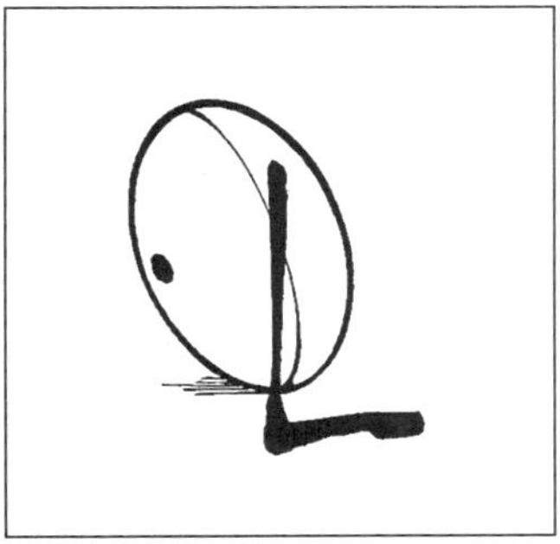

Lacouture (Jean)

Pendant vingt ans, de Toulon à Mazamet, le lundi qui suivait les matchs du Tournoi, nous avons lu la chronique de Jean Lacouture dans *Le Monde*. Bordelais de souche, historien, anglophile, amoureux du rugby, il nous offrait la plus belle ballade du weekend, qui ne pouvait s'achever qu'avec lui. Il nous faisait danser les neurones bien plus que le match ne l'avait fait ! La compilation de ses articles, *Le rugby, c'est un monde*, est un vrai poème épique.

Entre deux bibliographies de grands hommes, il publia aussi un petit bijou de littérature, nectar ovale intitulé *Voyous et gentlemen*, qui raconte avec panache et brio l'histoire du rugby.

> « Jeu shakespearien, où le bouffon est le plus sage, le roi le plus fou, jeu codifié par les ivrognes les plus sensés qui aient jamais pensé à organiser

leur après-midi du samedi en prévision du terrible match victorien, un jeu plein de bruit et de fureur, et — parfois — conté par un idiot.

« Qui aurait pensé, en vue de porter un objet au-delà d'une ligne, l'envoyer de la main en arrière, et du pied en avant ? Qui, sauf à être enivré des parfums de lady Macbeth, aurait pensé à donner pour but aux compétiteurs des poteaux à hauteur variable et à écartement inégal selon que le tireur est né sur les bords de la Tamise ou sur les rives de la Garonne ? Qui, surtout, aurait eu le toupet de donner pour enjeu à de tels débats cet objet oblong qui ne peut toucher terre sans éclater de rire ? » (Jean Lacouture, *Voyous et gentlemen*).

Lalanne (Denis)

Le rugby a eu sa pléiade de courtisans lettrés, de conteurs aux talents variés, de reporters avertis. Denis Lalanne en était le chantre le plus avisé, le Cantor du style.

Lui qui disait : « Je n'ai guère de mérite, personnellement, à avoir aimé tout de suite, avec passion, le jeu de rugby. Je suis né à Pau, Dieu merci sans tares apparentes, et il est bien normal qu'un petit Béarnais venu au monde normalement constitué, apprenne à dire "essai transformé" immédiatement après "papa" et "maman" », il consacra sa vie et ses dons remarquables à son beau voyage en Ovalie.

Pendant cinquante ans, il s'est immergé dans la psyché en sueur des rugbymen, de nos contrées verdoyantes aux rivages bleutés du Pacifique. Personne n'a, à ce jour, égalé son talent pour dépeindre les sursauts d'un match, à Llanelli, Auckland ou Pontacq-en-Bigorre. Il n'avait pas son pareil pour lire les cicatrices, et y voir les reliefs d'une carrière, ou les traits de caractère de son propriétaire.

Il s'est installé à la proue des navires ovales, les suivant en Afrique du Sud dans leur « grand combat » pour la survie, comme sur les terrains de l'Hexagone pour la gloire éphémère du dimanche. Le coq l'a pris pour parrain, et nous tous pour maître à la belle âme.

Il nous a raconté avec faconde le monde irradié de Lucien Mias, l'innommable histoire des frères Boniface, les faces inoubliables du grand Benoît, de Walter le seigneur, de Maso l'archange, de Rives le christique, ou de Sella le gâté des cieux. De Jean Prat à Saint-André, tous les capitaines du XV de France ont fait escale sous sa plume, pour leur plus grand honneur.

Rangé dans la catégorie respectable des journalistes, il n'a pas encore été reconnu, à notre grand dam, comme un véritable grand auteur de notre temps. Prenons la liberté d'écouter la rumeur venue des profondeurs d'Ovalie, et déposons sur ses pages les palmes de l'Académie ovale, qui remercient les meilleures plumes de ce monde de l'éclairer encore un peu.

Voir : ELLIS PARK, LIONS, TOURNÉE.

Lansdowne Road

Pas besoin de numéro à cette adresse de Dublin. Le maître des lieux, un stade en bois vieux comme les pierres d'Irlande, beau comme un chêne centenaire, est immanquable ! Lansdowne Road est aussi une station de train, peut-être pour que les supporters trop ivres puissent quand même voir le match... Des rames de tramway sans âge, que seul le service public britannique peut encore tolérer, s'arrêtent ainsi sous la tribune dans un grand fracas. Les spectateurs en avance sentent leur siège vibrer, comme si la colère du peuple d'Irlande grondait dans les entrailles du stade. Des nuées d'Irlandais emmitouflés sous des parkas débarquent du train et viennent tranquillement s'installer dans les travées.

Il pleut toujours à Lansdowne Road. Une de ces pluies fines de bord de mer qui donnent l'angine à tous ceux qui ne sont pas pêcheurs. Curieusement, une fois assis dans le stade, personne n'a froid. Les petits sièges de fer sont en effet si rapprochés que les gens sont forcés de se serrer les uns contre les autres. Entassés, ils partagent leur passion pour l'Irlande, leur amour du rugby, et accessoirement une gorgée de *whisky*. Ceux-là sont les mieux lotis. Le petit peuple est quant à lui debout sur d'immenses pistes de béton derrière les poteaux, l'endroit du stade le plus balayé par le vent qui souffle invariablement une glaciale brise marine. À Lansdowne Road, le ticket bon marché est l'assurance de finir la journée trempé et transi de froid !

Commence alors le match. Le contraste entre l'humeur conviviale et bon enfant des tribunes et la sauvagerie des quinze Irlandais sur le terrain est toujours saisissant. Sur le terrain, des plaquages féroces, des ruckings meurtriers et toujours ce *fighting spirit* si cher aux Irlandais ! Dans le public, pas de vulgarité, jamais une insulte, aucun sifflet. Même dans la grisaille hivernale, on se sent bien à Lansdowne Road, et perdu dans la forêt de capuches irlandaises, on a du mal à ne pas se sentir solidaire des joueurs du Trèfle et de leur peuple.

La route qui conduit au centre de Dublin est jalonnée de pubs et de tavernes, dans lesquels vont s'entasser les supporters avant et après le match. Que leur équipe soit victorieuse ou vaincue, ils repartent toujours du stade à pied. Le froid crachin rend, paraît-il, la bière meilleure et les échanges plus sincères.

Voir : IRLANDE.

Lesieur (Émile)

Il était élégant, et il était agile. Il jouait ailier. Il fut le premier Français à marquer un essai contre l'Angleterre, lors du célèbre affrontement de 1906 où nos coquelets se firent copieusement étriller. Par souci d'honnêteté, il nous faut préciser qu'un premier essai français avait été marqué au cours de cette rencontre, par un certain Allan Muhr, le sélectionneur de l'équipe de France, qui se trouvait être de nationalité américaine... Émile Lesieur fut donc bien le premier Français à aplatir dans un en-but anglais. Il fut depuis souvent imité, et tous ses successeurs accomplirent ce geste avec le même plaisir chauvin !

Plus tard, retraité des terrains, Émile Lesieur présida pendant vingt ans le Stade Français et s'illustra en finançant la construction de Roland-Garros, futur fleuron du tennis mondial. Gringalet brillant, grand bourgeois de prairie, il est mort en 1984 après avoir mené une enviable et épicurienne existence. Il avait cent ans.

Ligne d'avantage

Sur un terrain de rugby, la ligne d'avantage est une séparation imaginaire entre les deux équipes en situation de face-à-face, par exemple lors d'une mêlée ou d'une touche. Comme bien d'autres au rugby, l'expression nous vient très probablement du vocabulaire militaire, mais comme disait René Jantzen, « le sport est force d'âme et vaut bien mieux que forces armées » !

Notre ligne d'avantage est donc une frontière symbolique avec le camp de l'adversaire, une zone où se concentrent tous les combats. Lorsqu'un joueur franchit cette barrière virtuelle, il entre chez les opposants, viole leur propriété, et crée une brèche dans laquelle le reste de son équipe peut s'engouffrer. Contraignant ses adversaires de reculer, il transforme alors le rapport de force. Chaque équipe doit autant franchir la ligne d'avantage adverse que protéger la sienne.

Toutes les stratégies offensives élaborées à l'entraînement n'ont qu'un seul but : prendre à défaut la défense adverse par la force ou la ruse. La ligne d'avantage est l'obsession des entraîneurs, le point de mire de tous les attaquants. « Il faut franchir la ligne d'avantage ! » est probablement la consigne la plus souvent répétée sur le banc de touche, comme si tout échec dans ce domaine annonçait la défaite.

Les meilleures formations ont toujours dans leurs

rangs des artificiers de barricades, des pourfendeurs de barrages à qui l'on peut pardonner d'être techniquement frustres, mais pas d'échouer à avancer dans le camp adverse. Les joueurs pénétrants, capables de déstabiliser la défense par leur puissance ou leur vitesse, sont des denrées extrêmement prisées. Traditionnellement, ces joueurs étaient des avants, comme l'Australien Kefu, le Gallois Quinnell ou le Français Benazzi, mais les évolutions du jeu réclament à présent des trois-quarts capables eux aussi de franchir la ligne d'avantage par la force. Des générations de gros gabarits se sont ainsi imposées au centre des lignes arrière, avec des joueurs comme Umaga, Traille ou Greenwood.

Les défenses sont devenues incroyablement hermétiques, aussi bien sur les phases de conquête que dans le grand mouvement. Les matchs finissent parfois par ressembler à de longues séances de rentre-dedans, où chaque centimètre gagné au-delà de la ligne d'avantage crée un appel d'air qui rend hystériques les attaquants survoltés.

Voir : PERCUSSIONS, PRENDRE LE TROU, RENTRER-DEDANS.

Lions

Une fois tous les quatre ans, l'Angleterre, l'Écosse, l'Irlande et le pays de Galles font la paix. Les rivalités ancestrales sont mises en veille et les rancœurs de toujours oubliées le temps d'un été. Une équipe composée des meilleurs joueurs du Royaume-Uni est formée avec l'attention qu'on accorde aux équipages qui partent pour la Lune. C'est la trêve, l'union sacrée, la parenthèse de l'équipe des « Lions » ! Auréolés de gloire, ils partent alors en croisade chez une des filles de l'Empire, alternativement l'Afrique du Sud, l'Australie ou la Nouvelle-Zélande. Ces tournées exceptionnelles qui durent plusieurs mois sont les véritables olympiades de l'Ovalie anglo-saxonne. Un événement colossal.

Soudain unis sous une même bannière, des hordes de supporters anglais, écossais, gallois et irlandais font le voyage, et les plus grandes entreprises britanniques mendient un centimètre carré de publicité sur les fameux maillots rouges. Se jouent sur les terrains des anciennes colonies les matchs les plus dantesques du paysage rugbystique mondial...

La tradition est presque aussi vieille que le rugby lui-même. Le premier voyage d'une équipe britannique date de 1888. Des joueurs anglais et écossais s'étaient rendus en Australie et en Nouvelle-Zélande pour constater les avancées du ballon ovale aux antipodes. Une épopée de plus de six mois, où le capitaine Bob Seddon laissa la vie...

Les fédérations australienne, néo-zélandaise et sud-africaine ont toujours entretenu des liens étroits avec la maison mère anglaise. Des échanges se sont instaurés dès leur création, permettant le développement du rugby et l'émergence de rencontres internationales.

À cette époque, le rugby au Royaume-Uni est essentiellement pratiqué dans les universités. Ce sont donc souvent des étudiants qui s'embarquent dans de longs voyages vers les colonies. Les équipes sont composées en fonction des joueurs disponibles, indépendamment de leur pays d'origine. Mais avec l'expansion rapide du jeu, ces tournées s'institutionnalisent et deviennent plus régulières. Bientôt, une sélection plus sévère est mise en place, et les joueurs acquièrent un nouveau statut : ils sont les représentants officiels des îles Britanniques, le gratin de la Couronne !

En 1910, une tournée est organisée en Afrique du Sud avec pour la première fois des joueurs issus des quatre fédérations. Les Sud-Africains l'emportent deux victoires à une, dans ce qu'il est désormais coutume d'appeler une série de test-matchs.

La guerre de 1914-1918 met provisoirement un terme à ces voyages au long cours, et en 1924 les Britanniques reviennent en Afrique du Sud avec une équipe surnommée pour la première fois les Lions. L'origine du nom est floue, mais il semble que ce soit un dessin de fauve sur les cravates officielles de la tournée qui en soit la cause ! Ronnie Cove Smith, le premier capitaine, est, bien entendu, anglais. Les Springboks gagnent les trois tests.

Depuis, la légende des Lions est faite de grandes batailles et d'exploits merveilleux, comme ces victoires en Nouvelle-Zélande en 1971, et en Afrique du Sud en 1997. Au cours du deuxième match contre les Springboks, Jeremy Guscott marqua un drop dans les dernières minutes, et le trois-quarts centre gallois Scott Gibbs assomma l'énorme pilier sud-africain Os Du Randt d'un coup de tête devenu légendaire !

Jouer ne serait-ce qu'une fois dans cette équipe est donc le rêve de tous les grands joueurs britanniques. Être Lion est un honneur indélébile sur le CV d'un rugbyman et l'assurance d'entrer dans l'histoire. Au cours d'une carrière, la chance ne se présente généralement qu'une ou deux fois. Appartenir à ce cercle très fermé de joueurs qui transcende les clivages couronne donc les plus glorieux palmarès.

Les Lions sont aujourd'hui une institution à la pointe du professionnalisme, un incroyable vecteur de communication et la source d'énormes enjeux sportifs et financiers.

Mettre des joueurs anglais, irlandais, gallois et écossais dans un même sac ne se fait pourtant pas sans quelques heurts, même avec tous les honneurs du monde... Ces gars-là se battent comme des chiffonniers pendant le Tournoi et se retrouvent quelques mois plus tard partenaires de la même équipe. Il faut forcément quelques jours d'adaptation pour que les clans cessent de se regarder en chiens de faïence, pour que les entraînements ne dégénèrent pas en batailles rangées et que tout le monde se tienne par l'épaule !

L'équipe nationale la plus forte du moment fournit souvent le plus gros contingent de joueurs. Les équilibres sont donc précaires, les choix de l'entraîneur délicats, analysés, commentés. Chaque tournée des Lions est ainsi l'objet d'un certain mystère, de rumeurs de bagarres toujours démenties, d'intrigues de couloir étouffées et de manigances internes. La légende des Lions repose aussi sur le mythe de l'unité...

Voir : ANGLETERRE, ÉCOSSE, IRLANDE, LALANNE (DENIS), PAYS DE GALLES, TOURNÉE.

Lomu (Jonah)

À sa première apparition en 1995 dans l'Ellis Park de Johannesburg, charpenté comme un atlante avec son numéro 11 dans le dos, la foule crut à une erreur ou à une fourberie du coach néo-zélandais. De telles masses jouent en général seconde ligne... Mais voilà que ce garçon immense à la petite houppette était rapide comme l'éclair ! Incroyable joueur qui allait inaugurer un changement radical dans les morphologies du rugby, il fut la véritable révélation de la Coupe du Monde de 1995. Lors du premier match contre les Irlandais pourtant pas en reste dans le « fighting spirit », il marqua quatre essais, semant la zizanie dans la stratégie adverse. À partir de ce moment-là, Jonah Lomu allait venir hanter les nuits de tous les ailiers du monde...

Le pur-sang, originaire des îles Tongas, traversa la Coupe du Monde en se promenant. Des essais d'extraterrestres à chaque sortie, des adversaires traumatisés par tant de puissance et de vitesse, des charges encore jamais vues sur un terrain de rugby. À tout juste 20 ans, Jonah devint la plus grande star de l'Ovalie mondiale, éclipsant tous les immenses joueurs qui composaient alors l'équipe des All Blacks. Pour que le triomphe soit complet, il ne lui manquait plus que le titre de champion du monde.

Mais en finale, le capitaine des Springboks François Pienaar imposa avec audace une stratégie de mépris, voire d'abandon à son égard : puisque Lomu était invincible balle en main, il fallait l'asphyxier en empêchant à tout prix les ballons de lui parvenir. Au cours de cette finale jouée en gants de boxe, Pienaar ne quitta jamais les avants postes. Les All Blacks passèrent l'après-midi à taper dans les murs et, pris dans des souricières, ils ne trouvèrent jamais ni les mains ni les jambes de Lomu, pétrifié dans l'attente. Malgré leur arme atomique, les All Blacks s'inclinèrent dans les prolongations.

À la suite de ce cuisant échec, Lomu ne parvint plus jamais à retrouver le phénoménal niveau de jeu qui avait été le sien pendant la Coupe du Monde de 1995. Intellectuellement trop peu équipé pour supporter la gloire et ses perfides conséquences, le grand Jonah, malgré quelques bonnes saisons, prit tout doucement la route des ténèbres. Mariages précipités avec des groupies vénales, contrats d'images mal négociés, incursions de plus en plus fréquentes dans la rubrique faits divers des magazines people, et pour finir une bizarrerie rénale incurable qui le condamna à une retraite prématurée. Pendant des mois, des années, les plus grands médecins se penchèrent sur son cas. Comme l'avaient déjà noté ses adversaires, ce gars-là n'est pas constitué comme tout le monde ! De come-backs ratés en convalescence, Lomu erra jusqu'en 2005 à la poursuite de son éphémère et pourtant si glorieux passé.

Aux dernières nouvelles, le plus faramineux ailier de tous les temps qui, le temps d'un été, révolutionna le jeu, venait d'acheter pour son énorme 4 × 4 le plus puissant autoradio du monde, un truc à faire trembler les montagnes, et sortait un livre autobiographique... La fin, donc.

Voir : AILIER, ALL BLACKS, FRANCE / NOUVELLE-ZÉLANDE 1999, SPRINGBOKS, WORLD CUP.

Lourdes

Au sortir de la Seconde Guerre mondiale, l'équipe de rugby de Lourdes prit son bâton de pèlerin, et se lança dans la croisade du beau jeu. Un commando d'attaquants prit le pouvoir, avec à leur tête un chef remarquable répondant au nom de Jean Prat. Émerveillés par son style, les Anglais, pourtant peu enclins à adresser des compliments aux Français, lui décernèrent le titre de « Mister Rugby » !

Ce nouveau rugby, brillant, léché, surgi comme par miracle d'un coin de montagne, irradia bientôt tout l'Hexagone. La troupe de Jean Prat était faite de bergers robustes et de bûcherons raboteux qui détruisaient tout sur leur passage et allaient à la lutte comme d'autres vont aux champignons. « On ne bâtit des cathédrales que sur des beaux piliers », vous diront tous les maçons du monde ! Aucun rugbyman ne les contredira jamais, et certainement pas à Lourdes. Le Football Club Lourdais de Jean Prat pouvait ainsi compter sur des avants redoutables, mais dès que le ballon quittait la mêlée pour s'élancer vers les ailes, il se retrouvait entre les mains de la plus belle phalange de l'histoire du rugby français : Prat, Labazuy, Martine, Lacaze, Rancoule, Barthe, des orfèvres qui attaquaient à tout vent, avec un goût particulier pour le contournement, les fixations et les passes. Certains s'étonnèrent même de voir ces montagnards prendre autant de risques et être aussi créatifs.

À Lourdes, dans les années cinquante et soixante, le soleil brilla de mille feux, sur les ailes comme dans la boue. Bien sûr, cette époque semble aujourd'hui préhistorique pour les jeunots de moins de cinquante ans, mais les *dream teams* enrichissent toujours les mémoires. Le dernier feu d'artifice de Lourdes fut tiré en 1968, alors que la France criait sa colère dans la rue. Emmenée par deux grands seigneurs des montagnes, Michel Crauste le Mongol dont la moustache était taillée à la serpe, et Jean Gachassin le lapin de garenne surnommé Peter Pan, Lourdes arracha de justesse son dernier Bouclier au muguet toulonnais.

Les anciens du grand Lourdes laissèrent ensuite la place à des héritiers qui peinent aujourd'hui encore à retrouver un rang digne de Prat et sa compagnie. Comme toujours quand les choses se gâtent, la mémoire devient oppressante et les hommes, incapables d'innover, se recroquevillent sur les valeurs ancestrales. Lourdes s'est ainsi retranchée dans le combat et l'orgueil des montagnards. Malgré l'éclat de Garuet et Armary, ses sublimes piliers, le temps des deuxièmes couteaux moins aiguisés est venu, le gromelo a supplanté l'allegro, et le rugby lourdais a sombré dans une longue nuit de nostalgie.

Voir : PRAT (JEAN).

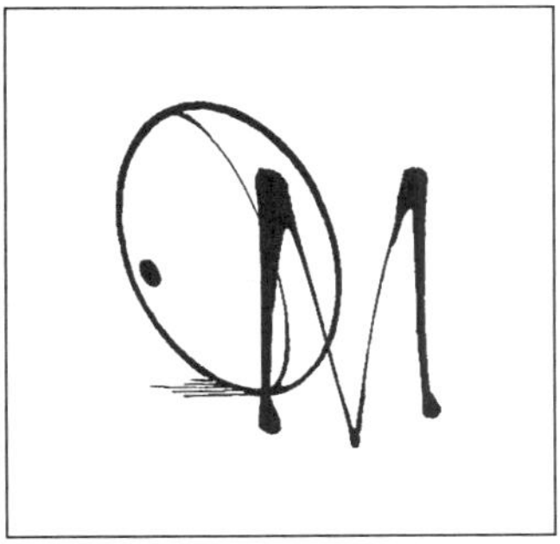

Mâché

Le match est terminé et les scarifications attestent la rudesse du combat. La carrosserie du rugbyman est « mâchée », comme passée entre les pales rageuses d'une moulinette ou les mâchoires sans pitié d'un requin géant. Le dos zébré d'éraflures, les arcades boursouflées, la lippe gonflée et la palette d'ecchymoses racontent l'usure des chocs. Chaque morceau de chair est endolori.

Le corps a bonne mémoire. Bien longtemps après la fin de ma carrière, je me rappelle encore la douleur diffuse d'après-match, et le curieux bonheur qu'elle procure. Mâché, je glissais vers l'obscurité des vestiaires avec un plaisir indicible, ivre de l'adrénaline du combat. Le rugbyman qui enlève sa parure de guerre doit encore surmonter une somme de petites souffrances, prolongements de la bataille. Il faut ôter le short et le maillot de toile rêche sans toucher les écorchures des coudes et des genoux. En décollant la bande d'élastoplaste, on s'arrache quelques poils de mollet, tandis que l'ongle fendu de l'orteil sanguinolent colle aux chaussettes, la sueur salée ruisselle dans les plaies menues, et le doigt foulé ne parvient pas à défaire les lacets des crampons...

C'est l'heure de la douche, ablution réparatrice. Lavé de la terre et du sang, je ne pense qu'à la pinte de bière fraîche qui m'attend dehors. J'ai parfois l'impression qu'on ne fait du sport que pour l'immense réconfort de l'après.

Voir : CATHARSIS, COURAGE, SOIGNER.

Macho

La buvette n'a pas ce dimanche les accents chantants des jours de victoire. Les joueurs cèdent à l'habitude de boire une mousse avant de rentrer à la maison, mais le cœur n'y est pas. Les femmes et les enfants les ont rejoints, quelques supporters traînent encore négligemment dans les parages. Un petit groupe refait le match, triturant chaque action décisive pour comprendre d'où vient la faute, se raccrochant péniblement à quelques coups d'éclat pour relativiser le drame de la défaite.

— Elle était belle, cette sautée, Gégé...

— Je sais, mais ils l'ont vue arriver. Cet ailier, à croire qu'il avait les yeux partout !

— En tout cas, il était en cannes...

La femme d'un des joueurs se tient discrètement derrière son mari, et ne perd pas une miette de la conversation. Elles sont rares, celles qui osent s'aventurer à pénétrer les conversations d'après-match. Généralement, les autres femmes les regardent d'un drôle d'air. Les hommes aussi. Celle-ci, dans un accès de témérité inconsidéré, ose soudain : « Pourquoi il a pas joué, Thierry ? » Silence de mort. Dix paires d'yeux se braquent sur elle. Le mari liquéfié voudrait disparaître.

La terre a tremblé, le ciel s'est fendu en deux, un puissant anesthésiant a envahi la pièce ? Non, une femme a juste tenté de parler rugby.

Maison

Une équipe est à la maison lorsqu'elle joue sur son stade, dans sa ville ou son pays, autrement dit, dans l'environnement qui lui est le plus familier. Petite précision de psychologie élémentaire : chez les sportifs, jouer « à la maison » est traditionnellement perçu comme un avantage moral, et une motivation supplémentaire. La maison, c'est ce territoire confortable et rassurant dont chaque recoin est habité par une histoire personnelle. Dans leur jardin, les joueurs sont en confiance, ils ont leurs habitudes, ils connaissent les caprices du vent, le relief des mottes de terre et l'odeur des vestiaires, le buteur a ses repères sur les poteaux et le pilier sait dans quel coin des tribunes sont installés ses proches.

Mais au-delà de ce petit confort personnel appréciable, à la maison, on joue devant sa famille et l'on n'a pas le droit de la décevoir. À la maison, on convoque la mémoire des pères. On s'inscrit dans une histoire. Le combat se livre ici au nom d'un territoire, que quinze gars sont mandatés pour défendre. Et ils ont intérêt à être à la hauteur, parce que la pelouse qu'ils foulent est un matelas de mémoire, et que chaque brin d'herbe peut témoigner de la sueur des joutes passées. Sur ce terrain-là, comme sur nul autre, les fantômes des anciens soufflent dans le dos des joueurs, et dans les tribunes, l'immense, l'absurde amour de la foule anonyme leur donne une force magique.

Mammouth

Le cuisseau du mammouth s'entend ici comme l'incarnation du superlatif de la guibole ! Un coup de pied de mammouth envoie la balle loin, très loin, inhumainement loin. Synonyme : coup de pied d'extraterrestre.

Voir : ROUGE-GORGE, TAPER COMME UN SOURD.

Marque !

Ce mot ne prend son sens que s'il est hurlé par le joueur. Il est le corollaire sonore de l'« arrêt de volée », et n'est autorisé que dans la zone des vingt-deux mètres défensifs. N'importe quel joueur qui réceptionne un ballon haut peut alors interrompre le cours du jeu en hurlant « marque ! » au moment où il s'empare de la balle.

Cet étrange point de règlement n'a d'équivalent dans aucun autre sport : jamais un mot prononcé par un joueur n'a force de loi. Le « marque » est en fait un reliquat du football tel qu'il était pratiqué dans le collège de Rugby en Angleterre au XIXe siècle. À cette époque, à la suite d'un essai marqué, le botteur de l'équipe devait se tenir hors de l'en-but et recevoir le ballon d'un de ses partenaires avant de tenter la transformation. Le fait de crier « *mark !* » lui épargnait la charge des adversaires... Cette règle fossile a traversé le temps.

On l'entend le plus souvent résonner à la réception des chandelles, quand l'arrière solitaire voit arriver sur lui la meute des attaquants adverses. Il attrape alors le ballon dans ses bras en hurlant « MAAAAAAARQUE ! ». Comme on a jugé que « Ne me rentrez pas dedans ! » ou « Pitié, je ne veux pas mourir ! » étaient trop longs à prononcer dans un moment aussi critique, on a opté pour un mot simple et clair. Mais alors pour se faire entendre de l'arbitre et sauver sa peau, il faut gueuler, quitte à réveiller dans sa sieste dominicale la moitié du département ! On est toujours peiné de voir un arrière se relever le visage commotionné en soufflant : « J'avais dit marque, putain... »

L'arrêt de volée signale une urgence à arrêter le jeu, pour éviter de se faire découper en rondelles. Ce simple mot est l'ultime possibilité offerte au défenseur de conserver le ballon, sans s'exposer à la charge de ses adversaires. Il requiert adresse, pour bloquer la balle, et sang-froid, pour affronter l'assaut. Une fois la formule magique lancée, le joueur devient intouchable, le jeu s'arrête et les adversaires cessent d'être une menace. Gare d'ailleurs au plaqueur qui feindrait d'ignorer ce point de règlement...

S'il est important de hurler son arrêt de volée, il reste plus crucial encore de se saisir de la balle, car le « marque » ne s'applique pas aux réceptions maladroites. Un cafouillage, un ballon au sol, et c'est la vague des attaquants qui déferle sans pitié ! Il est de même inutile de commencer à brailler dès l'instant où le ballon quitte la chaussure du botteur. Le « marque » doit être indiqué au moment du contrôle de la balle. Pas avant et certainement pas après.

Les grands arrières arrivent à faire de l'arrêt de volée une action presque offensive. Loin de se résoudre à un statut de victime annoncée, les plus belliqueux sautent les deux genoux en avant à la rencontre des attaquants, montent à des hauteurs impressionnantes pour cueillir la balle, et hurlent un « marque ! » rageur sans baisser les yeux. Certains profitent même de l'interruption du jeu pour immédiatement contre-attaquer, quand la coutume veut plutôt que l'on botte en touche !

Certains joueurs vont même jusqu'à refuser la protection du « marque », et se jettent dans le combat avec l'inconscience des kamikazes. Le Gallois J.P.R. Williams était un de ceux-là, ayant rayé l'arrêt de volée de son arsenal technique comme Mohamed Ali interdisait le jet de l'éponge à son entraîneur. Williams affrontait toutes les tempêtes de grêle en riant, et allait même jusqu'à défier la troupe des assaillants à grands coups d'épaule et de crochets forcenés !

Mais cet homme était une exception ! Tous les rugbymen faits de chair et de sang connaissent la valeur de ce cri, qui leur a fait péter quelques cordes vocales, mais grâce auquel ils sont encore en vie ! L'arrêt de volée, c'est le règlement qui tend la main au recalé, la grâce présidentielle accordée au condamné, le réveil du rêveur en train de tomber du haut de la falaise.

Voir : ARRIÈRE, CHANDELLE, VINGT-DEUX MÈTRES.

Match

Avant de partir à l'entraînement, on attrape à la va-vite un vieux maillot, une paire de chaussettes sans couleur, une serviette un peu effilochée, et on fonce au stade avec une barre de muesli mal digérée dans l'estomac. Sur le chemin, on a encore à l'esprit un vilain mot échangé avec sa copine, ou une remarque acide d'un collègue de travail, et l'on se répète qu'on aurait dû répondre autre chose. Mais il faut foncer, sinon, on va être en retard à l'entraînement. C'est un jour comme les autres.

Mais les jours de match, c'est autre chose. Dès le matin, les gestes rituels préparent l'épreuve. On ne se lève pas trop tard pour ne pas être « ensuqué », on fait attention à son alimentation, on commence à entrer dans sa bulle. Les proches murmurent : « Ne lui dis rien, il joue cet après-midi... », et haussent les épaules, résignés, sentant bien qu'on est en train de leur échapper. Plusieurs heures avant de partir, déjà, le sac est prêt. On vérifie plusieurs fois si l'on n'a rien oublié. Le protège-dents, c'est bon, la vaseline, c'est bon, la belle serviette bien pliée, c'est bon. Les crampons, surtout. Arriver au stade sans ses crampons, le cauchemar du rugbyman !

Vient le moment de partir. On n'a plus dit un mot depuis une heure. C'est jour de match. Faut pas me parler.

***

L'aventure sportive ne se conçoit pas sans confrontation régulière, et les joueurs de rugby n'échappent pas à la règle. Chaque semaine, ils doivent prouver leur talent en se mesurant à un adversaire de niveau égal, dans un cadre objectif. On a beau se dire que ce n'est que la photographie d'une performance à un instant *t*, le match sonne comme une heure de vérité. Et pas la peine de préciser : « Cette semaine, il a été vraiment bon à l'entraînement ! », car rien d'autre ne compte que cette heure et demie passée sur le terrain le dimanche. Là, aux yeux de tous, on ne peut pas tricher.

Le public est convié à venir voir la lutte. La musique, les drapeaux, les cris et les hourras transforment le stade en un lieu à part. Ce même stade sur lequel on s'est entraîné toute la semaine, on ne le reconnaît plus ! Il est devenu l'arène, le théâtre, le temple. Les joueurs aussi sont autres. Transfigurés tout à coup par l'excitation et la peur de se mesurer « pour de vrai », emportés par les applaudissements de ces gens qui placent en eux tous leurs espoirs, ils vivent ce moment délirant où l'on sent ses crocs pousser, ses griffes sortir, et la douleur disparaître. Ils basculent dans un espace-temps aux dimensions d'un terrain et d'un tour et demi d'horloge.

Pendant des jours, des semaines, des mois, on a

travaillé son outil, on l'a martelé et peaufiné, dans un seul but : le match. On s'est projeté vers le dimanche, on a imaginé, supposé. Le match était une fiction. Et tout à coup, il devient réel. On peut presque entendre dans sa tête le petit déclic qui annonce le passage du rêve à la réalité. Regardez bien les joueurs alignés dans le couloir du stade, qui attendent de jaillir sur le terrain : voyez dans leurs yeux le déclic qui a eu lieu.

Pendant une heure et demie, alors, tout est démultiplié, vécu si intensément qu'on voit défiler les émotions d'une vie d'homme. Le match est un concentré de temps, une alternance de flashes brûlants de bonheur et de malheur. La finale entre Toulon et Toulouse en 1985, qui a duré deux heures avec les prolongations, fut pour moi une épreuve bouleversante où se joua ma vie entière. Toute ma carrière de rugbyman se résumait là ! Vingt-sept ans de peurs, de doutes, de frissons, d'emportement, de joie, qui m'explosaient dans la tête ! Autant dire qu'à la fin j'étais vidé, exténué, comme revenu d'un voyage sous psychotropes puissants.

Le match procure des émotions inouïes, à celui qui joue comme à celui qui regarde, parce qu'à chaque instant, on ne sait pas ce qui va suivre. Moment unique, œuvre éphémère ciselée par une communauté de gens réunis par leur amour du jeu, il défie la logique, et ouvre toutes les portes du possible. La « glorieuse incertitude du sport » dont parlait Blondin nous entraîne sur les montagnes russes de l'émotion, le cœur coincé dans la gorge, le ventre en ébullition.

Tout se joue à si peu de chose... On dit d'ailleurs que les plus beaux matchs sont ceux qui ne se jouent à rien. « Tension dramatique », ou « suspense intenable » disent les commentateurs de la télévision, quand devant nos postes, ou dans les tribunes, nous n'arrivons plus à articuler un mot, les membres tremblants et la bouche sèche.

Quand vient la fin du match, un étrange sentiment de vide nous envahit tous, joueurs et supporters, chacun à sa manière. On en a rêvé des nuits entières, et voilà, c'est fini. Quelle que soit l'issue de la rencontre, le vide de l'après est le même. Le temps du match était si intense que le reste paraît fade. On est pris d'une sorte de torpeur passagère, qui nous fait revenir dans l'ordre du banal. La parenthèse est refermée.

Voir : ADVERSAIRE, GAGNER, VICTOIRE.

Maul

Si la mêlée ordonnée est la mère du rugby, le maul en est le père ! Dans le collège de Rugby, la mêlée à deux cents joueurs qui consacrait les vertus exutoires et socialisantes de ce nouveau sport, était en fait un maul. Un tas initiatique. Le maul est notre Abraham, né aux origines.

D'après le règlement, le maul commence lorsque le porteur du ballon est saisi par un joueur adverse, et qu'il appelle un partenaire pour l'aider. Il faut être trois pour faire un maul, mais ce nombre peut croître sans limite. On pourrait même imaginer le maul absolu de quinze contre quinze, rappelant les temps adolescents et boulimiques du rugby.

La finalité du maul est claire : on s'agglutine pour être plus fort face à l'adversaire et avancer dans son camp. En tas, et en avant ! D'ailleurs, si tout le

monde est le bienvenu, ce sont généralement les plus costauds qu'on retrouve dans les mauls, venus faire don de leur puissance physique pour user l'équipe adverse. Le maul ressemble en cela à la mêlée, il en est le frère spontané, surgi dans le jeu sans crier gare.

Le maul est brouillon, il s'improvise, s'ébauche, s'enroule et se déroule comme une œuvre expérimentale. Aucun maul ne ressemble aux précédents.

Chaque fois, c'est une nouvelle bête qui surgit, véritable gorgone à plusieurs têtes, avançant lentement à cause de son surpoids, mais enfonçant tout sur son passage. Alors que tout dans le jeu n'est que recherche de vitesse, le maul est lent, et il s'en moque. Il est gros, mal fagoté, dénotant dans la panoplie des phases de jeu bien peignées, tirées à quinze épingles. En plus il n'y voit rien ! Et il sent la fesse moite !

Pourtant, en Ovalie, il est infiniment respecté. Il est la matrice, le ventre vers lequel on retourne quand on doute, pour se ressourcer. Fort de cette place centrale dans le jeu et les cœurs, il peut tout se permettre ! Six ou sept gars liés peuvent dans un maul en protéger un huitième qui porte la balle « au fond », et déblayer le terrain sans aucun scrupule... Tant pis pour l'obstruction, puisque c'est autorisé !

Derrière ses attributs débordants et cacophoniques, le maul est une arme redoutable. S'il se met en marche, bravant l'inertie que lui impose sa corpulence, il devient un effrayant rouleau compresseur. Puissant, il impose sa lourde carcasse et fait reculer l'adversaire. On l'utilise alors en perforation ou en contournement de défense groupée.

Le maul est brave. Il sait se mettre au service de la montre, tournant sur lui-même sans qu'il se passe grand-chose. Pataud, mal dégrossi, mais aimé, il est la preuve qu'il reste encore en ce monde la place pour l'imperfection !

Voir : COLLÈGE DE RUGBY, DEVANT, MÊLÉE, PICK AND GO.

Mayol (Félix)

Félix Mayol était dans les années vingt un chanteur d'opérette à succès qui aimait la nuit et les cigales. Toulonnais, il s'amouracha de quelques joueurs de rugby et offrit au club de la cité un pré immense et marécageux à une poignée de figues des remparts, du port et de la vieille ville. Un jour qu'il s'apprêtait à donner son dernier concert à Paris, quelques instants avant d'entrer sur la scène de l'Alcazar, il chercha affolé le camélia que tout chanteur de l'époque portait à la boutonnière gauche. Perdu... Il envoya son habilleuse trouver dans les rues de Paris la fameuse fleur du succès. C'était un 2 mai et les petites marchandes de muguet fleurissaient à chaque coin de rue. La dame en acheta quelques brins qu'elle accrocha à la veste de Mayol. Son spectacle fut un triomphe et le brin de muguet devint son porte-bonheur. À la mort du chanteur, le club de Toulon donna son nom au stade et orna le maillot rouge et noir de sa fleur fétiche. En 1987, Toulon remportait le titre de champion pour la première fois en plus de cinquante ans. C'était un 2 mai !

Le stade Mayol est au cœur de la ville une forteresse que les Toulonnais voudraient imprenable. Les jours de match, les gens sortent à leur balcon pour assister au spectacle, et la clameur des tribunes parvient jusqu'à Chicago, la basse ville canaille. Toulon offre l'exemple puissant d'un échange passionnel entre une vieille ville, son stade et son rugby.

Le stade est un miroir de la cité, de son histoire et de ses valeurs. Ici, le rugby peut être méchant comme un bagnard en fuite, grande gueule comme les proxénètes de la vieille ville, têtu comme un amiral de marine. Les adversaires passent souvent des après-midi difficiles à Mayol... Ceux qui y ont joué gardent tous le souvenir d'un climat particulier, d'une ambiance à la fois chaleureuse et un peu oppressante. Ici, à la moindre chandelle, le public se met à chanter !

Je me souviens de cette époque où, pour donner le ton, au moment de pénétrer sur le terrain, le capitaine toulonnais faisait parfois semblant d'avoir son lacet défait. L'équipe des visiteurs se retrouvait ainsi pendant quelques minutes sur la pelouse, seule, comme dans une arène, sous des milliers de regards hostiles. Quand les Rouges et Noirs faisaient enfin leur entrée, Mayol explosait de bonheur !

Le public venait applaudir les braves, les vaillants, les gars de la rade qui, grâce à leur courage, faisaient de Toulon une capitale ovale, et rendaient à la ville son honneur perdu. Beaucoup d'équipes y laissèrent quelques plumes. Mais comme tous les artifices, ces fanfaronnades avaient leurs limites.

Mayol est un immense stade de rugby, un lieu de passion où les aficionados d'Ovalie aiment se retrouver pour partager le beau soleil de la Méditerranée et les frasques de l'équipe locale.

Quand une carrière prend fin, il reste un grand vide et quelques images. Pour moi, les plus belles sont à Mayol.

Voir : TOULON.

Mêlée

« Les vétérans romains devaient avoir le même style pour former la tortue dans le feu de l'action et pousser le bélier, coude à coude, à l'ombre des boucliers, hardi petit, et ça devait un peu grogner là-dessous, et souffler, geindre, ahaner, gémir, grincer et sentir bon l'odeur du clan. [...]

« Rassemblés dans leur formidable accolade, les bouteurs, contre-bouteurs et arc-bouteurs s'agglutinent pour ne former qu'un monstre anonyme et fraternel à seize pattes piétinantes et dures, fougueuses, crispées, piochant la terre et poussant à plein jarret sous l'impulsion d'une volonté cryptique, admirablement répartie dans tous les anneaux de cette hydre à demi rampante, têtue et sans tête. »

Jacques Perret,
Articles de sport.

Vestige des joutes anciennes, la mêlée est unique dans le panorama sportif, et constitue probablement l'un des signes les plus distinctifs du rugby. Depuis l'enfance de ce sport dans les collèges anglais au XIXe siècle, la moindre faute est sanctionnée par un immense combat collectif, comme si l'affrontement et le face-à-face étaient les raisons d'être du jeu. La mêlée, qui apparaît vers 1860, à une époque ou le rugby connaît de profonds changements, est à la fois une remise en jeu, un rendez-vous sauvage où se mesurent les forces et les ego, et une cathédrale de fraternité.

Exposée depuis des lustres aux intempéries, la mêlée a beaucoup changé avec les années. Pendant longtemps, tous les joueurs pouvaient y participer, et puis seuls les plus costauds en eurent la responsabilité. Henry Vassal, le capitaine d'Oxford, institua dans les années 1880 une répartition des tâches entre avants et trois-quarts, et en 1905, les All Blacks utilisèrent les premiers la mêlée comme une rampe de lancement de jeu. Les mêlées de plusieurs minutes impliquant presque toute l'équipe furent donc abandonnées, et cette phase de jeu se dota de règles précises.

Pendant des décennies, les mêlées furent d'une violence effroyable. Une fois liés, les joueurs pouvaient prendre plusieurs mètres d'élan avant de s'imbriquer dans la structure adverse. On voyait ainsi deux tortues humaines se foncer dessus en courant, avant de se heurter dans un choc titanesque. Aujourd'hui, les joueurs de la première ligne ont une position bien définie, avec notamment un pilier gauche et un pilier droit qui s'emboîtent contre les épaules des piliers adverses. Les vieux de la vieille parlent avec nostalgie du temps où chaque joueur de la première ligne devait gagner sa position à grands coups de tête. Pas de gauche ni de droite, simplement trois gars qui se cognaient contre trois autres, jusqu'à ce que les morceaux du puzzle trouvent leur place. Derrière, les deuxième et troisième ligne poussaient comme des mules !

Aujourd'hui, dans une mêlée ordonnée, rien ne relève du hasard. Des pieds à la tête, en passant par l'épaisseur de la couche de lard, tout est soumis à obligation. Le règlement consacre d'ailleurs à la mêlée trente-trois pages sur cent vingt, pondues par une armée de maniaques qui n'y a jamais mis le nez. Difficile d'imaginer que tous les piliers du monde connaissent par cœur ce règlement !

Les grands principes sont les suivants : pour entrer en mêlée, les joueurs doivent être huit, avec deux piliers et un talonneur en première ligne, deux deuxième ligne, deux troisième ligne aile positionnés derrière les piliers, et un numéro huit qui s'imbrique dans les jambes des deuxième ligne. Les hommes de la mêlée doivent être liés les uns aux autres jusqu'à la sortie du ballon, ils ne peuvent ni attaquer leurs adversaires avec de l'élan, ni pousser vers le bas.

La mêlée est un trait de culture. Les équipes qui font du combat et de l'orgueil leurs armes maîtresses sont toujours très fortes dans ce secteur du jeu. Les Gallois, les Sud-Africains, et même les irréductibles Français, se font par exemple un devoir d'aligner de « grosses mêlées ». À l'inverse certaines équipes, comme l'Australie, et dans une moindre mesure l'Angleterre la considèrent comme une simple remise en jeu, sans lui accorder plus d'intérêt.

En France, où la tradition des grands piliers est une

fierté nationale, les succès les plus mémorables ont souvent été bâtis sur des mêlées puissantes. En 1977, l'équipe de France remporta le deuxième Grand Chelem de son histoire en s'appuyant sur un paquet d'avants colossal et une mêlée monstrueuse. Cholley, Imbernon, Palmié avaient pour l'époque des gabarits hors norme, et un goût très prononcé pour les épreuves de force. Quelques années plus tôt, en 1961, la France résista aux Springboks dans un match d'anthologie grâce à une série de mêlées dantesques que l'arbitre Gwynn Walters dut interrompre du haut de son mètre cinquante-cinq. Denis Lalanne en écrivit même un livre, *La Mêlée fantastique* !

Les Français n'ont d'ailleurs jamais vraiment accepté le verdict des arbitres trop bien peignés, les soupçonnant de ne rien connaître à la mêlée. Sûrs de leur bon droit, les piliers français, sanctionnés à la hâte par un rigide *bobby* anglais, ont toujours eu l'impression d'être victimes d'injustice... Peut-être à tort, peut-être pas !

À la décharge des arbitres, il faut dire que juger cette phase de jeu est particulièrement difficile, les seize bonshommes enchevêtrés ne rendant pas toujours très lisibles les entraves à la loi. Il faut probablement aimer la mêlée pour la comprendre, et donc bien l'arbitrer.

La mêlée reste pour beaucoup un mystère, qui intrigue et fascine. Protégée du regard du monde par son couvercle de maillots, elle a donné naissance à des légendes. Aux comptoirs de village circulent encore des histoires d'oreilles dévorées, ou de deuxième ligne qui refusèrent d'abandonner leurs coéquipiers et terminèrent le match avec une fracture de la clavicule... On trinque alors à la mémoire des braves !

Mais comme si les mots n'avaient pas leur place dans cette phase de combat âpre et douloureuse, comme si ses codes et son sens ne pouvaient pas s'expliquer, mais simplement se vivre, les initiés peinent souvent à en parler. En mêlée, la compétence n'est jamais théorique, mais relève de l'expérience, d'un état d'esprit singulier qui se forge au contact des joueurs de l'ombre.

Le plus intriguant pour les observateurs extérieurs, c'est sans doute cette fraternité virile et finalement très tactile qui fonde la mêlée, et à laquelle le commun des mortels est forcément étranger. La mêlée est la quintessence de l'action collective ; des hommes entrelacés cessent d'être plusieurs pour ne plus former qu'une entité indivisible. Le ciment naît de la somme des dons de soi, de cet agrégat de courage et de souffrances endurées au nom de l'équipe. Il y a dans la mêlée quelque chose de primitif, d'essentiel, d'incroyablement vivant, de presque libidinal tant les corps sont proches. Des corps qui puent la sueur, grognent d'effort ou de douleur, se contorsionnent dans la poussée, se châtient sans pitié tout en s'aimant d'un amour inavouable. Les hommes de la mêlée, même adversaires, se respectent toujours, partagent les mêmes valeurs, et constituent un clan à part dans la grande famille d'Ovalie.

Je les revois, les avants de mon équipe, se parler à voix basse dans l'intimité des vestiaires, s'échauffer en cognant les murs, s'étreindre pour se donner de la force. Personne n'osait déranger leurs messes basses, personne n'était invité dans leur rituel de préparation. Tous les joueurs de rugby partagent les mêmes rudesses, les chocs des plaquages, les coups et les percussions. Mais les avants ont à livrer un combat d'une autre nature. Leur jardin secret est un tas obscur, un nœud humain où se tissent les plus grandes conquêtes.

Le mystère de la mêlée fait souvent l'objet de curiosités un peu malsaines. De plus en plus médiatisé, le rugby est parfois tenté d'ouvrir son cœur aux regards des profanes et aux objectifs fouineurs des caméras. La télévision aime s'inviter au-dessus du tas sacré pour reluquer ce qui s'y passe. Bientôt, elle mettra des caméras miniatures sur le casque du talonneur ou sur le col du pilier pour mieux voir les ébats souterrains des hommes de combat. Elle n'en percevra pas pour autant le sens profond.

Voir : ATTAQUE DE LA MÊLÉE, CHARBON, FRACHAN, PILIER, XV, TALONNEUR.

Mettre la main sur la balle

Le ballon est sur un terrain le bien le plus cher. L'équipe qui en maîtrise le mieux la conquête — touche et mêlée — a de grandes chances de s'envoler vers la victoire. La possession de la balle assure d'imposer son rythme à l'équipe adverse qui ne peut que défendre, plaquer, se replacer. Pour enrayer cette dynamique et inverser le rapport de force, les défenseurs ont une seule obsession : « mettre la main sur la balle » à leur tour, pour en contrôler l'utilisation et tenter de marquer des points.

Le rythme d'une rencontre dépend des intentions et des stratégies de jeu. À tour de rôle, chaque équipe a intérêt à ralentir les enchaînements et limiter les risques, soit pour protéger un avantage au score, soit au contraire pour contrarier l'euphorie de l'adversaire qui multiplie les initiatives dangereuses.

« Mettre la main sur la balle » favorise le jeu groupé, lent et statique, qui contraint l'adversaire au combat hermétique. Il faut pour confisquer la balle beaucoup de maîtrise, de puissance et même de roublardise. Ces choix, lorsqu'ils sont délibérés, aboutissent souvent à des matchs peu spectaculaires, à moins d'avoir un faible pour les tas et les mauls interminables.

Voir : BALLE PROPRE, MAUL.

Mias (Lucien)

Ce n'était pas un grand gaillard, mais il possédait la puissance des rudes. Il jouait deuxième ligne à Mazamet. Médecin, reconnu pour son intelligence, Lucien Mias, qu'on appelait le « tracteur avec un cerveau », était un incomparable homme de lien, et un capitaine hors norme, qui savait imposer le respect par sa faconde unique. Tout au long de la décennie 1950, il incarna la France profonde, courageuse. Il eut sa véritable heure de gloire quand l'équipe de France remporta le Tournoi des Cinq Nations pour la première fois en 1959 ; il en était le capitaine. Il l'était encore quand la France vainquit l'Afrique du Sud en 1958. Grand rival de Jean Prat, il était lui aussi un joueur légendaire.

Voir : CAPITAINE, DEUXIÈME LIGNE, TOURNÉE.

« Midi Olympique »

On l'appelle « le Jaune », parce que ses pages en mauvais papier ont la couleur d'un pastis mal dosé, et que sa lecture laisse sur les doigts les mêmes traces qu'une Gitane maïs. « *Mid'Ol'* » est la voix de presse du rugby français, un mélange du *Miroir du Cyclisme* et du *Journal officiel*, une institution que l'on aime par principe. Il traîne sur les comptoirs des bars de quartier, dans les sièges des clubs de province, aux toilettes des gens de la famille d'Ovalie, et se parcourt comme une gazette vieillotte mais indispensable. Du Challenge René-Chabrioux aux matchs internationaux, toute l'actualité ovale figure dans ses pages. Chacun y trouve son compte et tous les licenciés de France ont un jour eu l'honneur d'y voir leur nom !

Chaque été, pendant la trêve, le journal publie un classement des meilleurs joueurs français par poste. Les supporters en espadrilles peuvent alors comparer l'avis de l'autorité suprême avec leur pronostic. Peu importe si les podiums ont été établis par des journalistes un peu dociles avec le pouvoir fédéral, l'important est de connaître la décision du conseil de classe.

Midi Olympique est un journal populaire, au sens noble du mot. Proche des gens, il a un petit côté « rugby de clocher et déplacement en car » qui attendrit plus qu'il ne passionne. Lire *Midi Olympique* est presque un acte militant, une pétition hebdomadaire pour la survie d'un esprit rugby, d'une communauté unie autour d'une même passion.

Milieu

Ce milieu-là n'a rien à voir avec la pègre des petits mecs et des gros macs. Il s'agit d'une zone en forme de large bande qui traverse le terrain sur toute sa longueur et pour le contrôle de laquelle s'élaborent les plus sérieuses stratégies. Dans les espaces où se pensent les schémas de jeu — vestiaires, bord de touche, cabane de commentateurs ou comptoirs de club-house —, vous entendrez souvent dire : « Il faut prendre le milieu du terrain ! » L'idée, c'est de créer un point de fixation au cœur de la défense afin de l'obliger à se rétracter, à se regrouper autour du porteur du ballon et ainsi libérer les espaces latéraux qui se retrouvent par définition moins bien gardés.

À partir d'un lancement de jeu, d'une conquête en touche ou en mêlée, la balle sera donc très vite envoyée vers le milieu du terrain, ligne de front névralgique où attaquants et défenseurs ont généralement rendez-vous pour une copieuse séance de rentre-dedans. Les uns ont pour objectif de concentrer et mobiliser sur leurs épaules le plus d'adversaires possible, les autres doivent s'employer à châtier au plus vite l'assaillant en le repoussant dans son camp pour éviter la moindre brèche.

Dans le rugby moderne, la mission qui consiste à prendre le milieu du terrain incombe souvent aux trois-quarts centre, idéalement situés au cœur de l'attaque, sur la bande de terrain tant convoitée. Ce n'est pas un hasard si, depuis quelques années, la confrérie des trois-quarts centre a vu éclore une générations de gros gabarits, qui courent comme des balles explosives, voyageant sans précaution de l'univers des créateurs vers celui des défonceurs. Ils font moins de place aux feintes, fixations à distance et autres longues passes vers la périphérie. Les centres vont tout droit, là où tout le monde les attend, là où les surprises sont rares et les chocs violents. Au début des années 2000, les deux plus gros, grands et couillons des équipes internationales étaient d'ailleurs souvent les numéros 12 et 13, ceux-là mêmes qui, il n'y a pas si longtemps, étaient encore leurs ultimes artistes.

Voir : FIXER, TROIS-QUARTS CENTRE.

Molle au ras

Passe très courte en demi-cloche, faite à l'aveugle, pour que le partenaire la happe dans un intervalle proche du passeur. Lancé comme un avion, il arrive de loin et prend la balle, molle et lascive, servie sur un plateau. La « molle au ras », aussi appelée « petite dehors », crée dans la circulation latérale de la balle une rupture de rythme, et surprend le plus souvent les adversaires. Si la défense réussit pourtant à anticiper l'arrivée du joueur projectile, et à se mettre courageusement sur sa route, cela se finit le plus souvent par un beau tampon.

Voir : ARRIVER À TEMPS JUSTE, LIGNE D'AVANTAGE, PASSE.

Monsieur l'arbitre

> « Savez-vous ce que prétendent les Anglais ? Ils disent que l'on a imposé les arbitres dans le rugby quand les Français ont commencé à s'y intéresser. »
>
> Jean-Baptiste Raynal,
> propos rapportés par Benoît Campistrous
> et Jean Lapoujade dans
> *Histoires de rugby, contes et légendes.*

Aux prémices du jeu, les joueurs de rugby s'appliquaient eux-mêmes à faire respecter les quelques règles en vigueur. À force de bon sens, ils réussissaient à se mettre d'accord. Mais lorsque apparurent

les premières rencontres entre écoles, il fallut édicter des règles objectives, et charger une personne neutre de les faire appliquer. On désigna alors un *referee*, aisément reconnaissable sur le terrain, avec son pantalon long, sa jaquette, son chapeau haut de forme. Quand il relevait une faute, il agitait son drapeau comme le rescapé d'un naufrage, s'escrimant à être vu par tous les joueurs, mais souvent le jeu continuait malgré lui.

Un jour de 1871, un universitaire qui assurait régulièrement la charge de *referee* se promenait avec son chien dans la campagne anglaise. Alors qu'il venait, comme d'habitude, d'appeler l'animal avec son sifflet à bille, il eut soudain une illumination : si ça marchait avec son chien, qui au bruit du sifflet lui obéissait, ça devait marcher aussi pour les joueurs de rugby ! Il courut soumettre son idée à ses amis capitaines, qui acceptèrent aussitôt, le priant simplement de ne pas abuser du strident sifflement qui agressait les oreilles. Nom d'un chien !

Des années durant, donc, les compétitions de rugby s'organisèrent avec des règles différentes selon les endroits, et ce flou réglementaire accepté par tous entraîna une indulgence de principe pour les décisions de l'arbitre. Il pouvait se tromper, le pauvre homme, puisque ce jeu était inarbitrable ! L'essentiel était de se mesurer, et le résultat n'avait finalement qu'une importance relative.

Quand les règles s'unifièrent sur l'ensemble de la planète ovale, et furent perçues par tous les pratiquants comme des références indiscutables, l'arbitre s'habilla de noir et entra dans la famille des représentants de la Loi, aux côtés du procureur, du gendarme et du curé. Le jour où le résultat du match l'emporta sur la rencontre elle-même, l'arbitre dut passer un examen qui sanctionnait son savoir-faire. L'affaire devenait sérieuse, et l'on ne pouvait pas confier nos championnats au dernier des clampins. Certifié arbitre, l'homme en noir prit encore du galon. Il passa dans le rang des intouchables. De celui qui donne un coup de main, il devint le monsieur qui donne un coup de poing sur la table et un coup de sifflet mitraillette pour faire respecter la règle.

En France d'ailleurs, tous les joueurs apprennent dès l'école de rugby à donner du « Monsieur l'arbitre ». Alors qu'on appelle les partenaires par leur surnom (Gé, Manu, Ber, Tom, Coco, Greg, Mimi, etc.), qu'on désigne les adversaires par un impersonnel « les autres » qui, niant toute ressemblance avec soi, permet l'affrontement, on appelle l'arbitre « Monsieur ». Ne vous avisez pas de l'oublier ! L'homme n'est pas de la famille. On ne va pas vers lui en gueulant, on ne l'apostrophe pas, on ne lui donne pas de tape dans le dos. Une fois qu'il a revêtu son habit sombre et passé son sifflet autour de son cou, il n'est plus un homme comme les autres, il incarne la Loi. Et la Loi est intouchable. La Loi est sacrée. On ne s'adresse pas à la Loi comme à un bon copain.

Pourtant, toute autorité s'expose à être contestée. Avec le temps, l'arbitre a gagné en puissance, mais comme souvent les tenants de l'ordre, il s'est mis à attiser les contradictions. Par définition, celui qui est un peu au-dessus des autres agace... En France, bien plus qu'au Royaume-Uni où l'on ne tolère pas le manque de respect, celui qui rend service se fait chambrer, et celui qui fait régner l'ordre inspire la défiance. Comme si l'indiscutable devait de fait être discuté. Les arbitres français ont intégré cet état d'esprit, autorisant le débat, tandis que leurs homologues britanniques ont toujours préféré camper sur leur position d'une Règle indiscutable. « Vous acceptez d'être mis en cause, alors restez chez vous ! » dirent longtemps les Britanniques aux Français, les excluant des bataillons d'arbitres internationaux jusqu'en 1965.

Si nous sommes plutôt bien lotis au rugby — les provocations des joueurs à l'égard des arbitres sont rares, et l'arbitre ne se fait pas copieusement insulter dans les tribunes —, avouons que nous nous sommes tous un jour emportés contre un arbitre. Tous, un jour, nous avons sifflé et crié contre lui, en croyant avoir de bonnes raisons de le faire. Il était mauvais, mou, corrompu, partial... Moi-même, je dois confesser ici quelques vilaines sorties à son encontre, et je n'en suis pas fier. J'ai eu parfois, au cours de matchs brûlants, des envies d'homicide sur cet homme ordinaire dont je niais alors la fonction et l'uniforme. Je me souviens par exemple de ce match contre Agen, où mon équipe de Toulon dominait si sérieusement au jeu d'avants que la victoire se dessinait grâce à notre puissance en maul et en mêlée. Ignorant les rudiments du combat, l'arbitre pénalisa lourdement Toulon, et la victoire changea de camp. Agen s'envola pour la finale. Au moment où il sortit du terrain, je déversai sur lui tout mon fiel, ce qui me valut plus tard deux matchs de suspension.

C'était bien fait pour moi. Quand on insulte l'arbitre, c'est le rugby tout entier qui morfle. Quiconque touche à l'arbitre nous touche tous. Notre jeu est particulièrement difficile à arbitrer et nous devons à l'homme au sifflet qui se coltine cette lourde tâche, souvent avec dignité et prestance, une véritable considération. Sans lui, on jouerait encore à la soule entre gaillards de village. Comme la vestale chargée de surveiller le feu, il mérite déférence, respect, et protection.

Voir : CARTON JAUNE, FOOTBALL, RÈGLES, SUPPORTER.

Monter dans la tribune

Exagérer n'est pas mentir... Quand un défenseur est berné par une feinte de passe, qu'il se précipite vers le joueur qui aurait dû recevoir le ballon, on dit qu'il est « monté dans la tribune », comme emporté par son élan.

Illustration : juin 1994, la France dispute à l'Eden Park d'Auckland un second test-match acharné contre les All Blacks. Il reste quatre minutes de jeu et les Néo-Zélandais, revanchards après avoir perdu la première manche, mènent de deux petits points. Nos coqs, malgré un courage héroïque, semblent condamnés à la défaite. Fidèle à sa réputation de bon gestionnaire, l'ouvreur All Black Merthens expédie un immense coup de pied dans l'arrière défense des Bleus. Philippe Saint-André, le capitaine tricolore, se replie, et récupère tant bien que mal le ballon, à dix mètres de sa ligne de but. Trois joueurs Blacks se ruent sur lui, bien décidés à le hacher menu en guise d'amen de fin de partie.

C'est alors que le Français, pourtant exténué, sonne l'heure de la révolte et entame une incroyable relance, à quatre-vingt mètres de la ligne adverse. Robuste du gigot, il fonce dans la meute noire, rebondit sur les défenseurs et ressort de la muraille par un trou de souris. Deylaud est au relais, Benazzi en soutien, et c'est N'Tamack, luisant de talent, qui hérite de la balle de la dernière chance. Devant lui se dresse un jeune prodige de dix-neuf ans, un mastard venu des îles, une future légende : Jonah Lomu. Arrivé à deux mètres du géant ébahi, N'Tamack arme sa passe pour Cabannes en soutien, allonge ses bras en direction de son partenaire qui déjà lui tend les mains. Le gros Lomu hésite une fraction de seconde : pulvériser N'Tamack, tenter une interception ou désintégrer Cabannes ? À l'instant où il choisit de suivre le ballon, les bras de N'Tamack se rétractent comme les tentacules d'une pieuvre arrosée de vinaigre, il ramène la balle contre sa poitrine, prolonge sa course, et passe finalement à Cabannes qui continue le mouvement. Au terme de cette folle relance, un essai du bout du monde est entré dans l'histoire du rugby français. Lomu, hystérique d'avoir été berné de la sorte, dut se résoudre à l'évidence... Il était « monté dans la tribune » ! Il y resta un an en pénitence avant de retrouver l'équipe des All Blacks.

Voir : COURANT D'AIR.

Mouiller le maillot

Se dit de celui qui a l'effort généreux. « Mouiller le maillot », c'est mettre toute son énergie et sa volonté au service de son équipe. Les sportifs en ont fait une règle d'or, et les rugbymen, très sensibles à la valeur morale de l'engagement, l'ont érigé en devise. Car « mouiller le maillot », ce n'est pas seulement mettre toutes ses forces dans le match, c'est aussi honorer les couleurs que l'on porte, et avec elles, une identité, une mémoire. Le maillot est un emblème dont le joueur n'est pas le propriétaire, mais seulement le locataire. On l'a jugé apte à représenter une ville, une région, une nation, et il faut en retour qu'il en soit digne. La plus grande preuve de respect qu'un joueur peut offrir à son clan, c'est de souiller son maillot. Plus le maillot est dégoulinant de sueur, et plus il atteste la loyauté de celui qui l'a porté. Pour une fois, dans notre monde aseptisé et désodorisé, suer est une vertu !

Voir : COURAGE, TRIPES, VAILLANT.

Murrayfield

Murrayfield, en anglais, signifie « le terrain de Murray ». Il y eut donc sans doute un jour un dénommé Murray, vivant dans les faubourgs d'Édimbourg, probablement riche et amateur de rugby, qui légua une partie de son terrain à la Fédération écossaise. Le stade qui y fut construit est aujourd'hui le temple du rugby écossais.

De l'extérieur, le stade de Murrayfield, à l'architecture massive, n'a pas grand charme. Mais à l'intérieur, aucune faute de goût : des sièges modernes, un éclairage irréprochable, des tribunes abritées. L'enceinte est classieuse, comme les rugbymen qui y jouent et les spectateurs qui assistent aux rencontres.

L'Écossais ne se roule pas par terre quand il gagne, et il sait toujours rester digne quand il perd. Le public de Murrayfield est composé de connaisseurs élégants

qui aiment le beau jeu et les nobles valeurs. Les spectateurs écossais s'autorisent toutefois une seule exception à cette ligne de conduite : quand leur équipe affronte l'Angleterre, l'ennemi juré. La fière allure cache alors difficilement l'hostilité de tout un peuple qui rêve depuis Braveheart de pourfendre les Anglais !

Comme souvent dans les stades britanniques, le public sait ici vous donner des frissons lorsqu'il entame l'hymne du rugby écossais, le *Flowers of Scotland.* Sa mélodie lancinante trahit une mélancolie qui attendrirait le plus farouche adversaire de la nation. Quand les joueurs sont alignés face à la tribune officielle, quand sur eux planent les fantômes de l'histoire et la mémoire de leurs aînés, Murrayfield se transforme alors en un chœur d'opéra. Le chant démarre à voix basse, au son des cornemuses, comme si la passion devait d'abord mûrir dans les poitrines avant de jaillir des cœurs ; il finit en apothéose avec des couplets martelés sur un air solennel qui ne s'enflamme jamais, comme pour conserver toute sa force.

Le stade se rassoit ensuite calmement et le coup d'envoi peut enfin être donné.

Voir : ÉCOSSE.

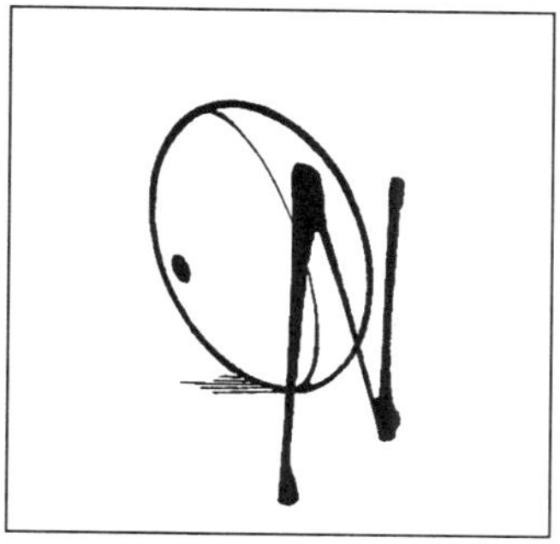

DANGER
UN NETTOYEUR PEUT
EN CACHER UN AUTRE

Nettoyeur

Lorsqu'un joueur se fait plaquer, la règle dit qu'il doit libérer le ballon. Les nettoyeurs sont alors chargés d'intervenir pour faciliter la circulation de la balle, autrement dit, ils repoussent tous azimuts les adversaires qui tenteraient de la récupérer. Longtemps, ce fut essentiellement le rôle des combattants (postes avants), mais aujourd'hui, tout joueur qui se trouve près de l'action doit endosser le rôle ingrat, mais indispensable, du nettoyeur.

Numéro 8

Pour entrer en mêlée, les huit avants se placent en trois lignes : les trois joueurs de première ligne s'attrapent par les épaules, soutenus à l'arrière par les deux deuxième ligne et les deux troisième ligne aile. Un homme se tient seul à la poupe, terminant la mêlée comme la queue du squale. Il porte le numéro 8, c'est le troisième ligne centre.

Il surveille l'approvisionnement en ballons et agit aussi comme le gouvernail de l'embarcation, en donnant les directions. Intendant général, il est un peu le cerveau du pack ! Mais n'allez pas croire qu'il regarde de loin sans se mouiller... Stratège, il peut être perforateur comme Laurent Rodriguez ou Scott Quinnell, fin technicien comme Albert Cigagna, ou encore grand coureur comme Dallaglio ou Benazzi. Il est le premier arrivé dans les gares de triage, les marchés de gros où se valdinguent les tonnes de viande. C'est lui, efficace agent de tri, qui récupère en avant-première les balles perdues par la mêlée ou échappées des mauls.

La France a eu des numéros 8 à rendre jaloux tous les Ovales de la planète, avec mon frère André bâti dans le granit, Walter Spanghero au moteur inusable, Cécillon l'Apollon et Melville le plus explosif. Les Anglo-Saxons ont eu aussi de beaux spécimens, comme l'Irlandais Ronnie Kavanagh, druide aux épaules de chêne qui ne craignait ni la foudre ni les fous, ou le Sud-Africain Doug Hopwood, si endurant qu'on l'appelait « l'essuie-glace ». Chez les All Blacks, qui ne badinent pas avec l'excellence et la précision du jeu d'avants, les troisième ligne centre remarquables sont pléthore, et il nous faudrait un podium gigantesque pour les y faire figurer tous ! Il serait indécent de ne pas citer Brian Lochore qui, après une immense carrière de joueur, devint l'entraîneur des All Blacks champions du monde en 1987, et Wayne Shelford, bison des prairies croisé avec un squale, qui combinait à merveille la puissance et l'aisance.

Enfin, comment ne pas évoquer ici le All Black Zinzan Brooke, petit gabarit d'un mètre quatre-vingt-dix, qui mangeait sur la tête du monde ! Zinzan aux sens aigus, à la course parfaite, parlait à la balle comme le poète à sa muse, jusque dans le cœur des incendies. Il donna au combat une élégance inédite, apporta la classe là où l'on ne connaissait que la rudesse élémentaire et marqua même un drop de quarante mètres en demi-finale de la Coupe du Monde contre l'Angleterre en 1995, fait rarissime pour un avant ! Quelques artistes pourraient lui tenir tête, le grand Benoît Dauga qui s'essaya au poste, Bastiat qui y brilla souvent, l'Indien Ripley avec ses folles courses rouge sang, le Springbok Mornay du Plessis et ses passes œuvres d'art... Mais aucun ne sut comme Zinzan Brooke être à la fois violon et grosse caisse. Plus que jamais, comme dans la Kabale, le numéro 8 fut avec Zinzan une porte vers la lumière, et vers l'infini.

Voir : MAUL, MÊLÉE, WALTER.

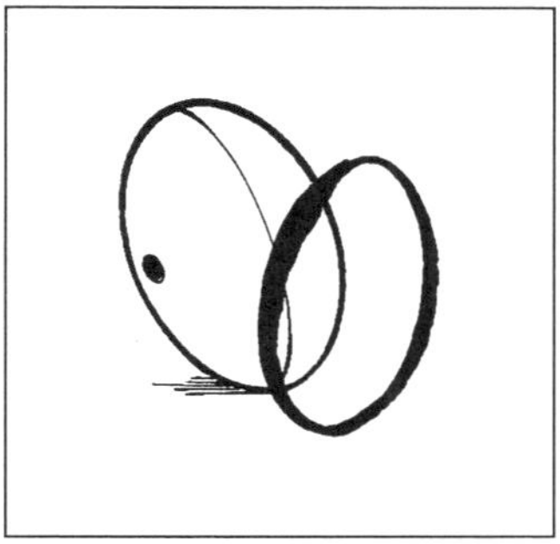

Ouvreur

Numéro 10, le demi d'ouverture, aussi appelé ouvreur, est par sa position sur le terrain le premier joueur des lignes arrière. Il forme avec le demi de mêlée, « la paire » ou « la charnière ». Ensemble, ces deux joueurs constituent le point d'articulation entre les avants et les arrières.

L'ouvreur est avant tout un décisionnaire. En fonction de la défense adverse et de la disponibilité de ses partenaires, il oriente stratégiquement le jeu : il distribue les ballons d'attaque, occupe le terrain par son jeu au pied, choisit le grand large ou l'affrontement. Il doit avoir l'esprit vif et savoir anticiper au quart de tour ! Jean Lacouture n'hésitait pas à écrire à son sujet : « Si l'on considère la multiplicité des hypothèses de jeu entre lesquelles doit trancher, en une fraction de seconde, un demi d'ouverture mis en possession de la balle à la sortie d'une mêlée, on se dit qu'aux vertus de décision et d'initiative exigées du joueur de rugby, peu de chefs d'entreprise seraient dignes de la sélection. »

Concrètement, quand il se retrouve balle en main, l'ouvreur a trois options devant lui : le jeu de passes avec les arrières, le défi physique individuel, et le jeu au pied. Dans le premier cas de figure, c'est lui qui impulse le mouvement et donne le ton. Un pas de trop avant la passe et le partenaire reçoit le ballon en même temps qu'il se fait plaquer. Une hésitation au démarrage et les intervalles dans le camp opposé se bouchent comme autant de sens interdits. Le jeu au large, aussi excitant que périlleux, n'est rien sans un bon demi d'ouverture. Les plus grands savent manier la passe comme les chefs d'orchestre la baguette, lire la défense en un clin d'œil et sentir la confiance de leurs partenaires avant de lancer l'offensive.

La deuxième option consiste à provoquer la défense et tenter sa chance en solitaire, souvent quand l'équipe a besoin d'élan, mais que le chemin vers les ailes est trop encombré. Le demi d'ouverture part donc balle au poing percuter le premier rideau défensif, crocheter son vis-à-vis pour s'enfoncer dans le camp adverse et ainsi gagner quelques mètres précieux. Généralement mal taillé pour les combats de tranchée, il compte sur le soutien immédiat de ses avants.

Le jeu au pied est la dernière possibilité, sous des formes variées : la haute chandelle qui annonce le défi physique, les grandes diagonales qui sèment la panique sur les territoires reculés, le drop, et enfin les petits coups de patte, rasants ou par-dessus, destinés à récupérer le ballon dans le dos des défenseurs.

Selon son éducation et son physique, l'ouvreur

jouera davantage avec ses mains ou ses godasses, avec sa tête ou ses épaules. Dans tous les cas, le jeu d'une équipe est toujours profondément influencé par le style de son demi d'ouverture et aucune formation ambitieuse n'a jamais atteint le nirvana sans un numéro 10 de talent. Comme pour les toreros, on reconnaît en Ovalie différentes écoles d'ouvreurs. Il y a les classiques, gestionnaires et économes, qui éclairent les matchs de leurs coups de pied, comme Andrew Merthens, Lescarboura, Naas Botha ou Rob Andrew ; les artistes élégants capables de donner le tournis à la défense avec leurs passes acrobatiques, représentés par Christophe Deylaud, Gregor Townsend, Mark Ella ou Stephen Larkham ; les physiques enfin, à la Franck Mesnel, qui ne rechignent jamais à une bonne percussion au milieu des avants. Les ouvreurs de légende peuvent jouer toutes les partitions, oser tous les genres et même en inventer de nouveaux !

Au-delà de la technique, l'ouvreur doit avant tout avoir un certain tempérament. Dans la cour d'école, il était sans doute le petit chef ! Légèrement content de lui, il aime prendre les rênes et imposer sa marque de fabrique. On ne peut pas le lui reprocher non plus, c'est le poste qui veut ça ! Ses coéquipiers ne discutent pas ses décisions, et se mettent à son service sans broncher, sinon c'est tout le fonctionnement des lignes arrière qui flanche. L'ouvreur doit savoir inspirer confiance par son autorité, mais aussi sa générosité ; grand distributeur de ballon, il fait briller ses partenaires, et met le talent collectif en valeur.

Voir : ATTAQUE CLASSIQUE, CIRCULATION, COMBINAISON, DEMI DE MÊLÉE, DROP, PASSE, PETIT RASANT, TROIS-QUARTS CENTRE.

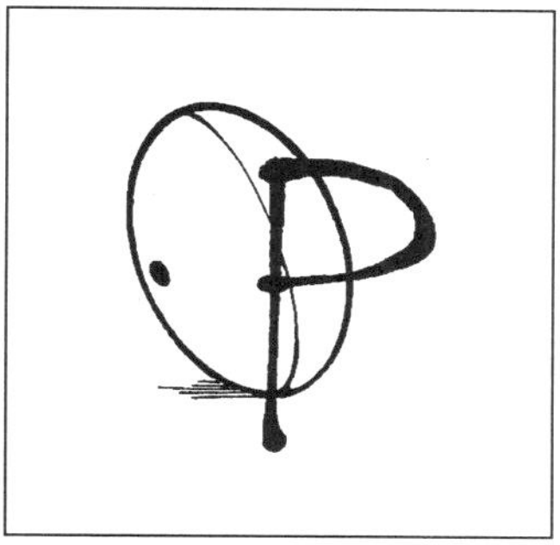

Pacifique

Les premiers ballons de rugby furent tapés en Angleterre, mais ils rebondirent jusque dans les plus lointaines colonies britanniques. À force de ricochets, certains atterrirent même au fin fond du Pacifique, sur des archipels paradisiaques.

Aux Fidji, par exemple. Les Fidjiens vivent dans un pays pauvre, mais beau et ensoleillé. Originaire des Indes, plus de la moitié de la population vint sur l'archipel pour cultiver le coton et la canne à sucre pendant la grande époque coloniale. Perdus dans le Pacifique, les colons anglais avaient alors un urgent besoin de main-d'œuvre et l'Inde représentait un infini réservoir de bras. Aux Fidji, les Indiens se tinrent à distance du rugby, comme ils le firent d'ailleurs en Inde où cet étrange jeu d'Occidentaux ne conquit jamais leur estime. Question de climat, de philosophie ou de gabarit, qui sait ?

En revanche, les magnifiques athlètes mélanésiens adoptèrent immédiatement ce jeu. Ils en firent même un relais de pouvoir, une façon de s'exprimer et d'affirmer leur identité. Le *Pacific flair* était né. Les Fidjiens développèrent avec leur rugby de plage acrobatique un style de jeu à part, imprévisible et très offensif, qui les mena jusqu'en quart de finale de la première Coupe du Monde en Nouvelle-Zélande en 1987. Les Français qui les affrontaient alors ne durent ce jour-là leur salut qu'à une puissante mêlée et un pack plus robuste. Pendant plus d'une mi-temps, les Fidjiens, transformés en Speedy Gonzales des crochets, leur donnèrent le tournis avec un festival de passes, de feintes et de courses folles. À la fin de la rencontre, tous les compliments et la sympathie allèrent à l'équipe des îles, tant sa fraîcheur, son enthousiasme et sa capacité à jouer vite avaient émerveillé les spectateurs.

Cette performance inattendue en 1987 les propulsa sur le devant de la scène internationale. Appâtés par la réussite, les Fidjiens nourrirent de nouvelles ambitions et recrutèrent un austère entraîneur néo-zélandais dont le dernier éclat de rire remontait à très loin. Sous sa houlette, les joueurs des Fidji perdirent leur âme, leur jovialité et cet instinct offensif qui avait jusqu'alors fait leur force. En 1991, lors de la deuxième édition de la Coupe du Monde, ils se firent tout simplement écrabouiller.

Les Fidjiens n'aiment pas le combat ni les phases de conquête où la force et la discipline sont les armes maîtresses. Leur rugby est fait d'improvisation, de polyvalence, de contre-attaque et de mille passes. Depuis une dizaine d'années, ils se sont spécialisés dans le rugby à sept, bien mieux adapté à leurs qualités. Ils en sont devenus les rois, et raflent avec une déconcertante facilité tous les grands trophées internationaux.

Leurs voisins des îles Tonga et Samoa commencèrent à s'illustrer au rugby au début des années quatre-vingt-dix, et confirmèrent leur grand talent pendant la Coupe du Monde de 1995 en Afrique du Sud. Ces deux pays sont de petites îles peu peuplées, où l'air est humide et la chaleur torride. Paradis des explorateurs négriers au XVIIIe siècle, elles furent occupées par les Allemands puis les Néo-Zélandais. Aujourd'hui, ces archipels sont indépendants, mais restent sous l'influence de la Nouvelle-Zélande, leur grande sœur du Sud.

Les Samoans et les Tonguiens sont polynésiens. Très attachés à leurs îles, ils vivent depuis des millénaires dans une nature sauvage qui ne fait pas de place à l'esprit cartésien. Timides et généreux, ces grands gaillards aux corps de gladiateurs sont d'une gentillesse infinie, mais ils peuvent aussi être de féroces combattants. Leur histoire est d'ailleurs faite de conquêtes et de rébellions. Sur le terrain, ils oublient leurs sourires enchanteurs et leur hospitalité pour devenir les joueurs les plus sauvages et les plus durs de l'Ovalie mondiale !

Les Samoans et les Tonguiens ont fait du plaquage sans pitié la pierre angulaire de leur rugby. Ces gars-là sont de véritables tronçonneuses sur pattes, des tamponneurs-nés ! Les matchs disputés par les Samoans sont toujours l'occasion de voir une démonstration de bouchons, une orgie de plaquages répulsifs. En juin 1999, l'équipe de France s'est confrontée au talent de démolisseurs des Tonguiens lors d'un match étape sur la route de la Nouvelle-Zélande. Des guerriers en habits traditionnels attendaient sur le terrain les joueurs tricolores. C'est ensuite le roi qui débarqua dans le stade au volant d'une Cadillac rose dont les roues n'avaient plus de pneus. La veille, le champion national du bras de fer avait tué d'une seule gifle un géant de deux mètres à la sortie d'une discothèque. Pétrifiés, les Français perdirent et finirent la rencontre couverts d'hématomes... Il vaut mieux se préparer au pire lorsqu'on affronte les costauds du Pacifique !

Ces attributs hors du commun ont très vite attiré les convoitises du voisin néo-zélandais qui vient régulièrement ici faire son marché. Beaucoup de joueurs polynésiens partent ainsi tenter leur chance dans le rugby d'élite de leurs riches voisins. Certains adoptent même la nationalité néo-zélandaise pour pouvoir jouer dans la grande équipe des All Blacks. Tous des phénomènes, de Jonah Lomu l'extraterrestre à Umaga le bolide, en passant par Tuigamala l'autobus...

Les Fidjiens sont les plus en vue du « marché pacifique ». Leurs fleurons Rococoko et Sivivatu déchirent tous les rideaux défensifs en bout d'ailes All Black. Caucaunibuca se fane un peu sur les bords agenais de la Garonne, mais s'il perdait ses flotteurs abdominaux, il pourrait jouer dans n'importe quelle équipe du monde. Treiziste de formation, mais quinziste à l'occase, selon le cours de sa bourse et les évènements internationaux, le talentueux Tuquiri bosse dur pour l'équipe d'Australie. D'autres bons couteaux, un peu moins aiguisés, aliment copieusement les riches championnats pros d'Europe, comme Bobo à Biarritz ou Tuilagi à Leicester.

Avec leur réputation guerrière, les Samoans ont enrichi considérablement l'équipe All Black. Jerry

Collins, qui fait mal même aux téléspectateurs, So'Oialo — peut-être l'avant le plus complet du moment — et Richie Mac Caw le capitaine forment la plus épanouie des troisièmes lignes actuelles.

Les îles du Pacifique sont pour l'Ovalie une perle rare !

Voir : ALL BLACKS, BOUCHON, LOMU (JONAH), PLAQUAGE, TAMPON, UMAGA (TANA).

Parc des Princes

Le Parc des Princes est une couronne au-dessus de la vie ordinaire. Elle est faite d'anneaux scintillants et de quarante-cinq mille places qui convergent en faisceaux vers la plus belle émeraude de Paris : la pelouse. Loti au cœur des quartiers chics parisiens, il accueillit longtemps les cyclistes et les footballeurs ; puis, après une rénovation salutaire à la fin des années soixante, il put recevoir aussi les rugbymen. Le Vel'd'Hiv avait disparu, à la suite de l'horrible maladie que la police française lui avait inoculée pendant la Seconde Guerre mondiale, et Colombes avait été rasé : le Parc des Princes, « le Parc » pour les initiés, devenait le seul grand stade de la capitale.

Entre l'Ovalie et lui, ce fut une belle histoire, écourtée récemment par l'arrivée intempestive d'un nouvel édifice, le Stade de France. Le Parc a toujours reçu la crème du rugby, accueillant uniquement la finale du championnat de France et les matchs internationaux. Ne jouaient au Parc que les princes, dans leurs costumes des grands jours, arborant leurs plus fiers emblèmes. Dans les tribunes aussi, les spectateurs s'endimanchaient pour de si grandes occasions, et je me souviens de mon père dans son plus bel habit venu pour la seule fois de sa vie applaudir au Parc un de ses fils vêtu de bleu. La famille du rugby de France adorait le Parc, et le respectait en conséquence. Jamais l'antre princière ne fut souillée par la vulgarité ou la violence, et quand les tribunes grondaient, ce n'était que d'amour.

Nombreux sont les joueurs qui, venus disputer une finale, étaient tellement éblouis par le faste du lieu et transportés par la joie immense de fouler ce pré, qu'ils en oubliaient presque pourquoi ils étaient là ! Aller au Parc des Princes était pour toute l'Ovalie française un but en soi, et il fallait se secouer pour ne pas s'en contenter. Les équipes devaient d'ailleurs souvent s'y reprendre à deux fois avant de décrocher le titre, comme si la première servait à faire le plein de lumière, et la seconde, à gagner.

Il ne se joua pas au Parc des Princes que des partitions exceptionnelles, et la France y subit des offenses cinglantes. Le tout dernier match disputé sur ce pré magique, en novembre 1997, fut un jour de défaite sans précédent. Les Springboks de Nick Mallett baladèrent nos Bleus jusqu'au score inédit de 52 à 10 ! Les fervents supporters de la France aiment voir dans ce camouflet sévère le panache d'un adieu réussi... À tout perdre, autant en faire vraiment profiter l'adversaire !

Ce même triste jour des adieux du Parc à l'Ovalie française, des joueurs, parmi les plus grands du monde, s'étaient rassemblés sur la pelouse, formant une équipe idéale qui ne jouera jamais : Dospital, Dintrans, Paparemborde, Walter Spanghero, Palmié,

Skréla, Slaterry, Jeffrey, Rives, Gareth Edwards, Farr Jones, Ella, Gibson, Maso, Lagisquet, Codorniou, Campese, Aguirre, J.P.R. Williams, Blanco. Il fallait bien la fleur du rugby mondial pour saluer une dernière fois notre beau Parc des Princes.

Voir : FINALE.

Passe

« La passe est un cadeau que l'on offre à son partenaire. » Si cette phrase n'est pas écrite en lettres d'or au fronton de chaque vestiaire dans les écoles de rugby, c'est que les éducateurs se chargent de la répéter aux enfants, comme les curés rabâchent le *Notre Père* pendant les cours de catéchisme !

Impossible de jouer au rugby sans avoir assimilé le sens de ce geste. Beaucoup plus qu'une ordinaire affaire de technique, la passe relève de l'univers magique du lien, de l'attachement, du don. Forme féminine du pas — à chacun ses fantasmes —, elle permet d'aller de l'avant, comme un pas de deux chargé de vie et d'histoire, un mot de passe qui met deux individus en relation et les lie intimement, le temps d'un mouvement de main, d'un accord de trajectoire.

Passer n'est pas un acte facile. Après avoir serré la balle contre son cœur, il faut s'en séparer, et l'offrir à quelqu'un d'autre. Et pour offrir, il faut être capable au moins d'émotion, sinon d'amour, et considérer le

bonheur de l'autre comme sa propre récompense. Une passe ratée révèle bien plus de choses sur le passeur que sur le destinataire. Un geste effectué à la va-vite avec des mains raides, des mains battoirs, des mains fermées, ne permet pas d'offrir. Sensible à ces détails, la balle s'échappe, refuse d'être un trait d'union, et inévitablement, le joueur récepteur ne parvient pas à la saisir. Un grand trois-quarts centre, amoureux de la balle, disait : « Pour faire une bonne passe, il faut que les bras poussent et que les mains offrent. » Il avait raison. Les grands passeurs sont souvent des hommes généreux, qui aiment la balle et leurs partenaires. Les frères Boniface, André et Guy, ont bâti dans les années soixante une légende sur leur amour des passes, prolongement évident de leur amour fraternel.

Comme beaucoup de gestes essentiels, la passe

cache ainsi derrière une apparente simplicité le mystère d'un art complexe. Très franchement, n'importe qui peut savoir faire une passe de rugby après un quart d'heure de pratique. Mais ce geste seul n'a aucun sens ! Il devient une science dans l'action. Passer, c'est prendre en quelques secondes une série de décisions, tout en ignorant la menace de la défense adverse : l'angle de course, le moment le plus opportun pour se séparer de la balle, la nature de la transmission. Il y a mille façons de donner le ballon à un partenaire, mille façons d'envoyer celui-ci s'empaler sur la défense, de se faire soi-même intercepter, ou tout simplement de créer un contretemps dans le mouvement.

La passe est donc un terme générique qui regroupe de nombreuses variantes, comme autant de choix possibles : courte, longue, en cloche, tendue, molle, croisée, en chistera, volleyée d'un coup de poignet furtif quand le plaqueur n'est plus qu'à quelques centimètres, donnée dans le corps à corps... Tout comme les Esquimaux disposent d'une ribambelle de mots pour qualifier la neige, les rugbymen ne pouvaient pas n'avoir qu'un seul terme pour définir la passe !

Les grands passeurs sentent le jeu, lisent le mouvement dans une géométrie à plusieurs dimensions, anticipent les réactions des autres joueurs sans pour autant sacrifier la fluidité de leur geste. La passe est incontestablement une affaire d'esthétique, avec l'arabesque des bras complices, les mains tendues dans la rudesse des chocs, l'amplitude du geste. Le champ d'expression du passeur reste l'offensive, la recherche d'intervalles, la perfection du geste, autant de domaines dans lesquels les esthètes un peu narcissiques aiment particulièrement s'illustrer. Les plus illustres passeurs sont d'ailleurs rarement des Quasimodos ! André Boniface, Jo Maso, Jean Trillo, Denis Charvet... Les beaux attaquants français ne bâclaient pas l'apparence et laissaient volontiers aux autres la charge de sortir débraillés.

En France, ce sont souvent les trois-quarts centre qui entrent au panthéon des passeurs. Le rugby français, historiquement très attaché au jeu de mouvement, a singulièrement modifié la nature de ce poste, grâce notamment à plusieurs passeurs d'exception, des frères Boniface à Didier Codorniou, en passant par Jo Maso ou Thomas Castaignède.

Si la passe doit en partie ses lettres de noblesse au fameux french flair, elle varie cependant d'une culture à l'autre. Les Anglo-Saxons, guidés par leur légendaire esprit rationnel, l'ont par exemple associée à un impératif de vitesse. Le ballon n'est pas enveloppé par les mains, mais fouetté par les poignets qui le font vriller à toute allure. Les trois-quarts anglais se soucient peu d'esthétique — doux euphémisme —, mais ils ont l'obsession de l'efficacité, comme les Australiens ou les Néo-Zélandais, qui peuvent être incroyablement performants sans pour autant philosopher sur la passe. À de rares exceptions près, comme les ouvreurs gallois Phil Bennet et Barry John dans les années soixante-dix, les grands passeurs viennent donc souvent de France, où l'art de la passe est une marque de fabrique.

Dans les stades de l'Hexagone, on ne pardonne pas que ce geste soit trahi au nom du moindre égoïsme. « Assassin », « vandale »... Les sobriquets réservés au joueur qui, dans une situation de surnombre, n'a pas daigné faire la passe à un partenaire sont souvent d'une immense sévérité. Comme si la passe était la quintessence du jeu collectif, un acte de vie.

Voir : ATTAQUE CLASSIQUE, CHISTERA, CIRCULATION, FRENCH FLAIR, TROIS-QUARTS CENTRE.

Passe aux costumés

Par opposition aux joueurs en maillot, les « costumés » désignent tous ceux qui ne jouent pas sur le terrain : arbitres, spectateurs, entraîneurs sur le banc de touche. En aucun cas, les costumés ne peuvent prendre part au jeu. Et pourtant...

Le 25 février 1961, au cours d'un mémorable France-Angleterre, un ailier français se blessa. À l'époque, il n'y avait pas de remplaçants, et le capitaine devait décider d'une nouvelle organisation à quatorze joueurs. François Moncla, alors chef de la troupe française, demanda à Amédée Domenech, surnommé « le Duc », un pilier aux gros mollets réputé pour sa vitesse étonnante, de remplacer l'ailier blessé. Un pilier à l'aile, c'était une première !

Le bon Amédée, pas déstabilisé pour un sou, se retrouva donc parmi les lignes arrières comme s'il y avait toujours été. Il semblait même savourer cette inversion des rôles qui le mettait en vedette, et lui permettait de toucher du doigt l'inhabituel. À peine installé à son nouveau poste, voilà qu'une action offensive se déclenche, et qu'il voit arriver la balle vers lui. Pour la première fois de sa carrière, il se retrouve balle en main devant la tribune d'honneur, face à face avec un remarquable ailier anglais dénommé Young, sélectionné olympique sur cent mètres, dont l'élégance et la vitesse avaient fait la renommée.

Notre gros pilar, un peu aveuglé par la vaseline et la boue, se dit soudain que c'est son heure et, emporté par son excitation, fait une tentative de débordement, malheureusement vouée à l'échec. Le svelte défenseur rejoint en deux enjambées le gaillard qui se retrouve bloqué contre la ligne de touche. Et là, dans un geste aussi ridicule qu'audacieux, l'Amédée au corps de taureau fait une improbable feinte de passe en direction de l'arbitre de touche, posté immobile à quelques mètres en dehors du terrain. N'importe quel vieillard n'aurait pas cédé au leurre de cette « passe aux costumés », mais l'ailier anglais au port altier, si ! Emporté par la grotesque feinte, le défenseur berné se déporta en direction de l'attaquant invisible et ouvrit ainsi la voie de la gloire à notre pilier soufflé par son propre culot.

Pays de Galles

> « On est tenté de décrire l'histoire du rugby gallois comme une montée des hommes noirs vers la lumière, comme un arrachement à la caverne et une conquête de l'air libre... Ascension dans le sens le plus étroit du mot, du trou vers la surface, des galeries obscures aux champs herbeux. Mais dans le sens de la promotion sociale aussi.
>
> « Il faut avoir sillonné le pays de Galles, surtout à l'époque du Tournoi des Cinq

Nations, pour savoir jusqu'où peut aller, inscrite sur les murs des cités noires, la gloire d'un de ces ex-mineurs ou fils de mineurs, pour peu qu'il ait brillé sous le maillot rouge. »

Jean Lacouture,
Voyous et gentlemen.

« Je veux jouer pour mon pays », dit le gosse à son père. Dans n'importe quel coin du monde, le père répondrait : « Très bien, mon petit, mais quel sport ? » Au pays de Galles, cela ne fait aucun doute : le minot veut faire du rugby !

Ici, rugby et rêves de gloire sont confondus, inséparables dans le cœur des petits Jones ou Davies. Il faut dire que les autres symboles de l'identité nationale ne sont pas franchement des invitations au rêve. Des mines à flanc de montagnes noires, des usines grandes comme des villes qui crachent de sombres fumées dans un ciel déjà gris, des aciéries balayées par le vent sale... Rien de bien folichon pour être fier de son pays. Pourtant, la fierté est bien la seule chose dont les Gallois ne manquent pas !

Le symbole de la fierté ouvrière

À la fin du XIXe siècle, le pays tout entier a le nez dans le charbon et l'acier. Des villes dortoirs accueillent les migrants derrière les terrils, et la classe ouvrière apprend à ses dépens les lois du grand capital. Au pays de Galles, la population augmente d'un million d'âmes en quelques années. Un tiers des actifs travaille dans les mines, le reste dans l'industrie lourde. Bonne nuit messieurs-dames, et amusez-vous bien, la Couronne saura reconnaître vos services ! Zola, s'il avait été britannique, aurait certainement trouvé l'inspiration du côté de Cardiff, Bridgend ou Newport...

À cette époque, être gallois et ouvrier va de pair. Pour cette nouvelle classe ouvrière, le rugby comble un double manque : l'absence de loisirs, ou tout au moins d'espaces récréatifs, et la faible vie communautaire. Très vite, les mineurs de fond, les ouvriers des usines côtières ou des fonderies adoptent ce jeu rude qui leur permet à la fois de se défouler à l'air libre après les journées de labeur, mais aussi de se retrouver au pub pour socialiser. C'est d'ailleurs dans les pubs que les sièges des premiers clubs s'établissent : le White Hart à Pontyprid, le Butcher's à Penigraig, le Tredegar Arms à Rhymmey. Dans cette nouvelle société, où chacun cherche sa place, le rugby devient un moyen d'expression individuel et collectif. Dès lors, le jeu est indissociable des valeurs de la classe ouvrière : dur mais chaleureux, humble mais revanchard, fier envers et contre tous !

À la fin du XIXe siècle, tous les villages du pays de Galles ont un club de rugby, et le cœur de la vie sociale bat au stade chaque samedi. Âmes sensibles s'abstenir ! Les matchs finissent souvent en pugilat géant, avec en prime la participation des spectateurs. Aujourd'hui encore, les plus grandes équipes européennes appréhendent d'aller jouer dans les villes galloises, où l'on considère la sauvagerie comme une marque de respect. Dans les années 1900, plusieurs clubs, dont Cardiff, Llanelli, Neath ou Aberavon, sont même exclus des championnats régionaux à cause de leur violence.

Néanmoins, le rugby reste le sport national du pays de Galles. La toute jeune équipe nationale s'illustre très vite par de grandes performances : en 1905, les

All Blacks, qui effectuent une tournée triomphale en Grande-Bretagne, sont battus lors d'un match héroïque à Cardiff. Depuis cette victoire, le cœur des Gallois est conquis, le rugby devient la vitrine de leur identité, leur plus précieux patrimoine, et les diables rouges au tempérament de dragons servent d'ambassadeurs à tout un peuple. Dès lors, dans le stade de l'Arms Park, cathédrale ovale au cœur de Cardiff, la passion des gueules noires pour leurs héros s'exprime les jours de match. Le chant gallois *Land of my Father*, « la terre de mes ancêtres », s'élève des tribunes et impose à toute la ville un silence recueilli.

Les années soixante-dix : un cru exceptionnel

Tout au long du XXe siècle, le rugby gallois a été un baromètre de la santé du pays. Ses périodes de gloire correspondent souvent à des années de grande croissance économique, tandis que ses phases de déclin s'accompagnent invariablement d'un marasme politique et social.

Pendant la décennie soixante-dix, l'équipe de Galles a régné sur le monde avec une génération de joueurs gigantesques, dont les seuls noms suffisent encore à faire lever les casquettes en signe de respect. Cette bande de fils de mineurs remporta plusieurs Grands Chelems avec un panache éblouissant, pratiquant le rugby le plus offensif et collectif de l'histoire, réduisant les Anglais à de simples faire-valoir, détrônant les All Blacks. Leurs avants étaient hors norme, révolutionnaires : Graham Price, le pilier au dos plat qui courait comme un troisième ligne ; Merewin Davies, long comme un carême, fin comme une sculpture de Giacometti, qui était partout sur le terrain et plaquait aux chevilles malgré son grand gabarit ; ou encore John Taylor, le technicien en caoutchouc qui refusait de jouer contre les Springboks aux pires heures de l'apartheid.

À cette époque, l'incroyable ligne de trois-quarts gallois fit plus pour le rugby que les Beatles et les Stones réunis pour la musique ! À leur tête : Gareth Edwards, à qui personne n'ose disputer la place de meilleur joueur du siècle, J.P.R. Williams, le finaliste junior de Wimbledon reconverti en arrière de légende, Phil Bennet, le minutieux joaillier de l'attaque, et Gerald Davies, l'ailier d'excellence dont les crochets et la course majestueuse faisaient valoir mille points aux essais. Sans oublier le plus grand, roi d'un jeu, héros d'un peuple : Barry John. Totalement imperméable à la pression, modeste comme le sont les fils de pauvres, il constituait, avec Gareth Edwards, la plus immense charnière du monde. Il tira sa révérence à vingt-sept ans, au pinacle de sa carrière, comme si sa place n'était plus sous les projecteurs mais dans la campagne galloise, avec les siens.

Un coup d'arrêt pour les Gallois

Les années quatre-vingt marquent un triste tournant. Le pays de Galles doit mettre un genou à terre face au plus retors des adversaires : Margaret Thatcher. Les mines ferment, les montagnes deviennent avares, l'acier se vend moins bien. En quelques années, sous la pression des chars et des grands patrons, les syndicats gallois sont anéantis, les ouvriers traînés dans la boue et leurs usines fermées.

Le rugby qui avait suivi l'âme galloise sur les sommets, doit l'accompagner aussi dans ses pires épreuves. La passion populaire ne s'est jamais altérée pendant cette période, mais l'équipe nationale a plongé dans les abîmes, les meilleurs joueurs, comme Jonathan Davies et John Devœureux, ont vendu leurs corps pour quelques billets chez les professionnels treizistes, et les clubs de village mis la clé sous la porte.

Le pays de Galles réserve toujours ses dernières armes pour humilier l'Angleterre, question d'honneur ! Les Gallois détestent les Anglais, autant que les Anglais méprisent les Gallois... La couronne britannique continue de regarder de haut ce petit territoire enclavé, sans lui donner le moindre crédit, sinon celui de produire du charbon et de l'acier. Afin de bien marquer sa différence lors des réceptions d'après-match, le capitaine gallois Ewan Evans ne manquait jamais de prononcer son discours dans la langue de ses ancêtres devant un parterre d'huiles anglaises consternées !

Alors il reste l'Arms Park remplacé récemment par le Millenium Stadium où, tous les deux ans, l'Angleterre vient goûter le sang de la mine et subir les milliers de regards hostiles. Le stade gronde, la cité tend l'oreille et le *Land of my Father* résonne jusque dans les vertes collines et les terrils noirs des vallées. Le pays de Galles prie alors saint David. Chaque match contre l'Angleterre est l'occasion d'en découdre, jusqu'à la prochaine fois !

Grâce à de nouveaux joueurs très talentueux et l'arrivée d'un entraîneur néo-zélandais, l'équipe du pays de Galles a fini par sortir la tête hors de l'eau. Neil Jenkins, le botteur aux grandes oreilles, les frères Quinnell ou Scott Gibbs ont fait chanter l'Arms Park à nouveau, et porté à bout de bras les rêves de grandeur de tout un peuple en accédant au quart de finale de la Coupe du Monde de 1999. Mais le sursaut a été de courte durée : la relève tarde à arriver, le professionnalisme ébranle les valeurs ancestrales et l'Arms Parks historique est remplacé par un stade moderne dont le toit se ferme... Comme si ici la pluie avait jamais été un problème !

En 2003, lors de la Coupe du Monde où l'on ne pariait que sur les All Blacks et les Anglais, les Gallois, pubères aux désirs mystérieux, nous ravirent à force d'amour pour le rugby d'attaque. En match de poule contre les All Blacks, ils attaquèrent, mais prirent des contres assassins. On les crut morts. Alors ils relancèrent, croisèrent et allongèrent les courses, abandonnèrent définitivement le jeu au pied comme on le fait d'un boulet. Sublime fut leur fierté, suffocantes leurs courses-poursuites. L'ailier Shane Williams prit le flambeau de l'espoir et crocheta tout sur son passage. Le pays de Galles s'inclina au crépuscule. En sortant du stade de Sydney, les rugbymen du monde entier s'embrassèrent, alors qu'un parfum d'ambroisie emplissait l'air. Les Gallois, qui perdirent leur quart contre des Anglais pingres et angoissés, quittèrent l'Australie sac à dos et cheveux en bataille comme ils étaient arrivés : comme une bande d'ados.

En 2006, avec autant de Jones que de Thomas dans l'équipe, ils firent un Grand Chelem européen dont tout le pays de Galles revenu de l'enfer du chômage et des exils parlera encore sans doute dans cent ans.

Voir : ARMS PARK, ANGLETERRE, LIONS, TOURNOI DES SIX NATIONS, WORLD CUP.

Penaltouch

L'arbitre siffle une faute. Le bras levé, il tourne le dos à l'équipe sanctionnée. Pénalité ! D'un coup d'œil, il interroge le capitaine adverse. Si l'action se déroule à distance de tir raisonnable, ce dernier choisira probablement de tenter la pénalité. Trois points pour un ballon entre les poteaux, c'est le boulot du buteur. L'exercice est aléatoire, mais les grandes équipes possèdent aujourd'hui des artificiers métronomes capables d'afficher des taux de réussite insolents, avoisinant les 90 %.

À moins de cinquante mètres de la cible, on tente donc. Sauf que, parfois, les trois points de la pénalité ne suffisent pas pour combler son retard au tableau d'affichage ou pour assouvir son ambition en phase de domination. Dans ces cas-là, c'est vers l'essai qu'on lorgne, quitte à prendre plus de risques. L'équipe qui bénéficie d'une pénalité bien placée peut ainsi renoncer au tir au but et choisir de botter en touche, au plus près de la ligne adverse, puisque le règlement lui permet de bénéficier du lancer à venir, et donc de récupérer le ballon en excellente position pour marquer un essai.

Les Anglais, précurseurs de cette option stratégique à la fin des années 1990, l'ont appelé *touch penalty*, « penaltouch » pour les Français. Souvent, la remise en touche n'est qu'un prétexte pour vite structurer un maul dynamique destiné à déposer le ballon dans l'en-but adverse. C'est donc généralement sur les avants que l'on compte pour échanger les trois points probables de la pénalité contre les cinq points possibles de l'essai.

« Presque sûr » contre « peut-être mieux », c'est tout le dilemme de la « penaltouch ».

Voir : TOUCHE.

Percée

Comme les comédiens rêvent du trou de mémoire un jour de grande représentation, nous, les rugbymen, nous avons le rêve de la percée...

Le match est sévère, les adversaires réputés pour leur rudesse. La balle tenue sur le cœur par une main largement ouverte, notre joueur voit soudain un intervalle s'entrouvrir dans la défense adverse, comme une lueur naissante. Pas le temps de réfléchir, il faut foncer. S'engouffrer dans la brèche, sans un regard pour les gardes en rangs serrés qui ne pourront rien faire contre son accélération tonitruante. La percée est un rêve de gloire, de puissance. Tous les regards se tournent vers lui.

Voici venir la grande avalée d'herbe vierge. Lancé comme un cheval de course au galop, il se redresse et quitte la troupe. La « poursuite », ce rond de lumière qui vient fixer l'acrobate au moment du grand saut, est maintenant braquée sur lui. Il est seul au monde ! Il explose, la balle serrée contre son torse bombé, la tête haute. Il court bien. Il se sent beau. Personne ne le rattrapera.

Il ne sent presque plus ses jambes qui rient de courir si vite. Ses poumons en feu ne le font même pas souffrir, tant est forte l'excitation de commettre un exploit. Les hurlements du stade se tassent, il est comme sous l'eau, seuls les battements de son cœur déchaîné résonnent dans sa poitrine. Il sent le vent dans ses cheveux. Chaque mèche se soulève, battant la cadence de la course, projetant des milliers de gouttelettes de sueur sur le public conquis. Il est un héros.

Dernier coup de rein avant le sacre, là, dans cet en-but qui l'attend au bout du tunnel dont la traversée semble durer l'éternité. Derrière la ligne blanche, la lumière irradie, boule de chaleur qui va bientôt emplir son être boursouflé d'autosatisfaction. Il va marquer. Tout le monde se rappellera cette incroyable percée, ce moment de génie. Il savoure déjà la reconnaissance de ses partenaires, de son entraîneur. On va l'aimer !

Soudain, geste inexplicable, le ballon lui échappe, lui glisse des mains, à un mètre de la ligne. Impossible ! Il crie, mais aucun son ne sort. Dans un strident « bip-bip-bip », l'arbitre siffle son pitoyable en-avant... Tout le monde le regarde, comme un benêt cette fois. Presque comme un traître. Et l'arbitre qui n'arrête pas de siffler. « Bip-bip-bip ! » Il est au bord des larmes, humilié. Réveil en sursaut. Il est sept heures. Le lit vibre encore de ses exploits rêvés. Rendez-vous dimanche, sur le terrain.

Voir : ESSAI.

Percussion

C'est une action classique de défi frontal, qui a pour unique but de repousser l'adversaire. Soit dit autrement, de l'envoyer sur le cul. Le joueur s'élance, appuis solides, thorax protégé par le bras replié en bouclier, et il fonce droit sur le défenseur adverse. Explosivité maximale au moment du choc !

Il y a d'ailleurs dans le mot « percussion » l'idée d'une sonorité sourde, comme celle des tambours, qui vient de la rencontre violente entre les deux corps. Il y a peu de temps encore, seuls les avants utilisaient ce geste ; aujourd'hui, tous les joueurs doivent le maîtriser.

Perpignan

Pour comprendre le rugby, il faut savoir regarder ses stades.

Le voyageur qui ne connaît rien des terres catalanes doit s'arrêter à Aimé-Giral, le stade de Perpignan. À la buvette, un gros moustachu sert des verres de muscat de Rivesaltes à des petits vieux en béret qui, avec leur langue tambourinante, racontent le match bien avant le coup d'envoi.

À Perpignan, où la gare est devenue une œuvre d'art simplement parce que Dali ne connaissait pas Aimé Giral, on querelle souvent plus qu'on ne joue, et l'on tarabuste l'adversaire par principe, comptant sur le vent pour finir de l'asphyxier. Les Provençaux, les Cathares de l'Aude, et même ceux des côtes océanes pourtant habitués au vent endiablé, perdent ici les pédales. À Aimé-Giral, la tramontane fait flancher les initiatives, déboussole les plus solides stratégies, ruine le moral des visiteurs et se débrouille toujours au final pour être du côté des Catalans !

L'équipe Sang et Or de l'USAP porte d'ailleurs le maillot bleu ciel, clin d'œil à l'amour du vent. Du sang, du soleil et du vent, voilà la trilogie catalane !

Au temps de sa plus grande efficacité, Perpignan avait pour fer de lance l'immense Imbernon, un géant au corps déglingué, au cœur hardi et délicat. Il jouait dans la catégorie des chênes indéracinables, qui rendent la justice à coups de poing, mais auprès desquels il fait infiniment bon vivre. Cependant, Imbernon n'était pas le prototype du rugbyman perpignanais. Le joueur catalan est souvent agressif, perpétuellement en mouvement, déplaçant aux quatre coins du terrain sa mine teigneuse plus que méchante. Éternellement au service des autres, il tourmente l'adversaire dès la sortie des vestiaires, et obéit loyalement à la devise locale : *sempre en davan*, « toujours de l'avant ». Sylvain Deroeux et Bernard Gouta en sont les plus parfaits exemples.

Depuis quelques années à Perpignan, le discours s'intellectualise, mais la stratégie du coup de butoir et du défi physique reste le plat de base. En 1998, portés par tout un peuple, les Catalans arrivèrent jusqu'en finale du championnat de France, mais le Stade Français les priva de Bouclier. En 2003, ils atteignirent de nouveaux sommets en disputant à Toulouse le titre de champion d'Europe dans le stade de Lansdowne Road qui sentait bon le sud de la France. Une nouvelle fois, ils furent vaincus. Loin de leurs terres, un peu déstabilisés, les Perpignanais surent pourtant gagner une immense sympathie. L'« OUSSAP », comme disent les petits vieux d'Aimé-Giral, peut maintenant regarder loin devant.

Petit rasant

Coup de pied subtilement dosé destiné à faire rouler le ballon derrière le premier rideau défensif adverse. Parce qu'il s'effectue en pleine course très près des défenseurs, ce geste requiert à la fois technique et coordination. Sans perdre de vue la position de ses adversaires au risque de se faire contrer, le joueur doit réussir à se positionner dans un intervalle, masquer son intention, et enfin botter légèrement le ballon vers le camp opposé. La balle rebondit alors sur le sol, dans le dos des défenseurs, et l'attaquant faufilé peut s'en emparer.

Utilisé à bon escient, le petit rasant est une arme offensive redoutable pour les briscards de l'attaque. Les défenseurs, obnubilés par le plaquage qu'ils souhaitent infliger au porteur du ballon, et emportés par leur course vers l'avant, ne parviennent généralement pas à se retourner assez rapidement. Près de la ligne d'essai adverse, lorsque les montées défensives sont féroces, ce coup de pied malicieux est donc une habile façon de mettre le feu dans le dos des opposants, d'autant que dans ces situations, aucun joueur n'assure de couverture. Jonathan Davies, le brillant demi d'ouverture du pays de Galles dans les années quatre-vingt, était un grand spécialiste du petit rasant et bien des adversaires ont dû se résoudre à le voir plonger victorieux dans leur en-but pourtant si ardemment protégé.

Pick and go

Un peu comme les mathématiques, le rugby est régi par deux axes, l'abscisse et l'ordonnée, l'axial et le latéral, ce qui implique un choix systématique de la part du porteur du ballon : foncer ou écarter, aller tout droit ou contourner.

Quand un joueur est plaqué, il doit impérativement libérer le ballon pour permettre à l'action de se poursuivre, sous peine d'être sanctionné. Ses partenaires accourent alors pour sécuriser le périmètre et garder le contrôle de la balle, les défenseurs se replacent au plus vite pour quadriller la zone, prêts à bondir sur toute la largeur du terrain : l'attaque est imminente. En un clin d'œil, le joueur relais qui ramasse la balle (en anglais, *pick* veut dire ramasser) analyse la situation. Ses adversaires se sont instinctivement déployés, laissant la zone de contact autour du gars plaqué particulièrement mal gardée. *Go*, donc ! Les passes et les contournements sont remis à plus tard. Dans l'immédiat, il faut enfoncer le clou, rentrer encore davantage dans la défense en empruntant le chemin le plus direct, la ligne droite ! En deux appuis, l'attaquant baisse la tête, cale la balle sous le bras et fonce pour concentrer à nouveaux les défenseurs sur sa personne. C'est ce que l'on appelle en langage technique un *pick and go* : cueillir la balle dans le temps le plus bref et aller voir devant s'il n'y aurait pas une aventure à vivre. Avec le soutien de deux ou trois copains prêts à jouer des épaules pour se frayer un passage, on a des chances de gagner quelques mètres. Cette phase de jeu est souvent la chasse gardée des avants, les premiers à intervenir sur les points chauds, les plus à même d'avoir un impact physique sur la défense. Chaque joueur qui ramasse la balle donne une accélération sur quelques mètres, créant ainsi un appel d'air, donnant un sens au mouvement.

Le *pick and go*, c'est donc un peu la version contractée et dynamique des interminables mauls de nos grands-pères. Les lourds avants au pas lent qui composaient les packs de l'ancien temps ayant été remplacés par des armoires à glace athlétiques, agiles et mobiles.

Voir : AVANTS, MAUL.

Pilar

— Salut, enchanté, moi c'est Jean-Phi...
— Tu joues quoi ?
— Numéro 1.

Hop ! on arrête tout, le gars n'est pas du sérail. Encore un petit jeune qui veut mettre « rugby » sur son CV après s'être entraîné deux fois avec la réserve de Sup de Co. Pas encore citoyen d'Ovalie !

— Adieu, Momo, pilar.
— Entre !

Pas besoin d'en savoir plus sur le bonhomme. Un seul mot de passe suffit pour en être sûr : il est de la famille.

Voir : PILIER.

Pilier

Dans la tanière moite des mêlées, ceux qui portent l'édifice sont appelés les piliers, ou « pilars » pour les intimes. Placés à gauche et à droite de la première ligne, offrant leurs larges dos aux mains du talonneur, les deux piliers ont la tête encastrée dans leurs adversaires directs. Le pilier gauche sur l'intervalle extérieur de la mêlée ne pousse qu'avec une seule épaule alors que le pilier droit a lui tout le haut du corps prisonnier. Personne n'est plus au cœur du combat que ces deux frères de mine.

Dans le cou de ces bonshommes hors du commun se concentrent toutes les forces de la mêlée, la poussée de leurs partenaires et celle des adversaires. Plus d'une plaque d'acier sortirait voilée d'une telle compression !

Impossible de jouer pilier sans le physique de l'emploi. Il y a des ailiers énormes, des troisième ligne aile petits et des demis de mêlée hauts sur pattes, mais il n'existe pas de piliers malingres avec un cou de grive. Impossible, et interdit par les lois de la physique ! « S'il y avait des familles entières de piliers, la quinzième génération sortirait probablement avec des oreilles de pierre soudées au crâne, des cous de taureau enfoncés dans d'immenses épaules et des dos d'hercules » disait Jacques Perret. En fin de carrière, les piliers droits devenus avec le temps de véritables monolithes, ont parfois des difficultés à se tourner, comme si leur tête ne pouvait plus se dissocier du corps, comme si le cou et les épaules se confondaient en une masse de muscles noueux.

Mais plus intrigante encore que la morphologie,

c'est la psychologie du pilier. Est-il normal de consacrer volontairement sa vie d'athlète à des tâches aussi ingrates, des travaux d'une incommensurable rudesse qui ne seront jamais appréciés que par une minuscule confrérie de gaillards obscurs ? Il faut être humble pour jouer pilier, comme l'est le râblé qui, au cirque, porte sur ses épaules la pyramide d'acrobates qui fait rêver la foule. Le pilier est au service des autres. Sa mission est d'avancer, de tracer les sillons dans lesquels s'engouffreront balle en main les artistes de l'équipe. Dans l'intimité du combat d'avants, entre initiés du coup de casque, le pilar malaxe, tord, tape du buffet et fait de son corps un rempart ou un tapis de sol. La satisfaction du demi de mêlée qui récupère une balle propre, ou celle du sauteur en touche qui gagne un ballon au bout de l'ascenseur sont les récompenses du pilier, l'indispensable partenaire.

Ces hommes forts pourraient finalement n'être que de gros nounours généreux si leur obsession sur le terrain n'était pas d'anéantir leurs adversaires ! Plus que pour tous les autres joueurs, le match du pilier est un duel. Il va rentrer en mêlée de toutes ses forces, viser si possible la tête du vis-à-vis, chercher le meilleur angle de poussée pour le contraindre à reculer, ne pas se raser pour mettre le feu à ses joues, le dévorer des yeux jusqu'à ce que des étoiles lui obstruent la vue...

Pas de plus doux hommage pour un pilier que le couinement de son adversaire, qu'un rognon qui grince à l'impact, qu'un remplaçant forcé de rentrer en jeu à la place de sa victime. C'est dur, très dur de jouer pilier.

Pendant longtemps, les piliers ne furent que des hommes de mêlées. Comme si ce compartiment du jeu ne tolérait pas la moindre dispersion. Garuet, Cholley ou Dospital passèrent ainsi des carrières entières sans toucher la balle ni véritablement participer au jeu de mouvement. Ce temps-là est révolu, et les piliers modernes sont des acteurs de plus en plus sollicités dans le jeu. Califano, de Villiers ou Tournaire se déplacent comme des troisième ligne, chopent des ballons plein champ et savent ajuster une passe si les intervalles s'ouvrent au large. Cali, le plus grand pilier de la dernière décennie, marqua même un jour trois essais au cours d'un match contre la Roumanie ! De quoi faire perdre la tête à Alfred Roques, le pépé du Quercy !

Jouer pilier, c'est depuis toujours appartenir à un clan au sein de la famille des rugbymen. On entre dans ce poste comme dans les ordres, pour s'y construire, apprendre et donner. Les gens du clan se vouent un respect immense, même si sur le terrain aucun ne ferait de cadeau à son meilleur ami. Les piliers ont leurs mots, leur humour et, plus que tout, leurs mystères. Nous, les gens d'Ovalie, les aimons d'amour.

Voir : ARGENTINE, CASQUE, CHARBON, FRACHAN, MAUL, MÊLÉE, TALONNEUR, PILAR.

Pintade

C'était un jour de France-Angleterre, à Colombes, vers la fin des années soixante. À trois minutes de la fin du match, nos Coqs menaient 13 à 11, mais le XV de la Rose leur donnait du fil à retordre. Dans le froid vif de l'hiver, les plaquages sauvages avaient griffé les épidermes, et les dos ployaient comme des points-virgules sous la charge des ruckings rageurs. Le corps meurtri, les Français encaissaient, soudés, toutes les charges des Anglais plus hargneux que jamais.

Alors que les Anglais n'étaient plus qu'à cinq mètres d'un essai victorieux, l'arbitre siffla une mêlée. Introduction anglaise. À peine le ballon lâché par le demi de mêlée, les digues françaises cédèrent dangereusement. La déferlante british était imminente. On entendait craquer les vertèbres, et monter les cris étouffés d'une douleur inavouable. La mêlée s'écroula. Deuxième introduction, toujours anglaise. Aldo Gruarin, le pilier droit français, un enfant de Toulon, se retourna alors vers ses partenaires aux yeux hagards, et dans un sursaut d'orgueil, il leur cria : « Ho ! Sur la poitrine, c'est un coq qu'on porte ! C'est pas une pintade ! Alors chantez ! »

Voir : Coq.

Planche

Le défenseur téméraire se lance, raidi des pieds à la tête, le corps à l'horizontale, pour venir percuter l'adversaire qui porte le ballon. Il devient une planche de bois. Un dangereux projectile. Dans les tribunes, le compliment ne tarde pas à arriver : « Il a du tempérament. » On se jette en planche autant pour faire mal à l'autre que pour la beauté du geste ! Aussi spectaculaire que symbole de courage, elle est le fantasme des petits prétentieux. Nombreux sont ceux qui racontent comment ils se sont jetés « en planche », quand ils n'étaient que roseaux attendant que la tempête passe !

Planchot

C'est le nom familier du tableau d'affichage. Dans les stades de campagne, où un monticule de terre fait généralement office de gradins de fortune derrière les poteaux, le planchot est un grand panneau de bois rectangulaire qui indique le score. Le matin des matchs, un préposé à l'entretien du stade vient y accrocher deux écriteaux usés par le temps. Sur l'un d'eux, patiné, éternel, est écrit en lettres capitales le nom de l'équipe locale. Sur l'autre, peint sur fond noir pour faciliter le recyclage, le nom des visiteurs. Quand j'étais enfant, le planchot du stade de Toulon me servait d'atlas : CA Brive, SU Agen, Stade Toulousain, AS Béziers... Le dimanche était le jour des grandes aventures, on livrait bataille contre des contrées inconnues. À chaque essai marqué par mon équipe, je regardais le vieux gardien grimper sur le tableau d'affichage avec sous le bras de gros chiffres inscrits sur des ardoises. Quelle responsabilité ! pensais-je. Habilement, il changeait les résultats en accrochant les chiffres sur de longs clous rouillés. Quand un 8 ou un 9 n'était pas disposé correctement, l'équipe adverse pouvait, l'espace de quelques secondes, se retrouver largement en tête. Le public riait et un spectateur ne manquait jamais de hurler « Hé, ho ! le planchot ! » pour que l'erreur soit rapidement corrigée. Si par malheur, à la fin du match, le score supérieur des visiteurs n'était pas une erreur d'inattention, je quittais le stade déçu, au bras de mon père, sans un regard pour le maudit planchot.

Plaquer

Le verbe « plaquer » vient de l'anglais *to tackle*, qui a donné en français « tacler » au football, et « plaquer » au rugby. En effet, au milieu du XIXe siècle, la séparation entre le rugby et le football a offert de nouvelles possibilités de jeu, dont celle, fondamentale, de plaquer. On pouvait désormais intervenir sur le joueur lui-même (plaquer), et non plus seulement sur la balle (tacler). Pour les Anglais, le mot *tackle* est resté dans les deux sports.

Plaquer, donc, c'est bloquer l'autre et le faire tomber, action de la plus haute importance au rugby, car une fois au sol, le joueur plaqué est obligé de lâcher la balle ; on peut alors s'en emparer. Les règles sont précises : un plaquage doit s'effectuer entre les épaules et les pieds (jamais au cou ou à la tête), et il ne doit en aucun cas être une percussion, geste autorisé pour le porteur de balle, mais pas pour le défenseur. Plaquer, ce n'est pas se lancer comme un obus sur l'adversaire ! Celui qui plaque doit impérativement avoir les bras ouverts vers l'attaquant, et non pas en bouclier contre sa poitrine. Le plaquage est uniquement un acte défensif.

Si l'on veut donner quelques précisions techniques, disons que pour faire tomber l'adversaire, il faut entraver ses jambes, afin de déséquilibrer ses appuis. Mais attention aux comportements kamikazes ! Se jeter en travers de la course d'un joueur, c'est risquer de se prendre un coup de genou ou de pied dans la tête. Le geste de base du plaquage consiste plutôt à bloquer l'adversaire au niveau du bassin avec l'épaule, puis à enserrer ses jambes avec les bras. Si le plus important, c'est de faire tomber l'attaquant, il est encore plus intéressant de le bloquer, et en même temps de le repousser dans son camp. C'est ce qu'on appelle un plaquage « répulsif », ou « bouchon ». Le nec plus ultra, c'est le « plaquage répulsif avec prise de balle », geste admirable et très rare : en pleine attaque adverse, au cœur de la ligne de front, les adversaires ne sont pas bien placés pour défendre, aussi, leur prendre le ballon à ce moment-là offre de grandes possibilités offensives. Un tel plaquage est une aubaine !

Le plaquage a bien sûr ses variations. On peut par exemple empêcher l'attaquant de donner la balle en bloquant ses bras. Mais alors, c'est beaucoup plus dur de le faire tomber ! Un autre type de plaquage consiste aussi à s'opposer buste à buste, presque comme des sumos. C'est un geste très rude, proche de la percussion, qu'on voit plutôt dans les périmètres restreints, quand les joueurs ne sont pas lancés.

Au-delà de la technique, ce qu'il faut retenir c'est que le plaquage est l'essence même du rugby. Rappelons que le football, notre ancêtre, se jouait exclusivement avec les pieds, et que, en 1823, on autorisa les joueurs à courir avec le ballon en main, acte fondateur du jeu de rugby. Dès lors, il fallait bien que les défenseurs arrêtent le porteur de la balle, et la lui prennent. Bloquer, percuter et plaquer furent donc admis, ce qui eut des conséquences colossales sur le jeu. L'agressivité des joueurs n'avait plus comme cible la balle mais le corps des adversaires. Chaque défi était sanctionné par un contact physique violent. Et comme pour encourager l'affrontement, les deux équipes furent obligées de se faire face, avec interdiction absolue pour tout joueur de se placer devant le porteur du ballon. D'un sport d'opposition, le football rugby devint un sport de combat, de face-à-face, dont le courage, le sacrifice et la solidarité sont encore les pierres angulaires.

Le plaquage incarne le rugby et le différencie de tous les autres sports. Il est le fondement du jeu. Tout part de lui ! Il définit la ligne de front, le hors jeu, l'avant et l'arrière, l'occupation du terrain... Il est l'âme du rugby.

Voir : BOUCHON, PERCUSSION, SOLEIL, TAMPON.

Point de côté

Au cours de ma carrière de joueur, j'ai mis quelques points sur les i et reçu pas mal de poings sur le nez. Mais le plus redoutable de tous, c'était sans conteste le point de côté.

Tous les dimanches de ma vie de rugbyman, entre quinze heures et seize heures trente, il est venu sans s'annoncer. Il arrivait de loin, l'air de rien, comme une aiguille qui titille l'endroit où elle va piquer dans le bouton de ma fatigue. Dès qu'il tentait son entrée en matière, je contractais mon ventre, pour lui refuser l'accès. Mais ce n'était sûrement pas la bonne méthode, car deux courses vives et une mêlée plus tard, l'aiguille m'avait déchiré l'abdomen, entre la dernière côte flottante et la hanche. Je le compressais vivement, profondément, le temps d'un bref arrêt de jeu. Hélas ! Écraser un point de côté ne le fait pas disparaître ! Pire, il continue à enfler !

D'aiguille, il devenait barre de fer, et il entrait dans la deuxième phase de sa mission : après la douleur, me faire ralentir. J'étais plié en deux. Mes coéquipiers plus expérimentés me disaient : « C'est la rate qui fait un coup de sang ! Ventile ! » Alors je m'arrêtais un instant, et j'inspirais profondément en attendant qu'arrive mon « deuxième souffle ».

Pompes

L'exercice est pénible. Corps tendu, face au sol, il faut fléchir les bras puis remonter de tout son poids.

Et l'on répète ce geste jusqu'à ce que la sueur pique les yeux, que les épaules ne supportent plus les flexions, et que les bras se tétanisent. On l'a tous un jour ou l'autre pratiqué, en cours d'EPS au lycée, au Gymnase Club ou à l'entraînement. Les petits joueurs s'arrêtent à dix, les plus balaises vont jusqu'à cent.

Radical pour muscler les bras, le dos et les pectoraux, rébarbatif par sa simplicité militaire, le mouvement est devenu un symbole de la détermination des sportifs mais aussi de l'âpreté de l'effort physique. Rocky, modèle du genre, engloutit le matin ses cinq œufs crus, met son bonnet, va courir, et fait des pompes ! Beaucoup de pompes ! Plus on fait de pompes, plus ça veut dire qu'on est motivé. En faire plus que son pote, c'est une petite victoire. Il y a dans la pompe quelque chose du bras de fer, sans doute ce rapport élémentaire à la force, et la bêtise du geste. Rien de pire que d'être forcé à faire des séries de pompes...

La pompe est un exercice de base. On n'y échappe pas. Certains entraîneurs l'utilisent d'ailleurs comme une sanction, et l'on peut distinguer leur sens de l'autorité en fonction de l'usage qu'ils font de cet exercice. En équipe de France, par exemple, quand un joueur commet une faute à l'entraînement, l'entraîneur fait les gros yeux et le gronde. La réprimande est depuis toujours au cœur du dispositif pédagogique français. Le joueur pris à partie rentre la tête dans les épaules, boude un peu, puis repart à la tâche. En Afrique du Sud, quand à l'entraînement un Springbok manque une passe ou rate une touche, le coach, véritable Folcoche des stades rompu à l'exercice de la domination, souffle dans son gros sifflet et oblige le fautif à faire cinquante pompes devant tous ses coéquipiers. L'humiliation est censée réparer la faute, donner au joueur le sens de la précision, et accessoirement, lui faire prendre un peu de masse musculaire au passage. Chez eux, en tout cas, ça marche ! En Nouvelle-Zélande, enfin, quand quelqu'un commet une faute à l'entraînement, l'entraîneur interrompt la séance, et demande à tous ses joueurs de faire cinquante pompes. Tous, sauf celui qui a fauté.

Voir : ALL BLACKS, SPRINGBOKS.

« Poussez, poussez, les avants de Bayonne ! »

J'ai grandi à Toulon entre le stade Mayol et le tout proche quartier des poissonniers, entre les effluves de camphre et les odeurs de moule. Dans ce port de Provence, les gens aiment les bagnards et les corsaires, mais plus que tout, les avants de l'équipe de rugby locale. Autour des étals du marché de gros, on vante chaque jour leur agressivité légendaire et leur aptitude naturelle au coup de « tronche ». Enfant déjà, j'étais donc enclin à aimer les empoignades d'avants, les histoires de mauls et de mêlées.

Pourtant, au retour des déplacements, dans le bus, une fois le traditionnel répertoire paillard épuisé, c'est une chanson à la gloire des avants de Bayonne que je reprenais en chœur avec mes coéquipiers :

Allez-y, poussez, poussez, les avants de Bayonne,
Allez-y, poussez, poussez, les avants bayonnais !

Bizarre ! Le pack le plus redoutable était chez nous, à Toulon, et c'étaient des Basques que l'on honorait ! Cette coutume me semblait d'autant plus étrange que l'Aviron Bayonnais, depuis toujours réputé pour ses brillantes lignes arrière, n'avait jamais été une référence en matière de jeu d'avants !

L'esprit voyageur des Basques, qui furent les premiers à oser changer de club à une époque où cela ne se faisait pas, y est sans doute pour quelque chose. L'âme joyeuse et festive de leur terroir s'est exportée aux quatre coins de France, et avec elle, ce chant qui a bel et bien conquis l'ensemble du rugby français, au point d'en devenir un hymne.

Réussir à faire chanter les rugueux avants de Toulon, peu enclins à pousser la chansonnette, est une vraie performance. Mais les convaincre de scander des refrains à la gloire de leurs homologues bayonnais est un miracle ! Imaginez les trois-quarts de Bayonne, d'Agen ou de Toulouse brailler à tue-tête une chanson vantant l'allegria et les finesses offensives des trois-quarts toulonnais... Autant demander à Ernest-Antoine Seillière d'entonner publiquement l'*Internationale*.

Voir : BASQUES.

Prat (Jean)

Il mérite incontestablement sa place au panthéon de l'Ovalie française. Jean Prat est né en 1923, et a joué troisième ligne aile à Lourdes pendant les dix années d'après-guerre. Il n'était pas un très gros gabarit, mais il savait tout faire : il courait très vite et très longtemps, il butait, il attaquait autant qu'il défendait... Sous son élan, car il était aussi un remarquable leader, Lourdes devint une grande équipe, qui gagna plusieurs titres. L'homme était réputé pour son exigence maniaque, ce qui fit plus tard de lui un grand entraîneur de l'équipe de France.

Précurseur du jeu d'attaque français, il mit en place un nouveau système offensif, qu'on appelle l'attaque classique, où l'arrière s'intègre dans le jeu de ligne. Mais il entra surtout dans la légende après un mythique match du Tournoi des Cinq Nations. C'était à Colombes, la France venait de s'incliner contre le pays de Galles ; pourtant victorieux, les joueurs gallois soulevèrent Jean Prat, alors capitaine du XV de France, et le portèrent en triomphe autour du stade. Le lendemain, un journaliste anglais le surnomma « Mister Rugby »... Une star était née.

Voir : LOURDES.

Première main

La première main, ou « attaque en première main », est un mouvement offensif lancé dans le prolongement d'une touche ou d'une mêlée ordonnée. Conquise par un camp après l'affrontement, la balle est un véritable trésor qu'il faut exploiter au mieux. L'attaque en première main, initiée par les joueurs des lignes arrière, a ceci de particulier que la défense adverse est invariablement positionnée de la même façon à la différence des relances ou des regroupements. Pas de surprise pour les attaquants donc, et guère de faille chez les défenseurs !

Pendant tout le XXe siècle, la première main devait être une action décisive. Les attaquants rivalisaient d'imagination et de technique de passe pour perforer le rideau défensif de leurs opposants. Aujourd'hui, la qualité des défenses et les évolutions du jeu rendent quasiment impossible l'essai sur une attaque en première main. Ce type d'offensive est désormais utilisé comme point de départ pour des mouvements beaucoup plus complexes, à deux, trois, voire mille temps, soit beaucoup de mains à séduire. Une sacrée valse !

Prendre le trou

Le trou est un intervalle dans la défense adverse ; autant dire un point de mire pour tous les attaquants. « Prendre le trou » est donc une action d'éclat où le porteur du ballon, grâce à sa vitesse et son sens de l'anticipation, parvient à déjouer les fortifications de la défense adverse. Il franchit le rideau interdit et se retrouve à l'air libre, dans le dos de ses opposants. Si « prendre le trou » est une action difficile, en sortir reste certainement la partie la plus périlleuse de l'exercice. Les joueurs avertis parlent de faux trous qui se referment comme des pièges sur l'attaquant trop audacieux, ou de trous à rats qui ne sont, eux, que des leurres volontairement laissés ouverts par les défenseurs... Pris en tenaille, encerclé par ses adversaires, le joueur peut encore essayer de « passer les bras » au moment du plaquage, et ainsi transmettre la balle à un partenaire lui aussi infiltré dans la défense. On ressort souvent du trou avec les honneurs, et parfois quelques bleus aux côtelettes.

Voir : LIGNE D'AVANTAGE, VALISE.

Professionnel

Le rugby a entamé voici une dizaine d'années une véritable révolution. Après plus d'un siècle d'amateurisme acharné, il est devenu professionnel.

La première Coupe du Monde en 1987 a ouvert le bal, et du même coup sa porte au monde de l'économie. L'édition de 1991 a vu débarquer les agents de joueurs aux côtés de vrais businessmen, et celle de 1995 a définitivement consacré l'entrée du rugby dans l'ère moderne, une ère que nos pères et nos grands-pères avaient toujours chassée à coups de fourche et de belles valeurs.

En 1995, le rugby a changé de propriétaires : les chaînes de télévision, les équipementiers sportifs et les sponsors se sont ainsi jetés sur ce sport comme des gueux sur un gigot d'agneau. Ils ont exigé la transformation du calendrier pour créer d'autres compétitions et de nouveaux événements, comme autant de supports publicitaires. Le Super Twelve, le Tri Series, le top ceci, la Cup cela ont poussé comme des champignons transgéniques. Rupert Murdoch, le magnat de la presse australien, n'allait tout de même pas se contenter d'un All Blacks-Springboks tous les quatre ans ! Désormais, la rencontre mythique a lieu plusieurs fois par an, devenant de moins en moins mythique, puis presque ordinaire...

Les joueurs ont dû s'habituer à de nouvelles cadences. Les équipes ont quintuplé leur charge de travail, multiplié les stages et le recours aux spécialistes de tout bord. Les joueurs amateurs ont laissé la place aux forçats du rugby qui se rendent quotidiennement à la salle de musculation, où l'on ne vit jamais Roques, Spanghero, Estève ou Rives !

Alors que les rugbymen d'après-guerre allaient au stade quatre fois par mois, ceux de la fin du siècle s'y rendent trois fois par jour. Le rugby est leur métier. Les professionnels n'en ont pas pour autant le cœur moins bien charpenté, ils ne sont pas moralement inférieurs aux amateurs, la preuve étant faite depuis longtemps que les mercenaires se battent aussi bien que les autres. Simplement, ils ne font plus que jouer au rugby. Ils mangent ovale, s'entraînent ovale, parlent ovale, copulent ovale, socialisent ovale. Leur monde s'est simplifié, peut-être aussi rétréci.

Jusqu'au début des années quatre-vingt-dix, les joueurs restaient dans une même ville tout au long d'une carrière, ce qui donnait aux clubs des identités très fortes. Aujourd'hui, la mobilité est la loi des pros et certaines équipes changent la moitié de leur effectif chaque saison, n'alignant plus un seul joueur issu de leur école de rugby. Les supporters à la mémoire emberlificotée ont du mal à retenir la composition de leur équipe fétiche ! En toute logique, les clubs riches attirent les meilleurs joueurs, obtiennent les meilleurs résultats et deviennent encore plus riches. Le rugby de clocher pleure les enfants du pays partis loin pour gagner leur vie.

Sur la planète ovale, l'hémisphère Sud a adopté en premier l'ère du professionnalisme, suivi de près par les Anglais, longtemps féroces défenseurs de l'idéal amateur. En France, où la majorité des joueurs, entraîneurs et dirigeants était habituée à une gestion approximative, fêtarde, menteuse et paternaliste, l'affaire était compliquée ! Un club a émergé de ses cendres froides pour s'engager dans la grande brèche : le Stade Français. Ses dirigeants ont mis en place une communication inédite, avec pom-pom girls, calendrier de chippendales, hymne de rock et j'en passe... Pour la première fois, le monde du rugby français s'est mis à employer le mot « acheter ». En trois ans, le club parisien est arrivé en haut du classement, malgré les jalousies et les levées de boucliers des puristes. Dans cette maison, le riche a tort jusqu'à ce qu'il réussisse.

Le plus angoissant dans tout ce charivari ovale, c'est sans doute l'uniformisation du jeu et des hommes, accélérée par la médiatisation, la circulation des informations, la mobilité des joueurs et des entraîneurs. Dans les années quatre-vingt, on pouvait reconnaître les yeux fermés une équipe basque ou alpine, et ne jamais confondre une équipe catalane avec une toulousaine, eussent-elles joué torse nu ! Aujourd'hui, les façons de jouer se ressemblent de plus en plus.

Les corps des joueurs changent aussi. À l'après-guerre, il y avait des gras et des grands, des petits et des minces. Dans les années soixante-dix, ils étaient un peu plus costauds, et la catégorie des gros engraissés au cassoulet avait disparu. La décennie quatre-vingt a marqué l'avènement des athlètes, mais la diversité morphologique continuait d'être un signe distinctif du rugby.

Ce temps est révolu ! Il n'y aura bientôt plus de petits, encore moins de gros, sûrement pas de lents, et peut-être tolérera-t-on les laids, à condition qu'ils soient très rapides. Les équipes ne pratiqueront plus un jeu de poste. À part dans quelques situations de jeu très spécifiques comme la mêlée, les quinze balèzes joueront à tous les postes, et tous seront à la fois capables de percuter, passer, arracher, nettoyer et plaquer. C'est déjà un peu le cas... Les gabarits des trois-quarts All Blacks ou australiens du Super Twelve nous annoncent que la corporation des centre esthètes est définitivement au chômage !

Le rugby est en train de perdre son mystère. Quand j'entraînais Toulon, connaître le code en touche des Narbonnais relevait d'un exploit à la Mata Hari. Aujourd'hui, grâce à la télévision, tout le monde sait tout : les combinaisons des All Blacks, les tics de Laporte, la longueur des crampons de Castaignède, le nombre de plaquages de tous les joueurs par poste et par minute... Jonah Lomu prend des corn-flakes et deux œufs au petit déjeuner ! Incroyable, non ? Les caméras s'immiscent dans l'intimité sacrée des vestiaires. Celui-ci met des slips kangourous, celui-là porte un grigri, et lui est très poilu... Tiens, il y en a un qui pleure.

Le monde bouge et le rugby avec lui. Peut-être suffit-il d'imaginer les perversions d'un système pour s'en prémunir. Mais le rugby est-il devenu moins beau, moins spectaculaire en changeant de statut ? Tous les gens qui gagnent de l'argent en faisant bien leur boulot sont-ils pourris et cupides ? La solidarité, le courage, la vaillance sont-elles des valeurs optionnelles dans la nouvelle Ovalie ? La bonne blague ! Le vrai malheur, ce n'est pas l'argent, c'est l'ennui !

Voir : CALENDRIER, IMAGES, RUGBY LEAGUE, SOIGNER, STADE FRANÇAIS.

Profondeur

Au rugby, la ligne référente est définie par la position du ballon et traverse virtuellement le terrain dans sa largeur, délimitant ainsi l'avant et l'arrière.

Dans un mouvement d'attaque, la balle peut circuler « à plat », c'est-à-dire dans la largeur du terrain, à la limite de l'en-avant, mais aussi « en profondeur », en retrait dans son camp, loin de la défense adverse. En s'éloignant du front, on prend le temps d'organiser l'offensive, ce qui maintient un suspense sur la nature de l'assaut, et fait douter les adversaires. Concrètement, le joueur fait une passe à son partenaire qui se trouve loin dans son dos. Les éducateurs d'hier nous disaient : « Jouer en profondeur, c'est voir complètement le numéro dans le dos de votre partenaire qui vous transmet la balle. » Et ils ajoutaient souvent : « Pour bien voler, une ligne d'attaque doit avoir la forme d'une aile d'avion ! » On l'appelait aussi l'« aile de canard », du temps où l'avion n'existait pas !

Prendre de la profondeur facilite la circulation latérale, comme dans la fameuse « attaque classique », qui envoie la balle vers l'aile. En profondeur, l'attaquant peut varier ses angles de course, sa vitesse, ses intentions, puisque le défenseur est plus loin de lui, donc moins prompt à intervenir.

Maso était le roi pour mettre le feu dans la défense adverse : son buste très droit laissait toujours planer le doute sur l'orientation de sa course. Franck Mesnel accélérait si vite, en quelques appuis, qu'il arrêtait le défenseur à quelques mètres de lui. Les Delaigue, père et fils, et les Toulousains Charvet, Deylaud et Codorniou pouvaient créer le trouble juste avec leur port de tête, qui indiquait souvent le contraire de ce qu'allaient faire leurs jambes ! Dès qu'ils prenaient quelques mètres de profondeur, leur intention devenait une énigme.

Les esthètes du rugby, tous les Vasarely des trajectoires, les Modigliani de l'ovale, les Calder de l'attaque, aiment prendre de la profondeur, comme un élan nécessaire à la création du chef-d'œuvre. Mais son temps est compté... Elle a aussi ses fragilités, qui la condamnent dans le rugby contemporain. Elle exige une technique de passe sophistiquée : transmettre la balle en courant à un partenaire situé loin derrière soi demande souplesse et coordination. Elle rend la tâche des joueurs en soutien plus ardue, car retranchés dans leur camp, ils ne peuvent pas pallier la moindre perte de balle. Pour prendre de la profondeur aujourd'hui, il faut aller vite, et réussir au premier coup. Pas le droit à l'erreur, disent les techniciens pressés, les sponsors impatients, les télévisions à l'affût. L'attaque ne peut plus se permettre de reculer ! Il faut désormais tout calculer, et être dans l'efficacité immédiate, quitte à sacrifier la fantaisie et l'impertinence. Le jeu de rugby est donc devenu si important ?

Voir : CIRCULATION, PASSE.

PUC

Paris accueille depuis toujours les étudiants de toute la France et du monde entier... Il leur fallait un club de rugby ! Le Racing s'est occupé en priorité des mieux peignés, habillés, éduqués, ceux qui ne rotent pas à l'apéro et ne pètent qu'aux toilettes. Le Stade Français, avant d'avoir de l'argent, était aux oubliettes. Qu'allait donc devenir le carabin ? Où allaient jouer le normalien, l'archi, le poète fou et le matheux rigolard ? Où allaient jouer ceux qui pratiquent le rugby sans autre ambition que de bien s'amuser, les « rugbeux » des campus, ceux qui ont le temps mais pas l'argent pour boire un coup ? Au PUC évidemment ! Un vrai club d'étudiants, qui ouvre les bras en souriant aux bons et surtout aux moins bons, un club qui « bande encore » comme dit sa chanson fétiche !

Le PUC a toujours été un club à part, le repaire des amoureux du jeu et de la vie, des locataires de chambres de bonne qui avaient parcouru le monde entier à une époque où la majorité des rugbymen ne connaissaient que leur quartier. Les joueurs s'y entraînent peu, mais boivent beaucoup ; ils détestent jouer sous la pluie, mais adorent chanter *Singing in the rain* sous les éclaboussures de bière. On aime dans ce club à peu près tout, sauf le travail !

L'esprit de grande liberté incarné à merveille par les présidents Blachon, le génie du pinceau, et Krotoff, l'épicurien salué dans tous les bistrots d'Ovalie, s'est toujours traduit dans le jeu par une volonté farouche de mener l'offensive. Mais l'attaquant doit aussi défendre, s'il veut être autre chose qu'un Narcisse frivole, et les Pucistes ne se sont, hélas, pas toujours pliés à cet impératif.

Le PUC a gagné quelques beaux matchs, mais a surtout gagné à être connu. À la fin des années cinquante, il a eu son heure de gloire, en atteignant toutes violettes dehors la demi-finale du championnat. Plus tard, à la fin des années quatre-vingt-dix, il s'est retrouvé premier club parisien, juste avant l'arrivée sur la piste des loups du Stade Français.

Ce club a au cours de son histoire accueilli les plus grands en villégiature : Alain-Fournier, le père du *Grand Meaulnes*, Graham Mourie, l'emblématique capitaine des All Blacks, Ewen Mac Enzie, le pilier australien champion du monde...

J'ai eu le privilège d'entraîner le PUC. Moi qui aimais tant les coups de casque et l'affrontement, j'ai découvert à Charléty l'espace ventilé des ailes et les relances pleines de panache. J'y ai rencontré des raisonneurs fous qui ressassaient éternellement l'histoire ancienne et chantaient le répertoire des salles de garde, des illuminés au grand cœur et des poivrots bardés de diplômes ! J'ai passé en leur compagnie des heures palpitantes, peut-être parmi les plus belles de ma vie.

Voir : RACING CLUB DE FRANCE, RUE DE LA SOIF, STADE FRANÇAIS, UNIVERSITAIRES.

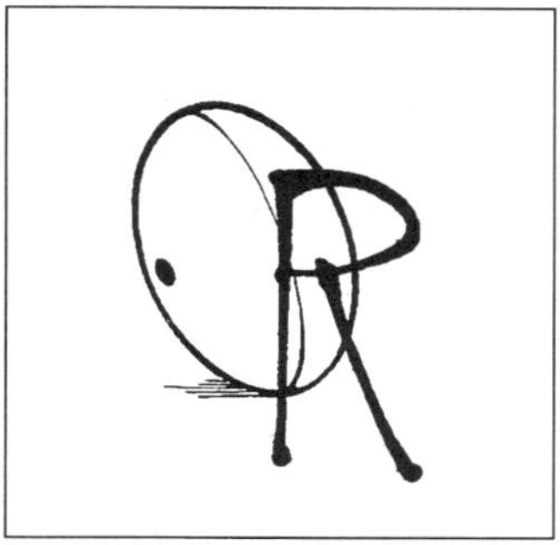

Racing Club de France

Une série d'accouplements furtifs avec l'Anglais inoculèrent le rugby au peuple de France à la fin du XIXe siècle. Paris, notre capitale au poitrail bombé, fut rapidement séduite par ce sport d'opposition qui permettait de se mettre copieusement sur la gueule avec élégance et fair play.

C'est au Stade Français, au Racing Club de France et au SCUF, où jouait le fameux Charles Brennus, que l'aventure commença. La première finale du championnat de France en 1892 opposait le Racing au Stade Français. Ces clubs à belle allure copiaient avidement les modes de pensée britanniques. Le sport était alors perçu outre-Manche comme une hygiène de vie indispensable à l'épanouissement de la jeunesse bien-pensante. Être le meilleur a toujours été un principe aristo ! À Paris, le rugby fut donc à ses débuts un sport d'aristocrates.

Après la Seconde Guerre mondiale, l'homme fort du rugby français s'appelait Roger Leroux, président du Racing Club de France, un type de grande autorité, de petite compétence et de vrai charisme. Paris avait alors tous les pouvoirs, au grand dam des clubs du Sud. Le Racing porta ainsi pendant longtemps très haut les couleurs du rugby d'Ile-de-France. S'y retrouvaient les toubibs, les avocats, les riches commerçants. Tous arboraient fièrement le blazer, la cravate et les tenues strictes dans le beau club-house du Pré Catelan.

Le Racing a toujours pratiqué un rugby loyal, respectueux des règles, accordant aux esthètes une place de choix et aux joueurs de combat une simple considération utilitaire. Mais pour entreprendre de grands travaux et bâtir de belles histoires, il faut aussi de robustes ouvriers qui accomplissent les tâches obscures... En 1958, le Racing arracha le Bouclier de Brennus grâce à une brochette de bellâtres parisiens, mais surtout grâce à ceux qui leur servirent d'épine dorsale : Crauste, Moncla et Marquesuzaa, trois gaillards venus des Pyrénées et enrôlés dans l'école de formation de l'EDF à Gurcy.

En 1987, le Racing retrouva le haut de l'affiche et disputa au Parc des Princes une remarquable finale contre Toulon. Beaucoup de joueurs parisiens étaient de vrais créatifs, lestes et fantasques. Ils inventèrent le nœud papillon rose qui devint leur emblème, joli comme leur rugby et leur culture. Ils n'obtinrent que la deuxième place... C'est souvent le cas de ceux qui disputent leur première finale, enivrés par la nuit hallucinogène et grisés par la médiatisation. Le club remporta le titre trois ans plus tard, assommant les Agenais comme de vulgaires manants. Agen en prit plein les gencives et rentra à la maison la défaite amère. Les

Racingmen avaient choisi la victoire, oubliant en route leur culture britannique de fair play !

À la fin des années 1990, les contradictions eurent raison des raisonnements et le nœud papillon rose quitta le terrain pour gagner les boutiques. Le club implosa, et pour sauver ses ultimes rejetons encore épris de haut niveau, il les laissa filer vers les voisins du Métro, raillés depuis un siècle pour leur rusticité underground et leurs maillots dépenaillés, mais qui avaient encore en sous-sol quelques sous pour survivre.

Aujourd'hui aux commandes du Métro nouveau, les enfants du show-biz jubilent de voir affluer les moyens tant espérés. Colombes, leur stade bien-aimé, pourrait bientôt s'embellir de quelques gradins douillets. L'arrivée de joueurs au talent proportionnel à la profondeur de leurs rides, entraînés par Pierre Berbizier le cornac spécialiste des redressements, pourrait offrir au club centenaire ce qu'il attend depuis longtemps : le renouveau. De là à imaginer une OPA sur le voisin rival du Stade Français, il n'y a qu'un pas...

Voir : Parc des Princes, Stade Français, victoire.

Raffut

Le porteur du ballon, en course, bloque le ballon sous un bras, et avec son autre bras libre, d'un geste sec, il repousse le défenseur qui vient sur lui. C'est ce qu'on appelle un « raffut », beau geste technique qui, s'il est bien effectué, est assez spectaculaire. L'adversaire, déséquilibré, est envoyé à cinq mètres, les quatre fers en l'air ! Le raffut ne fait pas de bruit, mais il soulève les foules.

Ras de mêlée

De part et d'autre de la mêlée, les arrières des deux équipes sont disposés en ligne sur toute la largeur du terrain. La mêlée est alors comme une perle sur un fil, un ballon dans la guirlande. La boule et la ligne, deux formes géométriques que tout oppose.

Une fois sortie de la mêlée, la balle s'envole vers les arrières qui se mettent en mouvement, comme aspirés par cet élan. La boule et la ligne sont alors reliées, leurs attaches se font et se défont au gré des passes et des courses. La zone charnière, qui se situe au ras de la mêlée et sert de trait d'union entre la mêlée et le jeu de mouvement, est aussi le point le plus fragile de l'équipe. Les hommes de la mêlée sont soudés les uns aux autres, le nez dans les entrailles du dinosaure immobile, les yeux plongés dans l'obscurité. Sortir de cette phase de jeu et se remettre en mouvement est toujours délicat. C'est dans le laps de temps où les joueurs terminent leur effort et commencent à se relever que l'articulation est la plus vulnérable.

Pour l'équipe qui n'a pas la balle, le ras de mêlée est souvent la cible des attaques adverses. Le retard bénin d'un joueur encore groggy d'avoir trop poussé, une seconde d'hésitation, et c'est une brèche qui s'ouvre dans la défense.

En contraignant ses adversaires à reculer, une mêlée conquérante offre une multitude de possibilités de construction, car le pack dominé, obligé de rester en position de poussée, ne participe pas à la défense du ras de mêlée. Il subit alors les assauts de la troisième ligne, ou les démarrages du demi de mêlée adverse qui fouine à la recherche d'un espace libre.

Choisir de harceler le ras de mêlée limite les risques et favorise l'affrontement dans un petit périmètre. L'équipe affirme ainsi sa puissance et sa supériorité physique. Lorsque le fragile point d'articulation cède, les lignes arrière s'engouffrent à leur tour dans l'appel d'air et les défenseurs se disent que l'après-midi va être long...

Voir : DEMI DE MÊLÉE, MÊLÉE, NUMÉRO 8, TROISIÈME LIGNE AILE.

Redoubler l'arrière

Ce dimanche-là, je disputai un match de rugby pour la première fois de ma vie. Je venais de m'inscrire au club, et n'avais fait que quelques entraînements avec mon équipe des minimes. Nous étions alors invités à jouer au grand stade Mayol en ouverture d'un match amical entre Toulon et Valence. Mon père était dans les tribunes, appuyé contre la main courante. Je ne voyais que lui.

L'entraîneur m'avait dit : « Daniel, tu joues couloir ! », et je ne savais pas ce que ça signifiait, alors je courais partout et ne touchais pas un ballon. En mêlée, je coinçais ma tête entre les fesses du deuxième ligne, comme me l'avait conseillé mon père à la va-vite à quelques secondes du coup d'envoi. À un moment du match, je me retrouvai près de la ligne de touche, juste là où se tenait mon père. Il me cria un pathétique « Applique-toi ! » qui me consterna, et ne fit qu'augmenter ma confusion. Heureusement, à la mi-temps, il m'envoya un demi citron avec un coup d'œil réconfortant.

Ensuite, ce ne fut plus qu'une longue errance, à la poursuite d'un ballon qui ne daignait pas me prêter attention. Mon angoisse de débutant atteignit son paroxysme quand mon entraîneur me gueula : « Redouble ton arrière ! » Cette phrase résonna dans ma tête comme la plus obscure des énigmes du Sphinx. Redoubler, pour moi, c'était recommencer une année scolaire dans la même classe... Il vit sans doute à ma mine ahurie de benêt que je ne comprenais rien, et me dit alors : « Soutiens ton arrière ! Ne le laisse pas seul ! »

C'était plus clair ! Alors, à intervalles réguliers, sans raison apparente, je prenais la tangente, courais vers mon arrière et tournais autour de lui trois ou quatre fois, avant de rejoindre, satisfait, mes copains de la mêlée. Il me regardait, perplexe face à mon étrange manège.

Sur le chemin du retour, alors que je serrais la taille de mon père sur le vieux scooter, il me dit avec compassion : « C'était pas si mal... » Je compris qu'il y avait du boulot.

Voir : DE PÈRE EN FILS, « ÉCOLE DE RUGBY, ÉCOLE DE LA VIE ».

Règles

En 1845, le *Head of School*, le délégué des élèves du collège de Rugby, nomma un comité chargé d'écrire les règles du football qui, jusque-là, s'apprenaient uniquement par la pratique, l'observation et l'exemple. Les trois personnes qui le composaient étaient William Delafield Arnold, dix-sept ans, fils de Thomas Arnold, W.W. Shirley, seize ans, et Frederick Hutchins, dix-sept ans. Ces règles, au nombre de trente-sept, n'étaient pas pensées pour être définitives, pourtant certaines influencent encore le jeu d'aujourd'hui. En voici quelques exemples...

2. Un joueur est hors jeu dès lors qu'un membre de son équipe situé derrière lui touche le ballon, et ce, jusqu'à ce qu'un joueur de l'équipe adverse le récupère. Un joueur étant hors de son camp doit se

considérer comme hors jeu : il ne doit toucher le ballon en aucun cas, ni intervenir dans le jeu en aucune manière, ni évidemment se saisir du ballon.

4. Un en-avant — qui doit être distingué d'une passe en avant — consiste à frapper la balle avec le bras ou la main.

6. Le coup d'envoi au centre du terrain doit être un coup de pied placé.

7. Tout joueur de l'équipe peut effectuer une charge en courant ballon en main, à condition qu'il ne saisisse pas la balle au sol ou en touche.

8. Suite à un coup de pied placé, charger est autorisé (dans le respect du jeu loyal) dès que la balle a touché le sol. Lors d'un arrêt de volée, les adversaires peuvent charger dès que le botteur bouge son pied d'appel.

14. En aucun cas un joueur ne peut courir en touche.

15. Un joueur qui s'oppose à un autre ne peut lui tenir qu'un bras. Il peut le « hacker [1] » ou lui arracher la balle des mains si ce dernier essaye de botter ou d'aller au-delà de la ligne de but.

17. Lorsque le ballon touche un arbre, le joueur qui récupère la balle doit la remettre en jeu vers un des deux camps.

19. Tous les matchs se soldent par un nul après cinq jours de jeu, ou trois jours si aucun but n'a été marqué.

21. La décision de botter au but appartient au *Head of House*, le chef d'équipe.

22. Les chefs d'équipe, assistés des deux délégués qu'ils nomment, sont les seuls arbitres des rencontres.

1. Le *hacking* est un geste agressif, mélange de tacle et de croche-pied.

24. Le hacking avec le talon, mais aussi au-dessus des genoux, n'est pas dans l'esprit du jeu.

26. Aucun joueur ne peut porter de chaussures avec des semelles équipées de clous ou de plaques de fer.

27. Aucun joueur ne peut emporter la balle en dehors du *Close* (enceinte du terrain).

28. Aucun joueur ne peut arrêter la balle avec autre chose que son propre corps.

29. Aucun joueur ne peut porter de casquette ou maillot spécial[1] sans l'aval de son chef de *house.*

30. Lors d'un *big side*[2], les deux joueurs les plus anciens font le tirage au sort.

33. Aucun joueur ne peut être tenu s'il n'a pas la balle.

Voir : ANGLETERRE, COLLÈGE DE RUGBY, FOOTBALL, RUGBEIANS.

Relever la mêlée

La mêlée est un affrontement entre deux groupes de joueurs, où chaque camp tente de récupérer le ballon. Pour entrer en mêlée, les joueurs s'empoignent et s'entremêlent, afin de cumuler leurs forces et, en se rencontrant, les deux packs créent une sorte de monstre à seize pattes qui doit accoucher d'un œuf.

La mêlée est censée rester en place jusqu'à ce que

1. Les meilleurs joueurs du collège recevaient en signe distinctif une casquette et un maillot aux couleurs de l'école.

2. Rencontre entre la meilleure *house* et une sélection des meilleurs joueurs du collège.

le ballon surgisse dans un camp ou un autre. Or, on voit parfois la mêlée « se relever » de façon brutale, inattendue. Il vient de se passer dessous quelque chose d'anormal. Les avants vous parleront de fourchette dans les yeux, main pleine de camphre dans la figure, coup de poing... Ce n'est jamais un geste gratuit. Il faut qu'un joueur ait préalablement fauté pour mériter une correction. On « relève la mêlée » quand on a un compte à régler. Comme c'est un monde clos, obscur et hermétique aux regards extérieurs, on en profite pour rendre secrètement justice. Le joueur maltraité se redresse subitement, entraînant avec lui ses partenaires si intimement imbriqués. Alors la mêlée explose.

« Relever la mêlée » a toujours été interdit, et tout coup porté en dessous est sanctionné. Il en reste pourtant un vestige qui, étrangement, réprime un comportement autorisé. Sur introduction adverse, le talonneur a normalement le droit d'essayer de prendre le ballon ; or, d'après la coutume, ça ne se fait pas, alors il s'en prend un dans le nez.

Voir : BOUFFE, MÊLÉE.

Rentrer dedans

Comme tous les pléonasmes, l'expression force le trait. Elle a le mérite d'accentuer un sens, ici la pénétration. « Rentrer dedans », c'est franchir la limite qui sépare l'extérieur de l'intérieur et, souvent, la légalité du crime. L'expression s'utilise généralement à l'impératif, comme une obligation de ne s'embarrasser d'aucun scrupule pour affronter l'adversaire. Ne surtout pas frapper à la porte avant d'entrer ! Et veiller à ce que, de l'autre côté, personne n'ait le temps de sortir. « Rentrer dedans », c'est voler à l'autre son intimité, sa propriété, son intérieur douillet où il se sent confortable. L'adversaire lui-même devient un territoire, sur lequel on pénètre par effraction délibérée. « Rentrez-leur dedans ! » est un conseil dangereux. Dedans, on ne sait jamais ce qu'on trouve.

Rentrer-donner

Avant de recevoir la balle, à l'instant même où son partenaire va faire la passe, l'attaquant va à sa rencontre pour l'accueillir. Les bras tendus, les épaules tournées vers le ballon qui vole, il change très légèrement l'axe de sa course, comme aimanté par le passeur. On dit qu'il « rentre » dans la balle, ce qui masque ses intentions au défenseur. À la prise de balle, il pourra choisir d'aller tout droit, effectuer une passe rapide, continuer sa course vers l'intérieur, ou encore amorcer un crochet qui, d'un coup de hanche, le propulsera vers l'extérieur.

Et un défenseur qui se pose des questions est souvent battu. Il fixe son attention sur le porteur du ballon, pour ne pas manquer à son devoir du un contre un. Fléchi sur ses appuis, concentré sur l'attaquant, le défenseur est pris. Victoire ! En « rentrant » dans la balle, le joueur fixe son adversaire direct. Les intervalles s'ouvrent, les surnombres se confirment, l'offensive est lancée.

À peine a-t-il reçu le ballon que l'attaquant peut

à son tour choisir de faire une passe, en prolongeant le balancier de ses bras : c'est ce qu'on appelle le « rentrer-donner » qui, dans un même geste, permet d'augmenter la vitesse de circulation de la balle. Lorsque plusieurs joueurs effectuent ce geste à tour de rôle, l'attaque s'illumine et prend des allures de farandole. Les espaces se libèrent et le bonheur des passeurs devient communicatif.

Commandement du trois-quarts altruiste, « rentrer-donner » requiert une certaine intuition, un sens du rythme et une technique très fine. Les meilleurs joueurs, qui ne fuient jamais la balle, savent instinctivement apprivoiser ses trajectoires pour lui offrir une touche de grâce, un souffle de vie.

Voir : ATTAQUE CLASSIQUE, BALLON BRÛLANT, CIRCULATION, FIXER, PASSE, TROIS-QUARTS.

Rideaux

La première ligne de défense, composée de joueurs étalés sur toute la largeur du terrain, est appelée « premier rideau ». Rideau de fer de préférence. Comme dans la plus ordinaire des stratégies militaires, le premier rideau défensif est dense ; les joueurs y sont nombreux et leurs responsabilités sont énormes. Si le camp opposé attaque, il doit se heurter à un bloc sans coin ni faille, car un plaquage manqué, c'est un adversaire qui s'infiltre et toute son équipe qui avance.

C'est pourquoi on a besoin d'un filet de sécurité, d'un double-vitrage, autrement dit, d'un « deuxième rideau ». Son maillage est beaucoup plus souple que celui du premier, il ne repose que sur quelques joueurs chargés d'occuper le fond du terrain. Cet espace où l'adversaire ne devrait pas arriver. Mais sait-on jamais... On retrouve là l'arrière, le troisième ligne centre, et le demi de mêlée qui, en bon filou, s'occupe de tout, même de ce qui ne le regarde pas.

Voir : DEMI DE MÊLÉE, NUMÉRO 8.

Rives (Jean-Pierre)

Chaque terre d'Ovalie a sa liste de grands défenseurs. Mais Jean-Pierre Rives est loin devant. Ou plutôt, très au-dessus des autres, sur la plus haute marche du podium.

Malgré son petit gabarit, il fut un modèle de capitaine, une ode au courage. Capable d'arrêter tous les chars d'assaut se trouvant sur la route du XV de France, il plaqua la terre entière, et bien plus s'il l'avait fallu. Volontiers débraillé, maculé de sang comme les grands chefs de guerre, Rives n'avait en revanche pas un goût très prononcé pour l'offensive. En dix ans de carrière internationale, il ne marqua qu'un malheureux essai, alors que son poste de troisième ligne aile était assez propice aux grandes courses.

S'il devint la première grande star du rugby français, et l'un des joueurs les plus admirés au monde, ce n'est pas grâce à sa toison blond doré, ou à ses qualités de sculpteur. Il était simplement le meilleur de tous !

« Cet angelot balbutiant se découvrit un tempérament d'entraîneur d'hommes, de patron indiscuté à la tête d'une équipe où abondaient les grandes gueules. Lui qui ne rêvait que courses vives, ouvertures, attaques en plein champ, une sorte de fatalité l'avait voué au rôle de chien de garde, de défenseur, de plaqueur... On se rêve pur-sang au galop, on se retrouve un lasso à la main.

« Le galopeur de ses rêves, ce n'est pas lui qui l'est devenu, mais l'équipe tricolore, pour quelques matchs auxquels il a imprimé sa marque. Son ambition, il l'a multipliée par quinze.

« Rives est un mot qui s'écrit au pluriel. » (Jean Lacouture, *Voyous et gentlemen*.)

Voir : BARBARIANS, TROISIÈME LIGNE AILE.

Rouge-gorge

Le rouge-gorge est réputé davantage pour sa délicatesse et ses légers battements d'aile que pour sa masse musculaire. Un rugbyman a un « coup de pied de rouge-gorge » si, en s'appliquant bien, et y mettant toute sa bonne volonté, son ardeur et sa puissance, il envoie le ballon à peine plus loin que le bout de son nez.

Voir : MAMMOUTH.

Rucking

Ce mot anglais, le seul avec « maul » que nous utilisons dans le rugby français, et qui signifie « piétiner un joueur », évoque zébrures et ecchymoses...

Au rugby, une grande liberté d'esprit tolère depuis toujours le piétinement de celui qui, au sol, gêne volontairement la sortie du ballon. Les joueurs peuvent ainsi se sanctionner entre eux, étant entendu qu'ils ne doivent jamais viser le visage ou la tête. « Sans se rendre coupable de jeu déloyal », dit le règlement... Pour les joueurs au sol, mauvais temps ! Les crampons vont arriver par vagues successives, labourant tout sur leur passage. Car si l'adversaire ne gêne pas, ou peu, il se fait quand même copieusement marcher dessus. Le simple fait de se trouver au sol à proximité du ballon invite au rucking.

Le règlement, admirable par la confiance qu'il accorde aux joueurs, laisse sans doute un peu trop libre cours aux interprétations personnelles du mot « déloyal ». Pour un Français, par exemple, s'essuyer les souliers sur un Anglais n'a jamais constitué un acte déloyal ! Plus sérieusement, comment établir une limite claire entre ce qui est loyal et ce qui ne l'est pas ? On peut frotter légèrement sa semelle sur la couenne d'un adversaire, mais sans appuyer ? Lui attendrir le jambon avec ses crampons de dix centimètres, mais pas lui déchirer l'occiput ? Un joueur français qui avait un jour donné un coup de pied à un adversaire à terre à trois mètres du ballon, avait dit pour sa défense : « J'ai les pieds trop longs ! »

Cette confusion a fait d'énormes dégâts sur les terrains de France, et n'a en rien arrangé nos relations déjà houleuses avec nos voisins britanniques. Depuis toujours, les Français ont confondu rucking et coup de pied. En 1931, tous les Anglo-Saxons de la planète nous ont rejetés des compétitions internationales à cause, en partie, de notre interprétation trop agressive du geste. Le rugby français a failli en mourir !

Un joueur anglais recruté dans un club français m'a avoué un jour que lors de ses premiers entraînements avec sa nouvelle équipe, il avait été très surpris de voir tous les joueurs plaqués au sol se protéger comme par réflexe la tête avec les bras. Trois matchs plus tard, il avait compris !

Le rucking est donc une punition. Sous la douche, on repère les zébrures rouges dessinées sur le corps des joueurs, preuves d'un grand engagement physique, d'un grand courage, mais aussi d'une tendance à la tricherie... Un joueur zébré tous les dimanches est tricheur ou bien fou !

Jean-François Tordo, capitaine de l'équipe de France au début des années quatre-vingt-dix, avait un jeu au sol toujours très agressif, se jetant sur le ballon, essayant de le récupérer par tous les moyens, au risque parfois de faire de l'obstruction. Lors d'un match contre l'Afrique du Sud, un Springbok ne l'a pas laissé faire, et lui a infligé un rucking meurtrier, sur le visage, cette fois... Les crampons lui ont déchiré la joue de part en part. Ce fut la fin de la carrière de Tordo. Avis aux filous sacrificiels...

Pour éviter ces accidents déplorables, depuis la fin des années quatre-vingt-dix, toute forme de gêne au sol est immédiatement pénalisée par l'arbitre, qui anticipe ainsi les ruckings jugés trop dangereux, mais toujours tolérés.

Voir : DANS LA DÉFENSE.

Rue de la Soif

L'adresse ne figure sur aucun plan de Paris, mais tous les rugbymen de passage à Paname y ont forcément un jour fait escale.

À Paris, les rencontres de championnat qui animent chaque dimanche le microcosme ovale de la capitale ne concernent qu'une poignée de fidèles, et les grands matchs passent relativement inaperçus, comme absorbés par l'effervescence permanente, dilués au milieu de centaines d'autres événements. L'Ovalie parisienne a donc établi son quartier général rue Princesse de son vrai nom, rebaptisée un jour « rue de la Soif » par Jean Cormier, incontournable journaliste ovale, connu dans les bars du monde entier. Tous les

membres de la famille savent qu'ils peuvent y venir boire un verre, ils ne s'y retrouveront jamais seuls.

Après les matchs du Tournoi, les délégations de supporters de province et les meutes de Britanniques envahissent la rue avec la seule ambition de la quitter ivres morts. Les viandes les plus saoules jonchent les trottoirs comme aux dernières heures d'une feria des Landes, et les patrons des bars doivent installer des ventilateurs pour ne pas se retrouver avec un syncopé sur les bras à deux heures du matin.

Rue de la Soif, chacun sait qu'il tombera probablement sur un copain de fac exilé chez les Basques ou les Bretons, un ancien coéquipier perdu de vue, un ami de beuverie rencontré au début de la nuit. Les joueurs de l'équipe de France y viennent prendre un bain de foule, avant de se retirer chez Castel, le très select club de légende où les jeunes fins de race s'encanaillent aux côtés de vieux beaux à cigares. Tout le monde parle pour ne rien dire, refait vaguement le match, trinque jusqu'à plus soif, pelote une des rares femelles égarées dans ce troupeau de mâles en sueur. La fête, quoi !

Le reste de l'année, la rue est le repaire des troisièmes mi-temps des clubs parisiens. Chaque équipe a plus ou moins son bar favori, mais les querelles d'arrondissements ne survivent généralement pas à l'esprit du lieu. Tout le monde boit donc aux mêmes comptoirs : chez Coco qui, de sa voix d'outre-tombe, fait croire depuis mille ans qu'il sert des tapas, mais ne trouve jamais les cuisines ; à l'Eden Park où les cadors du Racing avaient établi un fief à la gloire de leurs belles gueules ; au Bedford où la cassette qui avait fait danser les joueurs dans les années soixante-dix fait encore danser les juniors du PUC...

Le monde du rugby se fond alors dans celui des noctambules en perdition, sur les traces de Blondin et de tous les leveurs de coude d'Ovalie.

Voir : BIÈRE, BLONDIN (ANTOINE), PUC, TROISIÈME MI-TEMPS.

Rugbeians

Élèves du collège de Rugby, les rugbeians furent au XIXe siècle les premiers pratiquants, théoriciens, historiens et ambassadeurs du rugby. Ce jeu, qui n'a jamais cessé d'être le leur, doit sa survie à leur passion sans borne et à leur entêtement à le promouvoir envers et contre tous.

Animés par un esprit singulier empreint de camaraderie, de volonté et de charité chrétienne, les rugbeians ont toujours présidé seuls aux destinées du jeu. Thomas Arnold, illustre *headmaster* du collège de Rugby de 1828 à 1842, avait mis un point d'honneur à ce que le rugby soit le pré gardé des étudiants, et que les professeurs se tiennent à l'écart de cet exutoire précieux pour les garçons. La forte personnalité d'Arnold a ainsi largement contribué à l'essor et à la philosophie du jeu, devenu un prolongement de son enseignement fait d'humanisme, d'indépendance, de loyauté et de respect.

Les anciens élèves d'Arnold quittent donc le collège de Rugby avec dans leur cartable un diplôme prestigieux, et un amour inébranlable pour le jeu qu'ils ont créé. Ils en deviennent les meilleurs ambassadeurs à l'extérieur du collège de Rugby, dans de nouveaux collèges, d'autres universités, mais aussi d'autres villes et plus tard d'autres pays. Les « Arnold's men » veulent par tous les moyens pérenniser la pratique du football-rugby. Ce sont eux qui, par l'influence de leurs réseaux et leur volonté sans faille, obtiennent la séparation du football en deux sports distincts : le football d'un côté, le rugby de l'autre ; eux encore qui, à la fin du XIXe siècle, font main basse sur les origines du jeu en sortant de leur chapeau un rugbeian inconnu, William Webb Ellis, qui en 1823 se serait soi-disant mis à courir balle en main sur le Big Side de Rugby. Soixante ans après les faits, ils le proclament « inventeur du rugby », de façon complètement arbitraire. La légende, invérifiable et invérifiée, permet à ces petits-bourgeois ambitieux de détourner l'histoire à leur profit. Grâce à cette brillante opération de relations publiques, les rugbeians revendiquent la paternité du jeu, et par là même une autorité morale sur son organisation.

À la mi-temps du XIXe siècle, le rugby se développe ainsi dans tous les milieux où évoluent les rugbeians, qui constituent alors l'élite sociale anglaise : à l'université, dans les clubs de gentlemen londoniens, les sphères politiques et la haute finance. Habitués à organiser le rugby, à le défendre et le promouvoir, les rugbeians n'ont aucun mal à l'implanter loin de chez eux.

La fin du siècle appelle les jeunes Anglais vers de lointaines destinations : soldats, marins, fonctionnaires, enseignants, pasteurs et fermiers sont réquisitionnés pour les nouveaux besoins de l'Empire britannique. Le collège de Rugby voit ainsi de nombreux anciens élèves partir vers les colonies. Fidèles à leur tradition d'adolescents turbulents, les rugbeians s'appliquent simplement à reproduire ailleurs les recettes qui ont fait le succès du jeu dans leur collège. La présence des premiers ballons ovales en Nouvelle-Zélande, en Australie et même en Afrique du Sud, s'explique certainement par l'exode des rugbeians, devenus une véritable diaspora de disciples passionnés, assurant ainsi la pérennité du jeu.

On ne compte plus les anciens élèves du collège de Rugby devenus ministres, diplomates ou directeurs de grandes institutions financières. Ce sport était programmé pour les nantis, les universitaires et les gentlemen aisés. Le rugby pourra toujours compter sur le soutien inconditionnel de ces hommes de pouvoir, unis par un même passé et une même passion.

Voir : ANGLETERRE, ARNOLD (THOMAS), COLLÈGE DE RUGBY, FOOTBALL, RÈGLES, WEBB ELLIS (WILLIAM).

Rugby league

Nom anglais du rugby à treize, la *rugby league* est né d'un triste schisme entre l'élite anglaise qui se voulait maîtresse du rugby et la classe ouvrière qu'elle méprisait.

Le sacro-saint principe de l'amateurisme a prévalu en Ovalie pendant plus d'un siècle. On pourrait penser que cette volonté de préserver le rugby des méfaits de l'argent était motivée par des considérations morales, nobles et honnêtes. Pas du tout !

À la fin du XIXe siècle, le football-rugby connaît en Angleterre un incroyable essor. Né dans les collèges de la bourgeoisie, ce jeu se développe dans le pays auprès de toutes les classes sociales. Et c'est bien là le problème ! Les inventeurs autodéclarés du rugby se sont toujours accrochés à l'idéal du gentleman victorien qu'ils rêvaient d'incarner du haut de leurs universités huppées et de leur vision nombriliste du monde. Voir le rugby entre les mains de mineurs ou d'ouvriers leur était insupportable. La classe ouvrière, pourtant passionnée de rugby, a ainsi été désignée comme un ennemi par les pères du jeu.

Sous le fallacieux prétexte de la moralité, l'amateurisme n'a jamais servi qu'à éloigner du rugby les plus démunis, qui ne pouvaient pas sacrifier leur temps de travail rémunéré pour jouer. Cet acharnement à faire du rugby une vitrine de l'identité des « gens de la haute » a tragiquement condamné ce sport à un siècle d'élitisme hautain en Angleterre.

***

En 1890, la toute nouvelle Fédération de rugby anglaise, la RFU, se penche sur l'épineuse question du professionnalisme, reflet de la division des classes dans la société victorienne. Dans le Nord industriel, les régions du Lancashire et du Yorkshire ont en effet adopté ce jeu. Les stades sont pleins, les joueurs adulés et les ouvriers découvrent avec le rugby un mode d'expression de leur identité. Face à cet engouement, les nouveaux clubs, aidés par de riches hommes d'affaires, offrent quelques compensations financières aux meilleurs joueurs. Sur fond de révolution industrielle, le rugby est ainsi promis à un bel avenir populaire.

Mais dans le reste de l'Angleterre, et surtout à Londres, le rugby est pratiqué par un tout autre public, plutôt issu de la classe moyenne bien-pensante, constitué en réseaux d'anciens élèves de prestigieuses universités, et jamais très loin du pouvoir. Très attachés à leur statut, tous ces gens voient d'un mauvais œil la façon dont la classe ouvrière s'est emparée de leur sport. Pour eux, le rugby est un passe-temps social, un symbole de leur rang. Il est donc impensable que des pauvres soient payés pour jouer.

Une croisade antiprofessionnelle est orchestrée par les anciens élèves du collège de Rugby, avec à leur tête Franck Marshall, un ancien directeur de *public school*, et inquisiteur au service de l'amateurisme. En 1893, les frères David et Evan James de Swansea sont déclarés professionnels pour avoir perçu de l'argent dans leur club, les Broughton Rangers.

Un comité spécial de la RFU est convoqué dans un palace londonien, afin de discuter la possibilité de verser des indemnités compensatoires aux pratiquants les plus démunis. Les clubs nordistes, qui sentent le complot à plein nez, se déplacent nombreux et deux trains sont même spécialement affrétés. Lors du vote, les partisans d'un amateurisme pur et dur l'emportent par 282 contre 136, signant ainsi la fin de l'émancipation de la classe ouvrière amatrice de rugby. Contraints de faire bande à part, les vingt-deux clubs du Nord se réunissent en 1895 au Mitre Hôtel de Leeds, et entérinent la création de la Northern Football Union qui deviendra bientôt la Fédération de jeu à treize, appelé en anglais la *Rugby League*.

Ce grand schisme a donc eu comme effet pervers la création d'un jeu rival et l'exacerbation des tensions entre classes. En 1902, la RFU ne compte plus que deux cent quarante-quatre clubs. Privé de talentueux joueurs et de nombreux clubs dissidents, le rugby est exsangue... Mais pour une poignée de bourgeois jusqu'au-boutistes, l'essentiel est sauf : ce sont eux, et eux seuls, qui conservent la main sur ce sport. L'arrogance de cette classe moyenne prétentieuse et suffisante a pollué le jeu pendant près d'un siècle en Angleterre.

Aujourd'hui encore, le rugby anglais traîne ce trait de culture comme un boulet. Les haines qu'il suscite dans le reste du monde en sont peut-être la directe conséquence.

Voir : ANGLETERRE, FOOTBALL, RUGBEIANS.

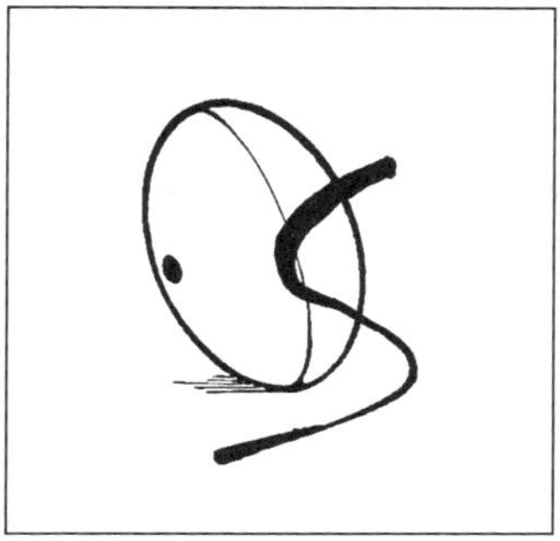

Saison

Donner des repères de temps à la vie des hommes n'a jamais été une mince affaire. Ici, on attend la pluie, là, on observe le vol des palombes ou le rut des cerfs... Les rugbymen connaissent deux périodes, très déséquilibrées, qui structurent leur carrière : la saison, qui dure environ dix mois de l'année, pendant laquelle ils arpentent les stades au rythme effréné d'un match par semaine, et l'intersaison, le moment de repos équivalent aux vacances d'été.

« Si tu n'as jamais joué, comment peux-tu comprendre qu'on ait le cœur serré lorsque revient septembre ? » dit une gentille chanson de vétérans. Eh oui, septembre est le mois de retrouvailles en Ovalie, quand les bronzages croustillants s'affichent sous la douche. Et elle se prolonge avec les pluies fraîches de l'automne, dans la faible lumière du jour qui fatigue. La saison s'étire alors jusqu'à juin, couvrant les mois les plus froids de l'année, ces mois aux journées courtes. Comme s'il fallait ajouter à la rudesse du jeu celle du climat pour que l'initiation soit complète, et que le tempérament des joueurs soit le plus possible mis à l'épreuve. Stades couverts de nuages chargés de grêlons, pelouses à patauger, vents glaciaux qui fondent sur le terrain et gèlent les hommes embourbés dans les mêlées, sont le lot quotidien des rugbymen de France. C'est d'ailleurs à ce moment glacial que nos plus glorieux représentants viennent se mesurer aux yeux du monde dans un chevaleresque Tournoi des Six Nations.

Au printemps, comme les étudiants passent leurs examens, les rugbymen partent à la conquête des titres. Commencée par des gars bronzés en pleine forme, la saison s'achève avec les mêmes, essoufflés et dépenaillés après dix mois de bataille. Il leur faut alors courir l'épuisant sprint des phases finales, poursuivant avec ce qui leur reste d'ardeur un trophée, une montée en division supérieure, un Bouclier pour les plus forts. Ceux qui, hélas, ne décrochent ni le pompon ni les étoiles vont prématurément se traîner vers les transats ou goûter aux joies du camping.

Une fois les dernières coupes remises et les bilans annoncés, c'est l'heure, fade et essentielle, de l'intersaison pour tout le monde. Les yeux encore torves et le corps fatigué, agités la nuit de quelques rêves de regroupements et de percées, les rugbymen lorgnent déjà tous vers le mois de septembre. Vers la nouvelle saison qui s'annonce.

« Nous avons parfois peiné sous un ciel épanoui,
Nous avons cherché notre souffle dans un vent glacial sur des terrains durs,

Nous avons été harcelés par des pluies battantes dans de véritables marécages,

Nous avons perdu nos ailiers dans un brouillard qui avait grignoté les poteaux,

Nous avons joué sur la neige et sous la neige qui mangeait les lignes,

Nous avons même, un jour d'inondation, piétiné le ciel » (Daniel Collin, *15 × 15*).

Voir : CALENDRIER.

Sélection

Les regards sont nerveux, les maxillaires se contractent, les mains tripotent bêtement un vieux morceau d'élastoplaste qui traîne. Le silence est lourd. On attend le verdict. Chaque semaine, l'entraîneur doit annoncer à ses joueurs la formation de l'équipe qui jouera le dimanche. Chaque semaine, le groupe se confronte à ce moment délicat qui cristallise des émotions puissantes et ravageuses. Le coach sait qu'il va en blesser certains, en réjouir d'autres. L'annonce de l'équipe, c'est la tâche ingrate de l'entraîneur, comme le médecin doit donner son diagnostic à un patient, ou le prof rendre les copies. Épreuve obligatoire, elle n'en est pas moins pénible, et j'y repense avec encore des remous dans l'estomac. S'il y a une véritable difficulté dans le métier d'entraîneur, c'est bien celle-là, et j'ai peut-être arrêté justement à cause de ce fichu rituel qui me donnait des sueurs froides.

C'est la règle...

Dans le sport de compétition, la sélection est la règle du jeu, tout le monde le sait, et les joueurs mieux que quiconque. Au fil de leur carrière, ils apprennent qu'être remplaçant n'est pas forcément le plus grand mal. Il faut savoir admettre qu'on n'est pas au meilleur de sa forme ou que, face à tel adversaire, un autre sera plus efficace. Depuis les poussins jusqu'aux seniors, chacun fait l'apprentissage de cette règle incontournable, et finit par l'intégrer. Les vrais joueurs vivent d'ailleurs la compétition comme une excitation, aussi dure soit-elle. Ceux qui ne la supportent pas doivent faire du macramé ou de la peinture sur soie, pas du rugby...

Pour conquérir leur place sur le terrain, les joueurs vont se tirer une bourre féroce, émulation indispensable au bon fonctionnement d'une équipe. Mais la pression constante fait bouillir les cerveaux et les cœurs, et l'épée de Damoclès qui menace de tomber sur la tête des joueurs chaque semaine finit parfois par tourner à l'obsession névrotique. Tiraillé entre le désir d'être reconnu et la nécessité du bien commun, chacun doit sans cesse jongler avec des émotions contradictoires, entre soi et les autres, entre lien d'amitié et besoin d'affirmation individuelle.

Mes trente années de rugby ne m'ont pas épargné... Joueur, j'ai connu la douleur d'être rejeté sans m'y attendre, puis, devenu entraîneur et passé de l'autre côté de la barrière, j'ai dû faire des choix qui m'ont fendu le cœur. Souvent, j'ai même eu à mes côtés des membres de ma propre famille, mes frères André et Bernard, mon beau-frère Christian Cauvy, mon fils Manuel. Annoncer l'équipe devenait un calvaire affectif. Au-delà même des histoires de famille, où la charge émotionnelle est redoublée lorsqu'il s'agit de faire un choix ou de le subir, la permanence de la sélection, lot commun de tous les athlètes, est sans doute l'un des aspects les plus douloureux du sport de compétition.

Un moment difficile à passer

L'annonce de l'équipe est vécue comme un moment de vérité, où le joueur se confronte à sa propre image dans le groupe. Il va enfin savoir quelle est sa place. Son noyau dur, où sont condensées son assurance, son estime, sa perception de lui-même, est tout entier mis en jeu, comme le dernier jeton dans une partie de poker. S'il est choisi, bingo, il se refait une petite fortune de confiance en soi. S'il est mis sur la touche, il perd tout. Il regarde autour de lui, il pense que tout le monde ne voit que sa honte, sa peine, sa nullité. Il devient paranoïaque. Il croit que la ville ne parle que de lui. Il a l'impression que la boulangère le regarde bizarrement, que sa femme ne l'aime plus, que son chien le délaisse. Être joueur et ne pas jouer, c'est comme être un comédien sans rôle. On croit qu'on ne vaut plus rien, et les explications les plus rationnelles n'y changent pas grand-chose. L'entraîneur a beau répéter que ce n'est que la photographie d'une situation collective à un instant *t*, pour le joueur, c'est une vérité absolue, définitive. Jusqu'à la semaine suivante...

Pour l'entraîneur aussi, le moment est difficile. Être le patron, c'est aussi gratifiant que perturbant ! L'entraîneur, le chef de la meute, est l'artisan de la progression du groupe, celui qui emmène les joueurs là où ils ne sont encore jamais allés ; mais il est aussi missionné pour prendre des décisions radicales, pour tailler dans le vif. Il a le baume apaisant dans une main, le rasoir dans l'autre. Les joueurs le savent, et chacun essaie d'entretenir une relation affective particulière avec lui. La compétition est aussi affaire de séduction...

En annonçant l'équipe qu'il a choisie, l'entraîneur s'expose à être contesté. À ne pas être aimé. Il détient dans ses mains le bonheur et le malheur de ses joueurs, et quand l'annonce est faite, il prend leurs émotions en pleine figure. Un simple regard, un geste, un mouvement de tête suffisent à lui filer une décharge électrique dans le cœur. Mais il lui faut tenir bon face à l'antipathie ou au ressentiment, les mettre à distance, sans quoi son autorité vacille, et il risque de se faire déborder par la douleur des autres. Des yeux revolvers le mitraillent, et pourtant il doit rester ferme et sûr de son choix.

Chaque semaine, c'est comme la première fois. Il faut à nouveau se confronter à la frustration, l'aigreur, la déception, la jalousie... Quand la messe est dite, en un clin d'œil l'entraîneur repère l'ampleur des dégâts. Blessure grave à droite, égratignure légère à gauche, colère sourde au fond. Ce joueur-ci encaisse, on dirait même qu'il est soulagé de ne pas jouer, son genou est encore fragile, et il le sait. Celui-là ne s'attendait pas à être mis à l'écart, et il a pris la nouvelle comme un uppercut au foie. Il faut alors savoir ménager les blessés, et ne pas ignorer leur douleur, car un ego meurtri peut semer le doute dans une équipe, et créer des tensions accidentogènes redoutables.

Le remplaçant frustré boude, ne parle à personne, plombe une séance d'entraînement. À la moindre remarque, il se vexe un peu plus encore... Tout le groupe ressent son humeur, et menace de sombrer dans la spirale de la crispation. Le meilleur pote du remplaçant se met à bouder aussi, le titulaire le prend personnellement, le capitaine s'énerve, les vieilles tensions se ravivent, et la séance tourne au vinaigre. Intervention urgente ! SOS équipe en fusion ! Pour protéger son groupe, l'entraîneur doit savoir tenir les ficelles invisibles des ego blessés, sans pour autant se perdre dans des considérations psychologiques épuisantes et vaines. Il devra transformer la déception en motivation, la frustration en rébellion, la colère en ardeur. Il devra jouer avec les émotions des hommes, les stimuler intelligemment pour qu'elles deviennent le terreau d'une progression, et non qu'elles dégénèrent en gangrène.

En faire un cérémonial

Bien entendu, il ne sert à rien de toujours tout expliquer, et l'on compte sur l'aptitude des joueurs à se remettre en question au bon moment. Dans certains clubs, l'entraîneur élimine toute la composante dramatique de l'annonce en se contentant d'afficher la composition de l'équipe à l'entrée du vestiaire. Pas téméraire, l'ami... Mais au moins, il ne s'embarrasse pas des affects des autres, qui peuvent rapidement lui polluer l'existence.

Préférant me confronter à ce moment rituel, j'ai toujours souhaité lui donner une véritable solennité. Il doit être regardé par tous droit dans les yeux, avec humanité, justice et courage. Autant que possible. Car au-delà de l'éviction de certains et des incontournables vexations, c'est avant tout le moment où l'on choisit nos meilleurs représentants. Quinze joueurs deviennent des « élus ». Et ça ne s'annonce pas à la légère ! C'est beau ! On les investit d'une mission, il faut qu'ils en soient dignes. Et que les autres respectent la solennité de cet instant, qu'ils acceptent, cette fois, d'être les seconds.

La solennité de l'instant le fait aussi paraître plus juste. En montrant que la sélection était faite avec gravité et sérieux, en l'annonçant devant tout le groupe, dans un silence quasi religieux, je voulais que mes choix soient incontestables et, surtout, respectés. D'ailleurs, chaque semaine, j'impliquais avec moi dans la décision finale le capitaine et le vice-capitaine, mes garde-fous, qui montraient aux joueurs, par leur présence, que la sélection s'était faite de façon collégiale, et par conséquent la plus impartiale possible. Pourtant, lorsque la situation était particulièrement délicate, le joueur évincé finissait toujours par m'en vouloir, oubliant que deux de ses coéquipiers avaient fait le choix avec moi. Comme si, dans l'inconscient de chacun, un frère ne pouvait pas l'avoir trahi... Parfois, sentant venir l'orage, je convoquais tout le syndicat, et l'on se retrouvait alors à six, voire huit, pour faire l'équipe ou discuter d'un cas litigieux !

Quand les critères de choix sont incontestables, les joueurs ne se plaignent pas. Ils acceptent la décision car ils savent qu'elle est légitime. Mais quand deux joueurs sont très proches, alors on s'éloigne de l'intelligible, et l'on rentre dans l'ordre, fragile, du sentiment. Les cas de concurrence étroite — fréquents au rugby, car il y a quinze postes à pourvoir — sont les plus douloureux, pour l'entraîneur comme pour les joueurs concernés. Si l'on veut éviter la casse, il vaut mieux être très clair. Le non-dit finit toujours par nous gâcher la vie, alors à défaut de justice évidente, apportons une justification honnête. Dans une équipe de rugby, où la tendance à la paranoïa est largement supérieure à la moyenne, la sincérité devient un gage de justice. Sinon, les rumeurs de complot se mettent à circuler dans l'heure qui suit...

Aux États-Unis, les professionnels du football américain entrent aujourd'hui dans l'ère de l'absurde judiciarisation du monde : un joueur remplaçant qui estime qu'il doit jouer peut porter plainte contre son entraîneur, au nom de son droit au travail. Mauvais temps chez les Yankees... Les entraîneurs ont intérêt à vite renégocier leurs contrats pour pouvoir se payer de bons avocats !

Voir : ENTRAÎNEUR, VESTIAIRE.

Sella (Philippe)

Ce minot d'Agen, qui jouait trois-quarts centre, était un char d'assaut supersonique, une Ferrari dotée d'un moteur d'une puissance sidérale. Vif comme un courant d'air, il mit dans le ventre de ses adversaires les plus beaux tampons du siècle, attrapa les plus hautes chandelles en grimpant sauvagement sur la tête des arrières de tous les pays, et transperça de sa course rageuse toutes les défenses du monde. Il pouvait faire des passes d'équilibriste, intervenir sans relâche sur tout le terrain, arracher les ballons des mains des avants dans les regroupements et marquer les plus beaux essais. Bref, il savait tout faire, sauf peut-être mettre sa tête au service de la stratégie, ce qui lui coûta certainement le rôle de capitaine des Bleus. Sa tête n'était dévouée qu'au jeu.

En demi-finale de la Coupe du Monde contre l'Australie, il prit toute la défense à contre-pied et fila entre les poteaux. Lors du Grand Chelem de 1987, il intercepta à Twickenham un ballon anglais et traversa tout le terrain avec une meute à ses trousses devant quatre-vingt mille personnes médusées...

Il détient aujourd'hui le plus admirable des records de la planète ovale : avoir le plus souvent porté les couleurs de son pays, soit cent onze matchs disputés avec l'équipe de France. Cent onze *Marseillaise* ! Cent onze maillots frappés du coq, de quoi garnir un hall d'aéroport ! Vertigineux.

D'Auckland à Agen, on s'écarte sur son passage. Philippe Sella est tout simplement un grand mec et un grand joueur.

Voir : AGEN, TROIS-QUARTS CENTRE.

Sine die

La Commission de discipline des fédérations de rugby est une sorte de tribunal censé punir les fripons du dimanche, les couillons de la manchette et les généreux de la mornifle. Le problème, c'est que les juges qui y siègent sont souvent eux-mêmes d'anciens repris de justice des stades, des ex-marioles jadis peu connus pour leur fair-play. Dans les instances dirigeantes du rugby, clientélisme, copinage et petites magouilles permettent hélas d'opérer en toute impunité les plus improbables réhabilitations...

Les sanctions varient selon la gravité des mauvais gestes. Les petits délinquants, coupables d'un emplâtre d'humeur ou d'un plaquage dangereux, écopent généralement de quelques dimanches de repos forcés. Pour les récidivistes, les spécialistes du coup de genou dans les rognons, les pros de la fourchette et du coup de boule, la Commission n'hésite pas à prononcer le verdict suprême : *sine die*. Pendant longtemps, personne ne savait vraiment ce que signifiait cette injonction latine et les condamnés quittaient le « tribunal » perplexes. Puis venait la traduction en mots simples : interdiction de rejouer jusqu'à nouvel ordre. Le coupable n'avait plus qu'à ronger son frein.

Soigner

Petit florilège de morceaux bien sanguinolents, piochés çà et là dans *Le Grand Combat du XV de France*, de Denis Lalanne...

> « Échavé n'a joué qu'un match en Afrique du Sud, mais il a suffi pour mesurer le courage insensé, l'incroyable endurance au mal contenus dans ce grand corps. Il a seulement joué le match de Pretoria. Il l'a joué jusqu'au bout, comme tout le monde, puis il s'est douché, et rhabillé. Deux heures plus tard, il a commis l'imprudence de raconter qu'en première mi-temps, il y avait un grand pendu d'avant du Transvaal qui lui avait marché sur la main, dans une mêlée ouverte, et c'est comme ça que Serge Saulnier l'obligea à passer une radio. Voilà comment l'on sut qu'il avait tous les os du poignet broyés ! »
>
> « Le pauvre Dupuy fut offert au féroce plaquage de Prinsloo. Et il s'écroula cette fois dans une

attitude d'abandon total, définitif. Une épouvantable souffrance se lisait sur son visage maigre. [...] Bien involontairement, Prinsloo venait de le toucher au bas-ventre. N'ayant plus que la force de se tenir debout, il demeura pourtant à son poste, acheva son calvaire. »

« Le tendre, l'indolent Pierrot Danos, le roseau pensant, le beau gosse aux mains soignées et aux reparties fines, qui donne pour sa première saison en équipe de France deux incroyables leçons d'héroïsme !

« La première fois, ce fut à France-Angleterre, quand il reprit sa place avec une plaie horrible à la main et une veine sectionnée par un crampon anglais.

« La deuxième fois, ce fut à Pretoria, quand il fut sauvagement abattu d'un coup de pied en pleine tempe, qu'il se débattit contre les infirmiers qui voulaient l'emporter et qu'il attendit le coup de sifflet final pour sombrer dans le coma. »

***

Jusqu'à des temps récents, ce genre de chose était monnaie courante, et alimentait les conversations des repas de famille sur des générations. L'arrivée des remplaçants ne date en France que de 1973 ! Le joueur blessé restait sur le terrain malgré son handicap ou, s'il devait impérativement sortir, son équipe jouait alors à quatorze. À cette époque heureusement révolue, on admirait le joueur resté sur le terrain avec ses deux côtes cassées, sa cheville tordue, son genou démis ou sa clavicule fêlée. N'importe quelle personne normalement constituée se serait arrêtée. Ou évanouie ! Pas le rugbyman, qu'on sacralisait alors pour son acte de bravoure : « Il a livré bataille jusqu'au bout, quel courage ! »

On peut penser, à juste titre, que cette bravoure-là avait des airs de grande connerie. C'était tout de même particulièrement crétin de risquer sa peau pour un match, et l'extrême endurance à la douleur frisait alors l'inconscience, d'autant plus qu'il n'y avait pour seuls soins que l'huile de camphre et l'éponge magique... Avant le match, certains se badigeonnaient de baume du tigre, pensant que c'était fait avec la peau, ou même le sang de l'animal. Ça sentait fort, ils s'en mettaient partout, ils avaient les yeux qui pleuraient et le nez rouge. Mais ils croyaient avoir la puissance et la rage du fauve. Ils se montaient le bourrichon à défaut de pouvoir se reposer sur la science.

Avant les années quatre-vingt, le joueur ne pouvait compter que sur son corps, sa force et son courage. Celui qui entrait dans la légende s'était fait tout seul ou le laissait croire. On ne devait pas voir qui l'aidait, le soignait, le bichonnait. Les mythes naissaient de la force et la beauté brutes, sans artifices ni intermédiaires. Pantagruel et Bacchus étaient les maîtres ! On racontait qu'avant les matchs, les joueurs mangeaient du cassoulet et buvaient du cognac. Nos héros, nos dieux mangeaient du cassoulet !

Or les croyances qui ont fait la légende du rugby sont aujourd'hui dépassées. On ne vit plus dans la pensée magique du « si tu veux, tu peux ». On désacralise. Le professionnalisme va de pair avec le rationalisme : on a cessé de croire que la force du mental suffisait à rendre les hommes invincibles. Ce qui rend les hommes invincibles aujourd'hui, c'est l'entraînement

quotidien, la musculation, une hygiène de vie irréprochable, une équipe technique aux compétences définies et variées, et l'argent, bien sûr. Le corps des joueurs, devenu désormais leur outil de travail, ne peut plus supporter d'être constamment mis en danger. Les rugbymen d'aujourd'hui pratiquent toujours ce même jeu rude et sans concession, mais ils sont extrêmement à l'écoute des signaux d'alerte et des blessures. Ce nouveau rapport à la douleur, bien plus rationnel, contribue à changer l'image des joueurs. On dit par exemple qu'ils sont devenus douillets, parce qu'ils sont entourés de tout un staff de médecins, soigneurs, kinés et psychologues... C'est bel et bien le début d'une nouvelle ère.

Aujourd'hui, le vestiaire de grandes équipes est

une véritable pharmacie et, à chaque arrêt de jeu, cinq ou six soigneurs entrent sur le terrain, les bras chargés de pommades et de sprays. Cela n'enlève évidemment rien au courage des joueurs qui continuent d'affronter chaque dimanche quinze golgoths en furie, et il serait absurde de remettre en question leurs performances ou de minimiser les douleurs qu'ils peuvent parfois endurer. Mais malgré eux, malgré leurs efforts, l'extrême visibilité de tous les rouages du métier les fait chanceler sur leur piédestal : la télévision nous montre les coulisses des matchs, on ne cesse de raconter les blessures, les soins apportés, on demande l'avis des spécialistes. Le joueur a quinze personnes en permanence autour de lui. Forcément, il paraît moins fort, aussi baraqué soit-il. Tout est désormais si savamment calculé que les joueurs perdent un peu de leur éclat et de leurs supposés pouvoirs magiques. À force de tout expliquer, tout montrer, la technique l'emporte sur le mystère.

Le traitement de la douleur qui résulte de la professionnalisation, et dont on ne peut que se réjouir, a contribué à banaliser la douleur et à lui retirer une part de sa force symbolique. Prévenir, soigner la douleur, tout faire pour qu'elle ne dure pas, qu'elle disparaisse, c'est aussi priver le courageux de ce qui lui permet de montrer sa capacité de résistance — la raison d'être du courage —, c'est rendre invisible ce qui différencie le héros du commun des mortels. Alors nos joueurs n'apparaissent plus comme des héros : ils sont simplement des hommes. Ils admettent qu'ils ont besoin d'une équipe autour d'eux, pour les aider, les soigner, les préparer, les panser, les rassurer. Ils avouent leurs faiblesses et leurs doutes. Cet aveu de vulnérabilité devrait forcer l'admiration, car ils continuent d'aller au charbon et d'endurer une douleur qu'ils ne nient plus, mais reconnaissent. On a perdu en rêve, on a gagné en sincérité. En humanité, en somme.

Voir : CAMPHRE, CATHARSIS, COURAGE, ÉLASTOPLASTE, ÉPONGE MAGIQUE, PROFESSIONNEL, VAILLANT.

Soleil

C'est un plaquage terrifiant, qui relève plus de la punition que du jeu. Le défenseur bloque l'attaquant aux jambes, et dans un mouvement aussi ample que puissant, il l'envoie valdinguer en l'air, cul par-dessus tête. La figure est impressionnante, rappelant le saut périlleux, sauf que celui qui l'exécute n'est pas une jeune gymnaste en justaucorps, mais un mastard au maillot trempé de sueur et de sang. Il retombe au sol la tête la première, venant s'écraser misérablement sur le gazon. Il vient de faire un « soleil », qui lui a donné très chaud et a surtout fait briller son adversaire. Réussir un soleil, c'est la suprématie ultime pour le plaqueur, et l'humiliation garantie pour le plaqué.

Voir : PLAQUAGE.

Sortir

> « Un jour, en Nouvelle-Zélande, Jean-Pierre Rives ayant reçu en pleine gueule un train qu'il avait essayé de plaquer de face, le médecin de service lui conseilla

de quitter le terrain, au moins de sortir un moment.

« "Sortir ? dit-il. Et pour aller où ?" »

Denis Lalanne

Il était une fois Jean-Pierre Rives.

Voir : COURAGE, ÉPONGE MAGIQUE, RIVES (JEAN-PIERRE), SOIGNER, VAILLANT.

Souffler dans les bronches

L'entraîneur, assis dans les tribunes, voit un de ses joueurs baisser les bras. Il a l'air au bord de l'asphyxie, et il tourne au ralenti. Il va falloir lui filer une bonne dose d'oxygène ! À l'hôpital, on appelle ça une trachéotomie. Chez nous, on dit « souffler dans les bronches ». C'est une intervention délicate, mais nécessaire, qui se pratique dans le vestiaire. L'entraîneur devient alors un chirurgien de l'âme, et ce sont ses mots qui vont insuffler au joueur l'oxygène moral dont il a besoin. Il faut réveiller le cerveau apathique, relancer la pompe du cœur endormi. Phrases électrochocs, intraveineuses de motivation, transfusion d'énergie. Ébranlé par l'onde de choc qu'il vient de subir, le joueur anesthésié est normalement ramené à la vie et il reprend les couleurs du courage. On verra ensuite sur le terrain si l'entraîneur est un bon médecin du cœur.

Soule

Les jeux de balle ne datent pas d'hier... Les historiens confirment que depuis deux mille ans, au fin fond de l'Asie, de l'Égypte et des steppes mongoles, on se file sur la figure en se disputant une balle ! En France, c'est dans le Nord, en Normandie, que se pratiquait visiblement au xe siècle le plus vieil ancêtre du rugby : la soule. Deux villages s'affrontaient, chacun ayant pour but d'apporter ce qui servait alors de balle — un morceau de bois ou une grosse pierre — dans un lieu déterminé, souvent une clairière. Il fallait alors courir à travers les bois et les champs, franchir les rivières, sauter par-dessus les clôtures, vaincre les sables mouvants, se planquer dans les fourrés pour échapper à l'assaut des adversaires... Arrivée au bout de ses peines après plusieurs jours de combat, l'équipe devait parvenir à lancer la « balle » entre deux arbres désignés.

Autant dire que le règlement était très permissif... Il n'était pas rare de voir gicler un peu de cervelle à la réception d'une chandelle, ni d'entendre les os craquer dans les joutes frontales au bord de la rivière teintée de rouge sang. Ceux qui réussissaient à faire prisonnier un adversaire l'utilisaient alors comme bélier !

Les Normands envahirent l'Angleterre au XIe siècle, et les soldats emportèrent avec eux leur jeu favori. Les Anglais en firent par la suite bon usage ! On vit de nombreux jeux similaires fleurir dans les campagnes, comme le *camp ball* et le *hurling over country* (littéralement : « à l'assaut à travers le pays » !). Pour être franc, et normand, rien ne laisse penser que tous ces jeux populaires se sont croisés entre eux pour devenir, au bout la chaîne, le rugby...

Voir : DERBY, HARPASTUM.

Springboks

J'ai souvent pensé que le springbok, gazelle délicate à la foulée légère, n'était pas un bon emblème pour l'équipe d'Afrique du Sud. Un monstre carnassier au groin sale aurait davantage fait l'affaire. Quelle tristesse en effet pour un amoureux du rugby d'avoir vu ce sport devenir la vitrine d'un racisme d'État, le fer de lance du pouvoir blanc, un des plus sûrs symboles de l'apartheid.

L'Ovalie ne méritait pas une chose pareille...

Le sport roi de la culture afrikaner

Rien ne prédisposait le rugby à devenir le sport favori des Afrikaners, ces pionniers bataves venus de Hollande à la fin du XVIIIe siècle. Comme dans toutes

les autres colonies britanniques, c'est l'élite anglaise qui a importé ce sport en Afrique du Sud. Le rugby s'y est donc naturellement développé, au sein de la grandissante communauté anglophone.

Les fermiers afrikaners, aussi appelés Boers, qui subissent le mépris des colons britanniques, font alors office de citoyens de seconde classe et restent totalement en marge du jeu. Trop différents et pas franchement d'accord sur la façon d'administrer la nouvelle société sud-africaine, Britanniques et Afrikaners finissent par s'entre-tuer pour le contrôle des ressources minières et des meilleures terres, au cours d'une « guerre des Boers », qui marque un tournant décisif dans l'histoire du pays, à la fin du XIXe siècle. Ce conflit fait naître une haine indélébile entre les deux communautés contraintes de cohabiter.

L'histoire d'amour entre les Afrikaners et le rugby

date aussi de cette époque. C'est aux côtés des soldats anglais, dans les camps du Transvaal ou de l'Orange Free State, au centre du pays, que les prisonniers de guerre afrikaners découvrent le jeu. Pour meubler les journées, les Anglais organisent des rencontres de rugby contre leurs adversaires de circonstance. Au cours de ces matchs, les Afrikaners se défoulent, règlent leurs comptes et expriment vaillamment leur unité.

En 1902, quand la paix est enfin signée, entérinant la victoire des Afrikaners, les Boers rapportent le rugby dans leurs écoles, leurs villes et leurs campagnes, comme un trophée de guerre. Habitués aux travaux durs, très attachés à l'esprit de corps de leur communauté qui lutte depuis le Grand Trek pour sa survie, les anciens pionniers adoptent spontanément les valeurs de ce jeu. En quelques années, ils en font un miroir de leur identité, un symbole de leur culture de terriens durs au mal, comme une façon de disputer aux Anglais leur suprématie sur les terrains de l'économie ou de la politique.

Longtemps réduite aux cours de fermes, la culture afrikaner connaît à cette période un nouvel essor. L'élite anglophone qui gère les affaires du pays voit son pouvoir contesté par une nouvelle génération de jeunes Hollandais, diplômés de la toute récente université de Stellenbosh, sorte de Berkeley afrikaner, d'où émerge une conscience politique de plus en plus affirmée. Sans surprise, Stellenbosh devient le centre névralgique du rugby afrikaner qui aime se définir comme le vrai rugby sud-africain.

Ambitieux, revendiquant de nouvelles responsabilités bien que conscients de leur retard, les Afrikaners se dotent alors d'une arme puissante : le Broderbond, une société secrète chargée d'infiltrer tous les rouages du pouvoir et des institutions afin de promouvoir les intérêts de la communauté blanche. Le rugby, symbole d'« afrikanité », en est l'une des cibles privilégiées. De fait, les rugbymen afrikaners deviennent les ambassadeurs d'une cause, d'un dessein politique et social, d'une philosophie ouvertement raciste.

Le rugby est donc depuis toujours en Afrique du Sud un sport de Blancs dont les Noirs sont exclus comme une évidence. Il serait à ce titre injuste de tenir les seuls Afrikaners pour responsables des idées racistes qui ont prévalu en Afrique du Sud, durant près d'un siècle. Les Anglais eux aussi étaient de fervents ségrégationnistes qui ne songeaient pas un seul instant à partager leurs activités sportives avec les « indigènes ».

Lors de la tournée des All Blacks en 1919, le joueur de couleur Rajiv Wilson n'est pas autorisé à entrer sur le territoire et doit rester plus d'un mois à bord du paquebot qui a mené son équipe en Afrique du Sud. Sept ans plus tard, les Maoris néo-zélandais sont tout simplement interdits de séjour.

Aux temps sombres de l'apartheid

En marge du rugby, les Afrikaners s'imposent dans la finance, les compagnies minières et la vie politique. Aux élections de 1948, le Parti National Afrikaner emmené par Hendrik Verwoerd prend les rênes du pouvoir. L'apartheid est officiellement instauré.

Suivent quarante-cinq années de nuit et brouillard, où le rugby est utilisé à outrance comme un instrument de propagande. Infiltrés par le Broderbond qui, bien souvent, désigne les capitaines springboks, manipulés ou acquis à cette sombre cause, les rugbymen deviennent une vitrine des idées du gouvernement, au premier rang desquelles, la ségrégation, dont même les anglophones ont parfois fait les frais — parce qu'il n'est pas afrikaner, Tommy Bedford est privé de capitanat en équipe nationale. L'équipe springbok prend des airs effrayants de collectif nazi, avec des joueurs taillés dans la roche, cheveux blonds coupés ras. Dans les tribunes, des spectateurs tout aussi gaillards aboient le *Di Stem*, un chant à la gloire de la race blanche. Une désolation.

La force avant tout

À l'image des hommes politiques blancs, les Springboks ont appris à dominer leurs adversaires par la force. Produits d'une sélection naturelle, où seuls les plus robustes ont survécu à l'exode, la guerre, le climat et les maladies, les Afrikaners sont incontestablement des marioles aux mensurations incroyables. Jamais une si petite population n'aura fourni autant de géants de plus de deux mètres et de colosses de cent dix ou cent vingt kilos à son équipe nationale !

Comme l'histoire et la morphologie d'une équipe influent directement sur sa façon de jouer, les Springboks ne s'épanouissent que lorsqu'ils broient et châtient l'adversaire, qu'ils l'entendent couiner, qu'ils lui brisent les reins. Rois du rucking, ils ont fait du défi physique l'épine dorsale de leur jeu. Mais au rugby, il faut aussi marquer des points... La stratégie des Boks s'est donc toujours résumée à la force associée au talent d'un butteur. Dans les années quatre-vingt, Naas Botha symbolise à lui tout seul le rugby simpliste et efficace des Springboks. En 1995, c'est encore grâce à un paquet d'avants redoutable et à l'adresse de Joël Stransky que les Boks deviennent champions du monde. Des avants qui pulvérisent et des botteurs qui assurent le butin en enquillant drops et pénalités, voilà ce que fut pendant longtemps le rugby sud-africain !

Le rugby sud-africain boycotté

Un des grands mythes de la culture afrikaner a longtemps consisté à affirmer que le rugby n'intéresse pas les Noirs. Faux ! Avant l'avènement du football dans les *townships* au début des années soixante, des joueurs comme Eric Majola ou Gilman Naqholi étaient des héros de la communauté noire, qui n'a jamais cessé de pratiquer le rugby au sein de sa propre fédération, malgré l'indifférence des Blancs et l'absence de reconnaissance internationale.

Confondus avec le régime d'apartheid qu'ils incarnent à merveille, les Springboks deviennent donc un enjeu politique international. Les premières menaces de boycott voient le jour en 1960, après les événements de Sharpeville où sont tués soixante-sept manifestants. Dans le monde entier, les Springboks deviennent la cible des opposants à l'apartheid, contraignant les dirigeants du rugby sud-africain à assouplir leurs positions. En 1970, la fédération néo-zélandaise menace d'annuler une tournée après les déclarations inadmissibles du Premier Ministre sud-africain Verwoerd, qui a osé traiter publiquement les Maoris d'« indésirables ». Pour ne pas se voir privés de leurs plus prestigieux adversaires, les Afrikaners sont forcés de faire un geste : quand Bryan Williams, joueur de couleur originaire des îles du Pacifique, débarque à Johannesburg avec l'équipe All Black, les douanes lui remettent un visa de « Blanc honoraire ». Le comble du grotesque est atteint.

Mis à l'index, le rugby sud-africain fait l'objet de pressions de plus en plus fortes. En 1980, une tournée en Nouvelle-Zélande dégénère. Des activistes anti-apartheid déversent des débris de verre sur la pelouse de l'Eden Park, la police charge, le Premier Ministre néo-zélandais Robert Muldoon s'en mêle, et l'événement devient une affaire d'État. Plus tard, Wynan Claasen, joueur springbok, trouve le courage d'écrire un livre, *More than just Rugby*, où il dénonce les pressions exercées par le pouvoir sud-africain sur son équipe. Il est durement sanctionné par sa propre fédération.

La France, qui ne s'illustre pas par ses prises de position pendant ces années de contestation, sélectionne symboliquement quelques joueurs de couleur comme Bourgarel en 1971 et Blanco en 1980, pour les matchs contre l'Afrique du Sud. Tristes alibis noirs.

En 1982, cédant aux pressions des organismes de défense des droits de l'homme, mais aussi de l'ANC, l'Onu décide d'exclure l'Afrique du Sud de toutes les compétitions internationales. Tous les rugbymen du monde souffrent de voir leur sport pris en otage. Pourtant, bien que reconnaissant que l'équipe des Springboks est probablement la meilleure de la planète, tous respectent cette mise au banc de principe.

Quelques écarts au boycott font cependant tache sur l'honorabilité de certains. Des joueurs français de renom, aveuglés par l'appât du gain et de viles complaisances, se rendent en Afrique du Sud en 1989, avec l'aval tacite du président de la Fédération de l'époque. Cet homme de réseaux, autoritaire, qui entretient alors des contacts secrets avec Dannie Craven, son homologue sud-africain, envoie sans scrupule plusieurs de nos internationaux en terre d'apartheid, à titre « individuel » puisqu'il est officiellement interdit aux équipes de partir. En toute illégalité, ces joueurs dissidents rejoignent alors d'autres rugbymen anglais, néo-zélandais ou australiens grassement payés pour former à la sauvette une ridicule sélection mondiale censée divertir les Springboks. En leur temps, ces tristes compromissions ont apporté une précieuse caution au pouvoir blanc de Pretoria, trop heureux de déjouer à cette occasion le boycott en vigueur.

Le grand retour des Springboks

Mise au ban, montrée du doigt par la planète entière, l'Afrique du Sud des dictateurs a tenu bon pendant presque cinquante ans... Pour céder en 1982. Errol Tobias devient le premier Springbok noir ; à sa libération en 1990, Mandela signe un accord historique avec De Klerk, avant d'être élu président quelques années plus tard ; *Di Stem* est remplacé par un hymne multiracial et, en 1995, l'Afrique du Sud organise la troisième Coupe du Monde de rugby. Putain de revanche !

Une autre revanche aurait pu être la présence du joueur noir Chester Williams dans l'équipe sud-africaine, en finale de la Coupe du Monde à l'Ellis Park de Johannesburg, contre la Nouvelle-Zélande. Ce jour-là, Nelson Mandela, qui connaît le poids des symboles, arbore fièrement le maillot des Springboks dans le temple de la culture populaire afrikaner, et remet le précieux trophée à François Pienaar, le capitaine sud-africain. On a alors la faiblesse de croire que la victoire est bien celle de tous les Sud-Africains, que le rugby ne sera plus jamais le sport des blancs racistes et ségrégationnistes. Illusions ! Cent ans d'endoctrinement, de propagande, de conditionnement et de peurs ne s'effacent pas, hélas, du jour au lendemain. Ce qui est d'abord apparu comme un pied de nez à la longue tradition d'intolérance s'est révélé être une grotesque manipulation médiatique. On a très vite appris que Chester Williams n'était qu'une caution, un « quota noir » au sein de l'équipe, afin de rassurer la communauté internationale et faciliter les campagnes publicitaires. Quelque temps plus tard, il a lui-même raconté comment ses propres coéquipiers le traitaient de « sale Noir », pendant que les commentateurs enthousiastes vantaient l'esprit de cette équipe springbok, censée incarner la nouvelle Afrique du Sud à la veille de la Commission Réconciliation et Vérité.

Depuis, les Springboks vivotent, alternent les bonnes performances et les années de disette, tentent péniblement de trouver l'équilibre dans un monde qui semble avoir changé trop vite pour eux. À la fin des années quatre-vingt-dix, l'arrivée à la tête de l'équipe nationale de Nick Mallett, un entraîneur formé à Oxford et à Paris, a changé un peu les mentalités. Sous son mandat, les Springboks ont joué un jeu enlevé, sans pour autant sacrifier les fondamentaux du combat. Les Springboks sont redevenus grands avec une série de vingt-six test-matchs sans défaite. Puis ils se sont remis à perdre.

Aujourd'hui, l'Afrique du Sud se reconstruit. Les Afrikaners aiment toujours autant le rugby. Les Springboks ne sont plus les ambassadeurs d'un racisme d'État, mais ils ne sont pas encore le reflet d'un pays multicolore. Les rugbymen sud-africains sont finalement retombés dans l'anonymat. Pour les trente-cinq millions de Noirs du pays, cela n'a aucune importance.

Voir : ELLIS PARK, LIONS, WORLD CUP.

Stade Français

Avec huit titres de champion de France avant 1908, le Stade Français fut le grand club de la préhistoire du rugby français. Et puis le fanion se fana, et le club tomba dans l'oubli.

Un siècle plus tard, à l'aube des années 1990, un homme entreprit de redonner au Stade Français son lustre d'antan. Avocat, puis chanteur devenu patron de la radio NRJ, attaché de presse de Dalida et accessoirement passionné de rugby, Max Guazzini fit une entrée fracassante dans l'univers vieillot et conservateur de notre Ovalie hexagonale. Pendant des années, on s'en moqua beaucoup, pas forcément pour les bonnes raisons. Son empressement à rendre clinquante et séduisante cette vieille boutique, son mauvais goût mégalomane et ses méthodes de marchand de soda à la mode lui valurent très vite une pluie d'inimitiés. Copain des politiques, des journalistes et des gens du show business, Max Guazzini attira facilement méchancetés et jalousies dans un milieu habitué aux blagues grasses et aux présidents en vilains pantalons de velours. Il faut dire que les pom-pom girls, les marraines hollywoodiennes et les soirées branchées paraissaient un peu prématurées alors que l'équipe se débattait dans la fange des petites divisions avec une galerie de mercenaires venus finir leur carrière dans le lucre...

Les premières années de l'épopée furent longues et difficiles. Quand une équipe parisienne composée de vieilles gloires et dirigée par un milliardaire rose se rend dans les fiefs ovales de nos campagnes, l'accueil est rarement courtois. Mais Guazzini s'avéra fin stratège, redoutable homme d'affaires et remarquable meneur d'hommes. Fort d'une inébranlable foi dans son projet et porté par la vague du professionnalisme, alors que le rugby français n'avait pas encore effectué sa mue, il dynamita tous les codes et prit de vitesse le sens de l'histoire. Après quelques recrutements grotesques, l'équipe finit par obtenir des résultats, gagnant ainsi sur le terrain le crédit sportif sans lequel toutes les provocations de communication se couvrent immanquablement de ridicule. Le déclic eut lieu avec l'arrivée aux platines de Bernard Laporte, un jeune entraîneur sans expérience, ex-capitaine de Bègles à l'époque de la tortue championne de France. Le Stade Français, galvanisé par les railleries et aidé par la conséquente fortune personnelle de Guazzini, gravit chaque année les échelons pour finalement rejoindre l'élite de la première division en 1998.

Comme à chaque intersaison, une armée de nouveaux joueurs furent recrutés, parmi lesquels quelques perles encore méconnues, comme Diego Dominguez, Christophe Dominici, Peter de Villiers ou Sylvain Marconnet. L'irrésistible ascension du club se solda par un incroyable titre de champion, fait unique pour un promu. Il fallut bien dès lors prendre ce club au sérieux. Enfin reconnu, ayant mis tout le monde à l'heure sur le pré, le Stade Français ringardisa en deux temps trois mouvements le reste du rugby français encore englué dans ses vieux principes hérités de l'amateurisme. Historiquement, Paris prit souvent le flambeau des temps modernes. Le PUC eut ses impertinents universitaires qui saluaient le public en baissant leur short et en chantant paillard. Le Racing, avec son élégance toute bourgeoise, osa le nœud papillon rose lors de la finale de 1987. Le Stade Français a enlevé le short et le papillon. Il a mis de la modernité dans la tradition.

De l'entrée au stade gratuite pour les femmes aux maillots roses, en passant par le fameux calendrier des « Dieux du Stade », on assiste pantois à une révolution d'images pas toujours facile à accepter. Quitte à sembler vieux jeu, je préfère la représentation classique du pilier couvert de boue aux yeux faussement lubriques, torses épilés et fesses en l'air sur papier glacé. Il faut sans doute convenir que pour gagner en popularité et en rentabilité, le rugby est contraint désormais d'être une entreprise de spectacle. Cela ne me réjouit pas.

Pourtant, avec ses outrages et ses contre-pieds à l'orthodoxie ovale, le Stade Français a comblé un vide, parvenant à réaliser quelques prouesses, comme remplir le Stade de France pour un match de championnat. Grâce à ce club, un public nouveau s'intéresse désormais au rugby, plus jeune, plus féminin, plus urbain, ce qui par extension fait bien les affaires de tous les autres clubs de France.

Si le triomphe des paillettes et du marketing m'est plutôt désagréable, je respecte au plus haut point l'aventure sportive. Celle du Stade Français est remarquable. Guazzini et les entraîneurs qui se sont succédé à la tête de cette équipe ont construit une identité forte, où la force de caractère, l'exigence, le courage et la fraternité occupent une place bien plus grande que le barnum show-biz qui entoure le club.

Les hommes passent, la république reste. Depuis 1998, le Stade Français a remporté cinq titres de champion de France, disputé deux finales de Coupe d'Europe et fait éclore de nombreux talents, français ou étrangers. La victoire de Guazzini est là.

Voir : CALENDRIER, IMAGES, PROFESSIONNEL, PUC, RACING CLUB DE FRANCE.

Supporters

Jamais un groupe de gens ne m'a inspiré à la fois autant de tendresse et d'agacement. Être rugbyman, c'est se donner en spectacle tous les dimanches à des anonymes qui paient pour s'asseoir dans un stade. Malgré soi, on les divise en deux catégories : les nôtres, sympathiques ; les autres, odieux.

Jouer devant des supporters passionnés venus pour encourager leur équipe est un plaisir immense. La joie, quand elle vient des tribunes, donne du courage, le goût du risque et de l'initiative. Les applaudissements et les chœurs sont des drogues phénoménales pour les joueurs. Un public qui chante rend son équipe invincible. Il stimule la créativité du sobre, rend l'égoïste généreux. À son tour, le joueur offre ce qu'il a de meilleur, sa force, sa puissance, son humanité.

Je me souviens de cette famille toulonnaise qui se déplaçait en camping-car aux quatre coins de France pour suivre l'équipe, tous les dimanches, d'août à mai. Après le match, ils venaient simplement nous féliciter quand on avait gagné, ou nous dire que la vie ne s'arrêtait pas quand on avait perdu. On se disait qu'il fallait mériter cette fidélité, que notre bonheur était aussi le leur.

Pendant les phases finales, des petites gens sacrifiaient leurs économies pour venir aux rencontres, d'autres restaient chez eux en priant pour qu'on atteigne la finale, synonyme de voyage à Paris. Il m'arrivait de ne pas comprendre cette ferveur, d'être gêné par certains témoignages d'affection. Mon respect était immense.

Mais comment savoir ce qu'ils devenaient une fois assis dans les tribunes ? Et si ces mêmes gens se mutaient en idiots fielleux ? Le stade est aussi un rendez-vous de grands cons. Assis sur le banc de touche, dos à la tribune, j'ai passé quinze ans de carrière d'entraîneur à entendre les grossièretés les plus viles, à voir des visages déformés par la colère. Celui qui, protégé par un grillage, lâche la fiente de sa bêtise sur les joueurs du camp opposé, ou sur l'arbitre, est exécrable. Les peureux puisent leur audace dans l'anonymat de la foule. Quand la tribune gueule la laideur, le bel événement se délabre.

Et puis il y a tous ceux qui croient que leur équipe est invincible, que les autres maillots sont des ennemis, et que le fait d'« être chez nous » donne droit au dernier mot... Ils sont le plus gros de la troupe, et on les aime malgré leurs mauvais réflexes et leurs faiblesses. Sans eux, on ne serait pas grand-chose. Que c'est beau une tribune pleine qui applaudit...

***

> « Oh ! le beau dimanche après-midi passé à Charléty ! La tribune est clairsemée, c'est vrai, mais unique de par sa fréquentation.

« Trois rangs devant moi, assise, me tournant le dos, une silhouette. Anonyme, sans signe vestimentaire particulier d'appartenance à l'un ou l'autre club, mais habillée de facture légèrement british, avec couvre-chef évident. Et le match qui se déroule, convenu, pas un marron, peu de contestation, arbitrage d'école, punissant à mon avis les fautes équitablement. Le genre d'arbitre qui fait le désespoir des hurleurs du dimanche après-midi.

« C'est alors que survint l'incident. Imprévisible. Une banale pénalité de plus accordée aux Pucistes au milieu du terrain vers la fin du match, score acquis depuis longtemps. Et soudain, l'incroyable “AUX CHIOTTES L'ARBITRE” ! ! !

« L'auteur de cette invective d'un autre temps était là, devant moi. Pas un geste n'accompagna ce message adressé à la victime. Pas un bis non plus. L'incorrection parfaite dans la dignité. Quelques têtes se tournèrent bien vers l'auteur de cette audace, mais la stupéfaction, mêlée d'une forme de respect, l'emporta sur une possible réprobation.

« Admiratif, j'étais complètement admiratif. Ainsi, en l'an 2000, dans une tribune de stade, un homme, courageux, à découvert, se permettait de remettre à la mode cette suprême injure destinée à un membre du corps arbitral. Imaginez ce même homme, installé dans les mêmes conditions dans les arènes bétonnées de la Porte Saint-Cloud, au milieu des hurleurs, crânes rasés et torses nus, transpirant la haine. Inimaginable, heureusement.

« Monsieur, c'est à vous que je m'adresse à travers ce message de reconnaissance. Monsieur, je tiens à vous remercier pour ce cri venu du fin fond des âges, du temps ou les tribunes des stades étaient en bois, les crampons et les ballons en cuir. Vous m'avez fait rajeunir et je vous convie à revenir une prochaine fois, au même endroit, à la même place. C'est alors que je serai derrière vous, attendant l'instant suprême où l'arbitre va faire une fausse note avec son sifflet, pour que vous lanciez votre inoubliable et finalement indémodable "Aux chiottes l'arbitre", que je suis prêt à reprendre à l'unisson » (Robert Chabert, supporter du PUC, lettre publiée dans la *Gazette du PUC* en octobre 2000).

Voir : ARMS PARK, EDEN PARK, ELLIS PARK, MAYOL, MONSIEUR L'ARBITRE, MURRAYFIELD, TRIBUNE, TWICKENHAM.

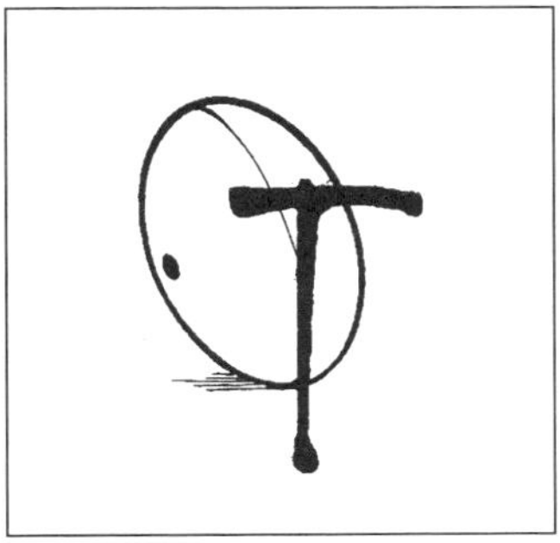

Talonneur

C'est le numéro deux, et on l'appelle le « talon ». Dans la mêlée, au cœur de la première ligne, épaulé par ses deux piliers, c'est lui qui talonne le ballon afin de l'orienter vers son camp et ainsi fournir au reste de l'équipe une précieuse munition. Le talonneur est un locataire de la mêlée, posté sur la ligne de front, là où le corps à corps avec l'adversaire est le plus âpre, là où la force, la roublardise et les simulacres sont les plus sûrs amis.

Ce joueur est une clé de voûte qui encastre sa tête dans les lignes adverses, avec le risque permanent de se la faire concasser. Les piliers, ses inséparables acolytes dans la mêlée fermée, le soutiennent comme par devoir impératif. Ensemble, le reste du pack d'avants dans leur dos, ils attaquent bille en tête la première ligne adverse, donnent le ton de cette fondamentale phase de jeu. Fléchi sur ses appuis, privé de ses bras qu'il enroule autour des épaules des piliers, le talonneur commande l'assaut d'une simple impulsion de torse. De cet élan, bref mais décisif, dépend la qualité de la mêlée et le gain de la balle. Une entrée en mêlée bien négociée et c'est toute l'équipe qui va de l'avant, impatiente de lancer l'offensive. En revanche, une hésitation, un à-coup avant l'impact, et ce sont les fondations qui flanchent, l'édifice qui menace de s'écrouler.

Le talon est le taulier de la mêlée, il y est chez lui ! Mais sorti du magma obscur où rognons et côtelettes se font bousculer, il doit savoir se faire orfèvre dans l'épreuve de la touche. Taillé pour les remises en jeu de toutes natures, le talonneur devient lanceur. Il préside l'alignement où les avants des deux équipes se font face, et lance le ballon vers un sauteur désigné par un code secret. Les mains délicates au service d'un geste précis, l'œil aiguisé pour anticiper les fréquentes renardises dans les airs, le talonneur est confronté lors de chaque lancer à une équation complexe. Un peu molle, la balle sera interceptée, un peu haute et le joueur visé sera lobé, trop tendue et elle lui arrivera dans les testicules... Dans tous les cas, le moindre accroc, la moindre erreur de coordination compromet dramatiquement l'issue de la touche.

Maître Talon ! Gaillard, agile, figure de proue du combat, le talonneur des temps modernes s'est également imposé comme un acteur majeur du jeu de mouvement, comme un fondu du pilonnage, un stakhanoviste des courses de soutien.

Keith Wood, le talonneur irlandais, incarne à lui tout seul cette nouvelle dimension du poste. Cabossé du casque, morfalou du coup de courge, il défend sauvagement en bout de ligne, charge aux quatre coins du terrain et va jusqu'à marquer !

Le talonneur est un grand frère pour tous, et n'a souvent guère à forcer son talent pour prendre la casquette du leader, le brassard du capitaine. On ne compte plus les talonneurs, présents ou passés, à la tête des grandes équipes internationales : des All Blacks Andy Dalton et John Fitzpatrick, jusqu'aux Irlandais Keith Wood et Fitzgerald, sans oublier bien sûr les valeureux coqs gaulois que sont Philippe Dintrans, Daniel Dubroca ou encore Raphaël Ibanez.

Le talon, avec les spécificités qui caractérisent son poste, ne peut se trouver qu'à une seule place, quelle que soit la phase de jeu : devant ! Il est en cela un joueur unique, derrière lequel se cache souvent un homme à part.

Voir : CHARBON, FRACHAN, MÊLÉE, PILIER.

Tambour

Quand un joueur de rugby est traité de « tambour », ce n'est généralement pas pour son sens du rythme, mais pour sa capacité, et surtout son entêtement à percuter et à taper dans les défenses adverses en toute circonstance. Même si la logique élémentaire voudrait que l'action se termine par une passe ou un crochet !

Tampon

Le plaquage est l'essence du rugby. Ce geste est apprécié par les fins connaisseurs du jeu, il s'étudie, se raconte, se décline en maintes variantes. Quand le simple amateur ne pourra citer qu'une paire d'essais de légende, l'authentique amoureux de rugby sera lui certainement capable de retracer les plus beaux « tampons » de l'histoire. Les rugbymen ont dans leur dialecte une foule de mots pour parler de plaquage, et s'il se mesure en secousse, le tampon est indéniablement en haut de l'échelle de Richter.

L'origine du mot est peut-être à chercher vers le tampon d'encre qui s'abat lourdement sur les papiers administratifs. L'impact résonne dans le guichet et la feuille de papier frétille une fraction de seconde avant de repartir marquée vers son propriétaire.

En rugby, le tampon est donc un plaquage particulièrement virulent, qui fait mal au corps et à l'âme. Il désagrège le porteur du ballon, le retourne dans son camp comme une crêpe, le disloque sans pitié. Il est à la fois un indicateur de l'état d'esprit du joueur qui l'inflige, et une mine anticonfiance pour celui qui le subit. Cette intervention défensive meurtrière prend sa source dans l'agressivité du plaqueur, sa volonté de

sacrifice, mais aussi sa capacité à inverser les forces. Plus l'attaquant se présente à grande vitesse et plus le tampon est dévastateur.

Le geste est le rêve de tout défenseur, le *passing shot* du rugbyman, l'uppercut en contre des troisième ligne ! Un vrai tampon se tente souvent, mais se réussit rarement, tant le résultat du télescopage est imprévisible : l'orientation de course du porteur de la balle, la position des jambes du plaqueur au moment de la collision, et surtout sa disposition mentale influencent toutes le cours de l'action. Si le but est bien de détruire l'adversaire, les risques de finir en bouillie sont partagés par les deux protagonistes. Il n'y a pas de tampon sans authentique don de soi.

Les experts du geste sont appelés les « tamponneurs ». Forcément courageux, ces joueurs infiniment respectés occupent souvent un rôle affectif capital au sein de leur équipe et n'ont pas besoin de beaucoup d'autres talents pour s'imposer. Par son sacrifice, le tamponneur montre l'exemple, insuffle une confiance euphorisante à ses partenaires et mine le moral de ses adversaires. Un tampon suffit parfois pour faire basculer une rencontre, donner un avantage psychologique définitif à une équipe, ou ternir l'éclat d'un joueur triomphant.

Il n'y a rien de plus décourageant pour un joueur que de regarder, impuissant, son partenaire gémir au sol tandis qu'un gaillard adverse regagne fièrement son camp sous les applaudissements de ses coéquipiers. Si, pardon, il y a une situation plus pénible encore : être le gisant, et voir s'éloigner dans le brouillard l'auteur du tampon qui vous laisse inerte, le nez dans le gazon.

Voir : BOUCHON, PLAQUER, SOLEIL.

Taper comme un sourd

C'est la contraction de « taper dans la balle comme un sourd ». Des considérations physiques et mathématiques compliquées ont prouvé qu'il n'était pas nécessaire de botter fort dans un ballon pour l'envoyer loin. Au contraire, un coup de pied délicatement fouetté dans le cœur de la balle, avec rythme et souplesse, est bien plus efficace qu'une explosion de force brute. D'ailleurs, sans même regarder le joueur ni la trajectoire de la balle, un fin connaisseur du rugby peut aisément deviner la qualité d'un coup de pied juste en écoutant. Les balles caressées avec technique fusent et absorbent l'onde de choc en silence, tandis que les violents coups de sabot sonnent comme un rebond de pastèque trop mûre. Un joueur qui « tape comme un sourd » ne sait donc pas écouter la balle qui, pour se venger de ce manque d'attention, n'ira pas bien loin.

Voir : DÉVISSER, MAMMOUTH.

Torpédo

Le botteur s'apprête à taper. Il a placé son ballon en « torpédo », c'est-à-dire très incliné vers les poteaux. L'origine de l'expression est sans doute militaire, à moins que ce ne soit un clin d'œil à la fameuse automobile des années trente qui fendait l'air grâce à son aérodynamisme révolutionnaire. Botté avec le bout de la chaussure, le ballon devenu torpille s'envole à grande vitesse dans l'espoir de gagner quelques points au terme de son aérienne trajectoire.

Totem

J'imagine qu'il doit y avoir, là-haut, un paradis pour nous, les rugbymen. On y croise des bonshommes aux têtes cabossées, arcades suturées, oreilles en choux-fleurs et nez de traviole, mais aussi des silhouettes élégantes, des poitrails bombés, des cuisses élancées. Ça sent l'après-rasage et le camphre, ça discute mêlées et feintes de passe, et parfois ça s'enflamme parce que en bas, les minots jouent une finale très serrée. J'imagine que pour entrer en ce lieu, il faut passer devant un grand totem. Je le vois en ébène et en cèdre rouge. Il porte les bribes de notre histoire ovale, il est gravé des symboles qui forgent notre mémoire. Il nous représente et nous protège.

Là, en haut, on reconnaît le visage de William Webb Ellis, avec son menton volontaire. Il se mit à courir avec la balle sous le bras, un jour de 1823, sur le terrain du collège de Rugby. Il fonça tout droit, fendant l'air du temps, provoquant le séisme. À côté de lui, c'est Thomas Hugues, le capitaine du Big Side, auteur du célèbre livre *Tom Brown's Schooldays*, où il raconte ses années d'étudiant au collège de Rugby. Il fut véritablement le premier à officialiser le port de la balle à la main. En dessous, un ballon signé William Gilbert, cordonnier dans la petite ville de Rugby, qui devint très vite le principal fournisseur en ballons du collège. Il ne serait rien sans Richard Lindon, que l'on voit juste à gauche, le premier à avoir remplacé les fameuses vessies de porc par des poches de caoutchouc, et inventeur de la pompe à gonfler. Là, on voit aussi la devanture de la Free Mason Tavern, le fameux pub situé rue de la Grande-Reine à Londres, où se tint la réunion capitale de 1863 qui décida de la séparation entre le football et le rugby en deux sports distincts. Juste en dessous, trois têtes sculptées, trois regards de sauvageons. Ce sont William Delafield Arnold, W.W. Shirley et Frederick Hutchins, tous trois adolescents. Un soir de mars 1842, dans la grande bibliothèque qui jouxte la chapelle du collège de Rugby, ils écrivirent les premières règles de notre jeu.

Tous ces hommes sont nos pères fondateurs. Un

jour, je passerai devant le grand totem, je poserai ma main sur le bois, et je leur dirai merci.

Voir : ANGLETERRE, COLLÈGE DE RUGBY, FOOTBALL, GILBERT, RUGBEIANS, WEBB ELLIS (WILLIAM).

Touche

Quand la balle sort du terrain, il faut bien qu'elle y revienne. Les pères du rugby ont eu l'idée géniale d'imposer une phase de jeu aérienne à ce sport qui se joue le plus souvent au ras du sol : la touche. Deux colonnes de joueurs prennent place à l'endroit où la balle est sortie du terrain. Le talonneur fait la remise en jeu. Une fois le ballon envoyé en l'air, branle-bas de combat ! Les corps immenses se déploient dans toute leur longueur verticale, et la forêt des longs bras s'agite pour attraper la balle. C'est la lutte des albatros aux grandes ailes !

La touche est le paradis des grands, ce qui donne au rugby sa formidable diversité de gabarits. Comme si aux premiers temps du jeu on n'avait pas su où caser les échalas, et il avait fallu inventer la touche ! L'autorisation récente d'installer un ascenseur dans chaque camp les a légèrement contrariés : les petits allaient-ils leur voler leur place ? Bien sûr que non. Les grands hommes aux larges mains et à l'envergure géante seront toujours les rois de la touche.

Et ils ne cessent de grandir ! Dans les années cinquante, des sauteurs comme Soro, Mias, Bougyon, Saux mesuraient tout au plus un mètre quatre-vingt-cinq. Du haut de son mètre quatre-vingt-six, Walter

Spanghero fut élu meilleur deuxième ligne du monde en 1966 ! Benoît Dauga, Jean-Pierre Bastiat, ou encore Estève taquinèrent les premiers l'improbable barre des deux mètres dans les années soixante-dix. Aujourd'hui, les deuxième et troisième ligne de haut niveau mesurent rarement moins...

Longtemps, les grands furent aussi mollassons, et entre le moment où ils posaient le pied droit et celui où ils ramenaient le gauche, leurs partenaires avaient le temps de mourir de faim ! À force de musculation et de nourriture protéinée, ils se sont remplumés, au point qu'aujourd'hui ils allient souvent la vitesse et la puissance à leur grande taille. Alors ils sont partout, et deviennent maintenant de véritables pièces maîtresses du jeu. Une équipe ne peut pas faire l'économie d'un grand sauteur.

Pelous et Benazzi chez les Français, John Eales en Australie, Gary Whetton en Nouvelle-Zélande et Martin Johnson en Angleterre furent des capteurs de balle homériques, des phares lumineux qui éclairent encore de leur talent les destinées de leurs équipes.

Voir : ASCENSEUR, DEUXIÈME LIGNE, FOND DE TOUCHE, PENALTOUCH

Toulon

Toulon n'a jamais tourné très rond... Ville repliée sur elle-même, abandonnée par le pouvoir, ville militaire honteuse, elle n'est pas célèbre pour les meilleures raisons...

À la fin du XVIIIe siècle, elle refuse l'aventure révolutionnaire et se jette dans les bras des Anglais. Puis vient le temps des bagnards et des galériens, avec la visite de Jean Valjean et de Javert. C'est surtout en 1942 que Toulon et sa marine pleutre se déshonorent de façon définitive. La flotte de guerre française se saborde devant l'ennemi allemand qui arrive. De la fumée noire embrume le ciel pendant plusieurs semaines et la conscience de la ville en est entachée pour des siècles. Quelque temps plus tard, Toulon est bombardée par les alliés. Nos amiraux se sabordent et nos collègues nous tirent dessus... Allez expliquer ça à une population ! Allez ensuite lui tirer les oreilles pour qu'elle respecte la loi !

Après la guerre, la ville reconstruite de façon anarchique revient à l'essentiel : le soleil, la mer et le cabanon en famille. La cité, à la fois franche et malhonnête, devient le repaire des boucaniers et des trafiquants. Chacun se débrouille avec les moyens du bord, et du petit commerçant aux hommes politiques, les Toulonnais font de la magouille un fonds de commerce. Il ne reste plus grand-chose à la ville, hormis les esclandres et les scandales, les balles perdues et beaucoup d'autres qui trouvent leur cible. Pour finir, la désespérance et la saturation laissent émerger le Front National un triste jour de 1998. Bonne nuit au fond du seau !

Meurtrie par un profond sentiment d'abandon, la ville a trouvé dans le rugby un espace où elle peut exprimer sa volonté d'exister, son désir d'être reconnue et pourquoi pas aimée. Le Rugby Club Toulonnais est un des rares emblèmes identitaires de la ville, un lien entre les générations, les classes sociales, un espoir permanent.

À Toulon, le rugby est rude et méchant comme un bagnard condamné à souffrir pour s'en sortir ; il est aussi flambeur, grande gueule et susceptible comme les cadors de la basse ville. Ici, ceux qui détiennent le savoir, les professeurs de morales ou les Parisiens suffisants, ne sont pas les bienvenus ! Face à ce club de caractère, où la loi de base est de ne jamais abdiquer, les adversaires sont toujours obligés de donner le meilleur d'eux-mêmes. Le stade Mayol, construit au cœur de la ville, invite à d'inlassables joutes viriles, où se déploient des trésors d'énergie pour prouver une fierté locale omniprésente.

Les Toulonnais ont, hélas, trop souvent pensé que le courage et la solidarité pouvaient avoir réponse à tout. L'orgueil et l'enthousiasme, poussés à l'extrême, peuvent engendrer la bêtise et la vulgarité ! Toulon démarre au quart de tour... Et traverse les tempêtes, essentiellement grâce à l'admirable fidélité populaire.

Toulon reste associée à une période particulièrement intense de ma vie, les années quatre-vingt. Après avoir joué dans ce club de nombreuses années, j'en suis devenu l'entraîneur en 1983. J'ai alors réalisé combien il est délicat de toucher à l'âme d'un peuple, de libérer en douceur ce qu'elle a de meilleur sans réveiller ses sombres travers. À Toulon, l'âme des guerriers est le refuge ultime.

Lors de la première réunion avec mes joueurs pour élaborer les options de jeu de la saison à venir, ils acceptèrent après une nuit de palabre de faire un compromis : « Quatre qui jouent, quatre qui tuent », au lieu de la traditionnelle « horde sauvage ». L'avancée était prodigieuse !

La première saison fut décevante. Je fis alors embarquer ma troupe de Rouge et Noir dans un avion, direction la Nouvelle-Zélande et l'Australie. Je sentais qu'il était devenu vital de les éloigner du quartier, des collègues et des parties de boules. Il était l'heure de partir sur les routes du monde pour mieux le comprendre, l'heure de ne plus simplement jouer au rugby pour se prouver qu'on existe, mais plutôt pour se régaler.

Au retour du voyage, les avants avaient gagné en sagesse, sans pour autant perdre leur goût du combat. Manu Diaz, Bernard Herrero, Gilbert Doucet, Éric Champ ou Thierry Louvet s'affirmèrent comme de grands joueurs, respectés sur tous les terrains de France. À l'arrière, les chevaux des bielles de Jérôme Gallion se débridèrent, Christian Cauvy, Jérôme Bianchi et Alain Carbonnel transpercèrent les défenses. L'équipe tout entière grandit.

Pour éviter les risques d'implosion qui guettent les sociétés endogames, je recrutai alors quelques joueurs venus d'ailleurs : Éric Melville, l'immense Sud-Africain, qui nous apporta la droiture et la discipline anglo-saxonnes ; Jean-Charles Orso et Éric Fourniols qui pacifièrent les tempêtes grâce à leur humour et leur talent.

***

À Toulon, le rugby était une aventure pour des hommes qui attendaient le match du dimanche comme les prélats attendent la messe. La passion populaire transformait tous les week-ends le stade Mayol en lieu de fête, et notre bonheur semblait toucher le cœur des gens. Le soir du 2 mai 1987, le Rugby Club Toulonnais décrocha le Bouclier de Brennus. La ville hissa le grand pavois et osa même pleurer.

Voir : MAYOL, FINALE, VICTOIRE.

Toulouse

Toulouse a toujours tenu le rôle de capitale des terres du Sud. Au carrefour de tous les courants d'air, elle n'a fermé ses portes à aucun vagabond et s'est enrichie de toutes les influences. À Toulouse, on a toujours su tendre la main aux hommes bourrus descendus des Pyrénées, comme à ceux arrivés penauds des glèbes du Massif central et de la Montagne Noire.

Terre ovale magistrale, la région de Toulouse possède une flopée de bons clubs, mais c'est sur l'emblématique Stade Toulousain que se concentre tout son amour. Ce club est grand, très grand. Jamais enfermé dans une manière de jouer, son pouvoir d'adaptation a vaincu tous les dogmes et tous les adversaires. Quand sa force est devant, Toulouse mise sur le combat et la conquête pour mordre le Bouclier de Brennus ; quand sa cavalerie de purs-sangs prend les rênes, Toulouse attaque tant et plus ; et quand ils sont à court d'idées, les Toulousains s'appuient sur une grosse défense et un buteur qui enquille tout. Voilà !

Toulouse, malicieuse et réfléchie, sait se nourrir des autres autant qu'exploiter leurs faiblesses. Noble ambassadeur d'une ville universitaire légitimement fière de ses chercheurs, le Stade Toulousain a sanctifié l'intelligence. Dans ce sport de bourrins, il est souvent plus malin de contourner que de défier, de filouter que d'affronter, et ce trait de caractère de Toulouse lui a valu bien des victoires.

Grâce à une formation exemplaire et un recrutement judicieux, Toulouse a enfanté des trois-quarts merveilleux, ce qui lui a permis d'élaborer un système de jeu très novateur. On ne compte plus les attaquants de classe qui se sont succédé dans les rangs toulousains, de Charvet, Bonneval et N'Tamack à Deylaud et Codorniou. À Toulouse, à la différence de nombreuses autres citadelles, ce ne sont pas les coups bas et les rations de poires qui pleuvent sur les adversaires, mais plutôt les courses rectilignes, les relances du fond de prairie, et de magistraux numéros de jonglage interprétés à l'unisson.

Cette morale fait aussi partie de la culture du club. La liste des hommes de grande droiture qui ont marqué le rugby d'après-guerre en France est d'ailleurs parsemée de Toulousains magnifiques. Bergougnan et Barran ont su apporter de la majesté au jeu, Jean Fabre n'a eu de cesse de glorifier la loyauté — ce qui lui a coûté cher dans sa conquête de la Fédération —, Walter Spanghero a porté à son pinacle le sens du sacrifice et Jean-Pierre Rives incarne encore le modèle du capitaine.

Dans la décennie quatre-vingt-dix, Toulouse règne en maître sur le rugby français, remportant six titres en dix ans. Mon club de Toulon s'est souvent retrouvé sur sa route, et nous avons disputé les uns contre les autres deux finales resplendissantes. J'en garde le souvenir ému et douloureux du vaincu, mais il n'y a pas de honte à être battu par le talent.

Voir : MATCH, VILLEPREUX (PIERRE).

Tournée

C'était en 1958, j'avais dix ans et je regardais la télévision chez une voisine. Aux actualités, on nous donnait des nouvelles de l'équipe de France, alors en tournée en Afrique du Sud, un pays lointain dont je venais d'apprendre l'existence. On nous montrait quelques rares images de match, puis des joueurs en tenue safari, entourés d'antilopes au Kruger Park, ou en train de danser avec des Zoulous et de manger des steaks de zèbre. Les commentaires élogieux vantaient les performances de nos Bleus et il me semblait entendre là le récit d'une légende où s'affrontaient des demi-dieux. C'était l'*Iliade* et l'*Ovalie* !

Les tournées ont longtemps revêtu cet aspect épique et rare qui a fait rêver tous les amateurs de rugby du monde. L'équipe de France partait pendant des mois sur les glorieuses terres de rugby des antipodes et les nouvelles de ses exploits ou déroutes arrivaient avec plusieurs jours de retard. Certaines de ces expéditions restées célèbres ont marqué la mémoire collective de l'Ovalie française, comme justement celle de 1958 en Afrique du Sud, ou celle de 1979 au cours de laquelle la France battit pour la première fois la Nouvelle-Zélande, le 14 juillet, date hautement symbolique ! Exceptionnelles, inattendues, les tournées ont longtemps constitué les seules rencontres entre les équipes européennes et celles de l'hémisphère Sud, puisque en dehors du Tournoi des Cinq Nations, le rugby mondial n'a pas eu de compétition officielle jusqu'en 1987, date de la première Coupe du Monde. Les tournées faisaient tout bonnement vivre notre planète ovale qui, si chèrement attachée à son esprit fraternel et égalitaire, redoutait la compétition et son corollaire, la hiérarchisation.

En tournée, les matchs étaient toujours amicaux, et plus que de confrontation, on parlait de rencontre.

Tous les deux ou trois ans, une équipe de l'hémisphère Sud (Nouvelle-Zélande, Australie ou Afrique du Sud) nous faisait l'honneur de sa présence en Europe, puis, des mois plus tard, le XV de France ou d'Angleterre préparait ses valises et s'embarquait pour une longue aventure de plusieurs semaines de l'autre côté du monde. On ne savait jamais quand l'événement allait se produire, car il n'y avait ni calendrier ni organisation officielle des allers-retours entre le Nord et le Sud. Les tournées s'annonçaient quand on n'y croyait plus. Tout à coup, on apprenait que les All Blacks ou les Springboks arrivaient en France ! On les accueillait en héros auréolés de mystère, et l'on regardait nos Bleus partir là-bas comme des aventuriers prestigieux, eux qui avaient le privilège d'aller porter les couleurs de la France au bout du monde. La tournée, c'était justement le moment où être « international » prenait tout son sens : à quoi sert d'être en équipe de France si l'on ne joue pas contre d'autres pays ?

Depuis la première Coupe du Monde, le paysage du rugby mondial a changé. Nous sommes entrés dans une ère moderne, où la médiatisation du jeu nécessite de nouvelles compétitions, des enjeux forts, des hiérarchies. En quelques années à peine, on a vu éclore la Coupe du Monde, la Coupe d'Europe, le Super Twelve et le Tri Series, qui sont venus combler un vide que les tournées remplissaient à leur manière. De fantasmatiques elles sont devenues institutionnelles, et chaque année, les équipes du Nord et du Sud se croisent au printemps et à l'automne, lors de leurs fins de saison respectives, pour deux ou trois test-matchs qui servent de préparation aux grandes échéances internationales.

Les amateurs se réjouissent toujours d'aller au Stade de France pour voir jouer les All Blacks, mais devenue prévisible et régulière, leur présence en France a perdu de sa magie. On connaît bien leurs joueurs, on a l'habitude de les voir à la télévision. Notre imaginaire ovale se nourrissait de l'invisible, il est maintenant saturé de reportages et d'informations sur tous les championnats, sur toutes les équipes.

Longtemps, les tournées étaient bien plus qu'une affaire de technique, à quoi elles sont aujourd'hui réduites. Elles rimaient avec aventure, découverte et partage. Aujourd'hui, les clubs perpétuent tant bien que mal cette saine tradition, eux qui en ont si longtemps été privés, par manque de moyens. Sur le modèle du PUC, grand précurseur des tournées de club, puis de Toulon où j'ai mis un point d'honneur à faire partir ensemble les joueurs dans les années quatre-vingt, on voit aujourd'hui des clubs français aller découvrir l'hémisphère Sud, ayant sans doute compris que le voyage collectif ne peut que faire du bien à un groupe, aiguisant sa curiosité et resserrant les liens. L'aventure sportive de haut niveau, contraignante et très exigeante, réclame des appels d'air ! Tout ce qui donne à l'équipe une stimulation nouvelle, un petit supplément d'âme, la rendra sans doute plus forte.

Voir : LALANNE (DENIS), VALIDE.

Tournoi des Six Nations

Le Tournoi est un « papet » dont on ne demande plus l'âge. Les Français affirment qu'il est né en 1911, car ce fut la première fois qu'ils y participèrent. Les Anglais, de leur côté, datent sa naissance en 1947, comme si avant les Français ne valaient pas tripette et ne servaient que de *sparring partners* !

Le premier vrai Tournoi des Cinq Nations eut lieu en 1920, mais ne devint en France un événement social que dans les années cinquante. Chaque année, quatre samedis d'hiver, le rugby s'affirmait comme la plus belle récréation populaire, ensoleillée par les dithyrambes de Roger Couderc. La France découvrait alors à l'occasion du Tournoi ce jeu étrange où l'on cache la balle autant qu'on la montre, où les hommes s'entassent et se distribuent parfois de beaux marrons. Où l'on peut surtout battre les Anglais ! De Gaulle, qui s'intéressait au jeu, s'insurgeait que les matchs soient toujours arbitrés par des Britanniques !

Le Tournoi des Cinq Nations — France, Angleterre, Écosse, Irlande, pays de Galles —, devenu en 2000 celui des Six Nations avec l'intégration de l'Italie, est une erreur de sens : il n'y a en fait que quatre nations, l'Angleterre, l'Écosse et le pays de Galles constituant le Royaume-Uni. Mais pour les amateurs de rugby, ce sont bien six nations ovales qui se confrontent, chacune avec son histoire, son esprit, sa culture. Le Tournoi est une rencontre chevaleresque entre six mousquetaires de panache, qui donnent à l'Ovalie européenne tout son lustre et sa renommée.

Il arrive chaque année à la même époque, pendant l'hiver. Au tournant de janvier, on commence à s'impatienter. On attend février comme Noël ! C'est notre défilé haute-couture à nous, où l'on observe à la loupe les nouveautés, où l'on décortique les nouveaux talents. Le Tournoi se goûte, se déguste, se vit dans l'instant.

Peu de gens se rappellent d'ailleurs l'allure qu'il avait l'année précédente, tant on se fiche du résultat. Du Tournoi, on connaît le vainqueur, on le salue, on l'encense s'il remporte tous les matchs, ce que l'on appelle « faire le Grand Chelem »... Le reste importe peu, comme un ersatz de cet esprit unique du rugby, qui vante la fraternité avant toute chose. Du Tournoi, seuls restent les exploits ! Et peut-être le plaisir d'une première place, qui donne pendant cinq minutes un peu plus de goût à la première bière bue après le match.

Le Tournoi écrit les noms des plus beaux joueurs de l'année au fronton de la renommée, puis les efface bientôt. Il vit dans l'éphémère de quelques courses magiques et actes de bravoure qui font sa légende. Habité par le mystère de la résurrection, il devient sans peine une grand-messe, qui réunit la communauté des fidèles ovales.

Chaque année, ce sont les mêmes qui se rencontrent, au même moment, dans les mêmes stades. Le rituel est méticuleusement respecté : la France se déplace en Écosse et au pays de Galles, mais reçoit l'Angleterre et l'Irlande ; l'année suivante, on fait l'inverse.

Nous aussi, spectateurs, nous avons nos rituels du Tournoi. Les amis se retrouvent chez l'un d'entre eux, dans un salon confortable où la télévision trône au centre. On a mis des coussins par terre et tourné tous les fauteuils de la maison vers l'écran. Sur la table, les After Eight, les chips, le saucisson font bon ménage. On sort les paquets de clopes, quelqu'un offre des cigares. Il y a de la bière pour tout le monde, on s'ouvre même une petite prune maison.

On ne regarde jamais un match du Tournoi tout seul ! Il faut pouvoir parler du bel essai marqué, de la faute commise, de l'interception encaissée. Les commentaires qui fusent dans la pièce ne sont pas toujours très finauds, et se répètent à n'en plus finir, mais ils racontent le plaisir partagé. Le collègue un peu pâlot après une dure semaine de travail retrouve des couleurs dans l'atmosphère enchantée de la ripaille, de la parole qui se lâche, de l'emphase propre aux jours de match.

Les plus chanceux auront dégoté une place par leur club, la Fédération, ou un ami bien placé. La foule des bienheureux converge vers le stade... On y vient du pays tout entier, un peu moins endimanché qu'aux temps pas si lointains du velours côtelé et du béret basque, mais soigné tout de même. Personne ne vient voir un match du Tournoi sans émotion. Chacun connaît son privilège, et sait qu'il a rendez-vous avec un match qu'il oubliera sans doute, mais qui, en ce jour, est merveilleux.

Plus tard, on raconte l'ambiance, on refait le match, on élucubre sur la percée d'Untel, la passe de Machin, et le courage de tous. On se moque un peu des Italiens, qui finissent régulièrement derniers, et parviennent avec un aplomb exemplaire à faire croire aux Anglais qu'ils se sont disciplinés ! On parle, encore et encore, parce que le Tournoi, c'est une histoire de parole retrouvée. Dans le Tournoi, la vérité importe peu. Ceux qui la détiennent nous fatiguent avec leurs belles analyses. On veut de la générosité et de l'enthousiasme. Le reste, on s'en moque.

On pense déjà à l'année prochaine. Les Anglais, on les tordra !

Voir : ANGLETERRE, BARBARIANS, ÉCOSSE, IRLANDE, ITALIE, PAYS DE GALLES.

Traverser la balle

C'est un bon botteur. Précis, subtil, appliqué. Il se concentre. Ses yeux font des allers et retours autistes entre les poteaux et la balle posée devant lui. Puis ils ne la quittent plus. Ils sont comme aimantés par elle, elle qui invite au voyage vers les nuages. Ils sont attachés à elle par un fil invisible. Alors le botteur s'élance et, dans un geste large, il vient la caresser pour qu'elle prenne son envol. Il ne la frappe pas, il ne l'agresse pas. Il l'accompagne. On dit qu'il la « traverse », parce qu'il vise au-delà d'elle et que, dans la fluidité extrême de ce mouvement, elle semble alors ne plus exister.

Tribune

La prairie où jouaient nos ancêtres est devenue un stade le jour où l'on a aménagé un espace pour les spectateurs. Les tribunes sportives ne sont pas les lieux de parole où se distinguaient naguère les tribuns, mais on y vient pour exprimer sa joie ou sa colère, et toujours son amour du jeu.

Aux origines du rugby, chez les Britanniques, les spectateurs étaient issus du haut de la classe moyenne et plutôt bien éduqués. Les tribunes étaient un lieu de rencontre. On y cultivait le goût du beau jeu, le sens critique, et surtout le plaisir d'être ensemble. Cet état d'esprit a traversé le temps et les frontières, faisant aujourd'hui une des fiertés des amateurs de rugby. Sur les bancs de nos stades, on ne s'égare jamais dans le reproche ou la vindicte car les joueurs sont des copains,

ou au moins des familiers. On ne peut qu'être solidaire des fleurons de la tribu qui bataillent généreusement pour que brillent nos couleurs. Quant aux autres, ceux d'en face, ce ne sont pas des ennemis mais des partenaires de jeu, des rivaux pacifiques, des cousins venus d'ailleurs. En rugby, ce n'est pas par hasard si les grandes rencontres sont appelées « test-match ». On joue pour s'évaluer, pas pour se battre. L'esprit courtois qui règne sur le terrain se transmet aux tribunes, où l'on considère que l'adversaire n'est pas là pour prendre notre place, mais pour trouver la sienne. Il nous aide à savoir qui nous sommes. Il nous donne des nouvelles à nous-mêmes !

Jamais sur les terrains de rugby anglo-saxons, des origines à aujourd'hui, on n'entendit d'insulte sur l'adversaire, encore moins sur l'arbitre, l'homme du droit. On ne salit pas un frère, on ne moque pas la loi. Les règles sont pensées pour permettre de jouer ensemble. En Irlande, dans l'ancien Lansdown Road ou l'ultramoderne Crock Park réservé aux jeux traditionnels gaéliques, comme chez les Gallois du Millenium ou les Écossais du pré de Murray, n'ayez jamais peur d'être isolé au milieu d'une foule d'adversaires. C'est même la meilleure place ! Celui qui vient d'ailleurs y est bien accueilli. La flasque du voisin pleine d'un robuste whisky sera partagée. Si les Coqs l'emportent, le voisin tendra une main franche de félicitations ; si les siens sortent vainqueurs, il vous remerciera d'être venu.

La France est un cas original dans le panorama ovale. Au Stade de France, les tribunes n'ont pas le chant allègre et spontané des amoureux béats. On se laisse facilement aller à l'agacement et à la critique impitoyables pour nos Bleus. Mais quand l'équipe de France se lâche et flamboie, les tribunes à leur tour entonnent volontiers le chant patriotique, et des entrailles monte alors comme une récompense la clameur des bienheureux.

Les tribunes françaises entretiennent un mélange de soutien chaleureux et de vindicte goujate. Nous avons le sifflement facile, l'emportement gueulard, et le jugement sévère, même sur nos propres représentants. Vestige du temps féodal des villes souveraines, des villages endogamiques, du temps stupide où dans le plus petit hameau, on croyait être le centre du monde et forcément les meilleurs. Ce temps persiste encore un peu.

Le championnat qui se joue en France classe les clubs du premier au dernier. C'est ce qui a longtemps transformé le désir de se rencontrer en une volonté de dominer l'autre. Chaque fois que le résultat prime, la tribune remontée par l'envie de vaincre risque de s'enlaidir de trop de jalousie. Elle gronde, et ce grondement vire au beuglard. La bêtise se nourrit bien du pot de fiel et des tartines de haine. Les vociférants vindicatifs prennent la parole et voilà la tribune devenue tribunal, on juge et on accuse, et pour finir, on crache des insanités qui font pleurer les amoureux du rugby et de sa culture.

Fort heureusement, l'époque est davantage au respect de l'adversaire, de l'arbitre, des visiteurs, tous ceux qui passent à la maison et l'embellissent en l'invitant à être meilleure.

Voir : SUPPORTERS.

Tripes

On dit d'un joueur très courageux qu'il joue avec ses tripes. Comme si son cœur descendait dans son ventre. Comme s'il n'était plus alors affaire de raison et d'esprit, mais d'une vibration primitive, instinctive, toute-puissante. Jouer avec ses tripes, c'est n'être plus qu'un corps tout entier dédié à la cause commune, un corps dont on aurait coupé la tête, elle qui pourrait douter, remettre tout en cause, apercevoir enfin l'absurdité de tout cela. Jouer avec ses tripes, c'est ne se poser aucune question. Ou peut-être faut-il avoir les boyaux à l'air pour prouver sa détermination... Quoi qu'il en soit, au rugby, d'après la légende, on gagne avec ses tripes, bien plus qu'avec sa tête.

Certains rugbymen phallocrates situent les tripes encore plus bas que le ventre, comme si le courage et la générosité étaient des valeurs exclusivement masculines. Il va sans dire que nous ne les suivons pas sur ce terrain nauséabond.

Voir : COURAGE, FÉMININES, MOUILLER LE MAILLOT, VAILLANT.

Trois-quarts centre

Dans toute structure vivante, et Dieu sait que l'équipe en est une, celui qui est au centre occupe forcément une fonction vitale. Les trois-quarts centre sont les deux joueurs flanqués des numéros 12 et 13, placés au cœur des lignes arrière, après le demi d'ouverture et juste avant les ailiers. Schématiquement, ils sont des « accélérateurs de choix », directement liés aux décisions prises par l'ouvreur. Ils doivent choisir entre le jeu de contournement à base de passes et d'évitement, et le défi physique pour avancer en créant un regroupement dynamique.

En France, pendant près d'un siècle, on aima plus que tout les voir cadrer, fixer, passer et déborder avec la grâce des dandys athlétiques. Une sérieuse préférence pour le contournement, plus spectaculaire, leur valut le doux qualificatif d'« artistes » ! Esseulé dans un monde anglo-saxon pragmatique et rigoureux, le rugby de France, avec sa sève latine et libertine, concentra dans le jeu de trois-quarts centre tous ses rêves de romantisme rebelle. La France fut donc de tout temps une patrie de grands trois-quarts centre, de Baillette à Castaignède, en passant entre autres par Charvet, Sella ou Crabos. Quiconque se rappelle de Jean Dauger vous dira qu'on ne savait plus quoi admirer chez lui tant tout était admirable ! Ses courses ondulées, ses yeux qui voyaient l'adversaire sans jamais le regarder, ses mains capables de toutes les délicatesses, ou ses épaules farceuses qui racontaient des histoires que ses bras ne suivaient pas...

Les frères Boniface firent l'apologie de l'intuition, des œuvres sculptées par un seul mouvement de poignet, des gestes audacieux parce que uniques, comme guidés par le souffle magique des affinités fraternelles. Dans les années soixante-dix, Jo Maso et Didier Codorniou infligèrent aux trois-quarts britanniques ce qui leur fait défaut depuis toujours : la magie, la fluidité, l'art de la fixation et du temps juste, cette minutie dans le toucher de balle qui ne s'apprend pas. Leurs adversaires cherchèrent en vain une parade pour se protéger de leur classe. Les hargneux choisirent la force, les filous la mesquinerie, mais tous finirent un jour par leur courir aux basques, impuissants, débordés, vaincus.

Sur nos terres grandirent donc des centres de légende. Tous avaient en commun une élégance naturelle, dans le geste comme dans la course, tous portaient beau et regardaient le jeu de rugby avec des yeux éclairés de mille feux. Mais le talent insolent est parfois perçu comme une insulte par les aigrelets. Les plus beaux fleurons du poste durent ainsi subir le jugement de gros dirigeants affairistes, de sélectionneurs corrompus, éventuellement revanchards, mais plus vraisemblablement incompétents. La Fédération française de rugby, trop souvent aux mains de piètres technocrates, ne supporta pas toujours le panache, l'originalité et l'indépendance de certains joueurs pourtant jalousés par toute l'Ovalie mondiale. Le trois-quarts centre français jouit donc d'une réputation singulière à laquelle le fameux french flair doit beaucoup...

Le jeu des trois-quarts centre fut longtemps associé à l'évitement, la passe et la technique. Derniers filtres dans le travail de ligne, les numéros 12 et 13 étaient les garants de la circulation, des intervalles et du style de l'offensive. Placés entre les chefs d'orchestre de la charnière et les finisseurs des ailes, ils réglaient l'attaque, amélioraient le destin d'un ballon mal négocié en y ajoutant une pincée de vitesse ou un lumineux coup de patte, et anticipaient les réactions de la défense adverse.

Ce temps-là est révolu. L'ère du professionnalisme a considérablement modifié la nature du poste, comme la morphologie des joueurs. Face à des défenses toujours plus élaborées, les trois-quarts centre ont docilement troqué leur traditionnel costume d'artiste pour une camisole de force et une paire d'œillères. Les nouveaux trois-quarts centre sont des joueurs hybrides qui œuvrent à grands coups d'épaule pour la conquête du centre du terrain. Les face-à-face titanesques ont remplacé le culte du débordement, les GI's ont chassé les dandys, et les esthètes un peu rétrogrades pleurent l'extinction d'une espèce de rugbyman sans égal.

La corporation des centres de moins de cent kilos qui

ont l'ambition de faire plus de trois passes dans le match est donc au chômage technique, emportée par l'histoire, balayée par la dictature des gros bras... On pourrait faire l'apologie de ces jeunes malabars dont les nations du Sud semblent avoir le secret de fabrication, ces gaillards aseptisés qui harcèlent les défenses à coups de tête et passent des saisons entières sans se poser la moindre question, mais, comment dire... le cœur n'y est plus !

Voir : ARRIVER À TEMPS JUSTE, ATTAQUE CLASSIQUE, CIRCULATION, CODORNIOU (DIDIER), FRENCH FLAIR, PASSE, SELLA (PHILIPPE), UMAGA (TANA).

Troisième ligne aile

Ils portent les numéros 6 et 7, et constituent dans le pack d'avants une paire de première importance. Les Anglo-Saxons les appellent les *flankers*, parce qu'ils se positionnent sur les flancs de la mêlée, en troisième ligne, collés aux fesses des piliers. La mission de ces deux joueurs consiste à être le plus près possible du ballon, dans toutes les situations de jeu, en attaque comme en défense. La balle est dans le camp adverse ? Ils sont les premiers à galoper pour la récupérer. Elle virevolte dans les mains des trois-quarts à l'autre bout du terrain ? Ils se précipitent en soutien pour prêter main-forte à leurs attaquants. Ils courent comme des dératés, avalent les kilomètres et rentrent aux vestiaires affublés de tous les surnoms : « chiens de berger », « trois poumons », « la patrouille »...

Mais leur performance ne se mesure pas pour autant

en litres de sueur. Aucun marathonien n'a jamais fait carrière à ce poste ! L'endurance, qualité primordiale des troisième ligne aile, doit impérativement être associée à une parfaite lecture du jeu et à un sens aigu des trajectoires et de l'anticipation. Car une fois sur la balle, le troisième ligne aile doit plaquer, « raffûter » et percuter pour que le jeu s'épanouisse. Tel un soldat du feu, il défie les flammes des regroupements, colmate les brèches à l'orée des mauls, rameute son cheptel à coups de casque, tamponne jusqu'à ce que le danger soit écarté. Coureur infatigable, le *flanker* est aussi abonné à toutes les phases de combat, un serviteur loyal des travaux de conquête, bref, un costaud !

Malgré ce colossal cahier des charges, les troisième ligne aile endossent souvent l'habit du coupable quand les affairent se gâtent et que l'équipe flanche. Habitués à les voir se démener sur tous les fronts, les autres joueurs en attendent la lune, ou tout au moins un rendement herculéen, comme si c'était un dû. Les observateurs, qui ont la fâcheuse tendance à analyser les défaites à partir de leurs fautes, n'hésitent pas à les traiter d'« endormis », comble de l'ingratitude...

Heureusement, à l'inverse, ils sont aussi les premiers à recevoir compliments et tapes sur l'épaule quand l'équipe gagne. Si leur rôle défensif est primordial, le jeu offensif ne peut pas se concevoir sans eux. Ils sont la garde prétorienne des gestionnaires, les soutiens prioritaires des attaques déployées, les relais dans les changements d'axe et les filets de sécurité en cas de chutes ou de glissades. Décathloniens d'Ovalie, les *flankers* doivent savoir tout faire : déborder en vitesse, esquiver en finesse, passer sur un pas ou plaquer comme des sauvages ! Comme une juste récompense, on les retrouve souvent aux côtés des ailiers au classement des meilleurs marqueurs d'essais. Le troisième ligne aile est donc un joueur complet, indispensable à la bonne marche de l'équipe.

Ce poste complexe a vu émerger deux familles de joueurs : les coureurs et les combattants. Les stratèges anglo-saxons ont choisi d'associer ces deux profils, jouant la carte de la complémentarité. Ainsi, Neil Back, le pugnace petit Anglais, se saoulait de plaquages, arrachait les ballons, grappillait quelques mètres dans la défense adverse, quand son alter ego Richard Hill traquait les grands espaces, assurait les courses de repli et multipliait les interventions dans le jeu. Les Néo-Zélandais favorisent eux aussi cette approche. Dans les années quatre-vingt, on a pu voir le brillant Michael Jones aux côtés de Gary Shaw, qui démontrait à chaque rencontre son goût des combats obscurs.

Les Français n'ont jamais réellement adhéré à cette dualité du poste. Grand pourvoyeur de troisième ligne aile de légende, le rugby français privilégie plutôt les joueurs polyvalents capables d'endosser avec le même appétit les habits de lumière ou les bleus de chauffe. Certains *flankers* français demeurent d'indiscutables références : Jean Prat à l'après-guerre, Jean et Christian Carrère dans les années soixante, François Moncla et Michel Crauste, sans oublier les grands Jean-Pierre Rives, Jean-Claude Skréla et Éric Champ. Dans les temps plus récents, Laurent Cabannes força avec un talent incomparable les portes du panthéon ovale, laissant la voie ouverte à Olivier Magne, l'imprévisible trublion que toutes les équipes nous envient !

***

Les troisième ligne aile auraient donc tous les talents ? La fée d'Ovalie avait, paraît-il, un amant numéro 6...

Voir : MÊLÉE, PRAT (JEAN), RIVES (JEAN-PIERRE).

Troisième mi-temps

La troisième mi-temps des rugbymen est un label de fête, une AOC qui fait autorité bien au-delà du monde du sport. Contrairement au cliché en vigueur, les agapes d'après-match ne sont pas qu'une caricature de ripaille grossière où strip-tease minable et chansons paillardes côtoient des flots d'alcool bon marché.

La troisième mi-temps commence en fait lorsque, d'un coup de sifflet, l'arbitre met un terme aux deux premières. L'aventure des dimanches en Ovalie ne se conclut jamais par le mot « fin », mais par un éternel « à suivre ». À partir de cet instant, le joueur quitte progressivement la bulle mystérieuse du match pour réintégrer la vie des profanes et redevenir un homme normal. C'est finalement ce sas de transformation dans son ensemble que l'on devrait appeler « troisième mi-temps ».

Le combat est fini. L'heure est aux accolades respectueuses. Les Apaches disaient : « Pour connaître ton frère, marche dans ses mocassins. » Les rugbymen du grand monde échangent leurs maillots, comme une façon de partager encore un peu de sueur avant de se féliciter dans une haie d'honneur. Il ne doit pas y avoir de solitude triste à la sortie d'un match de rugby, c'est un principe !

Le trait d'union qui sépare le terrain du monde extérieur est un espace encore habité par les émotions d'avant-match, un cocon où s'opèrent les plus belles métamorphoses : le vestiaire. Épuisés, vidés et ivres d'adrénaline, les joueurs au retour du pré viennent s'y abriter, comme dans un atelier de mécanique où chacun pourra remettre en ordre les pièces de sa carrosserie encore meurtrie. Cette intimité ne doit pas être dérangée trop vite. L'eau rince ensuite les parures de fête, nettoie les douleurs et étanche la soif. Le corps reprend vie. La parole peut maintenant revenir. La troisième mi-temps est en route.

On sort du stade comme on revient de voyage, avec cette impression étrange que la vie extérieure s'est arrêtée en notre absence. Pourtant, les voitures circulent, les gens vaquent à leurs occupations, et se fichent des deux heures qui viennent de s'écouler... Heureusement, les fidèles sont là pour accueillir les joueurs qui atterrissent en douceur. Mon père m'attendait autrefois avec une orange pelée ; puis ce furent ma copine, mes amis, et enfin ma femme et mes enfants qui célébraient nos retrouvailles avec des baisers et des accolades.

La sortie du stade, c'est encore le temps où les mots sont rares, comme prisonniers des derniers restes d'une émotion trop grande. Le joueur raconte le match par bribes, par onomatopées et l'assistance compatit. « Dur, hein... Gros match... Cassé... Ouais, mort... Fort, hein ? Devant, pas mal, les gonzes... »

Juste derrière les proches se tiennent dans l'ordre les copains, les voisins, et les supporters impatients de faire le compte-rendu de la rencontre. Saluts collectifs, pouces levés, chaque phrase construite demande un effort. Le joueur parle encore avec son corps. La tribu s'ébroue et les mots lentement refont surface.

Au bout de la rue, à l'étage d'un bistrot, les deux équipes se retrouvent au siège du club pour ce qu'il est convenu d'appeler très pompeusement la « réception d'après-match ». Photos d'équipes jaunies, trophées de cadets, sandwichs et cacahuètes servis par des bénévoles sur une nappe en papier.

Commence alors la danse des verres qui se percutent pour faire retentir le maître bruit : tchin tchin ! Selon le résultat du match, ils montent au zénith ou restent à hauteur d'abdomen. Ce n'est pas encore la boisson qui compte mais le geste et les clins d'œil. Les verres se font la bise, posent des questions, racontent l'après-midi. Derrière les verres qui se vident, le nez cabossé d'un pilier, l'œil vif de celui qui a marqué, le rot du deuxième ligne qui ne digère pas sa bière...

Les distances se réduisent, les corps se serrent à nouveau et la parole sort des cœurs. D'abord les menus dialogues où s'échangent les poncifs d'usage : « Belle équipe, hein ? On s'est fait bouger devant... Ils n'étaient pas meilleurs... Grosse mêlée... Sans buteur, tu ne gagnes plus, c'est fini ça... C'est grave le genou de Michel ? Attends, ils sont deuxièmes de la poule ! »

Et puis les rires, les grosses voix qui chambrent, la moutarde sur la veste du président... Les bras qui ne sont finalement que des cordes sensibles s'enroulent autour des épaules, et les mains racontent des deux contre un ou des mêlées écroulées. Après un match de rugby, tout le monde a quelque chose à dire, surtout s'il n'était pas sur le terrain ! Le peuple du club célèbre alors sa messe dominicale.

Dès qu'ils se serrent et se donnent l'accolade, les rugbymen ont envie de chanter. Pas pour se produire à la Scala de Milan, mais tout simplement pour être au chaud, en famille. Le répertoire est vaste et varie d'une région à l'autre. Entonnés avec passion, le *Montagnes Pyrénées* ou le *Se Canto* feraient couler une larme aux plus rustres. Dans un autre registre, la *Rirette* et le *Curé de Camaret* permettent aux plus timides de hurler des insanités en toute sécurité. Dans tous les cas, les chants sont pour les rugbymen un exutoire et un pacte d'alliance. Les hommes qui ont chanté ensemble ne se font généralement plus la guerre !

Sur un coin de zinc, l'entraîneur explique une nouvelle combinaison avec des pistaches et des olives. Plus loin, la serveuse parle tout près du numéro 8 qui aujourd'hui a pris tous ses ballons en touche. Le sol est devenu collant. Les effluves de pastis se mêlent à la fumée des cigares que les dirigeants du club aiment sortir les soirs de victoire. Les gosiers sont rincés, la parole ne fait plus guère de sens, mais elle maintient les hommes ensemble.

Un coup de klaxon. Garé devant le siège, un bus attend les joueurs de l'équipe des visiteurs. Les poignées de main, claques dans le dos, promesses de match retour sanglant sont suivies d'un clin d'œil, d'un glaçon glissé dans le col de la chemise, des remerciements du président...

Les troisième mi-temps finissent souvent comme ça. Le sas de décompression se vide et ces gens normaux qui viennent de vivre une journée extraordinaire rentrent retrouver leur famille pour le film du dimanche soir. Alors bien sûr, la légende retient plus volontiers les quatre cents coups d'Untel, « la beuverie du match aller qui a fini à la gendarmerie, sauf que le flic jouait pilar à Saint-Gaudens, alors... », la soirée au Bois après France-Irlande, les slips tartinés à la mayonnaise et les plongeons dans la fontaine du village. Il est bon d'être, au moins une fois dans sa carrière, une caricature de rugbymen en virée !

Avec ses excès de rires gras et de mises débraillées, la troisième mi-temps scelle des amitiés éphémères qu'on croit pourtant plus fortes que tout, ciment indispensable pour bâtir l'histoire d'une équipe.

Voir : BIÈRE, BLONDIN (ANTOINE), RUE DE LA SOIF.

Tronche

Le mot désigne familièrement la tête. Si vous entendez un rugbyman dire qu'il « joue en tronche », n'y voyez aucune vulgarité, il joue simplement en première ligne. Pour s'exprimer ainsi, le garçon est forcément du sérail, c'est un ovale, un vrai ! À coup sûr, ses arcades seront un peu cabossées, son front zébré de quelques cicatrices et il se peut que ses oreilles intriguent vos enfants... Il est donc pilier ou talonneur, serviteur des tâches obscures, abonné aux coups de casque — aux coups de « tronche » —, une des clés de voûte de cette cathédrale à seize corps qu'est la mêlée fermée.

Voir : PILAR, PILIER, TALONNEUR.

Twickenham

L'Angleterre est la patrie mère de l'Ovalie, et Londres sa capitale. Les Anglais ont donc voulu se doter d'un stade à la hauteur de leur amour pour le jeu et du rang qu'ils s'attribuent, celui d'incontestable numéro un !

Twickenham est un faubourg londonien prisé par la classe moyenne. Depuis 1910, c'est aussi le nom du plus grand stade de rugby du monde. Les catholiques ont la basilique Saint-Pierre à Rome, les sikhs le Golden Temple, les Incas le Machu Picchu, les footballeurs le Maracana, et les rugbymen Twickenham ! Ceux qui ont eu le privilège d'y jouer ne serait-ce qu'une fois en font l'honneur d'une vie. Ceux, plus nombreux, qui ont eu la chance de venir s'y asseoir un jour de match entrent définitivement dans la grande famille d'Ovalie.

Venir à Twickenham, c'est devenir anglais le temps d'un pluvieux après-midi d'hiver. Ici, pas de merguez-frites graisseuses aux alentours du stade, pas non plus d'emplâtres entre supporters dans les bars du coin ! En revanche, le parking de gazon tout proche, où sont soigneusement garées Jaguar et Bentley, se transforme quelques heures avant la rencontre en terrain de pique-nique de luxe. Les bouteilles de champagne s'empilent dans les coffres des berlines, et les gens s'invitent mutuellement à déguster toasts et petits-fours sur des tables pliantes. Ce public-là ne vient pas du fin fond de la province avec glacières et drapeaux pour encourager les petits gars du pays. Il ne fait que traverser la Tamise pour venir trinquer avec les vieux copains de l'équipe universitaire ou les clients de la City.

On se retrouve plus tard assis dans les majestueuses tribunes, aux côtés de gens dont beaucoup semblent arriver directement d'une partie de chasse à courre. Écrasés par cent ans d'histoire, les visiteurs les plus rustres aiment ici mettre une casquette de laine et une paire de *Church*, tout comme les touristes se baladent au Mexique avec un sombrero sur la tête.

Quand vient l'heure des hymnes, les sosies du prince Charles referment leurs fioles de whisky, toussotent légèrement pour s'éclaircir la voix et se lèvent avec un air grave. Quatre-vingt mille personnes chantent alors ensemble le *God Save the Queen* ! La *Marseillaise* est un cri de guerre, un rugissement où le dernier des crétins peut se prendre le temps d'un couplet pour Danton ou Jean Moulin... L'hymne anglais, qui n'a pas besoin d'être beuglé pour se faire entendre, est quant à lui empreint d'une douce et chaude mélancolie. Au « *Send her victorious* » de la fin, une onde d'émotion traverse tous les estomacs du stade, et rappelle à chacun que l'Angleterre n'a jamais baissé les yeux, même dans ses plus dures épreuves. Le *God Save the Queen*, chant d'un peuple sûr de sa force !

Le match est à présent bien entamé, quand un botteur adverse tente une pénalité. Le silence s'abat alors sur le stade comme un brouillard anglais. Plus un bruit, pas même un murmure. Les spectateurs se taisent respectueusement pour laisser le joueur se concentrer. À l'instant du coup de pied, le bruit sourd de la frappe s'entend jusqu'en haut des tribunes. Si le ballon passe entre les poteaux, la foule anglaise applaudit avec cette courtoisie un peu fausse qu'ont les gens trop polis pour être honnêtes. Si le but est un échec, c'est un long « ouhouhouh » narquois qui gronde pendant quelques secondes.

Lorsque la victoire anglaise est acquise, pour narguer les adversaires, les spectateurs entonnent un autre hymne, frivole et sot, le *Sweet low, sweet chariot*. Ce chant n'a ni queue ni tête, une histoire de charrue qui fait un mouvement de balancier... Les gens miment alors gaiement une berceuse avec les bras. Un vrai mystère !

Au coup de sifflet final, on serre la main des vaincus avec un « *good game* » condescendant, avant de sortir en rang d'oignons, bien discipliné, par les étroites travées. Les Français qui se retrouvent dans l'enceinte du stade critiquent l'arbitre, forcément de mèche avec l'ennemi, et cherchent une bière, mais ne trouvent dans les petites buvettes que du thé au lait.

Twickenham est infiniment anglais, et donc forcément unique.

Voir : ANGLETERRE, CARLING (WILL), RUGBEIANS.

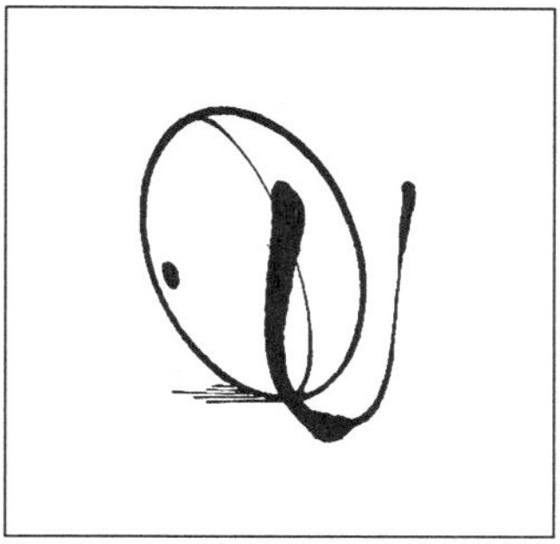

Umaga (Tana)

(Jonathan Falefasa « Tana » Umaga)

C'est un type que l'on ne peut s'empêcher de regarder, sur le terrain comme en dehors. Une dégaine, une aura, un charme, appelez ça comme vous voudrez, Tana Umaga fait partie de ces hommes hors normes au supplément d'humanité hypnotique. L'histoire a souvent prouvé qu'on ne joue pas soixante-quatorze fois pour les All Blacks, dont vingt et une fois avec le brassard de capitaine, sans un petit quelque chose en plus.

Tana Umaga, c'est d'abord une allure, à la fois humble et altière, sauvage et douce. Les valises sous ses yeux teintent d'une mystique mélancolie son regard aussi noir que le maillot qui lui colle à la peau. Ses cheveux tressés flottent en vrac, coiffe éminemment poétique au temps des athlètes au crâne d'œuf. Presque gauche avec sa grande carcasse musculeuse, Tana a plutôt l'air bonhomme. Mais une fois sur le terrain, ses yeux s'allument d'un noir terrifiant. Son buste, courbé à la ville par une modestie héréditaire, se redresse fièrement sur le pré, donnant à ses courses rageuses une classe inimitable. Nonchalant entre les actions, traînant son quintal comme un fardeau, il peut infliger à ses adversaires des plaquages meurtriers l'instant suivant, transformant sa masse en projectile dévastateur.

Formé au rugby à treize, le jeu ou les tampons sont rois, et originaire des Samoa, le pays où l'on vénère les « serial plaqueurs », il fut remarqué au début de sa carrière pour sa tonicité et ses capacités défensives. Il est toujours la référence en la matière. Mais il ne s'en tint pas là et, joueur d'ombre et de lumière, il fut aussi un immense attaquant, probablement le dernier des trois-quarts centre des temps modernes à avoir gardé le goût sacré de la circulation de balle, de la fixation et des débordements. Ses éclairs venaient autant d'une percussion assassine, d'une passe sur un pas que d'un slalom plein d'audace entre les cisailles d'acier des avants adverses.

Arrivé dans l'équipe des All Blacks en 1997, il ne quitta plus la monumentale maison noire dont il devint le capitaine, le cœur et la tête, jusqu'à sa retraite internationale en 2005. À la tête des Blacks, Tana, l'enfant pauvre de Wellington, conquit le monde. Avant de tirer sa révérence, il gagna pour sa dernière saison le Tri Nations, broya les Lions britanniques à trois reprises et remporta en Europe un grand chelem contre les quatre équipes britanniques, une performance qu'aucune sélection néo-zélandaise n'était parvenue à accomplir depuis 1978. Fait unique pour un Samoan de naissance et honneur suprême pour tous les All Blacks, il dirigea le Haka contre les Lions, convoquant sur sa seule personne l'âme et l'histoire de tout un peuple.

Fier, mais curieusement imperméable à la gloire et aux louanges, il prit ses distances avec le rugby pour vivre la vie d'un homme et d'un père normal. Un milliardaire opportuniste, président du club de Toulon alors en seconde division, lui proposa un exil doré et une somme d'argent faramineuse en échange de quelques matchs à Mayol. Cette dernière campagne un peu mercantile aurait pu ternir sa gloire, mais en quelques semaines, le club moribond reprit des couleurs, le public se pressa au stade et toute une région se remit à vibrer pour son équipe fanion.

Tana l'unique laisse toujours une empreinte sur son passage, une empreinte humaine et sportive que chacun finit par méditer avec admiration. Quel mec !

Voir : ALL BLACKS, CAPITAINE, LIONS, TROIS-QUARTS CENTRE.

Universitaires

Les jeunes garçons du collège de Rugby qui inventèrent le jeu au XIXe siècle, eux qui voulaient devenir grâce au rugby des gentlemen, éprouver leur courage et instaurer dans leur bahut un esprit de corps inaltérable, seraient certainement surpris de voir les effets qu'ont eus près de deux cents ans d'histoire sur leur sport favori. Les seuls joueurs avec qui ils pourraient encore se retrouver autour d'une mêlée, de piètre tenue mais pleine de valeurs, seraient sans doute les rugbymen universitaires, le petit peuple des facultés qui envahit tous les jeudis après-midi les stades de banlieue et se douche dans des vestiaires sans eau chaude...

Les universitaires sont les derniers garants de l'esprit initial du rugby. Jouer pour passer une belle jeunesse, pour le plaisir de se rouler dans la boue avec ses copains, pour servir un idéal de valeurs humaines auxquelles on veut toujours croire quand on a vingt ans... Le rugby universitaire est un recoin d'Ovalie dans lequel il est rafraîchissant de se perdre quelque temps. On y joue avec la tête bien pleine, dans les règles de l'art, animé par la passion intègre de ceux qui n'ont pas d'autre quête qu'une petite gloriole de campus et des amitiés plus fortes.

Les matchs universitaires se déroulent toujours à guichets fermés, parce que personne n'y assiste ! La France n'a jamais donné de place décente au sport universitaire... Les joueurs se livrent pourtant des batailles homériques dont la sincérité de l'engagement n'a rien à envier aux plus grandes équipes. Ah ! les beaux après-midi où la fac de droit affronte les quat'zarts sur le terrain annexe d'un club de quartier ! Les deux équipes arrivent en ordre dispersé, certains joueurs sont encore un peu ivres de la veille et la copine du capitaine porte la boîte à pharmacie. La troupe s'entasse dans des vestiaires froids et exigus, tandis que certains préfèrent se changer au bord du terrain. Un ailier débutant n'a pas de crampons et doit jouer en Docksides, et un dernière année titulaire avec la B du PUC fait office de chef absolu. Il va s'atteler à motiver la troupe en copiant un peu le cérémonial des grands...

Vêtus de maillots trop larges et de chaussettes

dépareillées, les gars quittent le vestiaire. Bandeaux qui plissent, ballon un peu dégonflé, code d'honneur et courage mis à toutes les sauces. Cette équipe de Pieds Nickelés ne serait pas plus motivée si elle devait affronter les All Blacks !

Les matchs universitaires aiment les belles offensives, mais ils se transforment le plus souvent en une interminable succession de mêlées. Le petit gars du Bureau des élèves venu rendre service à ses copains comprend dans la douleur qu'on ne devient pas un prince de l'attaque en regardant le Tournoi à la télévision !

Les niveaux de condition physique sont aussi inégaux que les compétences techniques. En deuxième mi-temps, il faut remplacer la première ligne épuisée, mais sur le banc des remplaçants le choix est maigre : une grande gigue frigorifiée et un petit doctorant en short de volley. C'est pas gagné... Le capitaine, qui joue numéro 8, se dévoue. L'ailier, qui la semaine dernière était talonneur, est également rappelé à de plus nobles fonctions, et l'arbitre décide de ne plus pousser les mêlées afin d'éviter un accident. Quand il siffle la fin de la rencontre, les vainqueurs s'embrassent comme s'ils venaient de remporter un précieux trophée. Jeudi prochain, ils affronteront HEC, les ennemis de toujours. En attendant, il faut rentrer au foyer des élèves. Les rugbymen y tiennent forcément la buvette, roulent des mécaniques et exhibent leurs menus bobos comme des blessures de guerre qui ne manquent jamais d'exciter les bourgeoises de la promo.

Ce soir, c'est soirée mousse pour fêter la fin des partiels.

Voir : COLLÈGE DE RUGBY, PUC.

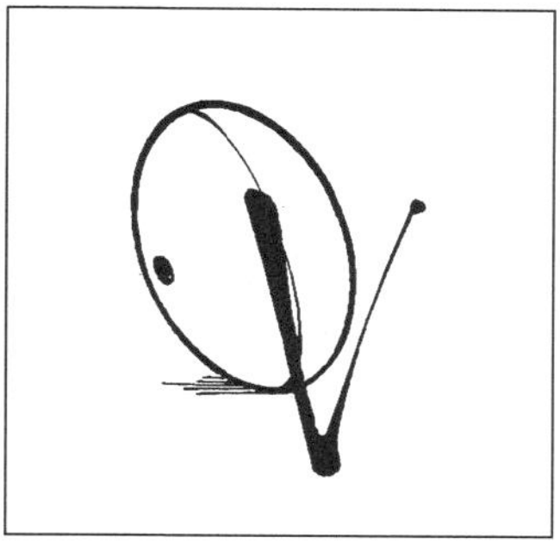

Vaillant

La scène se répète tous les dimanches dans les vestiaires, quand les joueurs abandonnent jean et costume pour endosser leur habit de lumière. L'espace clos sent le camphre, les mots ne sont plus les bienvenus, le rituel de la préparation physique et mentale peut commencer.

L'entraîneur répète d'une voix ferme ses instructions en arpentant le vestiaire d'un pas nerveux. Soudain, il lâche un crispé « Vaillants, les gars ! » qui déchire le silence. Les joueurs acquiescent et se cognent immédiatement les épaules en échangeant quelques regards mauvais.

Le capitaine chausse calmement ses crampons. Il est assis, méditatif, les arcades froncées sous un large bandeau qui lui oppresse les tempes. Alors qu'il ajuste tranquillement ses protège-tibias, il gueule dans un sursaut : « Vaillants, les gars ! »

À ses côtés, les deux piliers se tiennent par la taille, les yeux fermés, les jambes agitées de petits mouvements secs. Plus loin, le président, qui transpire sous son complet bleu marine de directeur des Postes à la retraite, erre mal à l'aise dans cet aquarium à prédateurs. Le maxillaire contracté, il grogne à qui veut bien l'entendre quelques « Vaillants, les gars ! » avant de se retirer discrètement pour éviter une malencontreuse ruade des deuxième ligne qui trépignent sur la table de massage.

L'entraîneur jette un coup d'œil rapide à sa montre. Il reste quinze minutes avant le coup d'envoi, avant la délivrance.

Rentre alors, appuyé sur deux béquilles, le blessé de la semaine précédente, la mine triste et les épaules voûtées. À ses partenaires qu'il n'accompagnera pas sur le terrain, il murmure un fraternel « Vaillants, les gars ! », en leur donnant une petite tape sur l'épaule.

Un trois-quarts centre solitaire s'est isolé dans les douches et mime une feinte de passe contre le mur carrelé. Tout le monde est prêt.

L'arbitre encore invisible appelle alors les deux équipes d'un coup de sifflet strident. Les joueurs se placent en file indienne et regardent tous dans la même direction. C'est le capitaine qui sort le premier du saint vestiaire, laissant derrière la porte de bois ses peurs et ses angoisses. Défiguré par la colère abstraite qui précède le combat, il se retourne une dernière fois vers sa meute livide de concentration : « Vaillants, les gars ! »

***

L'épreuve du terrain est passée. Dans le camp des vaincus, les écorchures aux coudes et les marques de crampon sur les flancs sont rendues plus douloureuses encore par le score. Panser ses plaies dans la défaite est une expérience pénible. L'entraîneur déçu distille des commentaires acides et des reproches de circonstance. Il croise le regard penaud d'un joueur abattu et lâche un diabolique « T'as pas été vaillant... » qui fend le silence comme une flèche trop aiguisée. L'écho de l'offense suprême résonnera longtemps dans le cœur en lambeaux du gars pris à partie. L'humiliation pourrait même se faufiler dans les arcanes de l'inconscient et resurgir vingt ans plus tard sur le divan d'un psy.

Les vainqueurs regagnent fièrement leur antre au son des crampons heureux qui martèlent la dalle de béton. Les corps meurtris s'enlacent pour se féliciter, se délassent sous l'eau chaude alors qu'un nuage de vapeur flotte autour d'une pile de maillots souillés de sueur, de boue et de sang. Dans toutes les bouches, la conclusion de cet après-midi se résume à un sublime constat : « On a été plus vaillants qu'eux ! » La messe est dite !

Voir : COULOIR, COURAGE, ENTRAÎNEUR, TRIPES, VESTIAIRE.

Valide

En février 1961, l'équipe de France dispute à Paris un match particulièrement rugueux face aux Springboks d'Afrique du Sud. Dès l'entame, l'empoignade est assaisonnée de soufre et de fiel. Deux ou trois pignes distribuées sous une série de mêlées, que

Denis Lalanne qualifiera plus tard de « fantastiques », pimentent les débats et ajoutent quelques bleus aux nez des visiteurs. Malgré la rudesse des intentions, le match ne sombre pas dans le pugilat.

Cette rencontre est la première confrontation entre les deux équipes depuis la tournée triomphale des coqs français en Afrique du Sud en 1958. Mauvais perdants sur leurs terres, les Afrikaners, fidèles à leur devise « Un adversaire cassé est moins efficace qu'un adversaire entier », avaient alors largement eu recours à l'intimidation, voire à la violence, pour éviter la défaite... En vain. L'équipe de France avait fait front, essuyant rafales de coups de pompe et pluie d'emplâtres avec un courage héroïque. Elle était rentrée au pays tuméfiée, claudicante et décimée, mais victorieuse !

Trois ans après les hostilités, le match joué dans le stade de Colombes a donc des airs de revanche. Il se solde par un match nul, véritable exploit pour les Français. Lors de la réception d'après-match, François Moncla, le capitaine tricolore, déclare, dans un discours resté célèbre : « Amis Springboks, je vous demande d'oublier les deux ou trois mêlées un peu virulentes de cet après-midi, tout comme d'ailleurs nous nous sommes efforcés d'oublier ces journées de 1958 en Afrique du Sud, où nous cherchions quinze valides pour pouvoir jouer... »

Voir : TOURNÉE.

Valise

On dit qu'un rugbyman « fait une valise » quand il s'échappe par surprise, trompant la vigilance de ses adversaires, et prenant même de court ses propres partenaires. Un regroupement confus, une balle qui roule au sol, un filet de lumière au milieu du tas et voilà le numéro 9 qui se faufile... Un, deux crochets, une feinte de passe, il jaillit à l'air libre dans le dos des défenseurs et dévore l'espace de sa course rageuse. Les joueurs de son équipe qui n'ont pas anticipé sa percée ne parviennent pas à le suivre et ses adversaires impuissants ne peuvent qu'admirer le dos de son maillot qui s'éloigne vers l'en-but. C'est la plus belle valise du match !

La valise est souvent l'œuvre des rusés. Les renifleurs de faille, les guetteurs d'inattention. Ceux qui savent profiter d'un clignement d'œil de la défense pour détaler. Les plus doués en valise sont certainement les demis de mêlée, poste qui exige vivacité et clairvoyance. À la suite d'une touche rapidement jouée après seulement quinze secondes de jeu, Pierre Berbizier marqua un jour contre l'Angleterre un essai que l'arbitre lui-même ne parvint pas à suivre en entier !

Voir : COURANT D'AIR, DEMI DE MÊLÉE, PRENDRE LE TROU.

Vestiaire

Le rugby est un raccourci de l'aventure humaine, un théâtre, un psychodrame des comportements humains, du plus archaïque au plus complexe, du plus bestial au plus noble, du plus impulsif au plus rationnel.

Le vestiaire, c'est le premier acte, le départ vers l'aventure. Les joueurs s'isolent, quittent les vêtements du quotidien. Les voici dans leur nudité, costume originel. Simples, nus, comme hors du monde, ils vont revenir aux sources, à la rencontre des lois des hommes d'autrefois. Qu'ils soient des villes ou des champs, ils vont se grimer, se peinturlurer, se parer : des bandeaux par-ci, des ornements par-là. Ils vont, par ces gestes, implorer la confiance et la puissance des cieux. Liés par la mission sacrée des élus du peuple, ils entament la danse des hommes fragiles qui aspirent à la transcendance.

Le vestiaire devient la caverne des mutations, le noyau du grand tourment. Pas facile de quitter l'habit de M. Tout-le-Monde pour mettre l'habit de combat. On ne descend pas sans trouble dans les profondeurs de l'histoire. La métamorphose est douloureuse. Un vestiaire, c'est une chapelle calme où brillent aux murs les parures de fête que sont les maillots. C'est un lieu de recueillement où les mots sont choisis. C'est le lieu sacré des comportements rituels hérités de la nuit des âges. On s'y meut lentement, les regards se croisent, les partenaires deviennent des miroirs rassurants.

« Ce vestiaire, c'est une étable ! » avait dit un jour un journaliste benêt. Un vestiaire pas beau, quoi de plus normal ? Parce que dites-moi, un accouchement c'est beau ? Un vestiaire, c'est un ventre magique qui accouche d'hommes nouveaux. C'est un lieu de gestation, un utérus, un point où s'organise la vie. C'est un nid chaud et douillet, un sas de transformation.

Avec l'argent et la sape, on peut se croire beau, mais attention au leurre ! La vraie beauté est dans un maillot, sur le pré, dans les vestiaires. Là, plus de simulacre, place à l'homme, la créature merveilleuse. Pas à l'être étriqué, rabougri, qui trafique et qui triche, pas au lascar qui se planque et qui ne pense qu'à ses fesses. Non, pas à tous ceux-là que nous sommes peut-être devenus dans la vie hors des stades. En maillot, place à celui qui sait donner avant de recevoir, qui sait aimer et partager, pour qui le bonheur, c'est le bonheur de l'autre, celui qu'on aimerait être, son double, son rêve.

Le vestiaire cesse progressivement d'être un organe social. Chaque joueur a son rituel propre, ses repères et ses lois. Tous sont déjà ailleurs. La tête domptée, ils contemplent leur corps qui va les accompagner dans le combat. Le corps, cette machine perfectionnée aux multiples rouages, doit à cet instant être prêt, prêt à rugir, à hurler, à exploser, à chanter.

Surgissent des coffres les crèmes multicolores, les blanches dont on s'enduit beaucoup, les brunes que l'on utilise avec parcimonie, les grasses dont on abuse. Véritable loge d'acteur où les poudres et les parfums ont laissé place aux peintures de feu, le vestiaire bouillonne. Les corps se retrouvent enfin grimés et tatoués de toutes les sécurités possibles. Commence alors la grande sarabande, la danse des agités, le ballet des impatients.

Les corps ne sont prêts qu'en surface, il faut les

chauffer, les mettre en action. Lentement, on met la tripe en folie, on enflamme le jardin secret, on réveille « l'autre » qui somnole en soi. Alors apparaissent les premiers sursauts, les premiers sautillements, les premières vibrations, les premières rencontres, les premiers accrochages, les premières étreintes, les premiers appels, les premiers regards féroces. Le corps et la tête se sont rejoints, ressentent la même chaleur, attendent les mêmes souffrances délicieuses, celles du terrain. À cet instant, il n'y a plus rien d'autre qu'un match, un affrontement, une lutte.

Les regards de feu donnent le signal de la fusion. Les hommes vont confier leurs existences au groupe. À ses lois, ses lois absolues : courage et solidarité. Il faut se fondre dans le cercle qui s'arc-boute, se serrer dans une mêlée fictive pour sentir le souffle de ses pairs, s'enfouir dans le magma des corps pour prendre la force des frères. Les individus disparaissent et se mettent au service d'une entité : l'équipe. Chacun va offrir au groupe son courage et son talent. Chacun va faire don aux siens de son authentique humanité. L'antre frissonne d'une énergie nouvelle, comme un tonnerre contenu.

Enfin, il reste l'ultime cérémonial : mettre son maillot. Certains l'embrassent quand d'autres le déplient et le contemplent. Celui-ci ne le met qu'à la dernière minute, comme une parure sacrée. Celui-là le maltraite en l'étirant comme un compagnon de douleur qui doit lui aussi être prêt au combat. Cet avant l'enfile comme un costume de scène, quand ce trois-quarts lui remonte le col pour se donner fière allure. Certains le laissent hors du short pour que puissent passer tous les futurs rugissements du corps, d'autres le roulent sur leur poitrine pour l'imprégner de sueur. Tous le regardent comme un talisman, l'aiment sans limites.

Des crépitations parviennent de l'extérieur. La clameur des tribunes ne fait que conforter le désir d'aller vers la lumière. Les grands enfants venus des entrailles du temps vont surgir dans l'arène, grandis par la métamorphose, pour offrir aux spectateurs les frissons perdus.

Derrière la porte qui sépare la pièce chaude du reste du monde, l'arbitre siffle. C'est l'heure du match, l'heure d'affronter la lumière et les adversaires. La gestation est terminée, le groupe est mûr, prêt à la vie, la vraie vie.

Voir : CAMPHRE, CATHARSIS, COULOIR, ENTRAÎNEUR, VAILLANT.

Victoire

Le temps réglementaire est écoulé. L'arbitre regarde sa montre une énième fois. Pourquoi ne siffle-t-il pas ? Mon équipe de Toulon a toujours trois petits points d'avance sur le Racing Club de France. On est en train de gagner la finale du championnat de France ! Il va siffler, oui ? Depuis un bon quart d'heure, l'épuisement nerveux a eu raison des cordages effilochés qui tiennent encore ma charpente. Debout près de banc de touche, asphyxié, blême, vidé, je ne suis plus qu'un morceau de ficelle rongé par le stress.

Lorsque, enfin, le triple coup de sifflet retentit, je

sens mes tympans se déchirer et une gigantesque vague d'exultation déferler sur moi. Nous avons gagné. Nous sommes champions de France. Enfants de Toulon, nous pouvons enfin hisser le grand pavois, car nous venons de toucher au port de tous nos rêves. Foudroyé par l'allégresse, de ficelle je deviens boule de feu ! Je m'élance comme un avion hurlant vers mes joueurs qui courent dans tous les sens au centre incandescent du terrain irradiant le stade tout entier. Nous entamons alors ensemble la grande danse des frénétiques ivres de bonheur, corps déglingués bondissants, regards délirants, étreintes électriques. Exsangues et fantomatiques il y a quelques secondes, nous voilà maintenant déchaînés ! Mes vêtements partent en lambeaux, mon bandeau pendouille sur un côté de mon visage, mais je m'en fous, je gambade comme un animal sur le pré devenu édénique. Je viens de retrouver mes jambes d'il y a dix ans, abandonnées dans un vestiaire un soir de mai.

Nous entamons un tour d'honneur triomphant, pendant lequel le temps s'arrête, singulier voyage dans un monde parallèle extatique et vertigineux. Je cours vers hier, vers le regard bleu de mon père que je sais embué au-dessus des projecteurs. Je cours vers mon école de rugby, vers mes maîtres passés, vers mes amitiés et mes tendresses éteintes, perdues dans les tribunes en feu. Je cours vers mes enfants en folie, vers mon frère Bernard illuminé, vers ma famille épuisée de m'avoir tant soufflé son amour. Je cours pour donner à tous ce qui me reste de cœur. Et mon cœur, c'est probablement tout ce qui me reste à ce moment, tant je suis vidé !

À la fin du tour d'honneur, je croise un journaliste qui me demande d'un air bête : « Alors, Daniel, ce match ? » Je suis incapable de répondre à une question aussi nulle, alors je continue ma route, et là, quelqu'un me claque une bise sur la joue. Je le regarde, et je reconnais celui qui toute la semaine a souhaité la victoire de nos adversaires. Dire qu'il est en train de se mêler à notre joie... Cette pensée me fait redescendre sur terre, et retrouver mon enveloppe charnelle, après un vrai quart d'heure de béatitude. C'est long, un quart d'heure.

Mon corps tout entier est bouleversé par la violence de la déflagration. Je ne suis plus qu'un pantin habillé d'un ravissement irréel. Secoué de spasmes, je rentre au vestiaire où le grand bouillonnement continue, les gens entrent et sortent, je serre des centaines de mains, me laisse embrasser, pleure, me jette dans les douches sans vérifier la température de l'eau, réponds aux questions, me fait ébouriffer les cheveux par des inconnus, pleure encore. J'ai mille ans.

Le vestiaire se vide doucement. Assis sur un banc, je suis pris d'un violent haut-le-cœur, qui m'oblige à ramper vers la douche désertée. Là, tout seul, sur le carrelage poisseux, je vomis mon trop-plein de bonheur. J'ai fait une indigestion émotionnelle. Je n'ai pas l'habitude d'être aussi heureux.

Voir : FINALE, GAGNER, MATCH, TOULON.

Villepreux (Pierre)

Il n'eut jamais un poitrail à pomper l'air, mais très vite ses véloces guibolles indiquèrent que l'élan vers l'avant serait sa destinée. Adolescent faisant ses armes à Brive, il lançait déjà l'initiative inattendue et relançait les balles égarées. Avec son goût naturel pour l'escapade grand large et sa belle foulée, il trouva facilement son poste : arrière.

À 20 ans, Villepreux était un pur-sang intenable en liberté, un chien fou des côtés fermés et déjà un maître du rythme. Arrivé en trombe de sa citadelle arrière, il entrait en ligne comme d'autres en religion, et se débrouillait chaque fois pour en faire quelque chose de beau, quelque chose de plus. Il était un électron libre capable de mettre un admirable désordre dans les lignes arrière, habituellement agencées par un ordre mathématique des plus stricts.

Il intégra l'équipe de France comme une évidence. Artiste génial, Villepreux inventa le fameux « surnombre latéral », la grande signature du jeu à la française, et insuffla le goût de la création à ses partenaires trois-quarts centre, Maso et Trillo, qui le sentaient venir de si loin dans leur dos qu'ils imaginèrent eux aussi une nouvelle figure, la « fixation de loin ».

Non content d'être un étalon, le bougre avait aussi un coup de pied mortel. Dès le milieu des années 1960, il butait comme personne, apportant même à l'Ovalie mondiale une nouvelle technique. Depuis plus de cent ans, on frappait la balle avec la pointe de pied, ce qui imposait des chaussures à bouts carrés et rigides. Villepreux, lui, fouettait la balle avec le coup de pied. Il courait et butait en chaussures lestes et souples ! Il se distingua par son extraordinaire talent à marquer des buts longue distance, et fut le premier joueur au monde à enquiller de cinquante, voire soixante mètres. En 1968, en Nouvelle-Zélande avec une équipe de France sans puissance mais pleine d'allant, il convertit une pénalité de plus de soixante-cinq mètres. Il entra dans la légende.

L'âge avançant, quand il sentit que sa vitesse se bloquait en seconde, il devint entraîneur. Toulousain depuis sa majorité, marqué par les profs chercheurs dont le précurseur Robert Bru, Villepreux façonna un Stade Toulousain d'attaque qui disloqua les canons du jeu au profit d'un rugby à donner le tournis. Un véritable *Canto General* que Pablo Neruda aurait pu écrire pour lui.

Nos routes se croisèrent en cette décennie 1980, temps d'innovation. Toulouse vagabondait entre extérieur et relance, jeu debout et « même sens ». Toulon, que j'entraînais, raffolait alors des défis dans l'axe, des lancements d'école et des premières mains lustrées. Ils faisaient galoper la balle, nous cherchions à la mettre en sécurité. Je me croyais poète, je ne faisais que me conformer à la culture de mon club. Je le croyais austère et rigoureux, il rêvait de beauté.

Villepreux signa toutes les grandes performances rugbystiques toulousaines des années 1980 et vers la fin des années 1990, celles de l'équipe de France qu'on lui confia après une traversée du désert imposée par une Fédération fossilisée.

En 1999, sous son autorité et celle de Jean-Claude Skrela, en demi-finale de la Coupe du Monde contre la Nouvelle-Zélande, le XV de France s'offrit la plus belle performance de son histoire. Ce match des révoltés, que les pythies n'avaient pas prédit, fit la synthèse des forces de combat et du jeu de réaction. L'œuvre n'était pas particulièrement innovante, mais elle dégageait un tel souffle de vie qu'elle transporta d'extase le public français, comme tous ceux qui aiment le rugby.

Pèlerin des instances internationales en route vers la sagesse, Pierre Villepreux se pose aujourd'hui sous les arbres à palabres de la planète ovale pour en imaginer son plus beau futur. Il fait bon discuter avec lui.

Voir : ARRIÈRE, TOULOUSE, FRANCE / NOUVELLE-ZÉLANDE 1999.

Vingt-deux mètres

L'ancêtre du terrain de rugby était une large prairie, et son père un terrain de football anglais aux dimensions aléatoires. Construit dans la ville, avec sa géométrie et ses codes, il est devenu stade.

Les poteaux qui s'élèvent aux deux extrémités du terrain sont les cibles à atteindre, vestiges du football. Pendant longtemps au rugby, le but se marquait uniquement en bottant le ballon entre les poteaux. On autorisa en 1823 les joueurs à courir balle en main, et il fut décidé alors que ceux qui parvenaient à apporter la balle derrière la ligne de but auraient le droit, à défaut de marquer un point, de tenter de botter. On traça une ligne, à vingt-deux mètres des poteaux, à partir de laquelle se tapait le but dit « de transformation » qui valait plus de points qu'un but classique.

La ligne des vingt-deux mètres était née. Dans cet espace, très proche de l'en-but à défendre, où aujourd'hui un essai rapporte le maximum de points, toutes les règles du jeu sont appliquées, mais deux y prévalent spécifiquement : d'une part l'arrêt de volée, qui interrompt le jeu, et permet un redéploiement des organisations défensives et offensives ; et d'autre part le coup de pied direct en touche.

On dit au rugby « être dans ses vingt-deux » lorsqu'on est retranché dans son camp, près de sa ligne, et qu'on subit la domination adverse. Je serais assez tenté d'expliquer par ce biais l'expression « 22, v'là les flics » ! Attention, la patrouille arrive, mauvais temps ! Dans leurs vingt-deux, les joueurs sentent poindre le danger comme les manifestants qui voient arriver la charge des CRS, comme les petits voyous pris dans les phares d'une voiture de flics banalisée. Ils savent que ça va chauffer.

Voir : ESSAI, MARQUE.

Viril mais correct

L'expression n'aurait pas déplu aux inventeurs de notre sport, ces adolescents du collège de Rugby promis à une vie de gentlemen mais terriblement attachés à un jeu de garnements. « Viril mais correct » est au rugby une formule consensuelle qui décrit un match (ou une action) particulièrement engagé physiquement, n'ayant cependant pas dégénéré en pugilat. Remarquez que l'expression sonne comme un compliment !

Le rugby est par essence tiraillé entre deux nécessités, l'affrontement physique et le respect des règles et de l'adversaire. Ne dit-on pas « un sport de voyous pratiqué par des gentlemen » ? Il reste que la frontière entre agressivité contrôlée et agression sauvage est particulièrement ténue, et l'aptitude des gens d'Ovalie à relativiser la violence, voire à la glorifier, ne fait qu'entretenir le flou ambiant. L'histoire du rugby est ainsi jalonnée de légendes où la castagne finit par paraître romantique. C'est sans doute, d'ailleurs, cette ambiguïté qui donne à notre sport sa popularité et son esprit unique. Chez nous, il est possible de mener une bataille féroce et sans concession pendant une heure et demie, pour finir dans un bistrot enfumé à taper sur l'épaule de son adversaire qui porte encore les bleus qu'on lui a infligés !

Il faut aussi rappeler que, au rugby, le règlement autorise, dans certains cas, les joueurs à sanctionner eux-mêmes un adversaire fautif. Si faire mal n'est pas une faute, alors où commence la faute véritable ? La nuance est subtile. Prenons un exemple : un ailier égaré au milieu des avants adverses est pris en tenaille par deux molosses qui le retournent comme une crêpe et l'enfoncent dans le sol boueux. Le souffle coupé, les épaules de ses assaillants plantées dans les côtes, le pauvre gars ne parvient pas à se dégager du poids des deux plaqueurs et garde donc involontairement la balle coincée sous son corps. Arrive alors un gros taiseux qui lui piétine frénétiquement le dos afin de libérer le ballon prisonnier. Tant que la balle n'apparaît pas, l'obscur reconduit la manœuvre, avant de se laisser finalement tomber de tout son poids sur l'involontaire fautif. Le ballon sort enfin du tas de chair et l'action continue.... « Viril mais correct » diront les observateurs avertis !

Dans cette expression amplement utilisée par tous les gens d'Ovalie, la notion de virilité est, bien entendu, totalement absconse et pour le moins subjective. Drôle d'euphémisme qui qualifie de « viril » un geste incontestablement violent ! De plus, et sexisme mis à part — car malgré de nombreux et accablants exemples, personne n'a encore réussi à prouver que la violence prenait sa source dans la culotte des hommes —, jusqu'à quel point l'agressivité devrait-elle être acceptable ? Tant qu'elle est « correcte », répondent les puristes, sans plus de précision. Le débat est sans fin. Les hommes étant généralement plus fiers de leur virilité que de leur courtoisie envers les règles, il vaut décidément mieux confier cette affaire à un arbitre !

Voir : RUCKING, TAMPON.

Voyage à vide

Le routier qui voyage à vide trop souvent risque fort de ne jamais faire fortune. Pire, on va sans doute dire de lui qu'il est mauvais ! Que c'est un bleu ! Au rugby, on parle de voyage à vide quand on renonce à plaquer un adversaire. Pas joli... On ne laisse pas filer un gars sans essayer de le coincer ! Mais il arrive parfois que l'attaquant se sépare du ballon juste avant le choc. Emporté par son élan, et par la petite voix du diable qui lui murmure à l'oreille : « Ne fais pas le voyage à vide... », le défenseur choisit tout de même d'emplafonner son adversaire qu'il ait ou non le ballon dans les mains. Et boum. Agression délibérée ! Provocation !

On appelle aussi ce geste un « plaquage à retardement ». Les conséquences en sont souvent fâcheuses pour tout le monde : le joueur plaqué, une fois débarrassé de la balle, ne s'attend pas à subir un tel choc, ce qui le rend très vulnérable ; le joueur plaqueur se fait pénaliser, voire exclure. Qu'il n'espère pas échapper en retour au châtiment de ses adversaires et à l'opprobre des tribunes... Honnêtement, mieux vaut faire de temps en temps un petit voyage à vide.

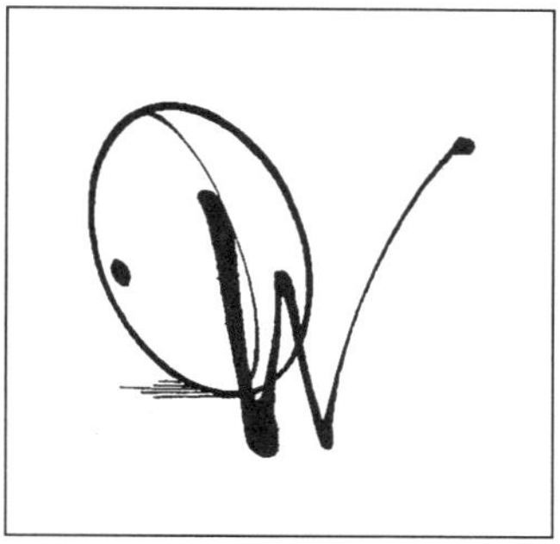

Wallabies

En Australie, grande nation ovale, le rugby est longtemps resté confidentiel, cédant les honneurs de la popularité à son cousin le rugby à treize, et à un jeu bizarre, l'Aussie Rules. Il faut remonter à la naissance de la nation australienne pour comprendre l'esprit du rugby « wallaby », du nom du kangourou devenu l'emblème de l'équipe d'Australie.

Les pionniers

Sur cette île du bout du monde, contrairement aux autres colonies britanniques, la Couronne envoya d'abord en reconnaissance ses bagnards et ses renégats, suivis par les petits soldats de l'Empire et des aventuriers de tous poils... À la fin du XIXe siècle, le pays en plein essor accueille de nombreux migrants arrivés par la mer. L'économie est bouillonnante et les villes nouvelles poussent dans les coins les plus hospitaliers du territoire. De jeunes Anglais, le plus souvent issus d'une classe moyenne éduquée avide de reconnaissance, sont enrôlés dans l'aventure coloniale et mandatés pour bâtir un nouveau pays. Ils débarquent sur ces terres désertiques avec leur culture de gentlemen victoriens, des rêves d'aventure et un inébranlable amour pour le jeu de rugby.

En 1863 ils fondent le premier club à l'université de Sydney, prolongement logique de l'esprit des *old boys* des *public schools*, qui, en Angleterre, avaient fait du rugby la vitrine de leur identité.

Le rugby, apporté par l'immigration britannique, ne tarde pas à rapprocher l'élite et les pionniers en quête de fortune. À la fin du XIXe siècle, les clubs pullulent et le rugby, parfaitement à l'image des valeurs masculines des pionniers, devient un des spectacles les plus prisés des ouvriers, loin devant le cricket. On raconte qu'en 1907, un dixième de la population de Sydney s'est pressée au stade pour voir l'équipe du New South Wales affronter les All Blacks !

Rugby à treize contre rugby à quinze

Très vite cependant, le snobisme hérité du carcan moral et social des Anglais se heurte aux aspirations de la nouvelle société australienne. Les grands matchs génèrent d'énormes rentrées d'argent, sans que le moindre penny ne soit reversé aux joueurs, qui s'agacent de ne pas voir leurs succès récompensés. Bientôt, l'amateurisme, si chèrement défendu à Londres, vole en éclats. Comme cela s'était déjà produit en Angleterre avec la Northern Union, une fédération de *rugby league* — le jeu à treize — est créée en marge de la ligne officielle, au nez et à la barbe de la classe moyenne conservatrice.

L'ambition de la nouvelle structure est énorme et à la mesure de ses moyens. Dans un pays en pleine construction, où les immigrants connaissent la pauvreté, l'opportunité pour les meilleurs joueurs de gagner un peu d'argent grâce au jeu est une aubaine. Dès lors, la rivalité entre les deux formes de rugby cristallise un clivage social profond, entre une classe moyenne protestante très attachée aux valeurs britanniques, et une classe ouvrière catholique plus imprégnée de la culture des pionniers et pressée de s'émanciper de l'autorité de Londres. Le public, qui se fiche des traditions, choisit massivement le camp du *rugby league*, plus simple et plus spectaculaire.

Le jeu à treize et son étrange cousin, l'Australian Rules, dit Aussie Rules, deviennent les sports rois au détriment du rugby à quinze, symbole du cordon ombilical avec la mère patrie, et marginalisé durant tout le XXe siècle. Un discret lien de parenté persiste à s'afficher sur les maillots : le kangourou wallaby.

Aujourd'hui encore, le rugby à treize est de loin le sport le plus populaire. Les clubs sont professionnels, les stades immenses et le public se régale autant de pop-corn que de l'orgie défensive qui se déroule sur le terrain. Le rugby à treize australien est un jeu simple comme bonjour et sans pitié : on se rentre dedans jusqu'à écœurement, on se percute mille fois de façon identique. Les chocs et les impacts sont dantesques, à faire frémir les plus aguerris ! Quand l'adversaire est anéanti, le ventre à l'air et la gueule à l'envers, on peut envisager de se passer le ballon, en espérant que l'ailier l'attrape pour aller marquer ! Les joueurs treizistes, gaillards taillés dans la roche, sont cabossés, balafrés, pelés... Un peu comme ces pionniers qui ne doivent leur survie et qu'à leurs poings et leur couteau.

Du côté de Melbourne, où les hommes devaient trouver ce jeu encore trop élaboré, on a inventé l'Aussie Rules. Un jeu difficile à décrire, et impossible à aimer si l'on n'est pas soi-même australien de souche ! Des balèzes lancés comme des météorites, vêtus de marcels moulants et de shorts qui leur rentrent dans la raie des fesses, se sautent dessus, tapent des chandelles et se percutent en l'air... Quand ils s'approchent des poteaux (qui n'ont pas de barre horizontale), ils bottent de grands coups de pied, et si le ballon passe entre les perches, un type en costard blanc se met à gesticuler comme un robot détraqué en faisant semblant de tirer au pistolet sur les joueurs... Bizarre.

Le rugby à quinze, lui, reste très minoritaire en nombre de pratiquants et d'aficionados. À l'école, on ne pratique que le treize. Jouer au rugby à quinze, c'est un signe distinctif, qui marque l'appartenance à une élite aisée, éduquée, britannique. Le jeu a d'ailleurs gardé les traits historiques et indéfectibles de la culture anglaise : appliqué, mécaniste, discipliné. Le rugby à quinze australien a même eu longtemps la réputation d'être antipathique, froid et austère.

Le tournant des années soixante-dix

Après les catastrophiques jeux Olympiques de Montréal, l'Australie décide d'utiliser le sport pour redorer son blason, stratégie dont le rugby est l'un des principaux vecteurs. Des entraîneurs tonitruants comme Allan Jones ou Bob Dwyer débarquent à la tête de l'équipe nationale, insistant sur la polyvalence des postes et sur le jeu construit à partir du contre et du désordre. Sous leur impulsion, le XV australien fait péter la baraque !

En 1984, les Australiens effectuent une époustouflante tournée en Europe, annonciatrice d'un futur glorieux. Cette année-là, l'équipe s'enrichit de personnalités originales, inspirées et inspirantes, dont la figure de proue est sans doute Mark Ella, resté dans les mémoires comme l'un des plus grands demis d'ouverture du siècle. D'une créativité diabolique, cet Aborigène pratique alors un jeu fluide, au timing parfait. Il a une telle maîtrise du rythme qu'il transforme tous les ballons en trésor offensif. Il devient, très jeune, capitaine des Wallabies et forme avec Nick Farr Jones une paire de demis comme on n'en avait plus vu depuis les Gallois Edwards et Bennet. Ella l'artiste est le joueur qui a probablement le plus contribué à l'évolution du rugby dans les trente dernières années.

Grâce à lui, le rugby sort de sa coquille confidentielle et l'équipe australienne devient sympathique. Les médias se transforment en fervents supporters, les tycoons du monde des affaires, Rupert Murdoch en tête, convaincus des possibilités commerciales de ce jeu un peu oublié du grand public, investissent massivement et lancent de nouvelles compétitions, contribuant ainsi à la starisation des joueurs. Si, au début du siècle, le rugby dut sa déchéance au professionnalisme, il lui doit aussi son renouveau quatre-vingts ans plus tard !

Les Aussies sur le toit du monde

Cette génération de grands joueurs australiens transforme même le rugby mondial, qui tournait jusqu'alors autour de trois mots-clés : ordre, organisation, discipline. En plus de la polyvalence, les Australiens introduisent le germe de l'attaque permanente. Ella est de ces joueurs qui, par leur brio et leur capacité à entreprendre, obligent toujours leurs partenaires à réagir. Pour remédier à l'impossibilité de créer et conclure en même temps, le bon Dieu met sur sa route le plus fantasque des finisseurs du rugby contemporain, David Campese, un Italien bellâtre qui apporte une touche latine faite d'insouciance et de fantaisie. Leur équipe devient un joyau. L'Italien et l'Aborigène dynamitent le rugby australien pour en faire une référence planétaire. Hélas, Ella prend sa retraite un peu vite, heureusement relayé par David Lynagh, le demi d'ouverture le mieux peigné d'Ovalie, mais aussi et surtout, un des plus extraordinaires botteurs de l'histoire, à ranger aux côtés de Don Clarke, Grant Fox ou Neil Jenkins.

Si le titre de champions du monde en 1991 marque la fin de l'époustouflante période créatrice des Wallabies, l'Australie ne quitte plus depuis le podium mondial avec un nouveau titre en 1999 gagné contre la France, dans le sillage de John Eales l'apollon, Gregan le petit Kényan et de Tim Horan le taciturne aux mille talents. Et en 2003, alors que tout le monde les croyait sur le déclin, les Australiens atteignent encore la finale de la Coupe du Monde chez eux, à Sydney, contre l'Angleterre. Le souffle de Campese et d'Ella s'est tari, mais la puissance, la rigueur et la rudesse sont plus que jamais présentes, comme un socle indéboulonnable sur lequel le talent d'une nouvelle génération de joueurs peut paisiblement construire les succès wallabies à venir.

Aujourd'hui, Gregan le petit Kenyan, Stephen Larkham l'immense ouvreur, mais aussi de puissants joueurs venus du Pacifique savent faire preuve d'une grande créativité, tandis que les avants Kefu, Finegan ou Smith hachent menu tout ce qui se trouve sur leur passage.

***

À l'image des premiers migrants et de l'histoire de cette colonie britannique émancipée, le rugby australien tire sa force d'une grande capacité d'adaptation et d'innovation, laissant toujours ses portes ouvertes aux joueurs d'ailleurs, construisant son identité avec pragmatisme, dans un pays où le sport est une passion nationale et où les hommes s'appellent invariablement *mate* (« mon pote »).

Les rugbymen australiens font leur vie loin, très loin de la nôtre. Ils ont leur propre style, ne se posent pas beaucoup de questions et n'en posent pas non plus au reste du monde. Leur force réside peut-être dans une lecture très simple des choses, dans cette confiance un peu fruste qu'ont les incultes heureux de ne rien devoir à personne, et dans cette rudesse forgée sur une terre où il aura fallu arracher le bonheur.

La veille d'un quart de finale de Coupe du Monde, un journaliste reprocha à John Eales son manque d'émotion à l'approche d'un tel événement. Entouré de supporters anonymes qui buvaient des bières dans l'hôtel des joueurs ouvert comme un moulin, le grand capitaine répondit : « *Cold in our head, hot in our heart*[1]. » L'Australie se qualifiait le lendemain pour la finale...

Voir : ANGLETERRE, RUGBY LEAGUE, WORLD CUP.

1. « La tête froide, mais le cœur chaud. »

Walter

Ce seul prénom sonne en Ovalie comme une bouffée de confiance. Il faudrait lui rajouter le nom de famille, Spanghero, mais comme ils sont dans ce clan tout un aréopage, on ne l'appellera ici que Walter.

Walter jouait à Narbonne, et il enfila au cours de sa carrière plus de quarante fois le maillot de l'équipe de France, dont il fut souvent capitaine. Il n'était ni grand ni rapide, ne sautait pas très haut et n'était pas des plus adroits avec ses paluches, les plus gigantesques de l'histoire du rugby mondial, mais il fut pourtant un avant de légende, aux postes de deuxième ligne ou de troisième ligne centre.

Walter Spanghero avait le plus incroyable moteur de sa génération. Du début à la fin de la partie, il déployait une énergie folle, et jouait sur un rythme endiablé qui ne faiblissait jamais. Véhicule tout-terrain, il arpentait avec la même ardeur la terre et la piste, l'herbe et le terrain sec. Pièce unique, inchangeable, sans service après-vente ! Walter adorait le four où l'on pétrit la pâte, et le moulin où l'on moud le grain. Il aimait mettre son grand nez et ses grosses pattes dans les sillons qu'il savait creuser par tous les temps.

À peine sorti de l'adolescence, il intégra en 1964 la bande de Michel Crauste et Jean Prat, et sidéra le monde ovale en s'imposant en Afrique du Sud avec un aplomb d'hercule. Avec Benoît Dauga, un autre phénomène, ils formaient une paire qui rassurait la France. Ces deux-là dans ses rangs, le XV de France pouvait voyager. Walter... Il était à lui seul une épopée !

« Ce rhinocéros aux ailes de libellule, propulsant ses cent kilos comme une montgolfière au-dessus d'un paysage, galopant en tête de la charge et saisissant dans des formidables paluches — parfois, dans une seule — les ballons les plus pervers... » (Jean Lacouture, *Voyous et gentlemen*).

Voir : DEUXIÈME LIGNE, NUMÉRO 8, PRAT (JEAN), TOURNÉE.

Webb Ellis (William)

En ce 1er novembre 1923, le temps est couvert sur la petite ville anglaise de Rugby. Deux mille spectateurs se sont rassemblés dans les tribunes du Big Side, le terrain de rugby du collège, pour assister à une rencontre amicale exceptionnelle entre deux sélections composées d'internationaux anglais, gallois, écossais et irlandais. Les huit cents élèves du collège sont bien sûr présents. La partie est superbe. Les mêlées tournées avec de longs dribbling succèdent aux chandelles, et quelques rares passes très spectaculaires enchantent l'assemblée.

Juste avant le début de la partie, le *headmaster* de l'école a dévoilé une plaque commémorative incrustée dans une murette de briques jaunes : « *This stone commemorates the exploit of William Webb Ellis who with a fine disregard for the rules of football as played in his time first took the ball in his arms and ran with it thus originating feature of the rugby game.*

A.D. 1823[1] » C'était il y a cent ans, et cela méritait bien une journée particulière !

William Webb Ellis, élève du collège de Rugby, est donc officiellement reconnu comme l'inventeur du rugby. Issu d'une famille modeste, il était *preaposter*, surveillant adjoint, une fonction confiée à certains élèves du collège choisis parmi les plus âgés et les plus sérieux. Ceux qui le côtoyaient à l'époque l'ont décrit comme un gars pas très courageux, ni très costaud, un peu individualiste, appliqué, et traînant derrière lui une casserole pleine d'une brillante composition de latin rédigée par sa mère... Thomas Hugues, l'auteur de *Tom Brown's schooldays,* doute quant à lui que William Webb Ellis ait pu un jour prendre le risque « mortel » de courir avec la balle. Il précise : « En 1834, lors de ma première année au collège de Rugby, il n'était absolument pas interdit de courir avec le ballon pour aller marquer l'essai qui donnait le droit de tenter un but. Mais tous les garçons qui jouaient en ce temps-là vous diraient qu'agir ainsi eût été du suicide, ou une provocation meurtrière ! » Cette pratique se développa cependant, et commença à devenir populaire en 1838.

La seule gravure qui reste de William Webb Ellis le représente après son diplôme, devenu pasteur, l'allure fière et le visage lisse. Peu de traces de coups ! Pas de nez tordu ni d'oreilles en chou-fleur... Si William jouait au rugby, il n'était pas des plus acharnés, ni des plus kamikazes. A-t-il réellement pris la décision d'aller vers l'avant avec le ballon

1. « Cette pierre commémore l'exploit de William Webb Ellis qui, avec un beau mépris pour les règles du football tel qu'on le jouait à cette époque, prit le premier le ballon dans ses bras et courut avec, donnant ainsi naissance au caractère distinctif du jeu de rugby. »

sous le bras, bravant ses adversaires et la règle en vigueur ? S'est-il volontairement mis hors la loi, par forfanterie, par ennui ? A-t-il simplement couru quelques mètres parce qu'il était pressé d'en finir ? Personne ne sait ce qui s'est réellement passé. Mais tous les regards convergent vers la bande de rugbeians qui, des années plus tard, brandirent le fameux William Webb Ellis comme un étendard bien pratique pour revendiquer la paternité du rugby, au cas où d'autres s'y seraient risqués.

De fait, et malgré les suspicions, l'exploit lui a été attribué. J'ai de l'affection pour ce garçon, quelle que soit la vérité de cette histoire. En bout de vie, il vint se reposer sur la Côte d'Azur, et il est enterré au cimetière du Vieux Château, à Menton. Depuis sa découverte dans les années cinquante, sa tombe est entretenue par la Fédération française de rugby ! Enfants d'Ovalie, lorsque nous passons par là-bas, nous nous arrêtons y déposer un bouquet de lavande ou quelques plumes de coq.

Voir : COLLÈGE DE RUGBY, RÈGLES, RUGBEIANS.

World Cup

L'idée d'un tournoi international de rugby a germé dans l'après-guerre, alors que le Tournoi des Cinq Nations était la seule compétition à opposer plus de deux pays. Les dirigeants de l'International Rugby Board avaient à l'époque jugé le projet « farfelu » ! Dans les années 1980, les équipes des hémisphères Nord et Sud ne se rencontrant que lors des test-matchs, les propositions ont commencé à se faire très sérieuses, mais par peur que le rugby ne perde son âme dans les affres du sport-spectacle, l'IRB a encore résisté, notamment sous l'influence des fédérations britanniques très attachées à l'amateurisme.

À force de pressions, la première Coupe du Monde de rugby fut finalement organisée en 1987 par l'Australie et la Nouvelle-Zélande. Les craintes des dirigeants britanniques n'ont pas tardé à se vérifier... L'événement a depuis rendu le rugby beaucoup plus populaire, les sponsors ont accouru, les moyens financiers ont explosé, et en 1995, huit ans seulement après la première Coupe du Monde, le rugby est définitivement devenu professionnel. Événement sportif à popularité modérée en 1987, la Coupe du Monde de rugby est aujourd'hui l'une des rencontres sportives majeures derrière les jeux Olympiques et la Coupe du Monde de football, avec en 2003 près de cent équipes engagées, plus de trois milliards de téléspectateurs et un budget de 120 millions d'euros.

Tous les quatre ans — une année de départ impaire permet de ne pas être en concurrence avec la Coupe du Monde de football ni avec les Jeux Olympiques qui se déroulent les années paires —, a donc lieu le grand rendez-vous des amateurs du jeu, le point de mire des équipes nationales. Alors que s'annonce la cinquième édition, revenons sur les grandes représentations du théâtre ovale, où se joua le destin de ses plus fameuses troupes.

1987, Australie / Nouvelle-Zélande

Cette année-là, l'événement était historique. Seize équipes, venues de tous les continents, allaient s'affronter sous l'œil des caméras du monde entier. La planète ovale frémissait. Symbole de la continuité entre passé et présent, et comme pour montrer qu'au rugby, les anciens veillent à ce que l'esprit du jeu soit préservé, le sifflet utilisé par l'arbitre lors de la première rencontre fut celui du premier test-match entre la Nouvelle-Zélande et l'Angleterre en 1905. Le même qu'on avait déjà gardé pour la finale de la compétition de rugby lors des Jeux Olympiques de 1924 ! Depuis 1987 d'ailleurs, ce sifflet réapparaît lors de chaque première rencontre de la Coupe du Monde, véritable témoin qu'on se passe tous les quatre ans, garant d'une fragile mémoire.

Pour cette première édition, les All Blacks firent sur leurs terres une démonstration magistrale. Survolant la compétition, ils marquèrent quarante-trois essais en six rencontres ! Ils remportèrent la finale chez eux par 29 à 9, dans le plus beau des stades, l'Éden Park, le bien nommé « Stade du Paradis », face à des Français épuisés par une sublime demi-finale contre les Australiens. Ce jour-là, le capitaine néo-zélandais David Kirk fut le premier joueur à brandir le trophée William-Webb-Ellis.

1991, Angleterre

En 1991, on élargit le nombre des participants à vingt. Les tribus du Pacifique Sud arrivèrent en force sur les terrains britanniques, et misèrent sur l'offensive. Les Blacks attaquaient toutes les balles, les Australiens les rendaient folles. En demi-finale, les Néo-Zélandais jouèrent leur va-tout, mais les Aussies, jouant à tout-va, l'emportèrent alors même qu'ils avaient bien failli être éliminés par l'Irlande en quart de finale.

Finalistes dans leur temple de Twickenham, les

Anglais, obsédés par la défense, furent vaincus par les Australiens qui imposèrent un redoutable pack à pack, retournant mille fois à la charge jusqu'à ce que malgré leur surdose d'orgueil, leurs adversaires ploient. Nick Farr Jones, le capitaine australien, prit la tête de quasiment tous les assauts. On pouvait voir dans ses mâchoires surdimensionnées son inépuisable volonté, et dans ses yeux plus que clairs la lucidité des visionnaires qui ont dépassé la peur. Laminés, les Anglais se vidèrent les tripes et finirent par s'incliner 12 à 6.

1995, Afrique du Sud

La Coupe du Monde de 1995 a une place à part dans l'histoire du rugby. Pour la première fois, l'équipe d'Afrique du Sud participait à la compétition, après plus de dix ans de mise au ban pour cause d'infâme régime politique, l'apartheid. Signe ultime que plus rien ne serait jamais comme avant dans ce pays, l'International Board lui offrit l'organisation de la compétition. Un an après les premières élections multiraciales au suffrage universel qui menèrent Nelson Mandela à la tête de l'État, l'Afrique du Sud recevait donc chez elle toutes les grandes nations du rugby mondial, qu'il lui avait été si longtemps interdit de fréquenter. La grande fête du rugby de 1995 eut une portée plus que symbolique, contribuant sans aucun doute au processus de réconciliation commencé cette même année avec la mise en place de la commission « Vérité et Réconciliation ». On vit ainsi le grand Mandela fraîchement libéré et élu rendre visite à l'équipe des blancs Springboks au bagne pour sportifs où ils se préparaient. Dans son immense sagesse, il leur fit la bise et leur tendit la main, si

longtemps fermée en un poing fier et rageur. Au milieu de cette troupe en pur granit des Flandres, Chester Williams, le seul joueur de couleur, allait devenir une icône. Avec lui, le rugby n'était plus réservé qu'à l'élite blanche sud-africaine.

Parmi les moments mémorables de cette Coupe du Monde, il y eut l'entrée en scène de Jonah Lomu, l'ailier gauche surdimensionné de l'équipe All Black, véritable révélation du tournoi. Il y eut aussi, comme quatre ans auparavant, d'époustouflantes demi-finales. D'une extrême générosité, les Anglais furent pourtant broyés par le lion Lomu et ses irrésistibles panthères Blacks. Les Français de Berbizier et Saint-André baissèrent le pavillon mais pas les yeux face aux Springboks, sous un déluge inouï qui avait transformé le King's Park de Durban en mer de boue. Écroulé par hasard à dix centimètres de la ligne de but adverse, Benazzi dit adieu à son piédestal et la France à la finale. Blacks et Bocks en finale : un choc des titans dont on avait du mal à prévoir l'issue.

Les All Blacks furent les plus forts, mais ils s'inclinèrent 15 à 12, au bout d'une dramaturgie à provoquer des crises cardiaques. Les Sud-Africains, préparés façon commando sous les ordres du capitaine François Pienaar, imposèrent une stratégie d'étouffement du géant Lomu qui ne put toucher un ballon de toute la partie.

La remise de la coupe William-Webb-Ellis par Nelson Mandela fut un immense moment d'émotion. Pour la première participation de son pays à la Coupe du Monde, lui qui avait toute sa vie combattu l'apartheid, lui le premier président noir d'Afrique du Sud, petit homme perdu dans son trop large maillot springbok, son incongrue casquette de baseball sur la tête, il tendit le trophée à François Pienaar avec un sourire rayonnant qui dépassait de très loin la joie d'une victoire sportive.

1999, pays de Galles

La dernière Coupe du Monde du XXe siècle, mais aussi la première de l'ère professionnelle, se déroula en 1999 au pays de Galles. Le somptueux et ultramoderne Millenium Stadium, totalement couvert, fut bâti pour l'occasion. Finis le vent et les flaques ! Obligé d'être spectaculaire et rentable, le rugby pro se jouerait désormais sous un toit. Cette année-là, l'Europe ovale semblait s'être assoupie ; seule la France se faufila dans le dernier carré où All Blacks, Springboks et Wallabies allaient se disputer le titre.

Pour ne pas déroger à la tradition, les demi-finales furent sublimes, celle qui opposa nos quinze Coqs en grâce face aux All Blacks entra même dans les annales mondiales. Donnés perdants avant que le match ne commence, les Français déployèrent une énergie et un enthousiasme inouïs qui les conduisirent à la victoire. Mais épuisées d'avoir trop tôt touché les nuées, les Français ne parvinrent pas à réitérer l'exploit en finale contre l'équipe d'Australie, vaisseau huilé et réglé au millimètre, et s'inclinèrent par 35 à 12. Ils ne virent la Coupe que de loin, dans l'ombre monumentale de John Eales, le seul capitaine à avoir brandi deux fois le trophée mondial.

2003, Australie

Titrés en 1991 et en 1999, les Australiens de George Gregan recevaient en 2003 toute la faune et la flore du rugby mondial (Fougères de Nouvelle-Zélande, Chardons d'Écosse, Palmier fidjien, Rose d'Angleterre, Trèfles d'Irlande, Poireau de Galles, Coqs de France, Kangourous australiens, Gazelles sud-africaines, Aigles américains, Pumas d'Argentine etc.). Deux fois victorieuse, l'Australie métissée comme aucune nation, mélange de treizistes et de quinzistes, faisait figure de favorite, mais le voisin néo-zélandais privé de titre et l'Angleterre emmenée par le gladiateur Martin Johnson pouvaient troubler tous les pronostics.

Les All Blacks jouèrent bien, les Gallois jouèrent beau, les Français jouèrent sobre, les Sud-Africains jouèrent comme souvent un rugby de jungle, et les Anglais, finalement victorieux, jouèrent juste. Vainqueurs des Gallois, puis des Français, ils arrivèrent en finale contre l'Australie qui venait de sortir les All Blacks en les privant de ballons. L'affaire fut sérieuse et sévère jusqu'au dernier bout. Il s'en fallut de peu — un drop de l'Anglais Johnny Wilkinson à la dernière seconde des prolongations — pour que cette finale inaugurât la « mort subite », dernier recours pour départager deux équipes à égalité. Au terme d'un match âpre, tendu et interminable, l'Angleterre devint ainsi la première équipe de l'hémisphère Nord à remporter la Coupe du Monde.

Voir : ANGLETERRE, ALL BLACKS, FRANCE / NOUVELLE-ZÉLANDE 1999, INTERNATIONAL BOARD, JOHNSON (MARTIN), LOMU (JONAH), PAYS DE GALLES, SPRINGBOKS, WALLABIES.

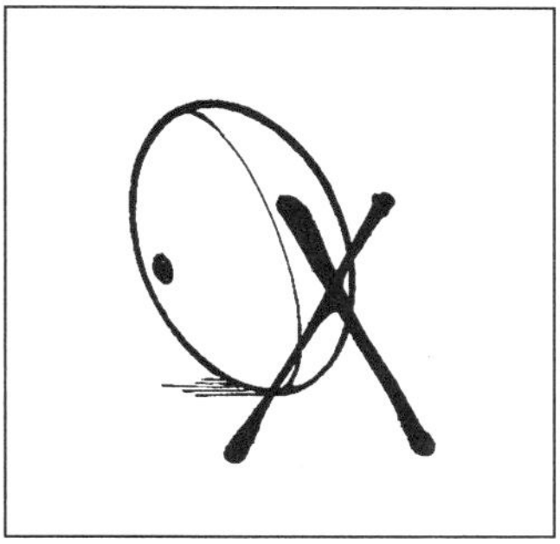

XV

Le jeu pratiqué sur le Big Side du collège de Rugby dans les années 1820-1830 opposait des équipes qui pouvaient compter jusqu'au nombre extravagant de deux cents joueurs ! Les mêlées ressemblaient alors à d'énormes cohues anarchiques dans lesquelles se perdait la vessie de porc qui servait de ballon. Cette configuration n'était évidemment pas propice à un développement du jeu au-delà des murs de l'école. Des règles plus précises furent donc définies et le nombre de joueurs considérablement réduit.

En 1871, le premier match international entre l'Angleterre et l'Écosse se disputa à vingt contre vingt. Puis, en 1877, la jeune Rugby Football Union opta définitivement pour le nombre quinze. Encore aujourd'hui, aucun sport n'implique un plus grand nombre de participants. Le choix de quinze joueurs ne fut jamais véritablement expliqué ou justifié ;

certains voient dans ce nombre impair et triangulaire un clin d'œil de la pensée franc-maçonne très influente en Angleterre à la fin du XIXe siècle. Hélas, aucune archive ne peut à ce jour confirmer cette interprétation.

Un des fondements moraux du jeu de rugby est que chacun doit pouvoir y trouver sa place, quels que soient ses attributs physiques ou son tempérament. Grand mou, petit vif, gros lourd, maigre agile : l'équipe de rugby est une arche de Noé ! Longtemps polyvalents, les joueurs ne tardèrent pas à occuper sur le terrain des positions liées à un type de tâches. Les costauds s'affrontaient dans les mauls et toutes les formes de mêlées, les grands sautaient en touche, les rapides restaient à l'écart du combat et attendaient de grappiller un ballon pour pouvoir détaler.

Pour simplifier, une équipe de rugby est aujourd'hui une famille de quinze membres qui se divise en deux clans : les huit avants et les sept trois-quarts, chacun ayant ses codes, ses références, ses valeurs.

Les avants sont une force de conquête, autant dire des combattants. Ils s'épanouissent dans les phases d'affrontement collectif comme les touches, les regroupements et toutes les formes de mêlée, et développent pour cela un esprit à part, où la solidarité est le mot roi. On ne partage pas une mêlée comme une partie de beach-volley ! Chaque fois que les hommes s'enlacent, se lient et combattent ensemble, ils mettent en commun une volonté, un courage, un absolu don de soi face à la douleur. Ils cessent alors d'être huit bonshommes pour ne faire plus qu'un bloc uni, indivisible. Impossible de rentrer dans le clan des avants sans un goût prononcé pour le contact, pour les travaux de tranchée que peu de gens apprécient, pour les tâches rudes qui marquent le corps et sans doute l'esprit. On a vu des joueurs compenser des lacunes physiques par une incroyable énergie, mais le monde des avants reste plutôt réservé aux costauds, aux lourds du cuissot, aux charpentés du deltoïde, à tous ceux que l'on rêvait d'avoir comme copains pour les bagarres dans la cour de recré !

À leurs côtés, dans leur équipe, il y a les trois-quarts, si proches et si lointains. Eux ne restent jamais que spectateurs des mêlées et des touches. Ils sont en revanche les jambes de la force, la créativité de la robustesse, la vitesse de la puissance. Autres fonctions, autre état d'esprit. Les trois-quarts, ou arrières, ne se tiennent pas les uns les autres. Ils contournent plus qu'ils n'affrontent, leurs liens naissent des courses complémentaires et des passes qu'ils se font. Ensemble, ils mettent en œuvre les idées offensives de l'équipe et concrétisent les actions amorcées au cœur du combat. Leur jeu est fait d'arabesques, de rythme et de feintes, d'harmonie et d'élégance.

Réunis sous l'appellation « rugbymen », avants et trois-quarts ne jouent pas le même jeu, ce qui fait d'ailleurs une des grandes singularités du rugby par rapport aux autres sports collectifs où les joueurs ont des physiques relativement homogènes, et des gestes semblables. Un rugbyman peut passer vingt ans sur les terrains sans jamais expérimenter ce que vivent certains de ses coéquipiers ! Un grand trois-quarts français disait très justement : « J'ai joué quinze ans au plus haut niveau, j'ai vu des milliers de mêlées à quelques mètres, j'ai partagé des joies et des peines avec des amis piliers, et pourtant, je ne saurai jamais ce que disputer une mêlée veut dire... »

« Une équipe de rugby, par définition, est une société idéale, où tous les individus peuvent tenir un rôle, grands, petits, lents, rapides, gros et maigres, mais elle ne pourra bien fonctionner que si les lents se dévouent pour les rapides et si les gros ne veulent pas tenir le rôle des maigres » (Denis Lalanne, *Le Grand Combat du XV de France*).

Voir : AILIER, ARRIÈRE, DEMI DE MÊLÉE, DEUXIÈME LIGNE, MAUL, MÊLÉE, NUMÉRO 8, OUVREUR, PILIER, TALONNEUR, TOUCHE, TROISIÈME LIGNE, TROIS-QUARTS CENTRE.

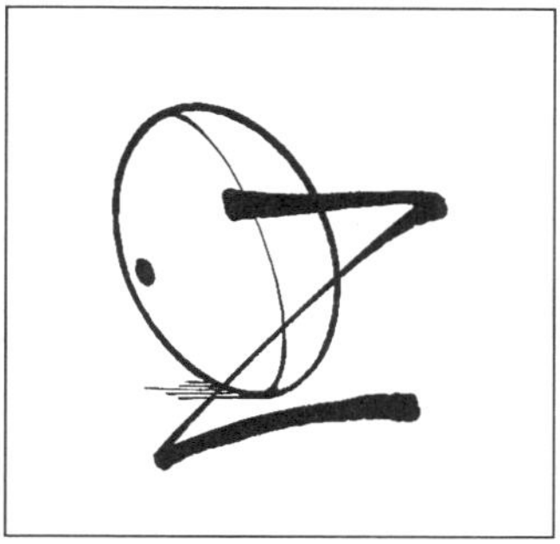

Zéro

En 1951, alors qu'ils pataugeaient en pleine déconfiture, les Écossais encaissèrent un cuisant 44 à 0 contre la redoutable équipe des Springboks. Interviewé sur ses impressions après une aussi piètre performance, un supporter écossais déclara : « Nous avons déjà eu de la chance d'atteindre zéro ! »

Remerciements

Un immense merci à Manuel et Fanny qui, taillés pour gambader dans les grandes étendues du monde, ont accepté de jouer en première ligne afin de donner corps à ce livre, et à Janie, qui a plongé avec eux dans la mêlée !

Merci aussi à Jenny Lepers, Arnaud Homann, Christian Cauvy, Jean Defianas, François Garrain, Jean-Pierre Giacobazzi, Hugo Herrero, Nano Laugier, Éric Melville, Jean-Philippe Pochet, Patrick Trautmann, Marc Lacombe, Philippe Duhamel, Jean-Paul Cazeneuve, Maxime Poisot et Philippe Cantet, Jean Durry, Laurence Pottier, Serge Laget, qui ont tous gentiment répondu présent.

Bibliographie

BLONDIN Antoine, *L'Ironie du sport*, François Bourin, 1988

CAIN Nick, *Le Rugby, histoire*, Flammarion, 1999

CAMPISTROUS Benoît et LAPOUJADE Jean, *Histoires de rugby, contes et légendes*, Anne Carrière, 1997

CLAASSEN Wynand, *More than just Rugby*, H. Strydom, 1985

DARBON Sébastien, *Rugby mode de vie*, Éditions Jean-Michel Place, 1995

DARBON Sébastien, *Rugby d'ici, une manière d'être au monde*, Autrement, 1999

DESTEL Louis Henry, *Les Contes de mon rugby*, A. Nicolas – Niort, 1945

DUBOSCQ Pierre, *Rugby, parabole du monde*, L'Harmattan, 1998

DURRY Jean, *Le Vrai Pierre de Coubertin*, Comité Français Pierre de Coubertin, 1997

GARCIA Henri, *Le Rugby*, La Table Ronde, 1962

HERRERO Daniel, *Passion ovale*, Les Éditions du Rocher, 1990

HERRERO Daniel, *L'Esprit du jeu, l'âme des peuples*, La Table Ronde, 1999

LACOUTURE Jean, *Le rugby, c'est un monde*, Le Seuil, 1979

LACOUTURE Jean, *Voyous et gentlemen*, Découvertes Gallimard, 1993

LAGET Françoise et Lione Serge, *Le Rugby en toutes lettres*, Atlantica, 1999

LALANNE Denis, *Les Coquelicots de Cardiff*, La Table ronde, 1965
LALANNE Denis, *Le Grand Combat du XV de France*, La Table Ronde, 1959
LALANNE Denis, *Le Temps des Boni*, La Table Ronde, 2000
LALANNE Denis, *Il était une fois Jean-Pierre Rives*, Laffont, 1985
LEMAIRE Serge, *Le Bouclier de Brennus*, À la une éditions, 1999
MACRORY Jennifer, *Running with the Ball, the Birth of Rugby Football*, Collins Willow, 1991
MULLIGAN Andy, *Ouvert l'après-midi*, La Table Ronde, 1965
PERRET Jacques, *Articles de sport*, Julliard, 1991
POCIELLO Christian, *Le Rugby ou la guerre des styles*, A.M. Métailié, 1983
PRAT Jean et RENAUD de LABORDERIE, *Mêlée ouverte*, Calman Lévy, 1968
PROUTEAU Gilbert, *Anthologie de l'équipe de France*, Plon, 1972
PROUTEAU Gilbert, *Nouvelle anthologie des textes sportifs de la littérature*, Amiot Dumont, 1951
SANSOT Pierre, *Le rugby est une fête*, Plon, 1990
SERRES Michel, Article *Le Culte du ballon ovale*, dans *Le Monde* du 4 mars 1979
SERRES Michel, *Variations sur les corps*, Le Pommier — Fayard, 1999
SMITH Sean, *The Union Game, a Rugby History*, BBC Publishing, 1999
THOMAS Hugues, *Tom Brown's Schooldays*, Paperback, 1999
TILLINAC Denis, *Rugby blues*, La Table ronde, 1993

Table des entrées

Adversaire 11
Agen 14
Ailier 16
All Blacks 19
Alléluia ! 26
Allez les petits ! 27
Angleterre 28
Aplatir 36
Argentine 38
Armer du bras 41
Arms Park 42
Arnold (Thomas) 44
Arrière 46
Arriver à temps juste 48
Arroser 49
Ascenseur 50
Attaque classique 51
Attaque de la mêlée 53
Aux jambes ! 55
Avant 56
Avantage 56
Avoir un bon vestiaire 57
Balle propre 61
Ballon 62
Ballon brûlant 63
Ballon mort 64
Barbarians 64
Basques 66

Benazzi (Abdelatif) ... 69
Bénévole ... 70
Béziers ... 74
Bière ... 76
Biscouette ... 77
Blanco (Serge) ... 78
Blondin (Antoine) ... 80
Boîte à gifles ... 81
Bordures ... 82
Bouchon ... 82
Bouclier de Brennus ... 83
Bouffe ... 86
Bourrichon ... 86
Brito (Max) ... 87
Cadrage-débordement ... 91
Calcutta Cup ... 93
Calendrier ... 94
Camphre ... 96
Cannes ... 98
Capitaine ... 98
Carling (Will) ... 102
Carte blanche ... 103
Carton jaune ... 104
Casque ... 106
Casser le jeu ... 106
Catharsis ... 107
Chandelle ... 109
Charbon ... 110
Chistera ... 111
Chou-fleur ... 111
Circulation ... 113
Clocher ... 114
Codorniou (Didier) ... 119
Collège de Rugby ... 121
Combinaison ... 127
Coq ... 128
Corne ... 129
Côté fermé ... 130
Couloir ... 131
Courage ... 133

Courant d'air 136
Coup d'envoi 137
Crampons 139
Cravate 140
Cuillère 141
Dans la défense 145
Demi de mêlée 146
De père en fils 149
Dent 153
Dératé 153
Derby 154
Désosser 156
Deuxième ligne 157
Devant (« Le rugby commence devant ») 159
Dévisser 161
Drop 162
Échange des maillots 167
« École de rugby, école de la vie » 169
Écosse 170
Écrouler la mêlée 176
Eden Park 177
Edwards (Gareth) 179
Élastoplaste 180
Ellis Park 182
En avant 183
Enquiller 185
Entame 186
Entraîneur 187
Envoyer un agglo 194
Éponge magique 195
Essai 196
Essuie-glace 199
Faire tomber 203
Féminines 204
Femme de joueur 205
Fermer la porte à clé 208
Finale 209
Fixer 211
Fond de touche 212
Football 213

Forme 220
Fourchette 221
Frachan 222
France / Nouvelle-Zélande 1999 223
Franc-maçonnerie 224
French flair 227
Frères Boniface 230
Frigo 231
Full house 232
Fusillé 233
Gagner 237
Gallaher (David) 240
Galthié (Fabien) 242
Gilbert 244
Grandes équipes (« Les grandes équipes ne meurent jamais ») 245
Gros pardessus 246
Harpastum 251
Henry (Graham) 252
Honegger (Arthur) 254
Hors jeu 254
Images 259
Impact player 262
International Board 264
Intrinsèque 266
Invisible 266
Irlande 267
Italie 273
Jeux Olympiques 279
Johnson (Martin) 281
Joug 282
Juniors 283
Lacouture (Jean) 287
Lalanne (Denis) 288
Lansdowne Road 289
Lesieur (Émile) 291
Ligne d'avantage 292
Lions 293
Lomu (Jonah) 297
Lourdes 299

Mâché 303
Macho 304
Maison 305
Mammouth 306
Marque ! 306
Match 309
Maul 312
Mayol (Félix) 315
Mêlée 317
Mettre la main sur la balle 322
Mias (Lucien) 323
« Midi Olympique » 324
Milieu 325
Molle au ras 326
Monsieur l'arbitre 327
Monter dans la tribune 331
Mouiller le maillot 332
Murrayfield 333
Nettoyeur 339
Numéro 8 339
Ouvreur 345
Pacifique 351
Parc des Princes 355
Passe 357
Passe aux costumés 361
Pays de Galles 362
Penaltouch 369
Percée 370
Percussion 371
Perpignan 372
Petit rasant 374
Pick and go 375
Pilar 376
Pilier 377
Pintade 379
Planche 380
Planchot 381
Plaquer 382
Point de côté 385
Pompes 385

« Poussez, poussez, les avants de Bayonne ! » 388
Prat (Jean) 389
Première main 390
Prendre le trou 391
Professionnel 392
Profondeur 395
PUC 397
Racing Club de France 403
Raffut 405
Ras de mêlée 406
Redoubler l'arrière 408
Règles 409
Relever la mêlée 411
Rentrer dedans 412
Rentrer-donner 413
Rideaux 414
Rives (Jean-Pierre) 415
Rouge-gorge 416
Rucking 417
Rue de la Soif 419
Rugbeians 421
Rugby league 423
Saison 429
Sélection 431
Sella (Philippe) 437
Sine die 438
Soigner 439
Soleil 444
Sortir 444
Souffler dans les bronches 445
Soule 446
Springboks 447
Stade Français 456
Supporters 459
Talonneur 465
Tambour 467
Tampon 468
Taper comme un sourd 470
Torpédo 471
Totem 471

Touche 473
Toulon 474
Toulouse 478
Tournée 480
Tournoi des Six Nations 482
Traverser la balle 486
Tribune 486
Tripes 489
Trois-quarts centre 490
Troisième ligne aile 493
Troisième mi-temps 496
Tronche 500
Twickenham 501
Umaga Tana (Jonathan Falefasa « Tana » Umaga) 507
Universitaires 509
Vaillant 515
Valide 517
Valise 519
Vestiaire 520
Victoire 523
Villepreux (Pierre) 525
Vingt-deux mètres 528
Viril mais correct 529
Voyage à vide 531
Wallabies 535
Walter 542
Webb Ellis (William) 543
World Cup 545
XV 555
Zéro 561

DANS LA MÊME COLLECTION

Ouvrages parus

Claude ALLÈGRE
Dictionnaire amoureux de la science

Jacques ATTALI
Dictionnaire amoureux du judaïsme

Yves BERGER
Dictionnaire amoureux de l'Amérique (épuisé)

Jean-Claude CARRIÈRE
Dictionnaire amoureux de l'Inde
Dictionnaire amoureux du Mexique

Jean DES CARS
Dictionnaire amoureux des trains

Michel DEL CASTILLO
Dictionnaire amoureux de l'Espagne

Patrick CAUVIN
Dictionnaire amoureux des héros (épuisé)

Malek CHEBEL
Dictionnaire amoureux de l'Islam
Dictionnaire amoureux des Mille et Une Nuits

Bernard DEBRÉ
Dictionnaire amoureux de la médecine

Didier DECOIN
Dictionnaire amoureux de la Bible

Jean-François DENIAU
Dictionnaire amoureux de la mer et de l'aventure

Alain DUCASSE
Dictionnaire amoureux de la cuisine

Dominique FERNANDEZ
Dictionnaire amoureux de la Russie
Dictionnaire amoureux de l'Italie (deux volumes sous coffret)

Claude HAGÈGE
Dictionnaire amoureux des langues

Daniel HERRERO
Dictionnaire amoureux du rugby

Christian LABORDE
Dictionnaire amoureux du Tour de France

Jacques LACARRIÈRE
Dictionnaire amoureux de la Grèce
Dictionnaire amoureux de la mythologie (épuisé)

André-Jean LAFAURIE
Dictionnaire amoureux du golf

Michel LE BRIS
Dictionnaire amoureux des explorateurs

Jean-Yves LELOUP
Dictionnaire amoureux de Jérusalem

Paul LOMBARD
Dictionnaire amoureux de Marseille

Peter MAYLE
Dictionnaire amoureux de la Provence

Christian MILLAU
Dictionnaire amoureux de la gastronomie

Bernard PIVOT
Dictionnaire amoureux du vin

Gilles PUDLOWSKI
Dictionnaire amoureux de l'Alsace

Pierre-Jean RÉMY
Dictionnaire amoureux de l'Opéra

Pierre ROSENBERG
Dictionnaire amoureux du Louvre

Elias SANBAR
Dictionnaire amoureux de la Palestine

Jérôme SAVARY
Dictionnaire amoureux du spectacle (épuisé)

Jean-Noël SCHIFANO
Dictionnaire amoureux de Naples

Alain SCHIFRES
Dictionnaire amoureux des menus plaisirs

Robert SOLÉ
Dictionnaire amoureux de l'Égypte

Philippe SOLLERS
Dictionnaire amoureux de Venise

Michel TAURIAC
Dictionnaire amoureux de De Gaulle

Denis TILLINAC
Dictionnaire amoureux de la France

Trinh Xuan Thuan
Dictionnaire amoureux du ciel et des étoiles

Jean TULARD
Dictionnaire amoureux du cinéma

Mario VARGAS LLOSA
Dictionnaire amoureux de l'Amérique latine

Dominique VENNER
Dictionnaire amoureux de la chasse

Jacques VERGÈS
Dictionnaire amoureux de la justice (épuisé)

Pascal VERNUS
Dictionnaire amoureux de l'Égypte pharaonique

Frédéric VITOUX
Dictionnaire amoureux des chats

À paraître

Alain BAUER
Dictionnaire amoureux de la franc-maçonnerie

Stéphane BERN
Dictionnaire amoureux des royautés

Antoine de CAUNES
Dictionnaire amoureux du rock

Alain DECAUX
Dictionnaire amoureux d'Alexandre Dumas

Alain REY
Dictionnaire amoureux des dictionnaires

Cet ouvrage a été composé par
Nord Compo (Villeneuve d'Ascq)

Achevé d'imprimer en juin 2010
dans les ateliers de Normandie Roto Impression s.a.s.
61250 Lonrai

N° d'édition : 14206 — N° d'impression : 102210
Dépôt légal : août 2007

Imprimé en France